语言生活皮书  C006

# 中国语言政策研究报告
# (2020)

国家语言文字工作委员会　组编

2020年·北京

# 编委会

审　　订　　戴庆厦　周庆生　潘文国　张浩明
名誉主编　　李宇明

主　　编　　张日培
副 主 编　　杜宜阳
委　　员　　（按音序排列）
　　　　　　戴曼纯　郭　熙　李　强　潘文国　苏新春
　　　　　　王建勤　王　敏　王　奇　王意如　文秋芳
　　　　　　杨尔弘　易　军　张日培　张治国　赵蓉晖
　　　　　　赵世举　周洪波　周庆生

作　　者　　（按音序排列）
　　　　　　陈丽湘　陈雅清　杜宜阳　黄拾全　蒋远桥
　　　　　　李　佳　李英姿　刘　波　刘思静　倪　兰
　　　　　　庞超伟　覃业位　饶高琦　苏新春　孙浩峰
　　　　　　田　静　王　新　王宇波　张　琛　张日培
　　　　　　张振达　赵　留

策　　划　　教育部语言文字信息管理司
执　　行　　国家语委国家语言文字政策研究中心
　　　　　　（上海市教育科学研究院）
学术指导　　中国语言学会语言政策与规划研究会

# "语言生活皮书"说明

"语言生活皮书"由国家语言文字工作委员会组织编写,旨在贯彻落实《国家通用语言文字法》,提倡"语言服务"理念,贯彻"大语言文字工作"发展新思路,为语言文字事业更好服务国家发展需求做贡献。

"语言生活皮书"分A、B、C、D、E五个系列,各自连续编号发布出版。其中,A系列为《中国语言文字事业发展报告》("白皮书"),B系列为《中国语言生活状况报告》("绿皮书"),C系列为《中国语言政策研究报告》("蓝皮书"),D系列为《世界语言生活状况报告》("黄皮书"),E系列为语言文字规范草案("规范类")。

《中国语言生活状况报告》("绿皮书"),2004年筹编,2006年出版,是国家语委最早组编的语言生活皮书,目前还出版了相应的英文版、韩文版和日文版,并附带编纂了具有资政功能的《中国语言生活要况》。2016年,《中国语言文字政策研究发展报告》(后更名为《中国语言政策研究报告》,"蓝皮书")出版。2016年,《世界语言生活状况》和《世界语言生活报告》(后合并更名为《世界语言生活状况报告》,"黄皮书")出版。2017年,《中国语言文字事业发展报告》("白皮书")的出版,标志着国家语委的"白、绿、蓝、黄"皮书系列最终形成。

这些皮书各有侧重,相互配合,相得益彰。"绿皮书"主要反映我国语言生活的重大事件、热点问题及各种调查报告和实态数据,为语言研究和语言决策提供参考和服务。它还是其他皮书的"底盘",在人才、资源、观念等方面为其他皮书提供支撑。"白皮书"主要宣传国家语言文字方针政策,以数据为支撑,记录、展示国家语言文字事业的发展成就。"蓝皮书"主要反映中国语言规划及相关学术研究的实际状况,并对该领域的研究进行评论和引导。"黄皮书"主要介绍世界各国和国际组织的语言生活状况,为我国的语言文字治理和语言政策研究提供参考借鉴，并努力在国际语言生活中发出中国声音。

"语言生活皮书"是开放的，发布的内容不仅局限于工作层面，也吸纳社会优秀成果。许嘉璐先生为"语言生活绿皮书"题字。国家语委历任领导都很关心"语言生活皮书"的编辑出版工作。相关课题组为皮书做出了贡献，一些出版单位和社会人士也给予了支持与关心。在此特致谢忱！

国家语言文字工作委员会

# 把论文写在大地上

## ——序《中国语言政策研究报告（2020）》

《中国语言政策研究报告》昵称"语言生活蓝皮书"，其定位是：用学者眼光来审视、根据学理来探讨中国语言生活问题，并提出各种建设性意见；其目标是：辅助政府语言决策，支持学界语言研究，引导社会语言意识。

屈指算来，蓝皮书已行进了6个春秋。早年可谓是白手起家，但白纸便于画新图，在没现成经验可资借鉴之时编纂出版了第一卷，名为《中国语言文字政策研究发展报告》，现在称为1.0版。那时，哪些内容属于"语言政策与规划"的研究范畴，哪些学者在钻研这些问题，哪些杂志常发表这类论文，心中都还没有太多底数，是真正的"摸着石头过河"。1.0版按年度搜罗文献，分"语言政策理论与国别研究、国家通用语普及、语言规范、语言保护、语言教育、语言传播、语言服务"等7个专题甄别归类，以文献为单位进行简述介绍，资料性功能比较突出。

蓝皮书团队是一个不停探索创新的团队，不断地反思自我、校正自我、超越自我。随着学界研究的进展和自己经验的积累，2018年蓝皮书发展到2.0版，从资料功能转向突出热点，选择年度研究热点进行深度介绍。今年又进入3.0版，特点是加强了评点，围绕学术热点进行研究综述；同时，通过"论点摘编"介绍其他新观察、新思考、新建言，通过"学术动态"多角度展示研究的热点与趋势。有资料以管窥研究本貌，有综述以俯瞰研究全貌，有评点以分享编者观念。应该说，本卷蓝皮书信息量大，可读性强，理论概括见功力，写作遣词有素养；"三审四稿"的编写机制，作者队伍的灵活组织方式，也日趋成熟。

本卷综述介绍2019年的研究热点有14个，具体是：语言规划七十年、推普助力脱贫攻坚、语言资源科学保护、国家语言能力、外交话语体系建设、网络语言治理、语言规范、语言服务、家庭语言规划、特殊人群语言规划、高考语文改革、新时代外语专业教育、语言智能、中文国际传播。研究热点比第一卷蓝皮书的专题数多了一倍。这两个数字当然不具有简单的可比性，因为热点与专题的划分标准不一致，但由此也足可说明，"语言政策与规划"的研究已引起学界更多关注，研究的问题也多是社会发展中正需解决的语言问题；"语言政策与规划"的外延在扩大，内涵在深化，学术的意味渐趋浓厚，既有本土特色又有国际共识，语言规划在中国的确到了树帜立学的阶段。

再扫视相关的其他皮书、杂志、会议等，当会发现，十数年来这一领域最大的特色是推出了许多新话题。将"中青年语言学者沙龙"2006年始办至2020年共15届的主题、"海内外中国语言学者联谊会暨学术论坛"2010年始办至2019年共10届的主题、《语言战略研究》2016年创刊号至2020年第2期共26期的专栏题目，稍作整合，以提出的时间为序枚举如下：

1. 中国语言发展战略研究
2. 本土意识与世界眼光
3. 语言资源与语言产业/语言产业研究
4. 中国语言学的话语权问题
5. 虚拟语言生活
6. 中国的语言学教学：过去、现在和将来
7. 当今社会发展中的语言学问题
8. 数字化时代的语言学
9. 双语双言问题
10. 中国周边语言状况/跨境语言研究
11. 语言学与新媒体
12. 语言与认同/语言认同
13. "一带一路"的语言问题
14. 全球华语视角下的汉语语言学研究
15. 语言生活派十年
16. 国家通用语言研究
17. 语言能力研究
18. 语言信息化/语言技术
19. 语言资源与语言智能
20. 全球华语研究
21. 语言景观研究
22. 语言传承研究

23. 语言保护研究／世界语言资源保护

24. 家庭语言问题／规划

25. 世界知识的中文表达

26. 中国语言学学科建设与发展

27. 语言识别

28. 语言教育／语言教育与社会进步

29. 汉语国际教育

30. 中国语言生活和语言研究70年

31. 语言与贫困

32. 老年语言学

33. 语言与人口

34. 语言学与中华民族共同体意识

35. 语言学与人类命运共同体构建

36. 粤港澳大湾区的语言生活

37. 语言障碍

38. 突发公共事件中的语言应急问题

　　这两个会议、一本杂志讨论的话题，当然远不止此，因为这里所列只是专栏题目和会议主题。而且，语言生活皮书群、其他杂志、著作、会议等提出的本类话题还会数倍于此。但从这38个话题已可以看到新话题喷涌的景观，它们都是语言生活中的问题，多是中国的，也有部分是人类共有的，许多话题是中国语言学界其前不曾讨论的，是新设置的。

　　设置话题很不容易。一个好话题，妙手偶得者少，多是经过"独上高楼，望尽天涯路""衣带渐宽终不悔，为伊消得人憔悴"的长期观察、反复探索才能获得；即使是那些妙手偶得的话题，也是"众里寻他千百度"之后的"回头蓦见"。设置这类话题，需要关心语言生活，能够发现语言生活中的问题，了解语言规划的理论与实践且明白这些问题的语言规划学意义。对这些话题的产生、梳理及其学术价值的研究，本身就是一个专门课题。

　　就中国"语言政策与规划"研究的发展来说，敏锐地与时俱进地设置话题仍是重要任务。比如，中国正在鼓励"新基建"，提出要发展数字经济。新基建是"以信息网络为基础，面向高质量发展需要，提供数字转型、智能升级、融合创新等服务的基础设施体系"，语言智能应是"新基建"的核心问题；语言产业多数都是信息产业，在数字经济中应具有重要地位。最近，国家还正式把数据作为一种新型生产要素，与土地、劳动力、资本、技术等传统要素并列。数据多以语言为载体，同时语言资源也是重要数据。语言数据作为生产要素，也必然会影响到语言观和语言规划。在这些新的经济动向中，有很多语言规划学的新话题。除继续重视话题设置外，下个阶段还应当重视3个方面：

第一，重视研究方法与研究手段。学术研究最为重要的就是研究方法和研究手段。假说与科学结论之本质差异，就在于是推测的还是用公认方法证明了的。科学的方法、先进的手段是学术的车轮与机翼。互联网为人类构造了一个新的语言生活空间，一方面互联网上的语言生活问题就值得特别关注，另一方面互联网也正成为语言研究的新手段，互联网上的语言数据也值得很好的调查利用。语言学把方言、民族语言的调查称为"田野语言调查"，之后又有社会语言调查和语言学实验室研究，而今，还可以把网络看作语言学调查的"新田野"，语言研究的"新实验室"。当然方法和手段是为解决问题服务的，纯粹的"方法拜物教"，或者说"玩方法"，那是没有意义的。

第二，理论提升。在一系列新话题的研究中，应注意理论梳理。语言学总体上属于经验科学，演绎之法虽有作用，但更多的还是事实归纳。要对事实做到充分搜集、充分分析、充分解释。所谓充分解释，就是既能解释历史事实，又能解释现实状况，还能解释未来现象；解释未来现象就是预见。所谓理论，不是符合某书教条或某家论断，而是对事实的解释力，包括对未来的预见性；解释力强的理论就是好理论。

第三，回馈社会。学术的本原目的就是解决问题，推动社会进步。研究语言生活的目的是为了语言生活和谐，为了个人和社会语言需求的满足。语言学的研究成果不能只是学科桂冠上的明珠，而应回馈社会，成为社会进步之力。语言生活是研究的起点，亦是研究的归宿。

研究新话题，推进研究方法、研究手段的进步，提倡理论提升和成果回馈社会，也应当是蓝皮书的任务，是蓝皮书今后应关注的问题。

说到这里，我还想指出，本卷蓝皮书的主要内容是在新冠肺炎疫期完成的。庆幸中国有发达的移动互联网，各位作者虽隔离在家，不能动足却能动脑，不能面见但可网通。3月2日我收到编写组发来的第三稿，3月24日收到定稿。这也是一种积极的"疫期生活"。

当然，还有一批语言学者，2月10日了解到援鄂医疗队在武汉、在湖北诊疗时遇到了方言障碍，马上组建"战疫语言服务团"，联合十几家科研院所和企业，在教育部、国家语委指导下，争分夺秒，连着工作3个昼夜，隔空发力，研制出《抗击疫情湖北方言通》(以下简称《方言通》)。《方言通》包括76个诊疗常用语句，156个诊疗常用词汇；涵盖武汉、襄阳、宜昌、黄石、荆州、鄂州、孝感、黄冈、咸宁等9地方言；制作了微信版、网络版、融媒体版、迷你视频版、抖音版、在线服务系统、即时翻译软件等7种产品。国内与语言学相关的近30个微信公号也持续推送，铺天盖地，有效地支援了一线。

疫情稍缓，开始复工复产复学，留学生等外国人士也陆续回华来华。为帮助他们了解中国抗疫情况，保护他们的在华安全，2月27日，"战疫语言服务团"又开始研发《疫情防控外语通》(以下简称《外语通》)。《外语通》有41个语种，是我国一件事情上使用外语语种最多的。《外语通》通过网络自然传至境外，也把中国经验传向五洲，为国际社会的疫情防控提供了帮助。期间，为向在华外籍人士用汉语介绍疫情，提升防控效果，"战疫语言服务团"还及时研制了《疫情防控"简明汉语"》(以下简称《简明汉语》)，并于3月12日在教育部官网正式上线发布。《简明汉语》可向在华外国人士提供应急语言服务，还适合在紧急状态下向国人提供简明信息；平常时期，也可作为留学生汉语学习的教科书。

"战疫语言服务团"一边抗疫，一边思考国家语言应急的课题，在《人民日报》《光明日报》、微信公众号、网上论坛等发表了不少意见，并支持《语言战略研究》《云南师范大学学报》《天津外国语大学学报》等设立语言应急研究专栏。战疫尚未结束，"战疫语言服务团"还在行动，正思考对特殊人群和社会的"语言抚慰"问题，思考疫后语言服务团的常态化问题，思考"国家语言应急能力"研究及建立应急语言学的问题，思考突发公共事件中语言应急的体制、机制、法制问题，努力将语言应急行动由此次的自发转化为日后的自觉。

在抗击新冠病疫的过程中，语言学也能够发挥如此作用，是与近十数年来中国语言学界关注语言生活、研究社会发展中的语言问题分不开的，与在这些问题的研究中有了一些思想准备、人才准备、语言资源准备、现代语言技术准备分不开的。

论文印在纸上，更是写在大地上的。

李宇明<br>2020年4月24日<br>序于北京惧闲聊斋

# 前　言

　　本报告是介绍2019年国内语言政策研究情况的语言生活蓝皮书，包括"专题综述""论点摘编""学术动态"和"附录"4个部分。

　　"专题综述"部分对语言政策研究14个热点话题的2019年研究情况进行综述介绍[①]，研究内容主要涉及语言规划、语言战略、语言服务和语言教育。

　　语言规划是为了使语言文字更好地为社会服务而有目的、有计划地对语言的形式和功能进行调整的活动。新中国成立70年来，我国以推广普通话、推行规范汉字和《汉语拼音方案》、促进现代汉语规范化为代表的语言规划取得巨大成就，语言政策积极干预下的语言生活留下丰富的语言宝藏，在庆祝新中国成立70周年之际，学界多维度梳理、多视角解读，勾勒70年发展脉络，分析发展现状，推动新中国语言规划史研究不断走向深入。"推普脱贫"是当前我国语言规划的政治任务，2019年是实施《推普脱贫攻坚行动计划（2018—2020年）》承前启后、攻坚克难的关键一年，学界深入探讨"语言与贫困存在怎样的关联""推普何以助力脱贫""推普如何助力脱贫""推普脱贫现状如何、存在哪些问题、未来如何可持续发展"等问题，就如何根据精准扶贫的要求在贫困地区实施"精准推普"提出一系列思考与建议，为相关工作推进提供了重要的学术支持。"语言规范"始终是新中国语言规划的核心内容，2019年的相关研究深入探讨后现代解构主义思潮影响下和智能化时代"人机共生"严峻挑战下的新时代语言规范观，就汉语拼音教学、《通用规范汉字表》实施、地名用字统一与规范、汉语教学词表研制、汉语辞书词语收录处理、网络语言治理等提出意见建议，为国家语言规划部门科学决策奠定了学术基础。"语言资源科学保护"是我国"主体多样"语言政策的重要方面，2019年是中国语言资源保护工程一期建设的收官之年，学界关于我国语言资源理论与实践、语保工程成效经验与成果开发，以及中国语保如何走向国际、引领世界的研究，对进一步发挥多样性语言在建设文化强国、打赢脱贫攻坚战中的作用，提升我国在语言文字领域的国际话语权，具有重要意义。

---

① 部分专题因内容需要包括2018年的研究情况。

语言战略是涉及全局的有关语言文字的计划和策略,是语言规划在国家战略层面的延伸。近 10 年来语言战略研究的重要热点是"国家语言能力",学界普遍认同"提升国家语言能力是语言规划服务国家战略需求的集中体现"。在国家语委科研规划、国家社科基金 2018—2019 年度相关重大项目的推动下,2019 年关于国家语言能力的研究取得重要进展,理论建构在争鸣中不断深入和创新;同时针对细分领域的语言能力研究不断拓展,尤其是"突发事件语言应急能力"研究,虽然刚刚起步,已在 2020 年初的"抗击新冠肺炎疫情"中充分表现出实践意义和应用价值,"战疫语言服务团"及其系列成果正是"突发事件语言应急能力"建设的积极实践。外交领域的话语能力是国家语言能力的重要表征,相关研究涉及外交学、政治学、语言学、传播学等多个领域,2019 年学界围绕外交话语的构建、翻译与传播,就外交语境下"说什么"和"何以如是说"、"怎么说"和"怎么跨语说"、"通过什么渠道说"和"建立什么机制说"等问题进行探讨,为打造融通中外的新概念新范畴新表述、破解"西强我弱"的传播格局建言献策。"中文国际传播"是我国重大文化战略,2019 年的相关研究显示,在国际中文教育、海外华文教育蓬勃发展的基础上,学界关于"提升中文的功能和国际地位、促进中文在国际社会的使用"的思考不断深入,关于中文国际传播模式路径、动力机制等的理论建构日趋成形。

语言服务是在建设服务型政府背景下提出并确立的语言规划理念。2019 年的相关研究在粤港澳大湾区语言服务、北京冬奥会语言服务、城市语言服务,以及聋人、盲人、语言障碍儿童、语言蚀失老人等特殊人群语言服务等多个方面,全面分析服务需求,深入探讨服务路径,以服务的理念建构了不同层面和不同领域的语言规划。语言智能的迅猛发展助力语言服务,同时带来算法歧视、数据偏见、信息茧房等技术伦理问题及智能产品推广中的商业伦理问题,相关研究呼吁语言产业、语言行业与语言智能协同发展、和谐共生。

语言教育是语言规划的关键路径。新中国语言教育体系涵盖国家通用语言文字教育(语文教育)、外语教育、少数民族语言文字教育、手语盲文等特殊语言教育及国际中文教育,覆盖基础教育、高等教育、职业教育等学段。2019 年的相关研究包括 3 个方面:一是关于中小学语文教育、高校外语教育和国际中文教育 70 年发展史研究,这是学界庆祝新中国成立 70 周年的重要成果,相关研究在梳理总结 70 年来我国语言教育成就经验的同时,针对不足提出思考建议;二是大学外语专业教育,这是因为 2018 年底有关学者关于大学外语专业的"良心"拷问而成为搅动整个大学外语教育界的学术热点，国内一大批外语教育专家、高校外语学院院长、不少高校书记校长参与关于高校本科外语专业建设的讨论，内容涉及培养目标、价值取向、专业建设、课程改革、教学理念、评价体系等，相关研究取得的基本共识是"统筹兼顾工具性和人文性，分类指导、分类发展，标准实质等效、模式和而不同，培养高素质复合型国际化人才"；三是高考语文改革，这是涉及民生、社会高度关注的热点，相关研究涉及高考语文改革的背景、原则，深入探讨了高考语文的内容改革、命题改革、评卷改革，梳理可见，在"立德树人"总要求和新高考制度下，语文的重要性日益凸显，国家考试部门和学界已经就高考语文考什么、怎么考、怎么评卷等进行了深入研究和顶层规划。这些研究既有力地支撑了政府决策，也从学术层面回应了社会关切。

此外，微观层面的家庭语言规划研究方兴未艾。家庭是社会的细胞，对多语多言家庭语言选择和语言生活的关注，体现了语言政策研究的"温度"。2019年，学界从理论介绍转入实证探究，既有调查统计，更有民族志研究，通过介入式跟踪观察记录和话语分析，透彻分析语言实践和语言生活，深刻揭示语言规划的规律与路径，在方法论层面为语言规划研究带来启示。

"论点摘编"部分介绍了2019年国内语言政策研究在前述14个专题以外的重要的新观察、新思考、新建言，内容涉及语言功能与语言格局、语言文字法制建设、甲骨文研究、融媒体辞书开发、中华优秀传统文化传承传播、语言学研究的话语转向等。

"学术动态"部分是本年度新增的板块，对2019年度国家哲学社会科学基金、国家自然科学基金、教育部哲学社会科学规划课题和国家语委科研规划课题四大科研基金的语言文字类课题立项情况进行了计量分析，对2019年重要的语言政策研究学术会议进行了综述，以期多角度展现国内语言政策研究的热点与趋势。

"附录"列2019年语言政策研究类书目和本年度语言生活白皮书、绿皮书、黄皮书的目录。

本报告由国家语言文字工作委员会组编，由国家语委国家语言文字政策研究中心（上海市教育科学研究院）执编，在编委会指导下，组织来自全国、特别是相关国家语委科研机构的中青年学者共同编写。编制过程中，得到了周庆生、苏新春、侯敏、周洪波、郭熙、杨尔弘、王春辉、方小兵等专家的指导与支持，特此鸣谢！

由于水平有限，疏漏和不当之处，敬请方家批评指正。

# 目　录

## 第一部分　专题综述 ······································································ 001

### 语言规划七十年 ············································································ 003
一　语言政策七十年 ···································································· 003
二　语言教育七十年 ···································································· 009
三　语言生活七十年 ···································································· 016

### 推普助力脱贫攻坚 ········································································ 024
一　推普对减贫脱贫的重要意义 ················································· 024
二　贫困地区推普的实践与不足 ················································· 027
三　精准扶贫要求精准推普 ························································ 030
四　语言扶贫助力永久脱贫 ························································ 033

### 语言资源科学保护 ········································································ 043
一　语言资源理论与实践 ···························································· 043
二　语保工程成效与经验 ···························································· 046
三　中国语保走向世界 ······························································· 051

### 国家语言能力 ··············································································· 058
一　理论建构 ············································································· 058
二　发展现状 ············································································· 069
三　任务方略 ············································································· 072

### 外交话语体系建设 ········································································ 080
一　外交话语构建 ······································································ 080
二　外交话语翻译 ······································································ 086
三　外交话语传播 ······································································ 090
四　外交话语研究 ······································································ 096

## 目 录

**网络语言治理** …………………………………………………………… 104
    一　治理对象 ………………………………………………………… 105
    二　治理意义 ………………………………………………………… 108
    三　治理重点 ………………………………………………………… 110
    四　治理方略 ………………………………………………………… 112

**语言规范** ………………………………………………………………… 118
    一　语言规范政策与方略 …………………………………………… 118
    二　汉语拼音教学与应用 …………………………………………… 123
    三　汉字规范与地名用字审定 ……………………………………… 124
    四　词表研制与辞书收词处理 ……………………………………… 128

**语言服务** ………………………………………………………………… 139
    一　大湾区语言服务 ………………………………………………… 139
    二　冬奥会语言服务 ………………………………………………… 143
    三　城市语言服务 …………………………………………………… 148

**家庭语言规划** …………………………………………………………… 157
    一　方言区家庭语言规划 …………………………………………… 157
    二　少数民族家庭语言规划 ………………………………………… 160
    三　华侨华人家庭语言规划 ………………………………………… 162
    四　跨国婚姻家庭语言规划 ………………………………………… 164
    五　家庭语言规划研究综论 ………………………………………… 166

**特殊人群语言规划** ……………………………………………………… 172
    一　聋人语言规划 …………………………………………………… 172
    二　盲人语言规划 …………………………………………………… 176
    三　语言障碍儿童语言规划 ………………………………………… 178
    四　语言蚀失老人语言规划 ………………………………………… 181

**高考语文改革** …………………………………………………………… 189
    一　改革背景 ………………………………………………………… 189
    二　改革原则 ………………………………………………………… 192
    三　内容改革 ………………………………………………………… 194
    四　命题改革 ………………………………………………………… 196
    五　评卷改革 ………………………………………………………… 199

## 新时代外语专业教育 ········· 205
　一　培养目标 ········· 206
　二　专业建设 ········· 208
　三　课程改革 ········· 215
　四　教学理念 ········· 217

## 语言智能 ········· 225
　一　语言智能时代的语言研究 ········· 225
　二　语言智能应用的教育场景 ········· 228
　三　语言智能的社会伦理问题 ········· 230

## 中文国际传播 ········· 237
　一　中文传播理论 ········· 237
　二　国际中文教育 ········· 244
　三　海外华文教育 ········· 250

# 第二部分　论点摘编 ········· 261

语言功能决定世界语言格局 ········· 263
加快修订《国家通用语言文字法》 ········· 263
新时代推普要有新认识 ········· 264
做好新时代甲骨文研究工作的四点建议 ········· 264
让古老汉字焕发出时代风采 ········· 265
融媒体辞书要在六个方面实现融合贯通 ········· 266
外语教育要为国家战略服务 ········· 266
外语教育要防止走极端 ········· 267
"一带一路"外语教育规划的四大任务 ········· 267
提高中文修养对搞好翻译至关重要 ········· 268
从"三原"着手传承传播中华文化 ········· 268
提高国家文化软实力需要重视语言文化交流 ········· 269
安全观话语构建要充分阐释中国文化内涵 ········· 269
法律工作者应具有"四位一体"的语言能力 ········· 270
语言影响国际政治的三个方面 ········· 270
语言政策的本质是引导和调控语言价值 ········· 271

## 目录

中国术语学研究的八大特点 …………………………… 272

语言学应向话语研究转型 ………………………………… 272

## 第三部分　学术动态 ………………………………… 273

2019年四大科研基金语言学课题立项情况调查 ………… 275

2019年语言政策研究相关学术会议综述 ………………… 296

## 第四部分　附　录 …………………………………… 309

2019年语言政策与语言规划类书目 ……………………… 311

# Contents

**Part I  Topic Review** ········································································ 001

**Seventy Years of Language Planning Study in China** ················· 003
    I. Seventy years of language policy study in China ················· 003
    II. Seventy years of language education study in China ············ 009
    III. Seventy years of language situation study in China ············ 016

**Putonghua Promotion Contributing to Poverty Alleviation** ············ 024
    I. The role of Putonghua promotion in poverty reduction and
       poverty alleviation ···································································· 024
    II. Putonghua promotion in poverty-stricken areas: Practices and
       shortcomings ············································································· 027
    III. Targeted poverty alleviation calling for targeted Putonghua
       promotion ·················································································· 030
    IV. Language-aided poverty alleviation contributing to durable
       poverty alleviation ··································································· 033

**Scientific Protection of Language Resources** ································ 043
    I. Theories and practices of language resource protection ··············· 043
    II. Achievements and experiences of the Language Resource
       Protection Project ···································································· 046
    III. China's Language Resource Protection revealing itself to
       the world ··················································································· 051

**National Language Capacity** ··························································· 058
    I. Theory construction ···································································· 058
    II. Current state ·············································································· 069
    III. Tasks and strategies ································································ 072

## Contents

**Construction of Diplomatic Discourse System** ········· 080
    I. Construction of diplomatic discourse ············· 080
    II. Translation of diplomatic discourse ············· 086
    III. Transmission of diplomatic discourse ············· 090
    IV. Study of diplomatic discourse ············· 096

**Governance of Internet Language Use** ············· 104
    I. Governance target ············· 105
    II. Governance significance ············· 108
    III. Governance priority ············· 110
    IV. Governance strategy ············· 112

**Language Norms** ············· 118
    I. Language normalization policy ············· 118
    II. Instruction and application of Chinese *Pinyin* Scheme ············· 123
    III. Normalization of Chinese characters and authorization for special characters in geographical names ············· 124
    IV. Thesaurus development and word collection in Lexicography ············· 128

**Language Service** ············· 139
    I. Language service in the Greater Bay Area ············· 139
    II. Language service for the 2022 Beijing-Zhangjiakou Winter Olympics ············· 143
    III. Urban language service ············· 148

**Family Language Planning** ············· 157
    I. Family language planning in dialectal regions ············· 157
    II. Family language planning for minority groups ············· 160
    III. Family language planning for oversea Chinese ············· 162
    IV. Family language planning in the context of transnational marriage ············· 164
    V. Overview on family language planning study ············· 166

**Language Planning for Physically Challenged and Language Impairment Groups** ············· 172
    I. Language planning for deaf community ············· 172

II. Language planning for blind community ········· 176
III. Language planning for language-impaired children ······· 178
IV. Language planning for the elderly with language attrition ······ 181

**Reform of Chinese Test in College Entrance Examination** ······ 189
I. Background of the reform ········· 189
II. Principles of the reform ········· 192
III. Reform in contents ········· 194
IV. Reform in item design ········· 196
V. Reform in scoring method ········· 199

**Education of Foreign Language Majors in the New Era** ······ 205
I. Educational objectives ········· 206
II. Specialty construction ········· 208
III. Curriculum reform ········· 215
IV. Teaching philosophy ········· 217

**Language Intelligence** ········· 225
I. Language research in the age of language intelligence ······ 225
II. Application of language intelligence in the context of education ··· 228
III. Social ethical issues of language intelligence ········· 230

**Global Transmission of Chinese Language** ········· 237
I. Theory of Chinese language transmission ········· 237
II. International Chinese Language Education ········· 244
III. Education of Chinese as heritage language overseas ······ 250

**Part II  Argument Extracts and Compilations** ········· 261
Language function determining the world language situation ······ 263
Accelerating the revision of *The Law for the Commonly-Used Language and Characters of the People's Republic of China* ······ 263
New perceptions for Putonghua promotion in the new era ······ 264
Four suggestions on the research of bone and tortoise shell inscriptions in the new era ········· 264
Promoting the charm of ancient Chinese characters in the new era ··· 265

| | |
|---|---|
| Media convergence-based dictionaries should be integrated in six aspects | 266 |
| Foreign language education should serve national strategy | 266 |
| Foreign language education should avoid polarized development | 267 |
| Four major tasks of foreign language education in support of the Belt and Road Initiative | 267 |
| Improving Chinese language competence is essential for good translation | 268 |
| Inherit and spread Chinese culture from the "Three Origins" | 268 |
| Improving national cultural soft power calls for more language and cultural exchanges | 269 |
| Discourse construction of security concept should shed light on the essence of Chinese culture | 269 |
| Legal workers should have "four in one" language skills | 270 |
| Three ways of language affecting international politics | 270 |
| The nature of language policy is to guide and regulate language value | 271 |
| Eight features of Chinese terminology research | 272 |
| Linguistics should shift its focus to discourse research | 272 |
| **Part III Funded Projects and Academic Conferences** | **273** |
| Linguistic studies funded by four major science funds in China (2019) | 275 |
| Academic conferences on language policy and planning study (2019) | 296 |
| **Part IV Appendices** | **309** |
| Bibliography of language policy and planning studies in 2019 | 311 |

第一部分

# 专题综述

# 语言规划七十年

## 引 言

2019年是新中国成立70周年,多位学者就我国语言规划70年发展历程进行研究,总结梳理,爬罗剔抉,从多个方面展示了新中国语言规划"从哪里来,到哪里去""为了什么,做了什么"以及"取得了哪些成果,产生了什么影响"。

本部分从3个方面介绍相关研究情况:一是"语言政策七十年",相关研究反映了新中国语言文字工作发展历程的总体面貌;二是"语言教育七十年",相关研究展示了作为语言规划关键路径的语言教育的70年发展历程,内容涉及语文教育、高校外语教育和国际中文教育;三是"语言生活七十年",相关研究展示了在语言规划及政治经济发展影响下新中国语言生活变化发展的情况。

## 一 语言政策七十年

本节介绍关于新中国语言文字工作发展史的研究情况。2019年的相关研究在前人研究基础上进一步拓展和深化,主要体现在以下4个方面。

### (一)政策发展分段

前人研究提出了不同的阶段划分。王均(1995)以1985年为界分为两个时期,之前是"文字改革"时期,进一步分为序幕(1949—1955)、高潮(1956—1965)、低潮(1966—1976)和复兴(1977—1985)4个阶段;之后是"语言文字工作"时期,也是政府部门长期以来所称的"新时期"。陈章太、谢俊英(2009)分为3个阶段:立国建设阶段(1949—1976)、改革发展阶段(1977—1996)、法制社会和信息时代(1997年起)。苏培成(2010)分为3个时期:第一时期(1949—1976)以语文改革为主;第二时期(1977—2000)以语文规范为主;第三时期(2001—2007)实施国家语文发展战略。周庆生(2013)分为4个时期:第一时期(1949—1958)"主体多样"语言政策的确立;第二时期(1958—1978)语言使用受到挫折和限制;第三时期(1978—2000)语言规范化和标准化建设;第四时期(2000年至今)颁布和实施《国家通用语言文字法》。2019年学界的研究与上述阶段划分不尽相同。

李宇明(2019)侧重语言生活变化,分为3个时期:第一时期(1949—1980)完成文字改革三大任务;第二时期(1986—2005)标准化和法制化;第三时期(2005年至今)语言生活治理。

周庆生(2019)侧重语言政策研究,分为4个时期:第一是形成期(1949—1986),新中国成立初期,国家实行文字改革和语言规范政策;第二是发展期(1986—2000),改革开放时期,国家实行语言文字规范化、标准化、信息化政策,明确提出了"三化"的任务;第三是成熟期(2000—2006),21世纪初,实行语言立法政策,中国有史以来首次颁布《中华人民共和国国家通用语言文字法》,国家的语言治理,开始从人治走向法治;第四是拓展期(2006年至今),国家实行构建和谐语言生活、语言保护、语言服务和提升国家语言能力政策。

张日培(2019a)侧重政策实施,分为3个时期:第一是文字改革时期(1949—1986),着力于教育、新闻出版、广播电视等重点领域,同时通过干部培训、群众扫盲等,推行文字改革的成果与政策;第二是语言文字规范化标准化信息化建设时期(1986—2007),制定规范标准、管理社会语用,聚焦党政机关、学校教育、新闻媒体、公共服务四大领域,提出三项基本措施,实现依法管理;第三是国家语言能力建设与语言生活治理时期(2007年至今),服务国家战略需求,建设、管理、服务与宣传教育并重,探索语言治理,构建和谐语言生活。

郭龙生(2019)侧重语言规范化建设,分为7个时期:宣传准备和积极学习阶段(1949—1955);确定标准和大力推广阶段(1956—1965);惨遭破坏和缓慢前进阶段(1966—1977);逐步恢复和努力发展阶段(1978—1986);理论探索和深入思考阶段(1987—2000);依法治语和科学推进阶段(2001—2012);理念调整和适应需求阶段(2013—2020)。

文秋芳(2019a)侧重国家语言治理能力建设,分为3个时期:建设期(1949—1976)、发展期(1977—1999)、繁荣期(2000年至今)。

王春辉（2019a）从"语言扶贫"的视角，以 2011 年为界划分为两个时期：之前是语言间接扶贫阶段，之后是语言直接扶贫阶段。这是特定主题下的阶段划分。

**（二）政策内容建构**

政策内容反映工作任务。已有研究中，王均（1995）、苏培成（2010）对新中国语言文字事业所开展的工作以及重大事件进行了系统而详尽的梳理述介；费锦昌（1997）搜集整理了近百年来文字改革的重要事件；陈章太、谢俊英（2009）述介了各阶段的重点工作，或相关工作在不同阶段的侧重点。上述研究以来，时间又过去了 10 多年，结合近阶段的工作内容拓展和政策理念发展，2019 年的研究从不同视角对新中国语言政策的内容进行了建构。

周庆生（2019）从语言政策研究的角度，梳理出七大主题：文字改革（"三大任务"）、语言规范化标准化信息化、语言立法、语言保护、语言服务和语言能力、语言战略、语言政策流变。其中，前 5 项属于政策内容，也是反映各阶段特征的主题（有的主题跨阶段）；第 6 项"语言战略"属于政策价值；第 7 项反映了政策流变趋势。

傅永和、张日培（2019）在述介改革开放以来语言文字事业发展状况时，基本对接国家语言文字事业"十三五"发展规划提出的任务体系，包括 7 个方面：国家通用语言文字推广普及、语言文字规范化标准化信息化建设、语言资源科学保护、语言服务能力建设、语言文化传承传播、语言文字交流合作和语言治理体系建设。

张日培（2019a）以平面扫描的方式列举了 15 项当代中国语言规划的内容：国家通用语选择与培育，包括语音、词汇、语法各层面的规范，名词术语规范等；汉字改革与标准化建设，包括汉字整理与简化、汉字标准化（"四定"）以及汉语书写体系中的标点符号和数字用法规范、地名用字规范等；制定和推行《汉语拼音方案》；国家通用语言文字推广使用与依法管理；少数民族文字创制与改革；传统通用少数民族语言文字在民族自治区域的推广使用、规范管理及规范化标准化建设；语言文字信息化建设，包括国家通用语言文字和少数民族语言文字；语言资源科学保护；国家通用语言文字学校教育；国民外语教育；中文国际教育；外语服务与译写规范；手语、盲文规范化建设；中华语言文化传承传播；社会语言生活引导与服务。作者指出，我国语言政策传统上包括国家通用语言文字工作和少数民族语言文字工作两大块；新世纪以来，特别是"十三五"以来，国家语委提出构建"高站位、全覆盖、广动员、深合作"的"大语言文字"工作格局，将外语教育与服务、手语盲文规范与服务等也纳入了语言政策内容。加上汉语方言的调查与保护，当前我国语言政策的视野全面覆盖国家通用语言文字、汉语方言、少数民族语言文字、外国语言文字、手语盲文等特殊语言文字。

黄行（2019）从"民族语文事业"视角梳理的政策内容主要包括：少数民族语言调查；少数民族文字创制与改革；少数民族语文政策法规建设；语言志书与语言地图出版；少数民族语言资源保护；少数民族文字资源建设；跨境语言资源共建；少数民族语文资料翻译；少数民族地区的推普工作。这是特定视角下的深度梳理。

除上述研究提到的内容以外，张洁（2019）的梳理中还涉及中国汉语水平考试（HSK）、为"一带一路"建设提供语言服务、国家语言资源信息化平台建设、国家语言资源监测与研究中心建设等，属于更加具体的工作事项。此外，王春辉（2019a）述介了2012年以来我国开展语言扶贫的措施与经验。

### （三）政策举措梳理

文秋芳（2019a）以"国家语言治理能力建设"为视角，梳理了新中国语言文字工作机构体系构建、规划制定与实施、研究与交流等的发展情况。张日培（2019b）梳理了新中国语言规划的行政体制。

关于语言政策的行政运作体制。张日培（2019b）指出，新中国成立以来，国家语言规划的主管部门经历了从"中国文字改革委员会"到"国家语言文字工作委员会"、从国务院直属机构到国家教委代管机构再到并入教育部的变迁。同时，少数民族语言文字工作、现代汉语规范、科技名词规范、地名用字规范、语言文字信息化、中文国际教育、手语盲文规范等语言政策内容的实施涉及国家民委、社科院（语言所）、中科院（名词委）、工信部、民政部、孔子学院总部、国务院侨办、中残联等多个职能部门；社会语言文字应用管理进一步涉及新闻出版、广播电视、交通、旅游等行业主管部门以及市场管理等行政执法部门。新时期以来，国家先后于1986年、1997年两次召开全国语言文字工作会议，统筹协调、规划部署各部门工作。1998年之后，国家语委的跨部门议事协调职能日益凸显，每年召开成员单位会议统筹协调各部门工作，目前共有29家成员单位。此外，还设有"外语中文译写规范和中华思想文化术语传播部际联席会议"等跨部门协调性工作机制。陈章太（2019）指出，1985年国家语委成立后，拟扩大工作范围，将民族语文工作、外语工作、科技术语工作、人地名工作等划归国家语委管理，后因各种原因未能实现。文秋芳（2019a）认为，国家语委和国家民委应进一步加强沟通协作，同时建议扩大现有国家语委功能，统一治理涉内涉外与语言相关的事务，把提升国家语言能力的任务落到实处。

关于地方语言文字工作机构建设。张日培（2019b）指出，省级语言文字工作机构基本在省级教育行政部门内得到了落实，但近年来语言文字职能处室与其他职能处室"合署办公"的现象日益增多（如"教材与语言文字管理处"）；地、县两级的机构情况则十分多元。文秋芳（2019a）指出，地、县两级语言文字工作机构建设落实不力，亟须加强建设。

关于政策手段。张日培（2019b）认为主要包括4个方面：一是法律的手段，包括立法定规（语言文字规范标准相当于部门规范性文件）、依法管理；二是行政的手段，如城市语言文字工作评估、语言文字工作督导评估、语言文字规范化合格/示范区域评估、语言文字规范化示范校创建、将语言文字规范纳入精神文明创建检查等；三是教育的手段，包括群众性宣传文化活动（如中华诵系列活动）、社会语言生活引导服务等；四是研究的手段，包括建设研究机构、设立科研规划课题、实施重大工程或项目等[①]。

### （四）政策流变分析

已有研究中，陈章太、谢俊英（2009）指出，新中国语言政策经历了从"拼音化和大众化"到"规范化和标准化"再到"信息化和法制化"的嬗变；苏培成（2010）认为，新中国语言政策经历了从"语文改革"到"语文规范"再到"实施国家语文发展战略"的变迁，指出"语文改革"与"语文规范"要统筹兼顾、协调发展。2019年的研究进行了新的思考与分析。

语言战略的历时演进。周庆生（2019）指出，在不同历史时期，国家治国方略不尽相同，语言战略或语言文字工作的重心也存在差异。近几十年来，我国语言文字工作服务国家战略的意识越来越强烈，语言战略贴近国家战略的趋势越来越明显。改革开放初期，语言文字工作提出"语文现代化"战略，自觉

---

① 关于"语言研究"，张日培（2019b）认为是政策手段之一，李宇明（2019）则认为是与"语言规划"并驾齐驱的"语言文字事业"的两大部分之一。

用"语文现代化"与国家"社会主义现代化建设"战略对接。世纪之交,《国家通用语言文字法》颁布实施,语言文字工作自觉将"语言立法"融入国家"依法治国"战略之中。21世纪初,语言文字工作提出"构建和谐语言生活",自觉用"构建和谐语言生活"战略服务国家"构建社会主义和谐社会"战略。

主体多样语言政策的变化发展。周庆生(2019)认为,2006年前,主体性语言政策跟多样性语言政策,各自独立、分流发展;2006年后,主体性语言政策跟多样性语言政策,开始合流、统筹发展。具体见图1：

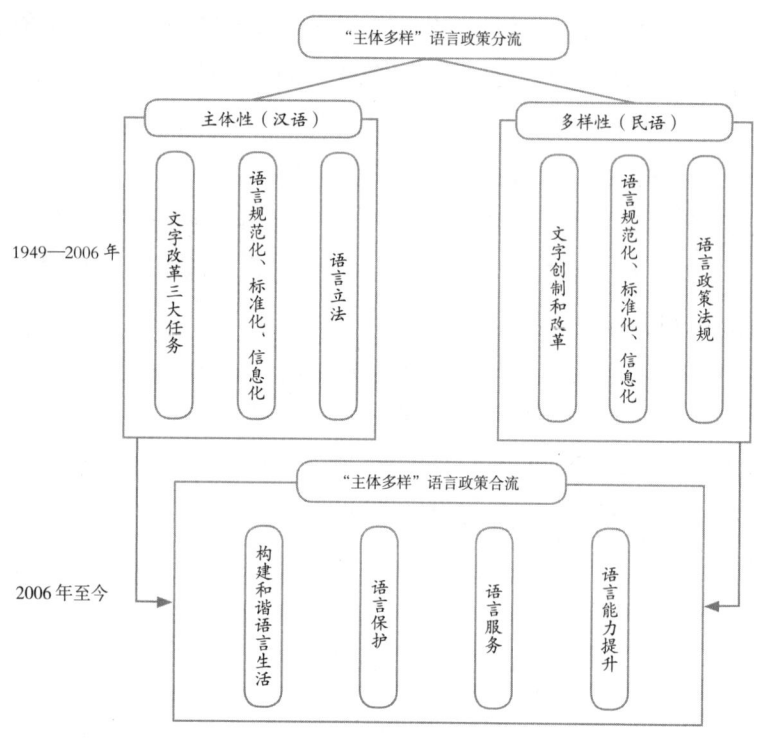

图1 "主体多样"语言政策的形成过程

民族语文工作的调整和变化。黄行(2019)指出,新中国成立70年来,民族语文工作及其指导管理下的民族语文生活会随着国家政治和经济社会的发展而不断地调整和变化,近5年来国家民族语文工作比较明显的调整与变化可以概括为宏观和微观两个方面的语言地位规划问题。作者认为,未来少数民族语言会在4个方面发挥应有的、不可替代的积极作用:(1)继续保障国家"民族区域自治"制度和法律所赋予的民族地区区域自治民族的语言权利;(2)发挥多样性少数民族文化资源的语言载体与传承功能;(3)与国家通用语言形成互补和互相不可替代的发展与认同关系,构建和谐共赢的语言生态环境;(4)维护国家统一、社会稳定、边疆安全、境内外族群沟通认同的正能量。

## 二 语言教育七十年

新中国语言教育体系涵盖国家通用语言文字教育（语文教育）、外语教育、少数民族语言文字教育、手语盲文等特殊语言教育及国际中文教育，覆盖基础教育、高等教育、职业教育等学段。2019年关于新中国语言教育发展史的研究主要涉及中小学语文教育、高校外语教育和国际中文教育3个方面。

### （一）中小学语文教育

历史分段与阶段特征。顾之川（2019）将新中国成立70年来的语文教育分为初创、改革、复兴3个时期。（1）初创期（1949—1977）：在党中央的领导下，扫除文盲、进行文字改革、推行《汉语拼音方案》、推广普通话、正确使用祖国语言文字等政治任务，有力地推动了语文教育教学发展；语文工具论成为语文教育教学的指导思想；汉语、文学分科教学试验，因照搬苏联模式造成"水土不服"，后引起争议而中止；语文教育受政治影响愈演愈烈，直到"文革"爆发，受到严重冲击。（2）改革期（1978—2011）：拨乱反正、文道统一成为时代的主旋律，重新确立语文工具论的指导地位，培养正确理解和熟练运用祖国语言文字能力成为语文教育的基本任务；一批语文大家如叶圣陶、吕叔湘、朱德熙、张志公、刘国正等振臂高呼，发挥了号召和引领作用；全国中语会、小语会发挥了重要的桥梁和纽带作用；广大语文教师教学改革与研究热情高涨，涌现出一大批有影响的教学名师和教学成果。（3）复兴期（2012—2019）：党的领导和国家重视确定了语文教育的重要地位，语文教材实行统编，语文教育新课程、新教材、新高考充分体现党和国家的意志，确保政治思想、意识形态和核心价值正确；语文教育教学研究日趋活跃，尤其是学习语文新课标、践行语文教学新理念蔚然成风，有力推动着语文教育教学研究向纵深发展；科技进步给语文教育带来新气象，互联网、大数据突破课堂、学校、求知的传统边界，语文教育工作者主动适应这一变化，运用新媒体新技术，推动语文教育传统优势与信息技术相融合，使语文教育资源联网上线，增强了语文教学的时代感和吸引力，也给语文教育教学带来新气象。

目前语文教育存在的缺憾。顾之川（2019）认为主要包括4个方面：（1）语文教育理论研究与语文教学实践脱节；（2）语文研究的深度与广度都有待加强；（3）语文教育发展很不平衡，中国各地在办学条件、师资水平、生源质量、教师待遇、语文教育研究氛围等方面都存在很大差异；（4）语文教育面向世界与未来准备不足。

语文教育未来发展思考。顾之川（2019）提出5个方面：（1）教育的根本任务是立德树人，语文教育在培养学生语文核心素养过程中，同时肩负着启迪思想、陶冶情操、温润心灵的重要职责，承担着以文化人、以文育人、固本培元的神圣使命，要在"培根铸魂"上下功夫。（2）语文教育研究必须扎根在中国大地上。简单移植或盲目搬用外国理论和经验，容易造成"水土不服"。语文教育必须从根本上解决"为谁培养人、培养什么人、怎样培养人"的问题，把握时代脉搏，聆听时代声音，立足当代中国，植根神州大地，运用祖国语言文字讲好中国故事，传播中国声音，阐释中国精神，表现中国价值，展示中国力量。（3）人文教育是通识教育，不是语文教育特有的任务。应明确语文课的工具性目标，主要任务是培养和提高正确理解和熟练运用祖国语言文字的关键能力，即阅读、写作和口语交际能力。当然，在学习过程中，语文课要自觉注重人的发展和人格塑造，培养学生独立思考、批判性思维和创新能力，也就是古人所说的"文道统一"。（4）语文教育主要是学习语言文字的表达应用，以往语文教育普遍存在"重文轻语"现象，为学生未来计，语文教育教学必须做到"文语并重"。（5）语文教育需要提高学生的文学素养，但不是为了培养文学家。人人都需要一定的文学素养，但不可能人人都成为文学家。与文学类文本的欣赏与写作相比，实用类、思辨类文本的阅读与写作能力，应用范围更广，实用性也更强，对学生未来发展也显得更加重要。

### （二）高校外语教育①

本年度关于新中国高校外语教育发展历程的研究尤为丰富，研究内容主要包括以下4个方面。

#### 1. 发展阶段

外语教育事业发展分段。戴炜栋（2019）分为5个阶段：第一阶段（1949—1965），逐渐起步；第二阶段（1966—1977），基本处于停滞状态；第

---

① 相关研究以高校外语教育发展为主，偶尔涉及中小学外语教育，如教学法。

三阶段（1978—1999），恢复发展；第四阶段（2000—2011），快速发展；第五阶段（2012年至今），新时代提出新要求。文秋芳（2019b）分为4个阶段：探索期（1949—1977）、发展期（1978—1998）、加速期（1999—2011）、新时期（2012年至今）。两位学者的共识度较高，差异在于是否将"基本处于停滞状态"的"文革"十年单独作为一个阶段列出。

外语教学与研究发展分段。曲卫国（2019）考虑到中国复杂的国情，更倾向于用"非正常状态"和"正常状态"这两个术语来进行事件切分。作者认为，就外语学科发展而言，"文革"以前，外语教学与研究的目的受到了非学科因素的严重干扰，教学与研究基本无视教学和学科发展的自身规律，与外界基本脱节，因此中国外语界当时处于非常不正常的状态；"文革"结束之后发生的改革开放使外语教学与研究开始摆脱非学科因素的严重干扰，教学和研究的自身特性开始得到基本的尊重，与外界的正常交往也逐渐得到恢复。作者进一步指出，由于历史的原因，中国外语教学和研究并没有按专业或学科逻辑发生递进式发展，阶段间的关系并没有必然的历史逻辑关系。

外语教育政策发展分段。张治国（2018）[①]以何东昌主编的《中华人民共和国重要教育文献（1949—2008）》为语料源，根据统计数据，从外语教育政策的角度，分为3个阶段：第一阶段（1949—1965年）、第二阶段（1966—1976年）和第三阶段（1977—2008年）。第一、第二阶段与戴炜栋（2019）基本一致，改革开放以来未再分段。

特定语种外语教育发展分段。李斑斑、邢菲、王海啸（2019）将大学英语教育分为萎缩、复苏、停滞、恢复、稳定、改革和改革深化7个阶段。宁琦（2019）参照中苏（中俄）两国关系发展变化的脉络，将俄语教育划分为友好同盟时期、恶化对抗时期、走向正常化时期、建立和发展中俄战略协作伙伴关系时期4个阶段。

**2. 发展特点**

外语教育事业发展特点。戴炜栋（2019）指出：起步阶段外语教育受政治外交影响较大，当时全国共教授41种外国语，74所高校开设英语专业；"文革"十年基本停滞，不过1970年周恩来总理作了《关于外语教学的谈话》；恢复发展阶段，全国外语教育座谈会召开，针对大学英语教学、英语专业基础阶段/高

---

[①] 该文献在知网中显示发表时间为2019年。

年级阶段的大纲相继制定发布,《关于外语专业面向21世纪本科教育改革的若干意见》颁布；快速发展阶段，外语语种专业得到拓展，一系列教学大纲、课程标准和课程要求纷纷出台；新时代需要外语教育进一步聚焦内涵式发展。作者认为，新中国外语教育70年发展表现在3个方面：一是对接国家战略，宏观规划指导；二是结合动态需求，培养多元人才；三是创新体制机制，助力外语教育。

外语教育实践发展特点。文秋芳（2019b）从6个方面进行了梳理。（1）教授语种。经历了从"主要教授英语和俄语"到"通用语种专业迅速增加、英语专业尤为凸显"到"英语热持续升温"再到"英语热开始降温、非通用语专业快速发展"的变化。（2）培养目标。经历了从"培养德智体全面发展的高级外语人才"到"培养技能型人才"到"培养复合型人才"再到"回归学科本位"的变化。（3）课程目标。经历了从"强调基本知识和基本技能"到"注重交际能力培养"到"注重综合素质提升"再到"学科核心素养养成"的变化。（4）教学内容。经历了从"以本土文化为主"到"以目标语文化为主"到"重视多元文化学习"再到"多元文化与本土文化并重，尤其强调本土文化内容"的变化。（5）教学方法。经历了从"以课文为中心的精读和泛读教学法"到"以引进为主、推行交际法"到"任务型教学法、自创教学法"再到"中国特色教学法"的变化。（6）教学手段。经历了从"黑板、粉笔、挂图、台式录音机"到"便携式手提录音机、语言实验室"到"多媒体教室"再到"智慧课堂"的变化。

外语教学理论发展特点。文秋芳（2019c）将其归纳为引进改造、扎根本土和融通中外3条路径。"引进改造"涉及的外语教学理论主要包括课文中心法、听说法、交际法、任务型教学法和内容依托法；"扎根本土"主要包括中学外语教学涌现的"英语十字教学法""十六字外语教学法"等多种本土教学法，以及对外汉语教学界总结的"汉语综合教学法"；"融通中外"则是汲取前两条路径的各自优点，聚焦本土问题，典型案例包括王初明团队提出的"写长法"和"续"论，以及文秋芳团队提出的"产出导向法"。

外语教学与研究发展特点。曲卫国（2019）从教材、教学理念、学生能力培养目标3个方面进行了梳理。就教材而言，《新概念英语》挑战了许国璋《英语》和其他教材的地位，所造成的最大冲击就是传统的训诂式教法以及重语法和翻译的教学思路逐渐被抛弃。就教学理念而言，在国外外语交际教学等教学理论和实践的推动下，中国的外语教学发生了由教授以书面语为主的阅读、翻译，发展到开始强调口语和听力、重视发展学生的语言综合交际能力这一重大转变；这个转变应该是中国外语教学最重要的飞跃。就学生能力培养目标而言，一是复合型人才概念的形成，二是关于外语本科专业学生思辨能力的讨论，后者极大地推动了学界对外语教学的学科归属以及外语作为大学本科专业属性的相关研究。作者还从研究范式、研究对象、研究层面、研究方法、读者群变化等方面梳理了新中国外语研究取得的成就。

外语教育政策发展特点。张治国（2018）统计梳理了各阶段外语教育政策文献的数量与内容，发现"语种选择""课程设置"和"教学管理"是我国各阶段外语教育政策的重点内容。第一阶段的外语教育政策缺乏稳定性和前瞻性，第二阶段的外语教育政策处于停滞状态，第三阶段的外语教育政策更加理性和稳定。

特定语种外语教育发展特点。李斑斑、邢菲、王海啸（2019）认为70年来的大学英语无论是在教学大纲的完整性与科学性，还是在教学研究的系统性等方面都有了长足的发展：教学目标内涵更为丰富，满足更多层次的需求；教学方法从"单一""应试"等为特色逐渐转向培养英语应用能力的综合教学方式，教学手段从单纯的依赖传统教材发展到基于网络、多媒体、移动设备和传统手段的综合应用；教学研究从最初的思辨为主发展到能运用更为科学的定量和定性方法展开研究，研究范式更加规范化。宁琦（2019）认为70年来的俄语教育从新中国成立初期的"一边倒"到20世纪60年代中期的削弱消减、几近沉寂，从改革开放初期的恢复重建直至新时代的理性发展，经历了高峰、低谷、重振、发展等一系列跌宕起伏的历程。

**3. 问题挑战**

外语教学与研究存在的问题。曲卫国（2019）认为包括4个方面：一是出现了以外国理论作为基本研究框架的汉语研究，外语本体研究被边缘化；二是在与国际研究高度接轨的同时，"跟风"严重，并没有太大的自主性，基本没有自己的系统理论；三是在语言学跨学科发展的趋势下，外语学科教师的跨学科研究能力存疑；四是语言学的身份问题开始困扰中国学者，所谓的理论构建的想法并不是问题驱动，而更多的是所谓"中国特色"的身份驱动，其动机与学术发展自身没有太大关系，背离了基本的科学精神和科学准则，会使所谓的中国问题研究无法上升到普遍规律的更高层次。

外语教育面临的挑战。文秋芳（2019b）认为我国外语教育面临两大挑战：一是来自语言智能技术的挑战，有人甚至怀疑外语教师将来是否会失业；二是低层次外语人才供过于求而高层次人才极其匮乏，而对"教育公平"还存在误读，没有认识到"教育公平"既有"均等化"的目标，也有"多样化"的目标。

外语教育规划存在的不足。宁琦（2019）认为，我国目前的俄语教育现状与其大国地位和发展目标还很不匹配，当前外语政策的不平衡也直接对俄语教育的发展造成负面影响，没有为之提供应有的良性健康的发展环境；70年来俄语教育跌宕起伏的发展历程显示，长期以来中国在外语教育规划方面存在不足。

**4. 未来发展**[①]

全面推进事业发展。戴炜栋（2019）提出4点建议：一是坚持以本（科）为本，建构一体化人才培养体系；二是坚持多元发展，加强学科交叉原创性研究；三是坚持潜心育人，营造教学相长生态环境；四是坚持绿色共享，推动"人工智能+外语教育"发展。

迎接语言智能技术挑战。文秋芳（2019b）认为，外语教育工作者必须张开双臂，拥抱语言智能技术发展的新时代，以积极、开放的心态，尽快熟悉、掌握相关技术，将课堂教学与网络课程融合、将纸质教材与网络资源结合、将教师评价和机器自动评价相互补充，让语言智能技术助力外语教育，使教师有更多时间和精力从事创造性劳动。未来不了解、不熟悉、不会使用语言智能技术的外语教师大都会被淘汰。

正确认识"教育公平"。文秋芳（2019b）指出，应当澄清认识，把拔尖创新人才培养放到国家发展的大格局中去考量，为高端外语人才的培养制定更好的政策法规，提供更宽松的实践环境。

加强大学英语教育。李斑斑、邢菲、王海啸（2019）建议：进一步突出国际化、复合型人才培养目标，加强课程体系建设，推进在线开放课程建设，开展混合式教学研究与实践，构建科学评价体系，推进中国特色大学英语教育理论建构与研究，为实现高水平国际化人才培养目标创造良好条件。

---

① 本部分主要介绍展示基于新中国70年发展史梳理而进行的对策性研究情况。实际上，党的十九大以来，外语界对新时代外语教育发展战略的研究十分丰富，本报告于另一专题"新时代外语专业教育"具体介绍。

加强俄语教育。宁琦（2019）建议：重新认识俄语教育的发展方向和价值作用，积极拓展涉俄研究的重要领域和关键问题，不断开阔俄语学界的胸襟和视野，主动参与中俄人文交流和高校合作。

### （三）国际中文教育

"国际中文教育"是2019年首次使用的术语，标志性事件是12月9日在长沙召开的国际中文教育大会[①]；之前使用的术语包括"对外汉语教学""汉语国际教育"等，术语的变化反映了宏观政策的调整。[②] 新中国成立之初我国就有了针对外国人的汉语教学实践，改革开放以后出现了"对外汉语教学"概念，进入新世纪以后出现了"汉语国际教育"概念。"对外汉语教学"这一概念清晰地描述了区别于母语文教学和其他第二语言教学的学科特征（王路江2003），至今仍有使用。李泉（2019）认为，"对外汉语教学"约定俗成指称汉语作为第二语言教学已经几十年了，具有广泛的学术和社会影响，特别是指称来华留学生的汉语教学更为明确和贴切，从尊重学科发展历史和名称约定俗成的角度来看，应该保留这一说法。李泉（李泉等2019）进一步对新中国成立以来的"对外汉语教学"发展历程进行了梳理和分析。

发展概况。李泉（2019）指出，对外国人的汉语教学，始于中华人民共和国成立之初，并得到党和国家几代领导人的关心；从20世纪50年代接收少数交换留学生开始，到60年代较多地接收、80年代大量接收来华留学生，再到21世纪每年有几十万各类来华留学生，同时在海外合作开办孔子学院和孔子课堂，并大量外派汉语教师和志愿者，表明中国政府对来华留学生工作的高度重视和对国际汉语教育事业的大力支持。

发展阶段与成就。李泉（李泉等2019）认为，70年来，经过几代对外汉语教师的不懈努力，对外汉语教学和研究取得了丰硕的成果：20世纪50—70年代在探索汉语自身教学规律方面取得了可喜的成就，奠定了学科发展的基石；80—90年代对外汉语教学实践获得了广泛而深入的发展，学科建设在各个领域都获得了前所未有的大发展；21世纪特别是2005年世界汉语大会以来，对外汉语教学的工作重点转向海外，并取得了令人瞩目的成就，但国内的对外汉语

---

① 该会议的前身是"世界汉语大会"和"孔子学院大会"。前者2005年召开了一届；后者2006年首次召开，到2018年连续召开了13届。

② 本报告另一专题"中文国际传播"将做专题介绍。

教学有被边缘化的倾向。

思考与建议。李泉（李泉等 2019）从 8 个方面提出了自己的观点：（1）对外汉语教学作为一项事业，需要对外汉语教学作为一门学科来支撑。事业与学科应相互促进，忽视对学科的建设，事业的发展就会受到影响。（2）对外汉语教学跟其他第二语言教学一样，有其自身的教学规律，其中的文化教学有特定内涵和功能。过于强调汉语教学的文化传播功能，是对这门学科的误解。（3）国内的汉语教学与海外的汉语教学应并行不悖、共同发展。忽视国内的对外汉语教学和研究，就将失去对海外汉语教学提供支持的平台。（4）70 年来，对外汉语教学取得了丰富的教学经验和研究成果。其中，20 世纪 50—70 年代在探索适合汉语汉字特点及其教学规律方面有重要贡献。20 世纪 80 年代以来，在借鉴海外第二语言教学理论和方法方面较为突出，相对而言在探索适合汉语汉字特点及其教学规律方面意识不强、着力不够。（5）对外汉语教学必须走自己的路子，而不能照搬其他第二语言教学的经验和做法。这种道路自信不是一种主观选择，而是汉语汉字的特点以及二者之间的关系不同于其他语言和文字及其之间的关系所决定的。（6）国家有关部门的领导至关重要。近些年来对外汉语教学由于缺乏教育主管部门的领导而渐趋边缘化，而留学生预科教育由于受到教育部（国家留学基金委）的高度重视而得到快速发展，就是明证。（7）近年来，国内对外汉语教学缺乏应有的学术组织、学术引导和顶层设计，学科建设处于自发状态，应引起有关部门重视。（8）对外汉语教学界同人亦应不忘初心，增强责任感和使命担当，在信息化时代国际语言文字生活早已发生重大变化的背景下，更新观念，积极探索汉语汉字教学的新理念、新模式和新方法，为汉语国际化做出中国业界应有的贡献。

## 三　语言生活七十年

语言生活是社会生活的重要组成部分。"'语言生活'这个概念虽然早就出现，但内涵一直比较模糊。早在 1981 年吕叔湘先生为《语言研究》创刊号所作题词中，就已经涉及语言生活的内容；1997 年李宇明为'语言生活'所下的定义（运用和应用语言文字的各种社会活动和个人活动，可以概括为语言生活）得到了学界的认可和沿用。"（江蓝生 2016）语言生活的变化发展，与语言规划有着密切的关系，有的变化是语言规划的直接结果。2019 年的相关研究展示了新中国成立70年来我国语言生活的特征与走向，主要表现在以下5个方面。

### （一）主体多样和谐共生

主体性确立。国家通用语言文字普及不断推进，使用水平不断提高。关于普通话推广，在介绍全国普及率的同时，郭熙（2019）强调了"言同音"的意义，李宇明（2019）强调了普通话的国际化发展。关于规范汉字推行，郭熙（2019）、王春辉（2019a）介绍了"扫盲"工作取得的成就，从文盲到脱盲，改变了人们的语言生活。

多样性发展。多种语言和方言并存，和谐多姿。多语多言生活的基础是双言双语人（包括多言多语人）的大量涌现。李宇明（2019）将其列为70年来中国语言生活的首要变化，并认为"双言双语人不仅是社会进步的一种表现，也是促进社会进步的重要因素"。

"主体多样"主要表现在国家通用语言和少数民族语言、普通话和方言、中文和外文的关系上。郭熙（2019）还在此视角下考察了中国国家通用语和海外华语的互动。"主体多样"的语言生活局面的形成有一个过程，郭熙（2019）概述了近年来方言保护传承、外语进入中国语言生活的情况。

### （二）语言生活与时俱进

中国语言生活始终伴随着时代的发展运行。郭熙（2019）认为，前30年的社会变革和不断的政治运动，是当时社会语言生活的强大动力，其中最突出的表现是词语的政治化和军事化。后40年中国语言生活所受到的社会影响范围则要广泛得多。改革开放带来了人口大流动，使得普通话成为必需，普通话得到普及，水平不断提高。经历改革开放洗礼的中国，思想解放，观念更新，涌现出大量的新概念、新词语，除政治生活外，经济生活、文化生活的影响越来越大，现代科技，特别是进入网络和智能手机时代，催生了语言运用和应用的众多新方式。对外交流的增加扩大了语言生活的接触。语言生活的内容和形式都不断得到丰富，更加多样。

社会发展对语言生活的影响表现在多个方面，最重要的是语言媒体的发展、丰富与融合产生的深刻影响。李宇明（2019）指出，平面媒体、音像媒体、网络媒体迭代共进，即将进入融媒体的新时代，语言智能的成果也正在投入使用，开拓人与机器协同的语言新生活，"8亿多人口可以利用移动网络、智能手机及语言智能服务,这种语言生活是过去所难以想象的"。郭熙(2019)指出,媒体是后40年语言生活的重要助推力量,但不同的是,现代媒体为语言传播提速,出现了媒体的横向扩展,"在新媒体助力下,每个人都是记者、编辑,语言生活逐步务实,语言不断走向活泼。各种来源的新词语,各种新的表达方式,既出现于自媒体,也出现在大众口中,更出现在各种官媒上"。此外,郭熙(2019)还指出了两方面的变化:一是语言生活方式的变化,"传统书信已经成为罕见物,传统的读书在不少情况下正在被电子读物取代,而听书成了一种新的阅读方式。人们写字的机会越来越少,提笔忘字已经成为普遍现象"。二是语言领域的扩展,语言逐渐成为社会各行各业都关心的话题,"各种语言文字标准,各种新的概念,如语言文明、语言扶贫、语言安全、语言传承等都成为社会生活的一部分"。

### (三)价值取向逐渐多元

语言价值取向多元是当今语言生活的一个重要特征。郭熙(2019)指出,70年的语言生活经历了这样的过程:从追求语言的纯洁,到重视健康的语言生活;从把语言多样性看作问题,到把它看作资源进行监测、开发和保护;从把语言看作纯交际工具到认识到语言意识形态的存在,进而认识到语言对认同的建构功能;从重视个人语言能力的培养,到提出国家语言能力的提升;从国家层面的语言文字规范化,到意识到地方、社区、企业和家庭的语言规划。这一系列的语言观念正逐步演化为社会共识,影响着当今的语言生活。

多元取向带来了语言生活的热点不断。郭熙(2019)指出,汉语危机论、旧地名恢复、地名用字读音、奥运会上的中国话、古诗文热、"语保"工程、字母词使用、方言进课堂、语言识别、中药名称规范、外语教育等,有的引起社会广泛关注,有的则引发各种争议。今天的语文工作者不再是所谓"语言警察",他们已经成为放眼全球、服务国家的学术取向的语言实践者。

### (四)语言元素变化不断

从语言自身的变化发展情况看,李宇明(2019)、郭熙(2019)都着重强调了词语更替的频仍。李宇明(2019)认为,"最大的变化是新词语的不断产生。这些新词语与一些特殊的表达格式相配合,成为一个时期一个时期的语言标志。近几十年来,字母词、网络新词语、表情包符号等较多地出现在语言生活中"。郭熙（2019）指出，词语的变化包括3类情况：旧词的复活、一些词语的隐性词义被"毁掉"、新词的产生与隐退。并认为，词语更替频仍与追逐时尚有关。郭熙（2019）还在厦门大学苏新春教授利用《人民日报》语料库数据统计出的70年700词的基础上，以十年为一段，进一步挑选出了70个词，构成了一部"70年中国语言生活史"。如：抗美援朝、样板戏、恢复高考、喇叭裤、卡拉OK、快递、"一带一路"等。

除了词语更替，李宇明（2019）、郭熙（2019）都提到了语体建设问题。李宇明（2019）指出，"百年来的现代汉语实践告诉我们，只有一般口头语体和一般书面语体是不能满足现代语言生活需要的，还需借助于古代汉语构造现代汉语的'典雅语体'，以用于庄重、典雅的语言交际"。"现在网络媒体出现，'网络文体'百花齐放，千姿百态，正在形成各种新文体。文体、语体是语言功能的格式化，其发展就是语言功能借助于不同媒体的大发展，是语言发展变化、功能提升的重要表现"。郭熙（2019）则认为，两岸语体的差异，涉及语言使用的价值取向问题。

此外，郭熙（2019）还提出了"语言产品"的概念（指语言生活中出现的各种各样的言语作品，如标语、口号、歌词、民谣、民谚、语言景观等），认为语言产品既是时代的记录和影像，也是活跃语言生活的助推力量，并列举了1949年以来部分有代表性的标语口号。如：中华人民共和国万岁（1949）；抗美援朝，保家卫国（1950）；坚决镇压反革命（1951）；总路线是照耀我们各项工作的灯塔（1953）；一定要解放台湾（1954）；走合作化道路（1955）；百花齐放，百家争鸣（1956）；大跃进万岁（1958）；鼓足干劲，力争上游，多快好省地建设社会主义（1958）；人民公社好（1958）；千万不要忘记阶级斗争（1962）；向雷锋同志学习（1963）；工业学大庆，农业学大寨（1964）；把无产阶级文化大革命进行到底（1966）；抓革命，促生产（1967）；广阔天地大有作为（1968）；人不犯我，我不犯人，人若犯我，我必犯人（1969）；友谊第一，比赛第二（1971）；深入开展批林批孔运动（1974）；实践是检验真理的唯一标准（1978）；只生一个好（1980）；振兴中华（1981）；建设有中国特色的社会主义（1982）；面向现代化，面向全世界，面向未来（1983）；冲出亚洲，走向世界（1990）；发展才是硬道理（1992）；讲学习，讲政治，讲正气（1995）；深入学习实践科学发展观（2008）；深入学习贯彻习近平新时代中国特色社会主义思想（2017）。

### （五）相关研究自成一派

语言生活是近十年中国社会语言学的研究重心，这与西方社会语言学表现出显著差别，是中国社会语言学的特色所在，也是中国社会语言学对世界社会语言学的突出贡献（郭熙，祝晓宏 2016）。

郭熙（2019）认为，以往社会语言学的研究更多的是从社会角度来研究语言，从语言角度来考察社会的相对较少。前者是以语言学为中心的"社会语言学"，后者则是以社会学为中心的"语言社会学"。现在的语言生活研究，应该是二者的结合，真正地去研究语言和社会之间的关系，是一种更为广义的社会语言学。过去曾将社会语言学的结构分析为"（社会+语言）学"，现在看来或许可以改为"（社会·语言）学""（社会-语言）学"，或直接称之为"语言生活学"。

王春辉（2019b）认为，宏观社会语言学（在中国）发生了语言生活转向，（中国的）语言生活的研究逐渐形成了自己的理论体系，建立起了"语言生活派"。"值得一提的是，对于语言政策与规划研究来说，这是可以与国际上以 Bernard Spolsky（伯纳德·斯波斯基）、Jiri Nekvapil（伊里·内克瓦皮尔）等为代表的'语言管理'学派，以 Thomas Rieento（托马斯·李圣托）、James Tollefson（詹姆斯·托勒夫森）、Stephen May（斯蒂芬·梅）为代表的'语言政治'学派，以 Nancy Hornberger（南希·洪恩伯格）、Teresa McCarty（特蕾莎·麦卡蒂）等为代表的'语言民族志'学派并驾齐驱的研究流派"。

## 结　语

新中国成立 70 年来，我国的语言规划不忘初心、与时俱进，取得了巨大成就。政府对语言生活的干预取得了积极成效；同时，社会变革、人口流动、科技、媒体等也全方位地影响中国的语言生活。70 年的语言生活留下了丰富的语言宝藏，如何从以往的语言生活中汲取经验教训，积极干预语言生活，为构建和谐健康的语言生活献计献策；如何使语言生活研究更具理论色彩，更具方法论意义，仍有大量的学术思考空间（郭熙 2019）。面向未来，新媒体、微生活对语言生活的影响已初露端倪，语言智能技术对语言教育和学习、语言传播和传输等的影响也正在迫近，口语的影响开始加大，语言的接触和互动不断增加，国家和社会对语言文字的需求更加多元，中国语言规划和语言生活的研究领域仍很宽广，研究的问题十分复杂。宏观层面包括语言与脱贫攻坚工程、推广普通话与铸造中华民族共同体意识、语言与中华文化认同、语言与"一带一路"建设、语言与人类命运共同体、语言与民心相通、语言与区域（粤港澳大湾区、京津冀开发区、长三角开发区等）发展战略、中文国际传播、语言与国家安全等；微观层面如学校语言教学、语言景观、家庭语言、语言产业、跨国企业的语言政策、语言人工智能、多语种机器翻译、语言文化遗产传承和保护、语言政策史、汉语学术话语走出去等（周庆生 2019）。"未来不可随便断言，但有一点是明确的：语言规划的对象是语言生活，语言研究的土壤是语言生活；解决语言生活的问题，提升语言生活的品位，是语言规划和语言研究的共同任务。"（李宇明 2019）

## 【本年度研究文献】

［1］陈章太，戴庆厦，陆俭明，冯志伟，张振兴，周庆生."中国语言学七十年"多人谈［J］.语言战略研究，2019，4（04）：74—80.

［2］戴炜栋.我国外语教育 70 年：传承与发展［J］.外语界，2019（04）：2—7.

［3］傅永和，张日培.语言文字事业助力国家改革发展［A］.载：郭熙主编.中国语言生活状况报告（2019）［M］.北京：商务印书馆，2019.

［4］顾之川.新中国语文教育七十年［J］.语言战略研究，2019，4（04）：38—48.

［5］郭龙生.新中国七十年语言规范观的嬗变与思考［R］.新时代语言文字规范化标准化学术研讨会暨第四届中国语言政策研究热点与趋势研讨会，上海：2019/11/16.

［6］郭熙.七十年来的中国语言生活［J］.语言战略研究，2019，4（04）：14—26.

［7］黄行.中国民族语文事业七十年［J］.语言战略研究，2019，4（04）：27—37.

［8］李斑斑，邢菲，王海啸.新中国成立 70 年来大学英语教育发展及研究的回顾与分析［J］.河北师范大学学报（教育科学版），2019，21（03）：56—64.

［9］李泉.中国对外汉语教学七十年［J］.语言战略研究,2019,4（04）:49—59.

［10］李宇明.中国语言文字事业70年:序《中国语言生活状况报告（2019）》［A］.载:郭熙主编.中国语言生活状况报告（2019）［M］.北京:商务印书馆,2019.

［11］刘利,赵金铭,李宇明,刘珣,陈绂,曹秀玲,徐正考,崔希亮,鲁健骥,贾益民,吴应辉,李泉,陆俭明.汉语国际教育知识体系的特色与构建——"汉语国际教育知识体系的特色与构建研讨会"观点汇辑［J］.世界汉语教学,2019,33（02）:147—165.

［12］宁琦.中国俄语教育70年回顾与展望［J］.上海交通大学学报（哲学社会科学版）,2019,27（05）:76—88.

［13］曲卫国.中国外语教学与研究70年的回顾与反思［J］.语言战略研究,2019,4（06）:71—78.

［14］王春辉.社会语言学研究70年［A］.载:刘丹青主编.新中国语言文字研究70年［M］.北京:中国社会科学出版社,2019b.

［15］王春辉.中华人民共和国语言扶贫事业七十年［J］.云南师范大学学报（哲学社会科学版）,2019a,51（04）:33—39.

［16］文秋芳.国家语言治理能力建设70年:回顾与展望［J］.云南师范大学学报（哲学社会科学版）,2019a,51（05）:30—40.

［17］文秋芳.新中国外语教学理论70年发展历程［J］.中国外语,2019c,16（05）:14—22.

［18］文秋芳.新中国外语教育70年:成就与挑战［J］.外语教学与研究,2019b,51（05）:735—745+801.

［19］张洁.语言文字工作七十年［J］.中国语文,2019（03）:369—381+384.

［20］张日培.当代中国的语言规划［R］.中俄语言政策学术研讨会,上海:上海外国语大学,2019a/9/27.

［21］张日培.新中国语言规划的行政体制［R］.中国外语战略研究中心语言政策学术工作坊,上海:上海外国语大学,2019b/5/28.

［22］张治国.1949—2008年中国外语教育政策的内容及特点分析［J］.语言规划学研究,2018（02）:44—51.

［23］周庆生.中国语言政策研究七十年［J］.新疆师范大学学报（哲学社会科学版），2019，40（06）：60—71+2.

**【以往参考文献】**

［1］陈章太，谢俊英.语言文字工作稳步发展的60年［J］.语言文字应用，2009（04）：2—14.

［2］陈章太主编.语言规划概论［M］.北京：商务印书馆，2015.

［3］费锦昌.中国语文现代化百年纪事（1892—1995）［M］.北京：语文出版社，1997.

［4］郭熙，祝晓宏.语言生活研究十年［J］.语言战略研究，2016，1（03）：24—33.

［5］江蓝生.直面现实语言生活［J］.语言战略研究，2016，1（03）：1.

［6］苏培成.当代中国的语文改革和语文规范［M］.北京：商务印书馆，2010.

［7］王均主编.当代中国的文字改革［M］.北京：当代中国出版社，1995.

［8］王路江.从对外汉语教学到国际汉语教学——全球化时代的汉语传播趋势［J］.世界汉语教学，2003（03）：9—12.

［9］周庆生.中国"主体多样"语言政策的发展［J］.新疆师范大学学报（哲学社会科学版），2013，34（02）：32—44+4.

# 推普助力脱贫攻坚

## 引　言

我国曾是世界上贫困人口基数最大、最贫穷的国家之一。改革开放以来，在经济发展与扶贫政策的双重推动下，我国成为世界上最早实现联合国千年发展目标中减贫目标的发展中国家，为世界减贫事业做出了重要贡献。党的十八大以来，我国扶贫开发进入脱贫攻坚新阶段，2015年中央扶贫开发工作会议吹响脱贫攻坚战的冲锋号。党的十九大进一步对脱贫攻坚做出重要部署，要求坚持精准扶贫、精准脱贫，注重扶贫同扶志、扶智相结合，深入实施东西部扶贫协作，重点攻克深度贫困地区脱贫任务。

为落实党中央关于脱贫攻坚的战略部署，2018年1月，教育部、国务院扶贫办、国家语委联合印发《推普脱贫攻坚行动计划（2018—2020年）》（以下简称《行动计划》），要求到2020年，现有贫困地区青壮年劳动力具备基本的普通话交流能力，为提升贫困人口内生动力和"造血"功能，实现精准脱贫的工作目标打好语言基础。

党的十九大以来，推普与脱贫受到学界关注。随着《行动计划》的全面实施，学界的相关研究不断深入，围绕"推普何以助力脱贫""推普如何助力脱贫"等问题，论证了推广普通话对减贫脱贫的重要意义，总结了贫困地区推普工作的成绩经验，针对问题与不足探讨了"精准推普"的方略与措施。相关研究同时关注到语言和贫困的复杂关系，就"主体多样"语言政策背景下如何全面发挥多样性语言在扶贫脱贫中的作用进行了深入探讨。

## 一　推普对减贫脱贫的重要意义

普通话是我国国家通用语言，推广普通话是我国《中华人民共和国宪法》

(以下简称《宪法》)和《中华人民共和国国家通用语言文字法》(以下简称《国家通用语言文字法》)确立的基本国策。新中国成立以来，推广普通话和文字改革、制定与推行《汉语拼音方案》一起，在扫盲工作和扶贫事业中发挥了重要作用。《行动计划》颁布之后，"推普脱贫"更被学界视作精准扶贫的文化升级版，是从经济扶贫向文化扶贫发展的标志点，从一个侧面标志着我国脱贫攻坚行动进入到"扶资""扶志""扶智""扶制"齐头并举、共起作用的深刻变化时期（李宇明等 2018）。近两年来，学界主要从以下几个方面论证了推广普通话对减贫脱贫的意义作用。

**（一）推普有利于发展国民经济**

推普对国民经济发展的促进作用体现在 3 个方面。王海兰（2019）指出，国内学者关于语言与贫困的相关研究表明，"发展生产力需要推广普通话、统一语言"，推广普通话对国民经济发展的促进作用主要表现在：促进劳动力和技术等生产要素的流动和统一市场的形成，推动城镇化建设，促进对外开放。

普通话普及率与人均国内生产总值（GDP）正相关。陈丽湘、魏晖（2019）指出，普通话普及率与区域经济发展存在一定统计学意义上的相关性。作者选取 2000 年、2017 年两年的 GDP 与 2000 年普通话普及率（整体和 15—29 岁年龄段）绘制了曲线图。结果显示：（1）2000 年 GDP 位于全国前十位的省市，其普通话普及率除了山东（44.61%）外，均高于全国普及率（53.06%）；2000 年 GDP 位于全国后十位的省市，其普通话普及率除了江西（64.28%）外，均低于全国普及率。（2）2017 年 GDP 位于全国前十位的省市，2000 年普通话普及率（15—20 岁年龄段群体）除了天津（66.09%）、山东（68.86%）、内蒙古（62.76%）、重庆（68.69%）稍低于全国普及率（70.12%），其他六个省区均高于全国普及率；2017 年 GDP 位于全国后十位的省市，2000 年普通话普及率（15—20 岁年龄段群体）除黑龙江（82.78%）外，均低于这个年龄阶段的全国普及率。（3）从 2000 年至 2017 年间，GDP 增长较显著的山东、重庆和湖北，2000 年的普通话普及率虽整体相对偏低，但在 15—29 岁年龄阶段的群体中的普及率（山东 68.86%，重庆 62.76%，湖北 68.69%），明显高于云南（51.40%）、贵州（49.09%）、青海（45.87%）、新疆（40.44%）和西藏（21.51%）等省区同年龄段的普及率。青少年群体普通话普及率高意味着未来主要劳动力群体的国家通用语能力也相对较高，会对经济发展产生一定的影响。（4）上海、江苏、天津、广东等GDP较高的省区,普通话普及率虽未居前列,但均远高于全国平均水平。

普通话普及率对经济增长的影响存在最小规模。卞成林、刘金林、阳柳艳(2019)实证研究发现,在普通话推广开始的一定阶段,由于普通话推广成本大于带来的经济收益,从而导致其对经济增长的影响为负效应,但是普通话普及率超过一定规模之后,其对经济增长的影响效应转化为正。作者所在的课题组量化研究结果显示,普通话普及率的最小规模为60%—63.8%,也就是说,要使得普通话推广对经济发展产生正面效应,就必须保证普通话普及率大于60%。

**(二)推普有利于促进教育公平**

国家通用语言文字应用能力的提升,是个体获得优质教育资源的重要保障。陈丽湘、魏晖(2019)指出,在我国,因所掌握的语言资源的差异,造成的教育资源匹配不平等,可能导致个体机会的不平等和社会阶层的差距。国内大部分优质教育资源(例如国家教育资源公共服务平台等)以国家通用语言文字为主要载体,普通话普及是实现公共教育服务均等化的基础。推广普通话能促进教育资源共享和教育均衡发展,让贫困家庭子女都能接受公平有质量的教育。

**(三)推普有利于提升人力资本**

普通话水平与劳动收入正相关。王海兰(2019)介绍,国内学界就我国劳动力市场上的劳动者,特别是农民工和少数民族地区劳动者的普通话水平与劳动收入的相关性开展了大量实证性研究,结论都是"正相关"。卞成林、刘金林、阳柳艳(2019)对广西东兴市边境居民语言能力与收入关系的实证研究发现,掌握普通话的人群获得较高收入的可能性较大。王海兰、崔萌、尼玛次仁(2019)对西藏自治区林芝市波密县劳动者普通话听说读写技能与劳动收入的关系进行实证分析后发现,劳动者普通话的听力水平、口语能力和书写能力的提升能显著提高个体劳动收入,普通话水平对劳动收入有显著的正向影响。陈丽湘、魏晖(2019)指出,在我国"多民族、多语言"的环境中,国家通用语的社会交际效率最高,包含的信息量最多,语言Q值[①]最高,能带来的资源和信息相对更多,国家通用语熟练程度高,意味着更好的收入,主动获取国家通用

---

① 黄少安等(2017)提出的语言Q值模型理论认为,Q值代表语言的生命力和交际潜能,一种语言的Q值会随着学习人数的增长而增加,Q值大的语言会吸引更多人的选择。

语技能成为贫困地区获得经济优势和融入社会群体的重要途径；在实际生活中，掌握了通用度高的语言的群体，所获得的资源相对较多，人力资本的积累就会越多，也就越能融入现代社会并获得劳动能力的认可，贫困的可能性就越小。

普通话技能与就业率正相关。王海兰（2019）介绍，国内学者大量的实证研究显示，普通话技能与就业率正相关；反之，少数民族地区对通用语言掌握欠缺所形成的语言障碍影响了少数民族农牧民从第一产业向第二、第三产业转移的步伐和城镇化进程，加重了劳动力市场的城乡分割程度，隐性失业和结构性失业加剧。卞成林、刘金林、阳柳艳（2019）指出，普通话推广有利于东兴市边境居民外出务工或者经商，对推动中越边境地区农村剩余劳动力转移就业具有积极作用。唐曼萍、李后建（2019）研究发现，普通话技能能够有效提高农户在本地非农务工的概率，增加农户的信息搜寻渠道，从而发挥减贫效应。

普通话能力与社会经济地位正相关。王浩宇（2019）对甘肃天祝县藏族青年语言能力与社会经济地位的关系研究发现，在藏族青年内部，由于获得的语言教育资源不同，国家通用语使用能力强的藏族青年在升学、就业中更具优势，社会经济地位也更高；国家通用语使用能力较弱的藏族青年在升学、就业中均不占优势，社会经济地位一般或较低。作者指出，加大国家通用语教育资源的投入、促进少数民族青年一代学好国家通用语，是推动其实现社会流动的基础性条件。即使是在保护多元文化的社会体系中，少数民族实现社会流动仍然需要学习某种强势语言。我国国家通用语已经成为世界现代知识体系的重要新载体，在中国国内的知识交流和知识创新过程中扮演着不可替代的工具作用。少数民族学好国家通用语是提升个人素质、增强竞争力、全面参与现代化进程的语言基础。对于少数民族青少年而言，获取参与社会、经济和政治活动所需的教育的权利，特别是优势语言的教育权利，也是基于能在广大社会中获得机会并主动参与的需要。

## 二　贫困地区推普的实践与不足

《行动计划》颁布以来，我国各级政府采取包括专项培训、媒体宣传、搭建信息化平台、政企合作以及开展专项活动等一系列措施推动落实（柴如瑾 2019），"推普脱贫攻坚成为语言文字事业当前首要的政治任务"（田学军 2019）。近两年来的相关研究介绍实践情况，总结实践经验，分析形势需求，同时指出了面临的困难、问题和不足。

### （一）实践与经验

政策实践。王春辉（2019a）从新中国"语言扶贫事业"的视角认为，2012年之前是"语言间接扶贫"阶段，2012年以来进入"语言直接扶贫"阶段。新阶段语言扶贫的内容和特点主要包括：党的领导和高层重视是根本保证；政策扶持和精准方略是核心要义；五级联动和加大投入是基本保障；协调整合和凝聚合力是强大动力；方式多样和确保质量是实施路径；深入调研和因地施策是工作策略；学术研究和广泛研讨是理论支撑。作者指出，语言文字工作是国家整体工作的重要构件，语言文字事业也有力地服务于国家战略；语言扶贫是中国扶贫减贫事业的有机组成部分，70年来它经历了从间接效应到直接效应、从分点发力到系统推进的历史进程。

云南经验。王晖（2018）基于2018年5月教育部语用司、语用所和语文出版社联合开展的云南省怒江傈僳族自治州泸水市、福贡县专项调研情况指出，云南省各级党委政府高度重视"直过民族"和人口较少民族的推普脱贫攻坚工作，全面部署推普脱贫攻坚工作，经过两年多的努力，取得了很大成绩，为全国积累了经验，主要表现在以下几个方面：(1)思想统一，认识到位。各级政府和相关部门高度重视推普工作，出台了规划、方案等一系列文件；各级领导干部能深刻认识到推普脱贫攻坚的重要意义，普遍树立了"扶贫先扶智，扶智先通语"的理念；外出务工青壮年、易地扶贫搬迁贫困户对学习普通话的重要性认识到位，语言认同度高。(2)机制完善，职责明确。建立了"国家支持、省级统筹，涉及州（市）负总责，县（区、市）和乡镇抓落实"的工作格局；成立了"攻坚工程"领导小组，各州市、县区、乡镇也建立了相应的组织协调机构，责任明确，协调有力；推动将推广普及国家通用语言文字列入"直过民族"地区政府重要目标责任考核内容，建立了报告、督查和验收机制。(3)多方联动，聚焦精准。通过公安、民政及扶贫系统精准摸清"直过民族"聚居区45岁以下不通普通话人群的信息，运用大数据手段精准定位，实时动态监控变化情况；组织开展"直过民族"地区国家通用语言文字使用情况及人群需求"田野调查"，为精准施训奠定基础。(4)多级培训，收获实效。建立了省市县乡村五级集中培训体系；实施在线自主学习，联合科大讯飞公司针对7.4万重点人群开发了手机学习国家通用语言文字APP，联合中国移动云南分公司采取租借方式，为目标人群配发智能手机，并补贴流量费；创新培训模式，在培训师资奖补制度、困难群众学习激励机制、授课方式、授课内容、培训平台等诸多方面进行创新。（5）广泛动员，汇聚合力。动员普通话培训测试机构，充分发挥省、州（市）普通话培训测试中心主力军作用；动员中小学校，通过开展"小手牵大手，推普一起走"等活动，带动每一个家庭学说普通话；动员部分州市和高校开展对口结对帮扶；动员语委成员单位，开展"推普好家庭""普通话普及示范村"创建活动；动员第一书记、大学生"村官"、驻村工作队，帮助贫困群众学习普通话。（6）有效宣传，营造氛围。借助全国推普宣传周，营造浓厚的推广普通话氛围；在"直过民族"较为集中地区街道、村社、学校的醒目处张贴悬挂推普学习宣传标语；发挥广播、电视大众媒体作用，反复播放国家通用语言文字政策法规及学习资料；组织推普志愿者开展推普进村活动。

广西经验。余咏思（2019）介绍了广西罗城仫佬族自治县的经验，包括三大工程：抓住重点，以精准培训工程夯实推普脱贫；聚焦特色，以经典诵读工程带动推普脱贫；树立典型，以规范化达标工程强化推普脱贫。

### （二）需求与不足

关于形势发展需求。冯传书、刘智跃（2019）认为，新时代的主要矛盾已经转化为人民日益增长的美好社会生活需要和不平衡不充分发展之间的矛盾；与新时代的社会问题类似，相较于"不充分的发展"，推普工作中"不平衡的发展"问题更加突出，尤其是城乡差距，与城市相比，农村的推普工作还非常落后，而且与城市之间的差距正在不断拉大。

关于青壮年农牧民普通话培训的需求与供给。王晖（2018）基于语用所2017年6月陕西省榆林市子洲县、2018年3月山西省太原市娄烦县和四川省凉山彝族自治州昭觉县调研的357份问卷、8场159人次座谈和三县实地访谈，从需求侧和供给侧两个方面进行了分析。（1）需求侧分析发现：青壮年农牧民教育程度偏低，普通话程度也低；学习普通话愿望强烈，外出务工是最重要的驱动力；说普通话遇到主客观两方面阻力；学习普通话的渠道较为多元；学习普通话所需的帮助诉求较为集中，主要包括教材、工具书、教师和培训班帮助、远程在线学习及手机等相关移动学习终端，学习内容和方式方面普遍希望普通话学习要与实用技能相结合，年轻农牧民对通过音乐学习普通话等方式比较感兴趣。（2）供给侧分析发现：培训师资总体状况良好；平台较为多元；学习资源建设亟待加强，总体而言各地专门针对青壮年农牧民普通话培训的教材，特别是优质数字多媒体资源十分匮乏，亟待加强；供给合力有待整合集聚，青壮年农牧民普通话培训工作涉及多部门、多领域、多区域，资源配给和投放亟待系统整合，形成高效的供给合力。

关于贫困地区推普的不足。魏晖（2019）指出，目前推普脱贫攻坚工作应考虑"如何减少存量，防止增量，提升质量"，现阶段的工作思路、方法比较单一，需要考虑语言资源建设与开发利用以及智能化的问题。此外，理论与实践结合上还存在"知行分离"的问题，相关政策也有待完善，尤其需要开展县域普通话调查以确定基本普及的标志，压实地方政府责任，营造学说普通话的环境。

## 三 精准扶贫要求精准推普

近两年来相关研究关于推普助力脱贫攻坚的方略措施探讨，聚焦于提升针对贫困地区的推普"精度"，实施精准推普。

### （一）精准推普的内涵意义

精准推普是微观层面的推普。周庆生（2018）指出，推广普通话可分为宏观推普和微观推普两个层次：宏观推普指在某一整体或某一区域推广普通话，如国家推普、地区推普、农村推普、城市推普、教育推普、传媒推普等；微观推普，即精准推普，指在个体或家庭层面推广普通话，如我国正在进行的深度脱贫攻坚推普主要聚焦深度贫困地区的贫困个人和家庭。宏观推普一直是语言政策和语言规划研究的主要对象，个体和家庭层面的微观推普则是我国深度贫困攻坚实践中提出的一个新问题，传统语言政策和语言规划学科基本上未涉及该问题。研究微观推普涉及社会语言学、应用语言学、语言经济学和社会学、人口学甚至政治学等诸多学科；像语言变迁与社会发展、从社会单语到社会双语、语言贫困、语言与生活贫困、语言与价值观念贫困、语言与能力贫困、语言与教育贫困、语言与文化贫困等均属前沿研究课题。

精准推普彰显了推普工作的新时代性质。冯传书、刘智跃（2019）认为，"精准推普"是在"我国社会主要矛盾转化为人民日益增长的美好生活需要和不平衡不充分的发展之间的矛盾"的重大判断指导下，国家对推普工作做的重新诠释和全新定位。它既是新时代推普工作的理论指导，也是化解新时代社会主要矛盾在语言文字工作领域中的问题的具体方法。把推普重点放在解决"不平衡不充分的发展"这个新的矛盾的主要方面上，减少和消除城乡差距，实现城乡推普工作公平发展、平衡发展，实现全体人民对美好文化生活的需要。"精准推普"体现了新的语言观：一是将个体语言观、经济语言观和社会语言观相结合，是以人为本观念在推普工作中的具体化，服务于人的个体的现代化需要；二是在国家的脱贫攻坚行动中强调推普的作用和意义，将"推普脱贫攻坚"联系在一起，打造语言脱贫的新路径，体现了经济语言观。

### （二）精准推普的关键议题

李宇明（2018）指出，"精准推普"要回答好3个问题：一是贫困地区谁最需要普通话，二是贫困地区推普靠谁，三是贫困地区如何推普。王春辉（2019b）认为语言精准扶贫至少涵盖4个方面：一是扶贫方式的精准抉择，二是扶贫对象的精准定位，三是扶贫内容的精准提升，四是扶贫策略的精准对接。

袁伟（2019）认为，精准推普脱贫有4个关键议题。其一，精准处理好推普与脱贫的关系，推普脱贫与其他脱贫形式相比的独特性在于间接助力、长久助力，但二者步调无法完全一致。其二，精准聚焦需求，本次推普脱贫的重点人群主要聚焦在教育水平低、缺乏技能具有劳动能力的贫困群众，要求精准掌握这部分贫困群众的语言状况、语言态度、语言需求，以更好地精准施策。其三，精准聚焦供给，要求解决好"谁来供给""供给内容"和"如何供给"的问题。其四，精准聚焦退出，要求坚持以"可持续"为核心的退出标准，以免出现普通话集中"返贫"现象。"可持续标准"要解决3个问题：是否创设了稳定的普通话交流环境，是否提升了群众对推普脱贫的认识，是否帮助群众掌握了继续学习普通话的方法；"精准退出"还要求构建自评估、第三方评估有效衔接的退出评价机制，以及退出考核问责机制。

### （三）精准推普的基本原则

司罗红（2019）提出"漫灌到滴灌，推普要精准"。作者指出，随着推普工作不断推进，普通话普及率大幅提升，但仍存在推广普及不平衡、不充分的问题；普通话的推广模式应由以往的大水漫灌式向精准滴灌式改进，推进推普工作精准化。第一，精准推普应与学习者的需求相适应；第二，精准推普应与地区发展相适应；第三，精准推普应与年龄相符合；第四，精准推普应与科学技术相结合；第五，精准推普应与汉语国际化相结合。

周庆生（2018）指出，语言精准扶贫需要与关系最为密切的扶贫策略和措施相对接，发挥语言因素的重要作用，比如"发展特色产业脱贫""引导劳务输出脱贫""实施易地搬迁脱贫""着力加强教育脱贫""东西部扶贫协作""旅游产业扶贫"等一些政策和措施就都需要与语言能力提升精准对接。

陈丽湘、魏晖（2019）建议：聚焦重点，合理配置语言资源；重视教育，防止"不通语"的代际传递；结合现代语言技术，适应社会信息变革；衔接国家战略，形成政策叠加效应；关注脱贫后的推普，建立长效机制。

冯传书、刘智跃（2019）认为，"精准推普"的方法有三：第一，坚持精准推普，离不开因地施策、因人施策；第二，倡导积极的经济语言观，助力推普与脱贫相结合；第三，要重视现代信息手段与大数据的应用，尤其是大数据，本身具有精准意义。

王春辉（2019b）指出，要树立语言致富样板，提高贫困地区群众对通用语言"红利"的认知；为贫困人口提供的培训要简单实用；语言扶贫要用在正确/恰当的地方；要注重语言政策与规划在语言扶贫中的作用；提升语言能力和教育水平是一项重要的投资或者说消费，对于这种基础性消费，国家和当地政府应该承担起更多的责任；有必要从学理上区分个人发展与国家发展。

谢俊英（2018）指出，语言对经济的作用往往通过人力资源素质提升来体现，扶贫要与扶智、扶志相结合，普通话能力培训结合其他技能培训可以避免单调枯燥，取得多赢效果。

**（四）精准推普的具体措施**

关于深度贫困地区的精准推普。周庆生（2018）建议：（1）建档建卡精准。聚焦普通话普及率低的地区和青壮年劳动力人口，将普通话学习掌握情况记入贫困人口档案卡。（2）培训安排精准。每个行政村举办"人人通"推普脱贫培训班，培训不懂普通话的青壮年农牧民学用普通话。（3）学校用语精准。确保教育教学的基本用语用字是国家通用语言文字，尊重和保障少数民族学生接受本民族语言文字教育的权利，确保各民族中学毕业生具有较好的国家通用语言文字应用能力，能够熟练使用普通话进行沟通交流。

关于青壮年农牧民普通话专项培训。王晖（2018）建议：加强领导，压实任务；建立台账，摸清底数；融合多平台综合优势；构建师资培训体系，建设学习资源；发挥广播电视及多媒体的示范作用和教育宣传作用；鼓励地方创新实践，总结和推广有效经验；探索普通话培训长效机制。

关于少数民族教师国家通用语言文字普及。张全生、张世渊（2019）就南疆维吾尔族教师国家通用语言文字普及提出6条建议：加强"五个认同"教育和社会主义核心价值观教育，从政治站位提升教师队伍素质；继续加强双语教育政策实施力度，实施"引进来、走出去"的双向教师人才培养战略，加强教师语言政策、理论知识的学习，明确政策导向，提升南疆维吾尔族教师群体的国家通用语言认同感；以MHK和PSC为抓手，提高南疆维吾尔族教师国家通用语言能力认定标准，进一步提高教师国家通用语言职业门槛；在技术手段上以规范语音和增强听、说、读、写熟练度为主要内容，加强对教师国家通用语言培训力度；发挥校园"语言岛"作用，加强对基层教育系统国家通用语言文字使用的宣传、引导力度，实现师生课上、课下均使用国家通用语言；推动建立各民族相互嵌入式的社会结构和社区环境，进一步提升国家通用语言的交际功能。

关于贫困地区儿童语言能力发展。张洁（2019a）对国内外儿童语言发展的干预政策及实践进行梳理，发现全球多个干预项目的研究显示，对贫困儿童及其家庭和社会环境的早期干预对缩小贫困儿童早期发展差距，促进语言能力发展，提高入学准备十分重要，但同时也面临着资金、管理、师资、质量和公平等方面的诸多挑战。我国的儿童早期发展已经走在了发展中国家前列，但与英美等发达国家相比，仍存在对儿童早期发展特别是语言发展的社会重视不足、投入水平低、干预政策不完善、保障机制不健全等问题。为此，我国应提高儿童早期保育和教育经费的有效投入，建立普惠、可及、综合、全纳的儿童早期语言发展干预体系；健全儿童早期语言发展干预项目的保障机制。

## 四 语言扶贫助力永久脱贫

我国是一个多语言、多方言的国家，除了普通话，少数民族语言、汉语方言以及外语，对减贫脱贫都具有积极价值。全面而系统地发挥多样性语言在减贫脱贫中的作用，需要进一步贯彻落实"主体多样"的语言政策①，也需要树立科学的"推普脱贫"理念。

### （一）正确认识语言与贫困的复杂关系

语言与贫困有关系。李小云（2019）指出，贫困可以界定为具有现代含义的，或者是具有发展含义的福利缺失；获取福利标准是有条件的，除非一个人完全失去了劳动能力，或者一个社会完全无法为大众提供获取这些福利的机会，否则社会大众必须经过个人的努力来实现自身福利的改善；在现代化，或者在发展的语境下，改善福利的路径是具有条件性的，这种条件性就直接和语言产生了关系。方小兵（2019）在述介国外相关研究进展时，从语言能力与贫困、语言地位与贫困、语言权利与贫困、语言多样性与贫困4个方面分析了语言与贫困的相关性。王春辉（2019b）在分析语言能力与贫困之间的双向影响作用时指出，贫困对于儿童语言的发展和成人语言的使用都有影响，影响前者的因素有社会环境的也有神经机制的，对于后者的影响则可以从社会网络和稀缺两个视角加以解读；从历时和共时两个视角来看，语言能力对于经济社会状况的影响都是至关重要的。张洁（2019b）在述介国外贫困与儿童语言发展研究时指出，贫困影响儿童语言能力发展的因素包括社会经济地位、居住环境、家庭混乱、父母教养方式、亲子交互质量、家长语言水平、家长期望、教师期望，影响机制包括经济机制、心理机制、认知神经机制。吉晖（2019）通过对北京大学2012年中国家庭追踪调查（CFPS）数据的统计分析发现：家庭社会经济地位对儿童语言能力发展有显著的正向影响作用；父母参与及教养、学习资源、儿童个体特征也能显著地促进儿童语言能力发展。

语言与贫困的关系十分复杂。方小兵（2019）认为，语言和贫困虽然相互关联，而且相互影响，但并不存在直接关联，更不存在因果关系。语言和贫困的相关性表现为一种概率关系，而不是一一对应的关系。语言并非导致贫困的根本原因，仅凭语言因素也不能消除贫困。应该承认的是，在致贫或脱贫的过程中，语言只是催化剂，不起决定性作用。李宇明（李宇明等2018）认为，语言之所以与贫困相关，是因为有许多中介因素的存在，源自语言与教育的密切关系，源自语言与信息的密切关系，源自语言与人、与互联网的密切关系，源

---

① 语言政策的"主体性"，主要依据《宪法》规定"国家推广全国通用的普通话"；语言政策的"多样性"，主要依据《宪法》规定"各民族都有使用和发展自己的语言文字的自由"（周庆生2013）。

自语言与人的能力和机会的密切关系。

语言与经济的关系也很复杂。王海兰（2019）指出，这种复杂性体现在4个方面：一是不同语言对经济变量的影响大小和作用机制不同，同一语言也会具有不同的经济效应；二是同一语言变量在不同发展阶段对同一地区的经济发展（或同一个体的劳动收入）的作用不同；三是语言对经济变量的作用具有很强的异质性，同一语言对不同个体的影响不同；四是语言对经济变量的作用受到诸多其他条件的影响，当其他条件发生变化时，语言对经济变量的影响会发生改变。作者进一步指出，语言变量对经济变量的作用是一个"多阶段传导"的过程，其影响具有伴随性、周期性等特点，开展语言扶贫需客观、全面地认识语言的经济作用。

有鉴于此，应树立科学的"推普脱贫"理念。李宇明（2018）指出，语言与贫困，只具有统计学意义上的相关性；就某个个体而言，会说普通话未必不穷，不会说普通话未必贫穷。因此推普与脱贫的关系，在宣传上不宜口气"过大"，态度"过激"。推普扶贫不是"广谱"性的文化活动，扶贫的目标很明确，因此要特别重视实用和实效，一下子就能让人尝到学习普通话的"甜头"。谢俊英（2018）指出，要找准贫困根源，导致贫困的根本原因不应该是不具备普通话沟通能力，那么解决贫困问题的根本出路也不在培养普通话能力，但是推普可以使培训对象短期内具备基本的国家通用语言能力、提升劳动力综合素质、增加其就业机会、助力扶贫脱贫；要厘清语言与经济的关系，经济发展对普通话普及推广的影响和驱动是直接而巨大，推普助力扶贫脱贫是语言文字工作服务国家发展大局的需要，但需防止夸大语言的作用、培训扩大化和过度培训。

### （二）正确认识"费希曼-普尔假说"

"费希曼-普尔假说"指语言多样性与经济发展负相关、与国家贫困正相关，即"一个语言极度繁杂的国家总是不发达的或半发达的，而一个高度发达的国家总是具有高度的语言统一性"，而语言多样性之所以会降低经济发展的速度，是因为它阻止专业人员流动、增加管理成本、妨碍新技术传播（方小兵 2019）。"费希曼-普尔假说"提出的关于语言多样性与贫困关系的论断，是语言与贫困关系研究中需要思辨的核心问题之一。

国外有不少学者的研究支持了"费希曼-普尔假说"，但也有少数学者论证了语言多样性的益处，认为语言多样性有其经济和文化价值，可以使社会可提供的产品数量与类型得到有效增长，有助于减少贫困发生率。此外，国外关于语言能力与贫困、语言地位与贫困、语言权利与贫困维度的研究都以"语言多样性"为价值取向，不难推导出与"费希曼-普尔假说"相反的结论。然而，方小兵（2019）指出，相关研究虽然促进了语言政策与规划学科的发展，推动了社会公平正义，但存在"惜语不惜人"（如为保护语言多样性而牺牲讲话人的权益）、"重母语轻通用语"（过于强调母语教育在减贫中的作用）、理念缺乏可行性（如试图通过将土著人的语言提升为官方语言而解决其贫困问题），以及未能区分绝对贫困和相对贫困（未考虑可感知的贫困对母语人口流失的作用）等方面的问题。

国内大量关于方言多样性与经济发展关系的实证研究支持了"费希曼-普尔假说"。王海兰（2019）指出，相关研究发现，方言多样性对经济增长、劳动力流动、资源配置与市场发展、城镇化和对外开放等都有影响，其作用机制主要是语言多样性影响沟通交流、认同与信任、教育和人力资本投资，以及制度和技术扩散。

国内也有学者对此表示质疑。王海兰（2019）介绍，国内有学者指出，瑞士的语言多样性没有成为经济发展的障碍，相反还创造了巨大的经济价值，语言多样性的益处并非表现为金钱形式，因此其更加难以测量；语言多样性在提高社会成员福利、增加产品数量和类型、提高工资水平等方面都表现出积极作用。李小云（2019）认为，多元语言的文化形态同样可以促进发展，核心的问题是社会如何看待多元语言的价值，少数民族文化形态相对稀缺，因此往往都具有很大的经济价值，也自然是发展和脱贫的重要资源，所以一方面需要了解在现代化的过程中，单一性的标准化的语言在推动现代发展中的重要作用，同时也需要从超越多元文化保护这一伦理上来审视多元语言文化的经济价值。

中国语言事实对"费希曼-普尔假说"的补正。李宇明（李宇明等 2018）指出，中国东南的广东、上海、福建、江苏等省份都处方言区，方言和语言呈现较高程度的多样性，但是却是改革开放以来经济发展较好的地区。这一地区的语言生活有两个特点：第一，方言属于"高价值方言"，粤方言与香港及海外有关联；闽方言与台湾、海外有关联；吴方言本身的经济价值就很高。第二，建立了普通话和方言的双层语言生活，可以享受普通话的优势。故而这些地区虽然语言复杂，但并没有"碎片化"。中国经济的快速发展，就是架起了3座"立交桥"：东南方言连接港澳台和东南亚的立交桥，推广普通话建立起的全国立交桥，外语学习建立的海内外的立交桥。这3座桥打破了中国语言的"碎片化"，使"费希曼-普尔假说"在当今中国失效。陈丽湘、魏晖（2019）指出，在上海、江苏、天津、广东等人均国内生产总值较高的省区，方言的使用率也非常高，高价值方言对当地经济发展有着重要作用。

### （三）坚持主体多样的语言政策

根据民族构成情况，世界上的国家可以分为3类：同质社会国家，绝大多数人口即主体民族人口都使用同一种语言，也有一些少数民族，人口较少，语种不多，如英、德、法、俄、日等；几种大语言势均力敌的语言二分／三分国家，如加拿大、新加坡、瑞士等；多种小语言呈马赛克状分布的多民族多语言国家，如印度、很多非洲国家等（周庆生2014）。按此理论，我国属于同质社会国家，这为我国补正"费希曼-普尔假说"提供了客观前提。"主体多样"语言政策符合我国作为同质社会国家的语言国情，这为我国通过培养双言双语人、建立双层语言生活补正"费希曼-普尔假说"提供了政策前提。

主体多样语言政策下发展人的多语能力对贫困具有抑制作用。卞成林、刘金林、阳柳艳（2019）的实证研究发现，多语能力与居民年均收入之间呈正相关关系，即居民多语能力越强，获得高收入的可能性越大；单语（特别是少数民族语言）的使用（只会本地方言）对经济收入具有消极影响，学会通用语进而成为双语双言使用者对经济收入具有积极作用。王浩宇（2019）通过实证调查指出，"国家通用语-民族语"双语模式是提升少数民族青年一代社会经济地位的最有效模式。

主体多样语言政策下要对语言多样性与经济的关系建立正确认知。王海兰（2019）认为，说语言多样性对经济发展有抑制作用，并不是说语言多样性导致了贫困，而是语言多样性往往会使贫困固化或者是说语言多样性一定程度上阻碍了贫困地区摆脱贫困。尽管目前国内实证研究的文献主要聚焦于语言多样性对经济发展的负面效应，但仍不能忽视其正向作用，更不能由此得出要发展经济就必须消除语言多样性的结论。所以，有两点需要特别注意：（1）影响一国或一地区经济发展的因素是多方面的，语言状况对经济发展有影响，但并非是决定性的；语言多样性对经济发展的阻碍作用尽管更容易显现，但其正向作用同样不容忽视，相反应好好开发。(2) 推广国家通用语，实施国家语言统一的政策，并非一定要放弃母语或方言，或者消除或减弱语言多样性，而是要提倡双语/双言社会的和谐发展。已有研究指出，外语技能在中国有较高的经济回报；方言技能与收入也有正相关关系，对流动人口创业具有积极作用。为降低语言多样性对经济增长的阻碍，发挥其正向效应，还需建立语言规划与经济规划之间的良性互动机制，发展多语教育和语言技术，全面提升语言能力，同时加强语言资源管理规划，发展语言经济。

主体多样语言政策下要科学推进民族地区的推普脱贫工作。李宇明（2018）指出，推进推普脱贫要把握好国家的语言政策，不仅要"大力普及和规范使用国家通用语言文字"，还要"科学保护各民族语言文字"，不能因推普扶贫而被人误解，引发语言矛盾，更不能被人利用而激化语言矛盾。黄行（2018）指出，民族地区的语文生活和语言政策决定了"推普"目标任务不同于汉语地区，民族地区"推普"具有更复杂的背景和效应，因此在民族地区实施"推普"攻坚工程的过程中，需关注其可能对我国民族地区今后语言生活产生的潜在影响：如在"语言社会服务"方面，与国家通用语言更加侧重为国家重大战略和维护国家安全的需求服务有所不同，少数民族更应该作为一类特殊语言文字需求的（弱势）群体获得非功利性的语言服务；由于民族语言资源的经济价值通常是负"产出"的，因此国家应对主要体现为文化载体价值的民族语言资源，继续保证相应的财力支持。王浩宇（2019）指出，语言扶贫工作也要保护好民族语言的传承与发展。从事实上看，民族语言能够为少数民族青年一代的职业发展提供智力支持，增强其在创新创业、组织管理，甚至是国际交流方面的能力；"双语"对于少数民族学生的个人发展具有正面影响；当前，营造少数民族青少年积极学习本族语的氛围，是实现各民族共同繁荣和提升国家软实力的关键举措。

主体多样语言政策下要科学推进方言区的推普脱贫工作。刘艳（2019）认为，推普脱贫具有社会交换的性质，包含了 3 种不同层次的语言交换形式：会话、语言习得和语言规划；通过对其中语言交换形式的分析以及安徽省某贫困地区的语言调查，建议推普脱贫工作要全面提升贫困人口对普通话的价值期望，结合学习者目标言语社区的语言实践制定学习目标和多样化的推普模式，从语言习得和言语社区设施建设两方面来共同促进社区成员的言语互动，从而最终建立起一个方言和普通话双语码认同的大言语社区。

### （四）全面实施语言扶贫

语言扶贫的概念内涵。"语言扶贫"的术语几乎与"推普脱贫"同时出现，强调全面而系统地发挥多样性语言在减贫脱贫中的作用。王海兰（2018b）认为，"语言扶贫是指将语言因素纳入扶贫脱贫中，利用或借助语言来开展扶贫，助力脱贫"。王春辉（2019a）认为，"语言扶贫是指以整体素质提高为导向，以提升语言文字能力为中心[①]，以各类语言因素和语言政策的高效协调配合为路径的扶贫开发过程"。

语言扶贫的学界共识。2019年10月15—16日在京举行的"中国语言扶贫与人类减贫事业论坛"发布的《语言扶贫宣言》指出，语言扶贫在减贫事业中发挥独特作用，语言扶贫为人类减贫事业铺就了一条语言大道；学习国家通用语言文字并提升学习者的能力水平是语言扶贫的基础路径和核心经验，国家通用语言文字、少数民族语言文字、各语言的方言以及外语都是语言扶贫事业的有机组成部分，在不同的层次和领域发挥着各自的作用，它们多元和谐共存。

语言扶贫的主要路径。王海兰（2018b）提出4条路径：一是提高贫困人口的国家通用语言文字能力，促进人力资本积累与提升，助力就业创业；二是提升贫困地区国家通用语的普及率，打破贫困地区与外界开展信息沟通、要素流通和产品交易的"语言屏障"；三是利用和开发当地语言资源，使各种语言资源通过不同方式和路径进入生产系统，参与社会大生产，形成生产力，激发少数民族语言和方言的经济活力；四是提升贫困地区公职人员、外来企业负责人等的少数民族语言能力和方言能力，促进沟通，提高社会信任。作者特别指出，语言扶贫说到底就是要发挥不同语言在不同场域中的作用，发挥语言的交际功能、信息功能、经济功能等多种功能，各种语言能各得其所，各展所长，帮助贫困人口实现脱贫。赫琳（2019）强调教育路径，主张通过教育阻断贫困代际传递、实现永久脱贫，建议培养贫困地区学生"以普通话为基础的多语能力"，以及包括语言能力在内的多种能力，提高他们的综合素质；同时，要注重各种人群和各种层次的需求，开展多种形式的业余语言文化和职业技能培训。

---

① 主要指国家通用语言文字能力。

## 结　语

《行动计划》颁布短短两年时间，学界关于"推普助力脱贫攻坚"的研究已取得丰硕成果，既有关于"语言与贫困"的理论探讨，也有针对"精准推普"的实践思考，更有对语言多样性问题的思辨和观照。在脱贫攻坚决战决胜、全面收官的阶段，还需聚焦"精准推普"深入调研，拿出精准对策；更需着眼未来，进一步深入探讨语言扶贫的理论机制和面向国家语言政策决策需求的可持续发展方略。

### 【本时段研究文献】

[1] 卞成林，刘金林，阳柳艳.中越边境居民语言能力与经济收入关系研究：以广西东兴市为例［J］.语言战略研究，2019，4（01）：56—66.

[2] 柴如瑾.推普脱贫培训年覆盖百万人次［N］.光明日报，2019-10-16（11）.

[3] 陈丽湘，魏晖.推普脱贫有关问题探讨［J］.语言文字应用，2019（03）：2—11.

[4] 方小兵.海外语言与贫困研究的进展与反思［J］.语言战略研究，2019，4（01）：22—33.

[5] 冯传书，刘智跃.略论"精准推普"［J］.语言文字应用，2019（01）：11—19.

[6] 吉晖.家庭社会经济地位对儿童语言能力发展的影响分析［J］.语言文字应用，2019（03）：30—39.

[7] 李小云，屈哨兵，赫琳，党国英，袁伟."语言与贫困"多人谈［J］.语言战略研究，2019，4（01）：86—91.

[8] 李宇明.修筑扶贫脱贫的语言大道［N］.语言文字周报，2018-08-01（001）.

[9] 李宇明，黄行，王晖，谢俊英，周庆生，杨亦鸣."推普脱贫攻坚"学者谈［J］.语言科学，2018，17（04）：356—367.

[10] 刘艳.推普脱贫中的语言交换行为分析——基于安徽省某贫困地区的

语言调查［J］.语言战略研究，2019，4（01）：76—85.

［11］司罗红.漫灌到滴灌，推普要精准［N］.光明日报，2019-09-21（12）.

［12］唐曼萍，李后建.普通话技能的农户减贫效应研究——基于西部民族地区经济社会的调查［J］.中国经济问题，2019（02）：122—136.

［13］田学军.聚焦推普脱贫　推进语言文字事业全面发展［N］.语言文字报，2019-05-22（001）.

［14］王春辉.语言与贫困的理论和实践［J］.语言战略研究，2019b，4（01）：12—21.

［15］王春辉.中华人民共和国语言扶贫事业七十年［J］.云南师范大学学报（哲学社会科学版），2019a，51（04）：33—39.

［16］王海兰.国内经济学视角语言与贫困研究的现状与思考［J］.语言战略研究，2019，4（01）：34—43.

［17］王海兰.深化语言扶贫　助力脱贫攻坚［N］.中国社会科学报，2018b-09-11（003）.

［18］王海兰.语言人力资本推动经济增长的作用机制研究［J］.语言战略研究，2018a，3（02）：89—96.

［19］王海兰，崔萌，尼玛次仁."三区三州"地区普通话能力的收入效应研究——以西藏自治区波密县的调查为例［J］.云南师范大学学报（哲学社会科学版），2019，51（04）：49—58.

［20］王浩宇.藏族青年语言能力与社会经济地位关系调查研究：以天祝县为例［J］.语言战略研究，2019，4（01）：67—75.

［21］魏晖.从推普脱贫到语言扶贫［R］."推普脱贫攻坚"研讨会发言，2019.

［22］余咏思."三大工程"全向发力　推普助力脱贫攻坚［N］.语言文字报，2019-06-05（001）.

［23］张洁.国外贫困与儿童语言发展研究的回顾与展望［J］.语言战略研究，2019b，4（01）：44—55.

［24］张洁.语言扶贫视域下的儿童早期语言发展干预政策及实践［J］.云南师范大学学报（哲学社会科学版），2019a，51（04）：40—48.

［25］张全生，张世渊.新疆南疆维吾尔族教师国家通用语言文字普及情况调查［J］.新疆社会科学，2019（01）：63—69.

**【以往参考文献】**

[1] 黄少安等.语言经济学导论[M].北京：商务印书馆，2017.

[2] 周庆生.国家民族构成与语言政策问题[J].语言政策与规划研究，2014，1（02）：1—12+93.

[3] 周庆生.中国"主体多样"语言政策的发展[J].新疆师范大学学报（哲学社会科学版），2013，34（02）：32—44+4.

# 语言资源科学保护

## 引　言

"语言资源科学保护"指以科学的理念、科学的手段保护我国多样性语言资源，目前主要是语言资源的调查、记录与保存，有时也专指我国有关部门实施的语言保护工程，如国家语委组织实施的"中国语言资源保护工程"（以下简称语保工程）（周庆生 2016）。

"语言资源科学保护"是"语言资源"政策理念的集中体现，该理念将语言视作"有价值、出效益、多变化、能发展的特殊的社会资源"（陈章太 2008）。我国学界最早使用"语言资源"概念是在 20 世纪 80 年代；进入 21 世纪之后，学界关于语言资源的讨论逐渐增多，论证语言的资源性质，构建语言资源的分类框架，探讨语言资源的保护、建设与开发、利用，"语言资源意识开始在中国建立"（李宇明 2019）。

2019 年的相关研究聚焦 3 个方面：一是语言资源理论与实践，学界在回顾我国关于语言资源的学术研究和实践活动的基础上，就语言资源相关理论问题提出了新观点；二是语保工程成效与经验，语保工程一期建设超预期完成规划任务，国家语委有关负责人及相关学者系统介绍了一期建设取得的成效与实施经验，探讨了工程成果的开发应用问题；三是中国语保国际化的途径与经验，相关研究介绍了 2018 年在中国长沙召开的世界语言资源保护大会的情况、《岳麓宣言》的起草过程以及其中的中国理念和中国经验。

## 一　语言资源理论与实践

从学界 20 世纪 80 年代初开始使用"语言资源"术语算起（邱质朴 1981），我国关于语言资源的学术研究已经经历了近 40 年发展；以国家语言资源监测与研究中心建立（2004年）为标志，我国关于语言资源的实践活动也有了近20年历史。2019年关于语言资源的研究，在回顾历史的基础上，提出了新的语言资源分类框架。

**（一）语言资源理论问题探讨**

关于"语言资源"的概念内涵。已有研究提出，语言资源有狭义和广义之分，狭义指"语言信息处理用的各种语料库和语言数据库，以及各种语言词典等"，广义指"语言本体及其社会、文化等价值"（陈章太 2008）。李宇明（2019）认为，这种划分说明"语言资源"这一概念在当时语言信息处理学界较多使用，而后推及语言本体。作者进一步指出，我国早期的语言资源研究，主要是论证语言具有资源的性质，确立语言资源的合理性。

关于"语言资源"的分类框架。李宇明（2019）认为，这是学界的研究重点，在述介了张普①、王世凯②、魏晖③等学者提出的分类框架后，作者指出："很显然，在语言资源的认定和分类方面，学界意见至今并不一致，甚至还没有建立语言资源的认定标准，也没有找到一个较为合适的分类体系。"作者进一步提出了与已有研究不同的分类框架：（1）口头语言资源；（2）书面语言资源；（3）语言衍生资源，包括语言知识、语言技术、语言艺术、语言人才等。同时指出：第一，没有必要区分"语言资源"和"言语资源"，"就资源的收集、整理、建库、保护而言，不存在语言和言语的对立，接触到的都是言语类的语言资源"。第二，语言衍生资源也非常重要，因为语言知识、语言技术、语言人才等在语言资源的收集整理、标注入库、分析研究、开发应用等各个环节都在发挥作用，而语言艺术（包括书法、文学以及话剧、相声、小品、笑话等主要凭借语言的艺术）本身就是很有价值的语言资源。

关于"语言资源"的功能。李宇明（2019）指出，语言资源的社会意义在于功能，看待语言资源必须建立"功能视角"，应从功能的角度去认识语言资源，去评价语言资源的建设工作，去开发利用语言资源。就当前语言资源利用的实践来看，语言资源的功能域主要有3个方面：语言保护、语言信息处理、语言

---

① 张普（2007）分为3类：语言资源类、言语资源类、语言学习资源类。
② 王世凯（2009）认为语言资源由底层资源（语音资源、词汇资源、语法资源、语义资源、文字资源）和高层资源（修辞、语体、风格）构成。
③ 魏晖（2015）分为4类：语言（本体）资源、语言应用资源、语言学习资源、语言人才资源。

学习。从语言资源功能的角度看，语言不仅仅是一个符号系统，更是一个"知识库"，里面贮存着人类的语言知识体系及文化体系，只有树立了"语言知识观"，语言资源建设才能满足语言保护和机器语言学习、人类语言学习的需要。

**（二）语言资源实践活动回顾**

在学术讨论的带动下，语言资源从学术概念发展为政策观念。李宇明（2019）指出，2004 年国家语言资源监测与研究中心的建立，2005 年时任国家语委主任袁贵仁在"民族语言文字规范标准建设及信息化工作会议"上所做的《树立科学发展观，开创民族语言文字规范标准建设及信息化工作的新局面》的书面讲话[①]，标志着中国的语言资源意识逐渐明晰，语言资源理念在国家语言规划中得到确立。

自那时以来，我国开展了一系列关于语言资源的实践活动。李宇明（2019）介绍，这些实践主要包括：组建国家语言资源监测与研究中心各分中心（平面媒体、有声媒体、网络媒体、民族语言、教育教材各分中心，以及中国语言资源开发应用中心）；举办"国家语言资源与应用语言学"高峰论坛；建设中国语言资源有声数据库；实施中国语言资源保护工程；成立中文语言资源联盟；组建语言资源高精尖创新中心。

**（三）语言资源研究学术动态**

语言资源研究的历时发展。李宇明（2019）在中国知网中以"语言资源"为主题和关键词精确匹配检索后发现，截至 2019 年 3 月 31 日，共有文献 403 篇，涉及作者 370 余人；相关研究在 2004 年、2007—2011 年、2015—2017 年分别出现 3 个高峰。20 世纪，"语言资源"领域几乎还是一片处女地，仅有邱质朴（1981）、陶原珂（1996）等为数不多的学者开展相关研究。21 世纪语言资源研究逐渐升温，这是与中国的语言规划实践密切相关的：2004 年迎来了语言资源研究的小高峰，对应于国家语言资源监测与研究中心成立；2007—2011 年的第二个研究高峰，正是"中国语言资源有声数据库"从酝酿到正式建设的时期；2015—2017 年第三个高峰出现，也正是语保工程开始建设、语言资源高精尖创新中心创立的时期。

---

① 该讲话提出要"保护文化多样性，开发民族语言资源"，认为"语言资源是重要的信息资源和文化资源"。

语言资源研究文献计量分析。李宝贵、施雅利（2019）基于中国知网数据库，运用文献计量学方法，从文献发展阶段、期刊分布、研究机构及其地域分布、作者群体、研究主题、研究热点等方面对2000—2018年1164篇关于语言资源的研究文献进行了计量分析。研究发现，2007年开始中国语言资源研究进入稳步增长期，研究内容日趋丰富，研究视野不断扩大，已步入快速发展的新阶段，形成以《语言文字应用》《中国社会科学报》《语言文字周报》《语言战略研究》《中国教育报》《光明日报》《北华大学学报（社会科学版）》《云南师范大学学报（哲学社会科学版）》《中文信息学报》九大期刊为主的核心区期刊；主要研究机构集中在语言类和综合类高等院校，基本形成以李宇明为代表的核心研究者群体；研究的热点领域主要集中在语言资源理论、语言资源与语言问题、语言资源开发与保护、语言资源建设与监测、语言资源与语言规划5个方面；研究的热点话题主要包括语言保护、语言服务、国家语言能力、"一带一路"、语言战略、语言安全等。

## 二 语保工程成效与经验

语保工程是语言资源观影响下的重要政策实践，是国家财政支持，由教育部、国家语委组织实施的重要语言文化工程，是继1956年全国开展汉语方言和少数民族语言普查以来，我国历史上第二次全国性、大规模的语言方言调查，也是目前世界上最大规模的语言资源保护项目。语保工程在2008年起试点开展的"中国语言资源有声数据库"建设基础上，于2015年启动，旨在"利用现代化技术手段，收集记录汉语方言、少数民族语言和口头语言文化的实态语料，通过科学整理和加工，建成大规模、可持续增长的多媒体语言资源库，并开展语言资源保护研究工作，形成系统的基础性成果，进而推进深度开发应用，全面提升我国语言资源保护和利用水平，为传承中华优秀传统文化、促进民族团结、维护国家安全服务"（田立新2015）。工程有三大定位：国家工程、社会化、科学性。2019年，工程一期建设步入收官阶段。

### （一）语保工程主要成效

工程超额完成计划任务。田立新、易军（2019）[①]指出，工程在5年建设期

---

① 作者是主管语保工程的教育部语言文字信息管理司的负责人和责任人。

计划在全国范围收集记录和整理约1500个地点的汉语方言、少数民族语言实态语料；到工程实施的第4年，已完成1491个调查点，达到总体规划的99.4%，超前完成工程规划的调查任务；预计工程结束，将实际完成1700个点，超额完成调查任务。作者指出，语保工程实施5年来，取得突破性进展，为服务国家发展需求发挥了重要作用，其成效体现在4个方面：一是超预期完成任务；二是获得高质量第一手调查数据并形成标志性成果；三是锻炼人才队伍并促进相关学科发展；四是产生广泛影响并引起国际社会关注和响应。

工程获得海量语言资料。田立新、易军（2019）指出，截至2019年6月底，已调查收集到语言120多种和全国各地方言的原始文本、音视频数据约10 730 300条，其中音频数据达5 275 328条，视频数据达4 740 350条。这批语料具有唯一性和不可迭代性，具有重要价值，在科学有效保护我国珍贵的语言文化资源，全面掌握语言国情、科学制定国家的语言规划和语言政策，维护社会稳定、民族团结和国家安全，推进国家语言文字信息化建设以及促进语言文化产业发展、增强社会服务能力等方面，具有重大而深远的现实意义。

工程建设的"中国语言资源采录展示平台"成果丰硕。林佳庆、李涓子、张鹏（2019）介绍，该平台自2015年开始建设、2016年宣布上线以来，经过近5年研发和运行，取得显著的成果。在资源采集和展示方面，目前平台已汇集展示了32个省（区、市）1396个调查点的语言资源数据，已完成工程规划总量的93%，其中汉语方言调查点1079个，共计收录音频资源4 470 307条，其中少数民族语言1 089 472条；视频资源3 141 219条，其中少数民族语言836 332条。总物理容量达46TB。社会化应用方面，基于微信公众号的社交媒体轻应用通过举办多次活动和定期文章推送，累计传播覆盖人群84 285人，其中"粉丝"互动有13 105人；面向普通大众用户的公众平台累计收集音视频超过3500条，月访问量约2万人次。在语言资源调查需交电子文件校验工具辅助下，中国语言资源库里的数据始终保持高质量、高精度、高标准。中国语言资源统一管理系统，在分布式存储技术、流媒体技术、全文索引等众多关键技术的支持下，始终保持高效高可用的服务状态，充分体现了平台架构的科学性和前瞻性。

工程产生积极社会效应。于锋（2019）在介绍工程少数民族语言调查工作时指出，语保工程的宣传、实施以及在民族地区的调研工作，引起了积极的社会反响。工程的实施，正好与新时期民族地区全球化、城镇化、信息化进程中民族语言文化传承发展的新形势、新问题密切相关，各民族干部群众也高度关注本民族的语言文化传承问题，契合了新时期国家和民族地区语言文化建设的新需要。

**（二）语保工程实施经验**

一是发挥政府主导作用。田立新、易军（2019）指出，工程在教育部、国家语委统一领导下，加强顶层设计，制定并实施了工程总体规划，采取教育部语言文字信息管理司、中国语言资源保护中心、省级语言文字管理部门或项目负责人、课题负责人自上而下的分层组织管理模式，有力推进工程任务的落实。高度重视制度建设，将抓落实作为推进工程建设的重中之重。组织制定并严格实施工程管理制度，包括《中国语言资源保护工程管理办法》《中国语言资源保护工程专项资金管理办法》等。加强督导检查，通过巡检、中期检查、验收等环节加强管理，各地也形成了一批具有地方特色的管理做法和经验。同时做好工程实施的经费保障，一方面通过国家财政落实，另一方面鼓励各地积极筹措经费。

二是积极调动整合专家力量。田立新、易军（2019）介绍，鉴于语保工程专业性强、技术要求高，教育部、国家语委委托北京语言大学、中央民族大学（联合社科院民族所）牵头，在全国范围内整合、组织专家学者成立调查团队，在北京语言大学设立了专业机构"中国语言资源保护研究中心"，成立了专家咨询委员会，组建核心专家组，为语保工程实施提供有力支持。开展针对核心专家组、各项目和调查团队负责人、专业技术人员的分级培训，明确并统一质量要求。4年多来，共开展50多期培训，培训人员4500余人。为保障工程的顺利实施，还组织力量研制了工程系列技术规范和工作规范，推行行之有效的"国家统一规划、地方和专家共同实施、鼓励社会参与"的工作模式。

三是广泛发动社会各界共同参与。田立新、易军（2019）介绍，相关措施主要包括：通过媒体加强宣传，召开专题新闻发布会，协调和支持《光明日报》《语言文字应用》《语言战略研究》等媒体、学术期刊设立语言资源保护专栏，组织专家发表学术和宣传类文章；支持"南山会讲"、方言文创大赛等学术和社会活动，吸引社会知名人士出任语保工程宣传推广大使，鼓励在校大学生担任语保工程志愿者，吸纳关心语言文化保护的相关企业成为合作伙伴，积极宣传推广语言资源保护的行动和语保工程成效，扩大了工程的社会知晓度和参与度。

上述"政府主导、专家实施、社会参与"三大经验的形成，经历了从"民保推官保"到"官保带民保"再到"官民同保"的发展过程。曹志耘（2019）指出，国际上的语保项目，大多数由基金会、科研机构甚至个人组织实施，主要面向濒危语言（常为个别地区的个别语言），侧重于濒危语言的记录、保护和振兴，参与人员基本上限于濒危语言使用者或土著社区人员。而我国语保工程的三大定位：国家工程、社会化、科学性，实际上涵盖了政府、学术界和社会大众3个方面。在政府和社会之间，专家学者、人大代表和政协委员起到了传递民情民意、推动政府决策的作用。反过来，专家学者又是将政府意志传播给社会大众、将政府决策转变成公众行动的重要力量。在整个语保工作进程中，政府、学者、公众三方形成了一个目标一致、各尽其能、相互推动、相互支持的有机体。在开始阶段，语保在民间兴起，形成了"民保推官保"的局面。语保工程立项启动后，立即转变为"官保带民保"的状态。语保工程全面铺开并经多年实施之后，已经达到了"官民同保"的境界。中国语保从无到有，从小到大，历程艰难，成绩显著，值得总结和分析的地方很多。但在所有的理念、经验和做法中，最重要的一条就是"官民同保"，这正是语言文字工作领域里的中国智慧、中国方案和中国经验。

此外，工程顺利推进归功于科学性探索。王锋（2019）认为，语保工程在3个方面进行了科学性探索。第一，理念科学性探索。表现在：坚持马克思主义语言平等观，实践和贯彻党和国家"科学保护各民族语言文字"的指导方针，贯彻语言文化多样性的理念，扩展和深化语言资源观，语言强国战略全面提升语言文字事业地位。第二，工程目标及研究规划的科学性探索。体现在：正确处理普遍性保护和突出重点的关系，正确处理初期目标和长期目标的关系，科学统筹战略性、社会性和学术性目标。第三，策略和实施路径的科学性探索。体现在：充分尊重专家意见，有效避免行政运行"一刀切"弊端；确保工程性项目的统一和规范；分类指导，根据不同语言类型特点分别编制不同的调研方案，调整工作机构强化组织和协调力度；统筹谋划，总体把握，做好语言设点工作，统筹语言点和研究人才关系，客观认识语言差异的不平衡性，统筹主要语种以及同一语种内部不同方言的设点，有针对性地支持重点区域语言设点。

### （三）语保工程深化发展

开展二期建设。田立新、易军（2019）指出，二期建设不是一期建设的简单重复，而是其进一步的深化、拓展，是推动工程发挥成效的倍增器。语保工程二期的建设目标是：更好服务国家发展需求，引领全球开展语言资源保护，利用现代化技术手段对语保工程一期调查收集的语言资源进行科学系统整理加工和全面深度的开发应用，建成准确权威、开放共享的语言资源公共服务平台，产出系列标志性成果，全面提升我国语言资源保护和利用的水平，为传承弘扬中华优秀传统文化、推动中华优秀传统文化创造性转化和创新性发展、保护和促进世界语言多样性、构建人类命运共同体服务。

完善一期成果。王锋（2019）就少数民族语言调查工作建议，在已有调查点基础上，继续补充重点语言调查，着眼于濒危语言、跨境语言以及涉及国家安全和边疆稳定的语言进行重点调查研究；从中华优秀传统文化传承发展角度，对基于民族语言的特色优秀文化进行系统记录、整理；对已有调研资料进行整理、汇编和刊布，进一步完善民族语言语料标注规范，完成对语料的校对和完整标注。范俊军（2019）指出，语保工程采集录制的多媒体语料，形态和种类完整齐备，音质、画质和流畅度良好，文本转写正确率高；不过也存在内容全面性欠缺、数量充分性不足等缺憾。为此，应遵循精化和粗化结合、雅用和俗用并举、专用和通用兼顾的语料开发应用原则，开展基本语料补缺工作，探索多媒体语料有效利用途径，对资源库进行数据挖掘，完善和开发面向用户的应用功能，为语言学教学与研究、语言社群和大众语言学习、知识传播，提供多样化的语言产品和切实的语言服务，以充分发挥工程的社会价值。

推进语档资源开发应用。丁石庆（2019）指出，语保工程以其空前规模及统一规范方法实施调研所采集的活态语料资源，兼具真实性、可靠性和科学性，并为语言资源的精准保护和合理开发应用提供了科学依据；基于相关调研数据所提供的信息，并根据实际情况，少数民族语言资源的开发应用可采用整体统一开发和分类开发两种思路。"统一开发"主要聚焦于大数据研发及服务、智能化软件及文创产品的研发应用等方面；"分类开发"则应着眼于语言资源保持类型的不同特点，实施深度开发应用、深度规范性的开发应用、深度保护性开发应用及深度典藏性开发应用等。作者认为，少数民族语言资源的开发应用的长远规划和具体实施方案必须秉持实事求是的态度，依据相关数据和信息，力求做到精准、科学、可行，避免"一刀切"或削足适履的做法；语言资源开发应用是一个系统工程，也是一项长期的人文关怀工程，需要参与各方秉持工匠精神，拥有人文情怀，齐心协力，同舟共济，要在夯实语言资源保护与开发应用基础之上，统一认识，更新理念，整合资源，科学规划，积极探索可持续发展的新路径。陈子丹、杨霞、黄洛锋（2019）建议，在完成语保工程任务的基础上，整合相关专业技术力量、企业和社会力量，大力开展少数民族语言资源开发应用工作，如开发少数民族语言语音技术、少数民族语言在线翻译、少数民族语言在线学习等，积极建设本地区的语言文化资源库或语言数字博物馆，编写出版本地区语言资源汇集，推进成果的开发应用。同时，在濒危语言有声语档建设实践的基础上，系统梳理少数民族濒危语言的历史积淀和文化信息，在凸显少数民族语言文化传承弘扬的重要性和紧迫性、强调濒危语档资源共享的必要性和可行性基础上，进行深度开发与全面展示，大力提升我国濒危语言资源开发和利用水平。应坚持标准化、大众化、全面性、可持续性原则，以语档产品开发和语言文化传承为重点，以科学开发和合理使用为要务，以"大档案观"和"大服务观"为引领，积极探索少数民族濒危语档开发利用的方法和技术，研发形式多样的少数民族濒危语档文化产品，创新少数民族濒危语档开发利用机制，构建少数民族濒危语档社会服务体系，实现少数民族濒危语档信息资源的共享。

建设语言博物馆。欧阳国亮（2019）认为，语言博物馆作为公益机构，要面向语言社群、语文工作者和社会公众，实现资源采集和保护、语言学习和知识传播等基本功能。语言资源和语言服务的功能属性决定了语言博物馆更适合数字博物馆而非实体博物馆。现时语言博物馆的实施主体是高校语言系所，资源采集和保存主要服从于某些领域的语言学研究，在法律保障、服务能力、专业人员、社会服务网络方面存在先天不足，难以有效保护语言资源并开展切实的服务。语言博物馆建设必须将社会传播和可持续作为首要考量。

## 三 中国语保走向世界

世界语言资源保护大会（以下简称世界语保大会）的成功召开、《保护和促进世界语言多样性 岳麓宣言》（以下简称《岳麓宣言》）的正式发布，标志着中国语保工程的先进理念和成功经验得到了以联合国教科文组织为代表的国际社会的认可，这是我国语言文字事业在国际上获得话语权，向世界传递中国声音、贡献中国智慧的一次成功实践（王莉宁 2019）。中国的语言文化保护工作已经在全世界产生了示范性影响（王锋 2019）。

### （一）世界语言资源保护大会

会议酝酿。王莉宁（2019）指出，在全球化、城镇化、一体化的快速进程中，语言濒危衰亡已成为全球大部分语言面临的共同危机，日渐受到国际社会的关注。在此背景之下，语保工程开展大规模的语言资源调查、保存、展示和开发利用，特别关注对濒危语言及其承载各种文化现象的调查保护，这与联合国教科文组织倡导推动语言文化多样性的理念高度契合。自工程启动以来，联合国教科文组织高度关注语保工程的实施进展，多次与教育部、国家语委及中国专家开展合作交流。在 2017 年 7 月举行的"语保世界观"暨联合国教科文组织——全球说"多语言冠军挑战赛"启动仪式上，外方嘉宾对中国语保工程和语保工作所取得的成绩给予高度赞赏和评价，并希望中国对工作经验进行总结以供其他国家借鉴参考；在 2017 年 12 月于巴黎举行的 2019 年国际本土语言年首届多方专家论坛上，中国语保工程的理念、经验和实施进展获得与会专家的响应和关注；2018 年 11 月，联合国教科文组织专家在湖南实地观摩语保工程的调查摄录工作场景，与当地发音人交流，对语保工程形成了更为立体生动的印象。经过多次沟通与交流，联合国教科文组织与中国教育部、国家语委等政府部门达成共识，决定于 2018 年 9 月在中国湖南长沙举办首届世界语保大会。

会议概况。黄晓东、黄拾全（2019）介绍，2018 年 9 月 19—21 日，世界语保大会在湖南长沙召开，包括 10 位外国部长级官员和 13 位驻华使节在内，来自全球 40 多个国家和地区相关领域的官员、专家学者共 200 多人参加大会。大会期间，各国政府官员、专家学者围绕"语言多样性对构建人类命运共同体的作用"主题，就语言资源保护的理念与经验、语言资源保护的政策与措施、语言资源保护的规范与技术、语言资源开发应用与推广等议题进行深入交流和热烈研讨，达成多方面共识，通过了重要的会议成果——《岳麓宣言（草案）》。

会议评价与影响。联合国教科文组织总干事奥德蕾·阿祖莱的贺信对大会给予高度评价：亚太地区拥有丰富的语言资源，本次会议将进一步彰显亚太地区语言多样性；本次会议围绕语言资源的保护、应用与推广开展研讨，介绍亚太地区关于语言资源保护的相关倡议，为助力"2019国际本土语言年"有关工作提供了一个独特的平台；本次会议十分及时。王莉宁（2019）指出，世界语保大会是首届全球性的以语言资源保护为核心的大会，也是联合国"2019国际本土语言年"的重要前奏，大会同时列入联合国教科文组织和中国教育部年度计划的重点工作之一，中外各方高度重视大会的筹备和召开。大会主题的确立、概念性文件的起草和发布、平行论坛议题的分解、国际专家的邀请以及成果文件《岳麓宣言》的起草、修订和发布等，都由联合国教科文组织主导推进；在大会举办前后，联合国教科文组织在其官方网站及时发布了大会通知、会议议程安排和成果文件《岳麓宣言》等重要信息，在世界范围对语保大会进行宣传和推介，产生了广泛而良好的国际影响。

**（二）《岳麓宣言》的起草过程**

王莉宁（2019）介绍，为确保世界语保大会对世界语言资源保护产生持续而长远的影响，中方提议大会推出一项以保护和促进世界语言多样性的宣言作为会议成果，得到联合国教科文组织的积极回应和认可，并将此作为会议预期目标写入大会的概念性文件。2018年5月，教育部、国家语委组建专家工作组，结合近年来语保工程的实施经验以及与联合国教科文组织多次合作交流所形成的共识，起草宣言初步框架，并将初稿提交给联合国教科文组织研究参考。在世界语保大会召开期间，联合国教科文组织主持成立了开放性的宣言起草组。起草组在大会期间召开了4次会议，进行了充分协商和反复讨论，最终形成了宣言草案，并在大会全体会议上获得了与会官员和专家的认可。按照联合国教科文组织国际标准文书的起草、修订程序，为使《岳麓宣言》更具有代表性和权威性，会议结束后，宣言草案发至全体与会人员征求意见，经过两个多月的反复讨论和修改，2018年12月1日得以正式定稿。2019年1月18日，联合国教科文组织正式发布《岳麓宣言》中、英文版，成为联合国教科文组织首个以"保护和促进世界语言多样性"为主题的永久性文件。

**（三）《岳麓宣言》的国际评价**

《岳麓宣言》获得高度的国际评价。联合国教科文组织驻华代表处人文和社会科学项目专家罗素（2019）指出，《岳麓宣言》的诞生是世界语言资源保护的里程碑事件。《岳麓宣言》提醒人们关注土著语言严重流失、亟待保护的事实，振兴和促进土著语言，推进在国家和国际层面采取保护措施。《岳麓宣言》申明了一些对于保护和促进世界语言多样性至关重要的共识，即：（1）保护和促进语言多样性对实现可持续发展目标至关重要；（2）保护和促进语言多样性需要社会各界积极参与；（3）保护和促进语言多样性必须与科学技术的发展相结合。我们认可宣言中所提出的结论倡议，并且鼓励各位专家更广泛地传播宣言，加强成员国和主要利益相关者对宣言所提出重要意见的领会和落实。我们鼓励成员国共同努力，确保在尊重国家和国际法律法规的同时保护和促进语言多样性。

### （四）《岳麓宣言》里的中国理念与经验

中国理念。田立新、易军（2019）指出，在语保工程实施过程中，教育部、国家语委主动谋划，善用多边平台，在与联合国教科文组织合作成功举办首届世界语言资源保护大会和发布《岳麓宣言》过程中，从确定大会主题到推动形成共识性文件，将推动构建人类命运共同体作为重要理念引领贯穿始终，充分发挥语保工程良好成效对国际社会的影响，努力获得国际社会对语保工程经验和做法的认同和响应，进而增加对推动构建人类命运共同体重要理念的理解认同。王莉宁（2019）指出，《岳麓宣言》高度认同习近平主席"构建人类命运共同体"的倡议，并以此作为保护和促进世界语言多样性的基本共识和指导思想。

中国经验。王莉宁（2019）认为《岳麓宣言》中的中国经验主要体现在：充分肯定语保工程作为"国家工程"所取得的突出成效，鼓励世界各个国家和政府开展本国语言资源调查保护；借鉴语保工程"社会化"的实施特点，倡议国际社会各方面积极作为，切实有效地保护并促进语言多样性；汲取语保工程重视"规划"和"规范"的经验，提出要制定在全世界范围内共建、共享、共同开发利用语言资源大数据的标准；充分考虑并尊重中国的语言国情，将"方言"作为保护和促进语言多样性的重要方面，为我国语言资源保护工作的开展提供了国际政策的支持。

## 结　语

自 20 世纪 80 年代以来，"语言资源"从一个语言学的学术概念通过学者不断研究探索、诠释阐发,进入了国家语言规划体系。"语言资源科学保护"成为国家语言政策重要内容,对中国的语言生活与语言文字事业产生了重要影响。在国家语言规划部门主导推动的一系列保护和开发利用语言资源的实践举措影响下,语言的资源属性越来越受到社会的认可与重视,语言资源意识正在中国社会逐步建立。语言资源研究在国内学界的关注度也持续上升。在中国,是语言规划的实践在推动语言资源的研究,为研究提供需求、材料和用场;语言资源研究也为实践提供了学术支撑;学术与实践相互推动,是因为在政界、社会、学界之间建造有一个现代化的"智力旋转门"(李宇明 2019)。可以预见,语保工程的顺利实施以及世界语言资源保护大会在中国的成功召开,将推动国内语言资源研究不断走向深入。从本专题综述的学者观点可以看出,在语言资源观日益深入人心的今天,相关研究的重点与焦点正从探讨语言资源属性的本质、语言资源保护的意义与价值等理论探讨转向更为具体、现实的语言资源的开发利用问题。尤其是在大数据、云计算与人工智能等高新技术正深刻改变着人类社会的今天,语言资源的价值愈发凸显。这既是新时代语言资源科学保护的机遇,也对相关的研究与实践工作提出更高的要求。

## 【本年度研究文献】

［1］曹志耘.中国语保的理念及其实践［J］.语言文字应用,2019(04):8—14.

［2］陈子丹,杨霞,黄洛锋.少数民族濒危语档资源开发利用的思考［J］.档案管理,2019(06):37—40.

［3］丁石庆.中国少数民族语言资源开发应用刍议［J］.语言战略研究,2019,4(03):38—44.

［4］范俊军.语保工程的语料资源利用问题［J］.西北民族大学学报(哲学社会科学版),2019(03):18—23.

［5］黄晓东,黄拾全.世界语言资源保护大会综述［J］.语言战略研究,2019,4(03):75—83.

［6］李宝贵,施雅利.2000~2018年中国语言资源研究的文献计量分析

［J］.语言战略研究，2019，4（03）：62—74.

［7］李宇明.中国语言资源的理念与实践［J］.语言战略研究，2019，4（03）：16—28.

［8］林佳庆，李涓子，张鹏.中国语言资源采录展示平台的关键技术及其应用［J］.语言文字应用，2019（04）：26—34.

［9］罗素.《岳麓宣言》的诞生是世界语言资源保护的里程碑事件［J］.语言战略研究，2019，4（03）：14.

［10］欧阳国亮.语言博物馆建设的若干方面［J］.西北民族大学学报（哲学社会科学版），2019（03）：33—38.

［11］田立新，易军.中国语言资源保护工程的建设成效及深化发展［J］.语言文字应用，2019（04）：2—7.

［12］王锋.理念、目标和策略：语保工程的少数民族语言调查工作［J］.西北民族大学学报（哲学社会科学版），2019（03）：24—32.

［13］王莉宁.中国语保国际化的途径和经验［J］.语言文字应用，2019（04）：15—25.

## 【以往参考文献】

［1］陈章太.论语言资源［J］.语言文字应用，2008（01）：9—14.

［2］李宇明.关注语言生活［J］.长江学术，2006（01）：95—96.

［3］邱质朴.试论语言资源的开发——兼论汉语面向世界问题［J］.语言教学与研究，1981（03）：111—123.

［4］陶原珂.应注意开发利用澳门社会的语言资源［J］.学术研究，1996（04）：83—85.

［5］田立新.中国语言资源保护工程的缘起及意义［J］.语言文字应用，2015（04）：2—9.

［6］王世凯.语言资源与语言研究［M］.上海：学林出版社，2009.

［7］魏晖.国家语言能力有关问题探讨［J］.语言文字应用，2015（04）：35—43.

[8]张普.论国家语言资源[C].中国中文信息学会民族语言文字信息专委会.民族语言文字信息技术研究——第十一届全国民族语言文字信息学术研讨会论文集.中国中文信息学会民族语言文字信息专委会：中国中文信息学会，2007：214—226.

[9]周庆生.语言保护论纲[J].新疆师范大学学报（哲学社会科学版），2016，37（02）：126—131.

# 国家语言能力

## 引　言

国家语言能力体现国家综合实力，影响国家安全和社会进步，是近10年来我国语言政策研究的重要热点。学界就什么是国家语言能力、国家语言能力包括哪些构成要素及如何评价评估、怎样提升国家语言能力等问题持续开展讨论，视野不断扩大，认识逐步深入。

2019年，学界在前期研究产出专著性成果的基础上，深入探讨国家语言能力的基本理论问题，思想交锋热烈；同时，在国家语言能力研究带动下出现的国防语言能力研究成果丰硕、突发事件语言应急能力研究正式起步。以下，从国家语言能力的理论建构、发展现状、任务方略3个方面介绍2019年的研究情况。

## 一　理论建构

国家语言能力理论体系研究是一个十分复杂的问题。2019年的研究显示，这一领域的理论建构仍处于艰难探索阶段（苏金智等2019a）。

### （一）已有研究述评

美国学者Brecht & Walton（1993）最初提出National Language Capacity时，定义为"国家应对各种原因产生的特定语言能力需求的能力，包括创建当前没有提供的或是没有广泛提供的语言教育的能力"，实际上指的是国家外语能力。文秋芳（2011）引入国内时即译作"国家外语能力"；同年，李宇明（2011）在我国正式提出"国家语言能力"的概念。之后，学术界对国家语言能力的关注度迅速提升，参与学者主要有戴曼纯（2011）、黄德宽（2014）、陆俭明（2016）、赵世举（2015）、魏晖（2015）、杨亦鸣（2016）、文秋芳（2016、2017）、周庆生（2016）等。中国学者的讨论使这一概念的内涵逐步明晰，与美版"国家语言能力"的差异也愈发凸显（董希骁 2019）。2019 年，多位学者对已有研究情况进行了全面深入的述评。

国家语言能力研究的主要成绩。戴曼纯（2019）认为，相比美国，我国学界的国家语言能力探讨相对较晚，但李宇明（2011）率先就国家语言能力概念做出的探索性界定，"国家语言能力是国家处理海内外各种事务所需的语言能力，包括国家发展所需的语言能力，其外延涵盖语种能力、国家主要语言的国内外地位、公民语言能力、拥有现代语言技术的能力、国家语言生活管理水平等 5 个方面"，超越了美国学者聚焦外语能力的认识。董希骁（2019）在介评文秋芳、张天伟的《国家语言能力理论体系构建研究》①时指出，该书综合中外学者的观点，定义和阐释了"国家语言能力"的内涵，并为其构建了理论体系；基于这一体系，依据既定的评价指标，按管理能力、掌控能力、创造能力、开发能力、拓展能力 5 个分项对中美两国的国家语言能力加以分析和对比，揭示中国当前存在的不足，为中国的国家语言能力建设提供了一系列具有战略性和全局性的建议；作为国际上该领域的首部专著，该书提出的理论体系广泛适用于世界各国，是中国学者对语言政策与规划学科做出的重大贡献；该书方法严谨、路径清晰，视野开阔、立场鲜明，包容度高、拓展性强，有助于提升中国各界对国家语言能力的认识，推动社会各界共同建设与中国综合国力相称的国家语言能力。苏金智、张强、杨亦鸣（2019a）指出，中国学者在"语言能力"基础上提出了"国家语言能力"的概念，并结合中国国情和语言文字使用情况对这一概念从不同的角度进行了解释，在不断探索的基础上力图建立一个具有逻辑性、系统性和解释力的理论框架，从而更好地结合语言实际，为提升中国国家语言能力服务；这些研究为构建符合中国国情的国家语言能力理论框架体系，在理论上做出了重要的贡献，在各自的理论框架下提出的一些提升国家语言能力的重要建议，也具有重要的应用价值。

国家语言能力研究的不同视角与线索。戴曼纯（2019）指出，学界关于国

---

① 该书是文秋芳及其团队 2011 年以来持续关注这一领域的成果集成，2018 年底由北京大学出版社出版。

家语言能力的界定有3个不同视角：一是商品观，这是美国学者的视角，反映出自由经济市场商品意识的泛化，借鉴价值有待商榷；二是资源观，主要包括魏晖（2015）、赵世举（2015）等，不过泛语言资源观模糊了语言资源和其他资源（如人力资源）的界限；三是战略利益观，主要是文秋芳（2016、2017）的系列研究，对于优先发展国家战略语言具有指导意义，但其内涵定义不是广义的国家语言能力，而是"国家战略语言能力"。苏金智、张强、杨亦鸣（2019b）认为，中国的"国家语言能力"概念早期的提出存在两条发展线索：一是以李宇明为代表，来源于语言交际功能、语言作为资源及语言规划的观念，发展出国家语言能力观；另一条线索是以杨亦鸣为代表，来源于人脑语言能力机制的研究，并密切关注其发展变化和相关科学领域的进展，通过对语言能力的全面构画，发展出国家语言能力观念。

国家语言能力研究的发展阶段。文秋芳（2019a）自述其研究经历了两个阶段并进行了反思。2016年的定义"政府处理海内外涉及国家战略利益事务所需的语言能力"仅限于战略层面，过于狭窄；分项能力（包括管理能力、掌控能力、创造能力、开发能力、拓展能力）仅适合分析美国国家语言能力的实践，不完全符合我国实际情况。2017年的研究将国家语言能力划分为"国家语言资源能力"和"国家话语能力"，后者是对前者的运用，但是未能将二者整合在统一框架内。戴曼纯（2019）认为文秋芳2017年将国家语言能力区分为内在能力（国家语言资源能力）与外在运用（国家话语能力）很有意义，内在能力是潜在的，包括语种及语种人才的培养和储备，是可以不断拓展的蓄水池；外在运用是用语言处理有关事务的具体行为，事务是内在能力的检验场。

国家语言能力研究存在的主要问题。苏金智、张强、杨亦鸣（2019b）认为，国家语言能力的概念尚需进一步完善，其组成部分的体系架构分析未能深入，使人觉得流于列举；即使在同一研究者的架构内部，组成部分重复或界限不清、层次不明，命名和界定的视角不统一，甚至矛盾的地方，仍然多有存在，因此有必要在前人研究的基础上对国家语言能力的构成进行更为清晰的分析和建构。

国家语言能力研究的主要学术分歧。主要是关于国家语言能力是否应包含国民个体的语言能力，已有研究中李宇明、赵世举等主张包含，文秋芳的研究中则不包含。苏金智、张强、杨亦鸣（2019a）主张包含，明确反对将个体语言能力排除在国家语言能力之外。作者认为，由于语言能力与国家语言能力的结构层次、语言能力与国家语言能力之间的关系极其复杂，语言能力与国家语言能力的执行主体容易混杂，因此理论研究不可避免存在着无法解决的一些问题；但是把个体语言能力分离出来的做法必然导致国家语言能力远离个体语言能力，让国家语言能力逐渐变成国家权力的变体，最终可能导致语言能力的国家权力化。

### （二）概念内涵新界定

强调行为主体是政府的新定义。文秋芳（2019a）将国家语言能力重新定义为"政府运用语言处理一切与国家利益相关事务的能力"，再次强调执行国家语言能力的行为主体是政府，而非个人或任何非官方团体。个人、家庭或私营机构都不是国家语言能力建设的责任主体；处理语言事务的范围，既有国内，又有海外，相关事务须涉及国家政治、经济、外交、文化、科技、军事、信息等领域的发展与安全，但不直接涉及个人和私营团体的利益与前途。

包含多元执行主体的新定义。苏金智、张强、杨亦鸣（2019b）将"国家语言能力"界定为"处理国内外事务时所需要的语言能力，尤其是行使国家力量时所需要的语言能力"。前者是广义的语言能力，后者是狭义的语言能力，二者区别在于后者指行使行政力量或凸显国家形象时需要的语言能力。作者指出，这一界定最大的变化是省略了执行主体。国家语言能力的执行主体不是单一的，可以是个人的，也可以是群体和机构组织，也可以是政府，只要是代表国家，站在国家立场的主体就可以。或者说国家语言能力和社会语言能力的执行主体包含或者隐含着个人；同时也可以说，在同一次语言能力体现中同时包含着多个语言能力主体，只不过在不同语境下强调的重点不同而已，但这都不影响这些主体的并存。作者同时指出，这一界定仍然强调国家语言能力需求主导，也为国家语言能力的架构留下了空间。

特定视角的同类定义。王辉（2019）从全球治理的视角对国家语言能力的界定与文秋芳（2019a）相近——"国家运用语言处理关涉国家利益的内外部事务的能力"，认为国家语言能力是中国推动全球治理体系变革、提高国际话语权、协商和制定国际规则的重要基础，包括4种分项能力：国家外语能力、汉语国际传播能力、行业语言能力、国家话语能力。

### （三）理论框架新建构

基于中国国家语言能力建设实践的新框架。一直在寻求一条理论恰当和充分解释事实的道路（苏金智等2019a）的文秋芳（2019a）针对自身前期"双向研究不足"①的局限，侧重我国国家语言能力建设的宗旨和路径，第三次提出国家语言能力的理论框架（见图1）。在新框架中，国家语言能力由国家语言治理能力、国家语言核心能力、国家语言战略能力3个部分形成一个稳定的三角形。（1）"治理能力"位于顶端，指政府运用语言处理国内外两类事务的效力和效率，具有全局性和统领性特点，决定着核心和战略两类能力的发展方向和效果。建设国家语言治理能力可从3个维度入手：国家治理机构体系构建、国家规划制定与实施、国家语言生活研究与交流。衡量治理能力的指标主要有完整性、协调度和执行力。（2）"核心能力"具有基础性和先导性特点，是国家政治安全、领土完整、社会和谐、经济发展、文化繁荣、信息安全等的压舱石，是战略能力发展的前提，置于国家语言能力建设的优先位置。国家语言核心能力涉及4个维度：国家通用语普及、国家通用语规范使用、国家语言智能化、和谐语言生活建设。衡量核心能力的评价指标是政策力、实践力和绩效力。（3）"战略能力"着眼未来，具有前瞻性和长远性特点，是国家对外开放、维护国家主权、塑造国家形象、提升国家国际地位的支柱，对核心能力建设有促进作用。国家语言战略能力涵盖4个维度：国家外语教育、国家通用语国际拓展、国家对外话语表述、国家语言人才资源掌控。衡量战略能力的评价指标是覆盖面、科学性、影响度。作者指出，与前期建构的理论框架相比，这个新框架具有两个特点：第一，根据内在逻辑关系，首先确立了国家语言能力的3个分项能力及其关系，然后再分析各分项能力所涵盖的不同维度；第二，3个分项能力涵盖的维度更丰富、更全面、也更开放，能够充分解释中美两国的国家语言能力建设和发展实践。

---

① 指仅由外向内看，即以其他国家实践为标杆审视我国国家语言能力建设；缺少由内向外看的视角，即以我国实践为出发点，审视其他发达国家情况。

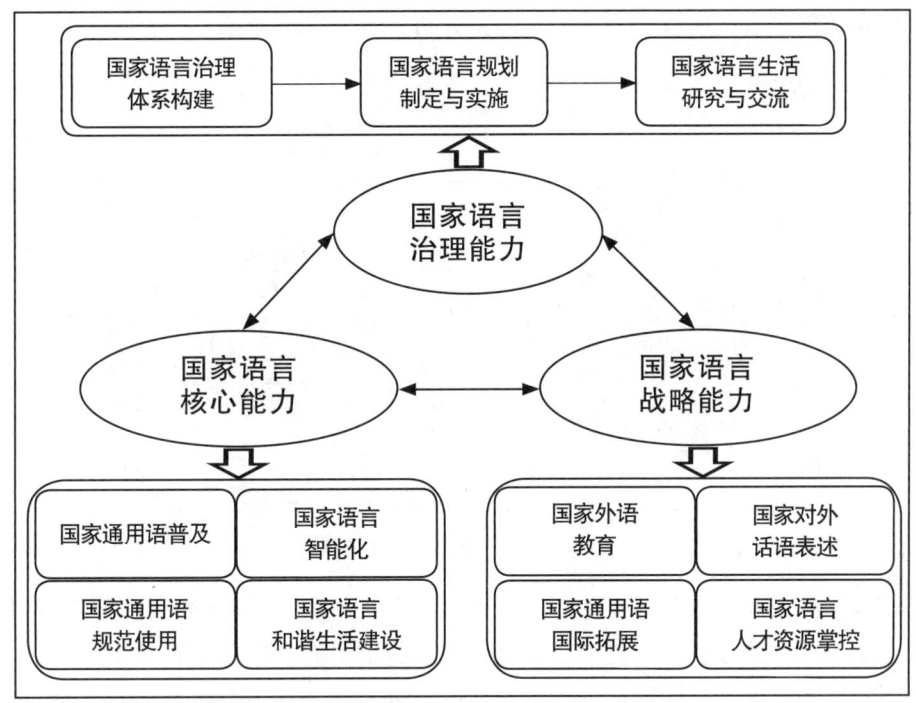

图 1　基于中国国家语言能力建设实践的新框架

主体多元的立体架构。苏金智、张强、杨亦鸣（2019b）认为国家语言能力的组成是立体的，并提出"国家语言能力三层立体架构"（见图2）。该架构为3个同心圆结构，自内向外分别为个人语言能力、社会语言能力和国家语言能力。架构中每一个上层包含但不限于下层，上下层之间体现为"结构–功能"映射关系，下层结构有效地支撑并映射为上层的功能。其核心为个人语言能力。个人语言能力不仅是社会语言能力和国家语言能力的基础组成部分，更作为结构，支撑着上层的社会语言能力和国家语言能力。就作为国家语言能力、社会语言能力的组成部分而言，体现为国家语言能力的个人语言能力某种程度上是个人语言能力在国家语言能力上的投射，就支撑关系而言，众多个人语言能力形成的有机集合，连同每个个人语言能力一起组成的结构，有效地支撑了社会语言能力、国家语言能力的功能。社会语言能力亦是如此。外围是国家语言能力，其与社会语言能力相差异的部分为语言能力和其他能力相交互的部分，往往受语言规律和其他认知规律的共同支配，是国家语言能力系统的边缘部分。也正是这种加合和表现的关系，使得国家语言能力具备了多层面、多主体特性。作者指出，这一架构的最大特点就是包孕，越是往中间就越是核心和基础，对外圆的作用就越大；所以在国家语言能力分析中不能忘却和抛弃核心的社会语言能力、个人语言能力。

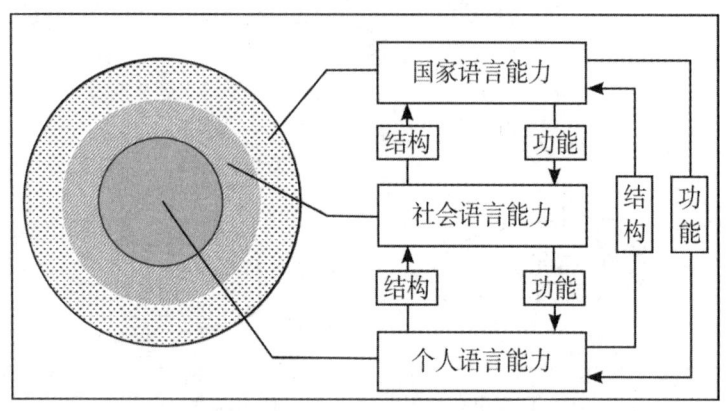

图 2　国家语言能力三层立体架构

主体多元的分项能力解析。苏金智、张强、杨亦鸣（2019a）进一步尝试从社会语言学的角度提出"符合语言理论与语言事实的，容易理解和接受的"国家语言能力新框架（见图 3）。在该框架中，"个体语言能力"包含习得能力、交际能力、传播能力、技术处理能力和管理能力，但只有国家所需的那一部分能力才属于国家语言能力；"政府机构语言能力"包括职业语言能力、语言的国内外传播能力、语言资源管理能力、语言信息处理能力和机构话语能力等 5 项分能力；"国家语言管理能力"包括进行语言文字法制建设、开展语言规划、制定语言政策等几个方面。其中，个体语言能力是国家语言能力获取的基础部分，政府机构语言能力是国家语言能力组成的核心部分，国家语言管理能力是国家语言能力获取和提升的保障部分。作者认为，该框架比较好地解决了过去所存在的国家语言能力与语言能力之间关系不一致、语言能力执行主体不清等问题，并且对国家语言能力的学科性质进行了定位，这对推动今后社会语言学的学科发展，具有积极意义。该框架的应用价值主要在于 3 个方面：能够为国家提供比较准确的所需语言能力解决方案的思路，为国家制定语言发展战略规划服务；可以用来进一步改善现有的语言能力评价体系；可以提高政府部门的语言文字应用能力和管理能力。该框架的社会意义也主要有 3 个方面：可以让公民认识到个体语言能力具有重要价值，促进社会民众、社会群体自觉提升自己的语言能力；个人语言能力的提升有利于和谐的社会环境和国际环境的构建；有利于公民了解语言能力与国家形象、话语权、国家安全的关系，从而自觉为国家语言能力建设服务，参与人类命运共同体建设。

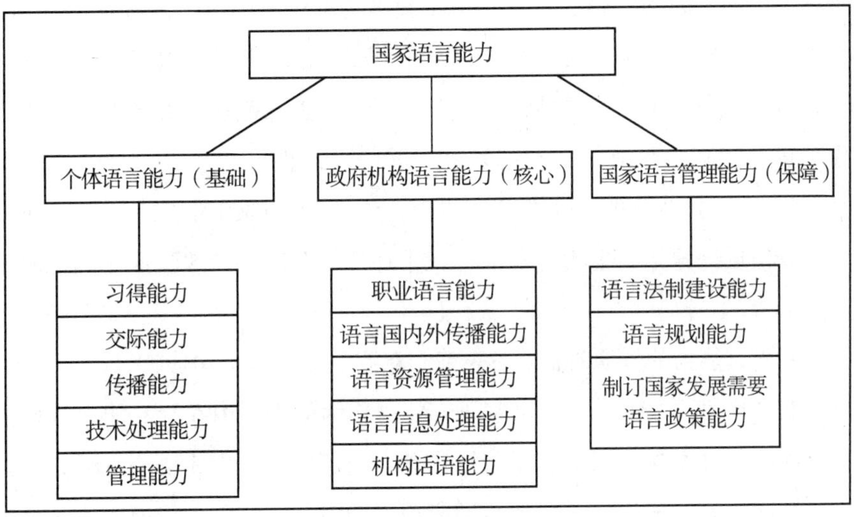

图3　国家语言能力理论新框架

```
                        国家语言能力
        ┌──────────────────┼──────────────────┐
   个体语言能力（基础）  政府机构语言能力（核心）  国家语言管理能力（保障）
    ┌──────────┐      ┌──────────────┐      ┌──────────────┐
    │ 习得能力 │      │ 职业语言能力 │      │ 语言法制建设能力 │
    │ 交际能力 │      │ 语言国内外传播能力 │ │ 语言规划能力 │
    │ 传播能力 │      │ 语言资源管理能力 │  │ 制订国家发展需要 │
    │ 技术处理能力 │  │ 语言信息处理能力 │  │ 语言政策能力 │
    │ 管理能力 │      │ 机构话语能力 │      │              │
    └──────────┘      └──────────────┘      └──────────────┘
```

## （四）属性特点新认识

以人才为核心的国家语言能力基本属性。戴曼纯（2019）指出，国家语言能力最核心的要素是人才，任何资源必须通过人才来收集、储存、加工、运用、维护、拓展和传承，语种建设、资源利用、技术开发、语言服务、学术研究等无不以人才为基础和依托。以人才为核心的国家语言能力，即人才观，有别于商品观、资源观和战略利益观，在宏观的语言战略和语言实践之间架起桥梁，促使国家语言能力理论与实践相结合。构成国家语言能力的知识技能和人才载体具有明显的结构性、模块性和系统性。资源建设、人才培养是一个动态发展过程，语种数量、人才数量和质量、数据库建设处于变化状态，因而国家语言能力还具有动态性。语种、人才、技术均以满足前瞻性需求和现实需要为目标，因而体现实用性和功能性。因此，国家语言能力（包括构成要素）具有结构模块性、实用功能性、系统动态性三大基本属性。（1）结构模块性。模块论设想区分了语言资源和语言人才资源、内在能力和外在应用，内在能力建设以制度引领资源开发和储备，外在运用则是内在能力的检验场，国家语言能力通过运筹优化资源配给。（2）实用功能性。国家语言能力具有实际使用价值，能够满足语言需求，建立在语种知识结构完整和人才队伍完备的基础之上，相关问题应得到及时解决以避免突发语言需求未能满足的情况。实用功能性的另一类特征,即语言附加值也可用于考量我国主要语言的国际传播效果。(3)系统动态性。国家语言能力是一个开源系统,子系统尤其是二级模块及以下子系统的数量和内涵可以不断拓展。国家语言能力建设就是子系统建设之和,既有共时拓展变化,也有历时动态发展。系统动态性一般可以通过语言资源数据库、语言人才动态数据库等得到体现,语言管理部门可以通过大数据库建设,充分把握国家语言能力建设的每一个环节,及时、高效满足任何突发语言需求。

国家语言能力的性质特征。苏金智、张强、杨亦鸣(2019b)认为,国家语言能力有3个性质特征。(1)国家语言能力作为能力的内在性。能力与外在表现是两回事,如结构主义语言学将语言和言语相区别,生成语法将语言能力和语言运用相区别。所以,首先要将国家语言能力与国家语言能力的外在表现或者说是国家语言能力实现的结果相区别,其次要将语言能力和提升语言能力的方法路径相区别,比如语言规划、语言政策本身是提升国家语言能力的方法,一定程度也体现了国家语言能力的管理能力,但还不是语言能力本身。搞清楚内在和外现、能力和方法路径的区别,有助于我们搞清因果,避免将一个事物的不同方面混杂起来使用,从而让对象和层次更清晰。(2)国家语言能力组成的非匀质性和立体性。就非匀质性而言,国家语言能力的影响因素复杂,分清其组成中哪些是受语言规律支配的部分,哪些是与非语言规律共同支配的部分,哪些是不受语言规律支配的部分,对国家语言能力的分层分析十分重要,也便于在进行能力提升时采取有较强针对性的措施与方法。就立体性而言,国家语言能力的复杂性非平面结构可以尽述。(3)国家语言能力的服务性。"服务性"一方面是指满足需求,国家语言能力是和需求相对而言的,也即对国家语言能力的评价是从服务国家需求(当下的/持续的或者前瞻性的)的角度出发,这与未实现为国家语言能力的个人语言能力不同。另一方面是指语言能力体现为保障某一事件顺利或更好地处理的语言能力,语言的交际工具特点决定了这一保障性(服务性)。在某一次事件(比如政治、经济、军事等)处理中,占据主导地位的往往是经济、军事等条件,或者说语言往往不是解决问题的主要手段,当然也不排除语言能力具有扭转性作用。国家语言资源本身不是国家语言能力,而符合国家发展需求的语言能力资源才是国家语言能力,因为不服务于国家需求的语言资源无法评价为具有较强的语言能力，最多可以说具有较强的语言实力。

**（五）相关领域理论建构**

在国家语言能力研究带动下，国防语言能力研究成为近年研究热点，并进一步衍生出军队外语能力、涉外军事行动语言能力等子概念，在相关国家社科重大课题的推动下，2019年继续产出一系列成果。同时，突发事件语言应急能力经过前两年的酝酿[①]在2019年正式提出概念内涵和构成框架。此外，国家外语能力作为前国家语言能力阶段的核心领域，始终受到外语学界的关注，2019年有学者进行了专门探讨。在中国语境中，国防语言能力、突发事件语言应急能力、国家外语能力都是国家语言能力的下位概念和重要构成。

国防语言能力的定义与类型。梁晓波（2019）综合前期研究，把国防语言能力定义为"一个国家为应对国防和军事需求、维护和平、应对战争、维护领土和主权完整、保卫国家独立自主、开展军事对外交流和文化传播，在语言储备、建设、发展、运用和保障方面的能力总和"。国防语言能力可进一步细分为：（1）国土防卫型国防语言能力，仅够满足国土防御和国家内部安全所需要的语言能力；（2）积极防卫型国防语言能力，能够为因国家利益拓展而产生的海外利益保护提供特定国际区域的国防语言支撑能力；（3）国际区域国防语言能力，能够为国家众多海外地区利益保护提供较为强劲的国际区域语言能力支撑，其国防语言能力超出一般国家的能力强度；（4）全球型国防语言能力，能够为国家全球利益保障提供全球国防语言支撑能力；（5）自然型国防语言能力，国家的国防语言能力建设非常弱小，主动和有意识的建设几乎为零。作者对国防语言能力的全局性、长期性、可持续性、针对性、区域性、战略性等特点做了深入阐述。

国防语言能力与素养的核心内涵与模块。徐敏、郑贞、彭艳青（2019）认为，国防语言是指与国防安全和国家利益相关的世界大国语（方）言、地缘政治要冲语（方）言、热点地区语（方）言和军事行动地区语（方）言及其所承载的区域文化意识和思维模式的总称，其核心是军队履行使命任务所需的对象国语言技能和区域文化意识。国防语言能力与素养涵盖客观和主观两个模块，

---

① 如：方寅（2018）。

即：知识与技能和使用者的态度与方法。语言是一种客观存在，因此国防语言能力与素养的提升很大程度上取决于使用者的认识、态度、目的、取舍、策略等。国防语言能力与素养根本体现为使用者的军事素养与作战能力，这也是国防语言能力与素养的最高层级。在此基础上，作者概括描述了国防语言能力与素养在不同方面和层次上的五大方面的核心要求：确立学习外语、使用外语服务国防的价值取向；掌握外语语言知识和技能；拥有宽阔的国际视野；具备对象国文化意识和能力、准确把握对象国人员思维模式；具有在异国文化氛围中的自信度以及借助外语有效完成使命任务的信心和办法。

军队外语能力的内涵。马晓雷、庞超伟（2019）借鉴美军"基于能力的规划"（capabilities-based planning）方法，对军队外语能力的内涵进行反思，从战略、任务、资源和管理的维度界定了军队外语能力的内涵。其中，国家安全战略决定着军队外语能力建设的总体定位，保障军事行动顺利实施是军队外语能力建设的核心目标，外语资源是外语能力建设的主要着力点，资源管理则是外语资源由潜在能力向现实能力转换的必要条件。从各要素之间的关系来看，维护国家安全的总体定位决定着军队需要执行的军事行动样式。

涉外军事行动语言能力的内涵。李洪乾、周大军（2019）从实证角度出发，将我军涉外军事行动语言能力界定为"遂行联演、维和、反恐、救援以及护航等多样化军事任务人员所应具备的语言能力"，并提出该能力包含语言技能、跨文化交际能力、语言实践经验、军事专业知识4个模块。

突发事件语言应急能力的定义与类型。方寅（2019）将突发事件语言应急能力定义为"国家进行突发事件预警防范和应急处置的语言能力"，主要涵盖"国家突发事件语言应急资源能力"和"国家突发事件话语应急能力"两大方面。① 作者进而从不同角度对其内涵进行了阐释，如从关涉的语言来看，可以分为突发事件少数民族语言应急能力、突发事件方言应急能力、突发事件母语应急能力、突发事件盲文手语应急能力、突发事件外语应急能力等；从突发事件语言应急能力运用的空间领域看，它可以从小到大粗略分为地区突发事件语言应急能力、国内突发事件语言应急能力、全球突发事件语言应急能力；从各种语言因素所囊括的内容分为以下细类：运用、学习和研究突发事件语言应急知识的能力，运用、学习和研究突发事件语言应急能力的能力，运用、学习和研

---

① 作者采用了文秋芳2017年的框架。

究突发事件语言应急技术的能力，运用、学习和研究突发事件语言应急艺术的能力。

国家外语能力的概念内涵与建设目标。沈骑（2019）将国家外语能力的概念内涵理解为"国家通过开发、建设、掌控和应用各类外语资源，为在特定情况下处理和应对海内外各类外语事件或是运用外语处理各种事务，服务于国家战略的能力"。国家外语能力建设的核心目标是开发、建设、掌控并应用各类外语资源，彰显出语言资源作为战略要素的语言规划观。作者根据鲁伊兹提出的语言资源观，提出国家外语能力建设的构成要素包括外语资源的种类与语种布局、外语资源的质量与标准、外语资源的类型与领域以及国家对外话语能力4个方面。沈骑、曹新宇（2019）又从语言规划理论的角度将国家外语能力建设界定为"国家为应对和解决海内外的外语事务，开发、发展或调用国家外语资源，服务并推动国家战略目标实现的语言规划行为"，并认为，国家外语能力建设以服务国家战略为价值取向，以提升国家外语能力为目标，以规划与建设外语资源为途径。

## 二 发展现状

文秋芳、张天伟的《国家语言能力理论体系构建研究》是迄今为止根据一定的理论框架梳理中国国家语言能力现状的系统性最强、内容最为深入的成果，特别关于外语教育和人才培养，更建立在作者多年来开展的相关实证研究基础之上。除此以外，总体上看，关于中国语言能力现状的研究还有十分广阔的空间。2019年相关研究的特点是，结合新中国成立70周年和改革开放40年，从宏观上梳理特定领域语言能力建设的历史发展，总结成就，指出不足。此外，有学者在全球治理视角下重点探讨了中国国家语言能力存在的不足，有学者通过实证调查指出了国防语言能力存在的不足。

### （一）国家总体语言能力建设的成就与不足

文秋芳（2019a）根据其最新提出的国家语言能力三角框架对中国国家语言治理能力、国家语言核心能力、国家语言战略能力70年建设与发展进行了概述。作者认为，新中国成立70年来，我国经历了不同的发展阶段，从"贫穷落后"到"生活富裕",再到"繁荣富强",国家语言能力的发展与国家整体国力的增强形成互动关系。我国国家语言治理能力逐步完善,核心能力持续增强,战略能力建设加速,有力推动了我国国力和国际地位的提升;但总体上,我国国家语言能力与我国日益上升的国际地位还很不相称,还存在治理机构不完善、推广普通话刚性不足、复合型外语人才培养存在缺陷等问题。

### （二）国家语言治理能力建设的成就与不足

国家语言治理能力是文秋芳（2019a）提出的新框架中位于三角形顶端的能力类型,指政府运用语言处理国内外两类事务的效力和效率,涵盖国家治理机构体系构建、国家规划制定与实施、国家语言生活研究与交流3个维度。文秋芳（2019b）就新中国成立70年来国家语言治理能力建设发展进行专门研究,从上述3个维度阐述取得的进展和存在的问题。作者指出,经过70年的努力,我国现已构建了较为完善的行政治理机构体系;以国家语委为主体的语言事务治理体系已基本完善,制定并落实了多个语言文字事业发展的五年规划,进入新世纪,各方面工作更是朝着规范、系统、创新方向发展,语言生活研究的顶层设计进一步优化,科研领导机构不断完善,对以系列皮书出版为代表的研究成果的国内外交流力度明显加大,各方面工作呈现出一派欣欣向荣的景象。目前我国治理国内事务的语言能力已经走在世界前列,但治理涉外事务的语言能力还远远落后于一些发达国家,存在缺少处理涉外事务的语言治理机构体系、无系统的涉外语言规划等问题。

### （三）国家通用语普及能力建设的成就与不足

国家通用语普及能力是文秋芳（2019a）提出的新框架中的"国家语言核心能力"的重要维度,可从政策力、实践力、绩效力3个方面进行评价。杨佳（2019）以此为框架,梳理总结了70年来我国普通话推广所取得的显著成就,结合其他相关国家的国家通用语普及情况,指出普通话推广长期性和复杂性的特点以及面临的挑战。作者认为,当前普通话推广取得了巨大成就,政策力、实践力和绩效力都得到极大提升。政策力为普通话推广提供了制度保障,使各项工作有章可循;实践力确保了相关政策的落实与执行,直接推动了各个阶段普及目标的实现;绩效力反映了政策力和实践力的发展水平,也为普通话推广下一阶段政策及措施的制定提供了依据。作者同时指出我国推广普通话存在的不足：在政策力方面，普通话推广相关条例法规的约束力仍显不足；在实践力方面，普通话推广的社会重视程度仍然不够；在绩效力方面，普通话普及率与日、韩等国家的国家通用语普及率相比尚存在一定差距。

### （四）国家外语能力建设的成就与不足

沈骑（2019）总结了改革开放40年来，国家外语能力建设经历的"引进来""供内需""促外向"和"走出去"4个发展阶段。总体来看，国家外语能力建设为中国积极学习国外科技文化知识、加快现代化建设步伐，提升国民素质，为国家架设对外交往的桥梁提供了重要保障；中国外语教育发展迅速，有力推动国家建设与开放大局，全民外语能力有了明显提升。尤其是近10年来，国家外语能力建设对接国家"走出去"战略需求，积极创新求变，在外语资源建设多方面升级加速。同时，也还存在非通用语种人才培养薄弱、外语专业标准与国家外语能力需求尚未形成互动发展、国家对外话语能力建设还没有得到应有重视等问题。

### （五）全球治理视角下国家语言能力的不足

王辉（2019）认为，面向中国参与全球治理的语言需求，我国的国家外语能力、汉语国际传播能力、行业语言能力、国家话语能力都还存在不足。在国家外语能力方面，当前我国开设的语种数还难以满足全球治理的需求，"一带一路"相关的50余种官方语言中，尚有少部分语言未开设；"一带一路"外语和翻译人才的数量需要扩大，人才培养层次有待优化，培养质量有待提高；外语资源尚未被当作国家重要的战略资源来看待，在反恐、维和、援外等方面的应急外语能力不足。在汉语国际传播能力方面，虽然汉语已是60多个国家中国民教育体系认可的语言，但一般仅作为外语选修或必修课程之一，汉语在国际组织中使用程度不高，孔子学院对当地的影响力有待进一步提升。在行业语言能力方面，我国服务"一带一路"基础设施建设、金融、贸易、科技等行业的语言能力还有待增强，语言与行业的深度融合不够，行业发展所需的语言大数据、语言智能等技术支持力度不够，特别是"一带一路"建设所需的高端法律外语人才，通晓国际规则、精通商务谈判的专门人才，知识产权等领域的高端翻译人才稀缺。在国家话语能力方面，存在着阐释不到位、受众不理解、有理说不出、传开叫不响等困境。

### （六）国防语言能力存在的不足

李洪乾、周大军（2019）采用问卷调查和访谈的形式，对战区涉外军事语言人才培训班学员的语言技能、跨文化交际能力、语言实践经验以及涉外任务所需的军事专业知识开展调查。研究发现，当前战区涉外军事语言人才通用外语技能应用还存在听说方面较大的问题，"哑巴英语"现象突出；军事外语各项技能存在大困难；跨文化交际能力偏弱；对涉外所需的军事专业知识不熟悉，或者仅了解相关常识。整体水平与涉外军事行动的需求还不匹配。

## 三　任务方略

制定科学的建设方略是战略研究的落点，也是核心意义所在。2019年，学者们继续在各自的理论框架下提出提升国家语言能力的建议，从不同层面展现了本领域研究的实践意义和应用价值。

### （一）国家语言能力研究重点

"国家语言能力"属于语言社会学的分支，是一块尚未充分开发的处女地。文秋芳（2019a）建议，未来研究可从4个方面入手：第一，根据国家语言治理、核心和战略能力的三维结构，分别研究各自内涵与外延；第二，研究不同领域中的国家语言能力，例如军事、外交、新闻、商务等；第三，将国家层面的语言能力下移到研究大都市和大区域的语言能力，例如北京和上海大都市语言能力研究，京津冀地区、粤港澳大湾区语言能力研究等；第四，进行中外国家语言能力的比较研究。以上四方面研究均可包括描述现状、列出问题、提出对策。此外，学界还有责任用通俗化的语言向社会普及"国家语言能力"这一概念，提高政府机关干部和全社会对提升国家语言能力的意识。

### （二）国家语言能力建设重点

提升国家语言能力就是提升国家所需语言能力中不能满足国家需要的那一部分能力。苏金智、张强、杨亦鸣（2019a）提出当前我国最迫切需要的6种语言能力及其建设路径：一是为进入全面小康社会和扶贫攻坚所需要的语言能力，主要是这些地区个体的国家通用语言文字的习得和交际能力；二是为推进"一带一路"建设所需要的语言能力，主要是具备与沿线国家使用当地语言沟通无阻的语言能力；三是为顺利进入智能化社会所需要的语言能力，主要是语言信息处理能力；四是为国家拥有更多的国际话语权所需要的语言能力，主要是提升政府部门工作人员的个体语言能力和职业语言能力，增强国内外语言传播能力；五是为维护国家安全和文化安全所需要的语言能力，主要是提升相关外语能力，并防止母语语言能力受到外来语言威胁，防止濒危语言和方言的语言能力退化；六是为保证以上5种国家语言能力得以实现的国家语言管理能力。

**（三）国家语言能力建设任务**

尽管我国的国家语言能力概念界定和理论构建的尝试走在了美国等发达国家的前面，但这并不代表我国国家语言能力建设的形势得到任何缓解，相反，当前国家语言能力建设任务异常严峻。苏金智、张强、杨亦鸣（2019b）认为，我国当前国家语言能力建设面临的最为紧迫的任务主要有5个方面：一是亟须开展全面的语言能力的国家需求和满足能力分析，包括影响国家安全的语言能力、制约重大战略实施的语言能力、服务社群的语言能力需求，同时还须分析我国满足需求的能力，以及可以提供语言能力的主体和配套政策规划；二是加强国家语言能力理论和提升实践研究，包括国家语言能力界定、构成、影响因素、执行主体等研究以及针对不同国家语言能力建设的对比研究；三是构建国家语言能力建设和研究的数据库体系，建立包括人才库、资料库、资源库、文献库等在内的数据库群，以及各种专业库、区域库、行业库、部门库建设；四是继续加强国家通用语言文字的推广，助力国家统一、国家认同；五是加速专项语言服务能力提升，如"一带一路"语言服务、推普脱贫、人类命运共同体话语体系构建等。

**（四）国家语言治理能力建设方略**

新中国成立70年来，我国语言治理能力的建设和发展稳步前行，取得了举世瞩目的成就，但与我国经济与政治发展的需求相比，仍有明显的不足之处，亟待改进。文秋芳（2019b）建议：第一，彻底解决地县两级机构落实不力的问题，采取措施，定出时间表，有计划、有步骤地消除盲点，健全与完善行政机构体系;第二,增进国家语委和国家民委之间的协同,合作制定规划和设立研究课题,分头贯彻执行,以降低行政成本和提高工作效率;第三,加强国家对涉外语言事务的治理能力,扩大现有国家语委功能,统一治理国家外语教育、国家通用语的国际拓展、国家话语的对外表达、国家语言人才资源掌控等涉内涉外与语言相关的事务,把提升国家语言能力的任务落到实处;第四,积极组织对国家语言治理能力的研究,提出具有中国特色的国家语言事务治理理论,在国际学界发声,提高我国的话语权。

**(五)国家通用语普及能力建设方略**

未来普通话推广在落实相关政策文件的同时,应依据差异性、市场性和融合性原则制定相应措施,才能更好地应对当前面临的挑战。杨佳(2019)指出:(1)差异性原则是指应根据不同地区之间的经济发展情况,有区别地统筹指导相关工作的开展。发达地区和城市的普通话推广应主要以"刚性"措施为主,对于经济较为落后的西部地区及乡镇、农村,语言文字主管部门则应加大资金和人才支持力度,帮助当地政府开展普通话推广相关工作。(2)市场性原则是指在普通话推广措施的制定和执行上强调"市场"意识,充分考虑大众的意愿和需求,以实现效率和影响的最大化。(3)融合性原则是指在活动内容的设定上不应仅局限于语言文字,还应与大众的生活、工作内容有机结合在一起,借鉴"汉语盘点""中华经典诵读"等活动的成功经验,提高普通话推广的参与性。

**(六)相关领域语言能力建设方略**

国防语言能力建设方略。梁晓波(2019)提出经济性投入为主导、需求型定位为指向和效果型驱动为过程的建设思路,确立数量上少而精、够用即行、用得上即可、能够完成任务即是的建设目标;建设举措主要包括:多元渠道推进,重点优先发展,军民融合实施,前瞻合理布局,技术强力介入,资源开放共享,内外共同兼顾,总量适度控制。马晓雷、庞超伟(2019)参考美军"基于能力的规划"流程,提出了包含9个步骤的军队外语能力建设总体路径:根据国家战略需求确定军队使命任务,设想现实和未来军队可能执行的军事行动场景,生成想定空间及维度,制定行动目标,分解行动目标并确定任务清单,明确能力评估标准,拟定能力建设方案,对能力建设方案进行评估,做出决策挑选最优方案。李洪乾、周大军（2019）总结了战区涉外军事人才培训的成功经验，建议：依托军队院校，尽快创立涉外军事语言人才培训基地；由部队提需求、院校出方案，建立起"部队＋院校"联合办学机制；以任务为牵引，加强涉外军事任务部队自主培训能力；加大涉外军事外语教员的培养力度，建立稳定的培训队伍；打造军事外语教育资源，建立科学合理的培训课程体系。梁晓波、武啸剑（2019）总结分析了西点军校学员外语能力培养的模式和特点，就我军事院校学员外语能力培养提出4点建议：一是摒弃以往以英语为主要语种的培养模式，扩大语种培训范围；二是加强人才语言应用能力的综合素质构建；三是突出对有关重要地区文化知识的深度学习；四是以外语为界面，加强多学科的融入，形成综合一体的语言文化和区域知识的综合应用能力。

突发事件语言应急能力建设方略。方寅（2019）提出6点建议：一是建设突发事件语言应急制度体系，包括语言应急预案、语言应急管理法制、语言应急管理体制、语言应急管理机制等在内的"一案三制"；二是建设从上到下、从专业组织到民间团队与个人等多方协同、权责明晰的语言应急组织体系；三是建设涵盖外语、少数民族语言、方言、盲文手语等语言资源的突发事件应急语言资源知识库体系；四是建设涵盖语音科技、机器翻译、即时通讯等各类技术及资源的突发事件语言应急技术支撑体系；五是建设突发事件语言应急预测、预警及预防干预体系；六是建设突发事件语言应急志愿服务体系。

国家外语能力建设方略。沈骑（2019）提出从全球治理高度规划国家外语能力，从话语规划角度构建对外话语体系，从全球素养维度推进外语教育规划。沈骑、曹新宇（2019）又指出，在中国以"积极参与者"的姿态走向深度全球治理的新时代，国家外语能力建设须在三方面进行范式转型：从工具范式向研究范式转型；从跨文化范式向超文化范式转型；从"外语＋专业"范式向"专业＋外语"范式转型。

少数民族语言能力建设方略。民族语言能力建设在国家语言能力建设过程中具有重要意义、潜在价值和独特贡献，应在民族语言资源保护的基础上，加以深度开发和利用。曹秀玲、邓凤民（2019）指出，从国家安全角度看，民族语言能力建设是提升我国国家语言能力不可多得的天然资源和重要"抓手"，民汉双语人才更是具有不可替代的作用。立足国家安全，民族语言能力建设需要构建宏观、中观和微观三位一体的立体网络：政府作为国家语言能力建设的主体和"发动机",具有政策和资源优势,须发挥统筹规划与监督执行的优势;学界和高校须发挥自身专业优势和人才培养职能,为民族语言能力建设提供智力支持;民众和民间机构须提升国家语言能力认知,自觉自愿贯彻国家战略和学界理念,为国家语言能力夯实民族语言能力基础。

## 结 语

从被引入国内的那一刻起,"国家语言能力"就表征了学界强烈的家国情怀;从2011年李宇明超越美国的外语能力商品观的那一刻起,"国家语言能力"就被赋予了更宏大的战略性质。国家是想象的共同体,国家语言能力终究要体现在构成国家的无数个体的语言能力身上;而同时,个体语言能力之和并不能与国家语言能力之间简单地画等号。语言人才是否属于语言资源,语言能力和语言运用如何区分,国家语言能力和国家语言能力的外在表现形式如何区分,"国家语言能力"这个概念区别于其他关于语言能力的概念的独特性到底在哪里,相关探索、思辨与争鸣或许仍将继续,而树立并坚守人才观有理由取得更大共识。个体语言需求多样、语言意识多元,通过语言政策,确保语言教育的有效供给,有效协调多样化的语言需求和多元化的语言意识,使更多的个体成长为国家需要时可及可用的语言人才,使个体语言能力的获得、提升与使用,既满足个体的需求,又满足社会的需求,更满足国家的需求,应是国家语言能力建设的核心关切。而探索这样的语言政策,也正是语言文字领域贯彻落实党中央关于推进国家治理体系和治理能力现代化重大部署的核心要义。2019年的研究取得可喜成绩,理论建构在争鸣中不断深入和创新,针对国家安全与国防领域的语言能力建设研究成果显著,针对细分领域的语言能力研究不断拓展。尤其是"突发事件语言应急能力"的研究,虽然刚刚起步,已在2020年初的"抗击新冠肺炎疫情"中充分表现出实践意义和应用价值,"战疫语言服务团"及其系列成果正是"突发事件语言应急能力"建设的积极实践。展望未来,面对我国的国家语言能力与国家的国际地位还不相称的严峻形势,比进一步挖掘各理论体系之间相互对话和相互补充的空间更为迫切的,应是基于大规模实证调查的国家语言能力需求评估和现状评估。国家语言能力研究在未来既面临迫切的需求,也还有非常广阔的空间。

**【本年度研究文献】**

［1］曹秀玲，邓凤民.在国家安全视阈下加强民族语言能力建设［J］.中国民族教育，2019（01）：23—26.

［2］戴曼纯.国家语言能力的缘起、界定与本质属性［J］.外语界，2019（06）：36—44.

［3］董希骁.《国家语言能力理论体系构建研究》介评［J］.语言战略研究，2019，4（04）：90—96.

［4］方寅.论突发事件语言应急能力提升［J］.河南师范大学学报（哲学社会科学版），2019，46（03）：97—108.

［5］李洪乾，周大军.涉外军事行动语言能力模块及其建设研究［J］.外语研究，2019，36（02）：42—45.

［6］梁晓波.经济原则指导下的国防语言能力建设——战略与举措［J］.中国外语，2019，16（04）：22—28.

［7］梁晓波，武啸剑.世界一流军校人才培养中外语能力培养：以西点军校为例［J］.外语研究，2019，36（02）：23—29+112.

［8］马晓雷，庞超伟.军队外语能力的内涵及其规划路径——"基于能力的规划"视角［J］.中国外语，2019，16（04）：29—36.

［9］沈骑.中国国家外语能力建设40年回顾与前瞻（1978—2018）［J］.中国外语，2019，6（04）：43—49.

［10］沈骑，曹新宇.全球治理视域下中国国家外语能力建设的范式转型［J］.外语界，2019（06）：45—52.

［11］苏金智，张强，杨亦鸣.国家语言能力理论新框架研究［J］.汉字文化，2019a,（21）：3—11.

［12］苏金智，张强，杨亦鸣 国家语言能力：性质、构成和任务［J］.语言科学，2019b,18（05）：449—459.

［13］王辉.全球治理视角下的国家语言能力［N］.光明日报，2019-07-27（12）.

［14］文秋芳.对"国家语言能力"的再解读——兼述中国国家语言能力70年的建设与发展［J］.新疆师范大学学报（哲学社会科学版），2019a,40（05）：57—67.

［15］文秋芳.国家语言治理能力建设70年：回顾与展望［J］.云南师范大学学报（哲学社会科学版），2019b，51（05）：30—40.

［16］徐敏，郑贞，彭艳青.国防语言能力与素养分层描述［J］.教育现代化，2019，6（75）：21—23.

［17］杨佳.我国国家通用语普及能力建设70年：回顾与展望［J］.云南师范大学学报（哲学社会科学版），2019，51（05）：41—47.

［18］赵世举.语言在国家安全中的角色和功能［J］.云南师范大学学报（哲学社会科学版），2019，51（02）：31—39.

## 【以往参考文献】

［1］戴曼纯.国家语言能力、语言规划与国家安全［J］.语言文字应用，2011（04）：123—131.

［2］方寅.提升突发事件语言应急能力［N］.人民日报，2018-03-09（07）.

［3］傅岩松，彭天洋.新形势下我国国防语言能力建设的思考与对策［J］.云南师范大学学报（哲学社会科学版），2014（03）：18—22.

［4］黄德宽.国家安全视域下的语言文字工作［J］.语言科学，2014，13（01）：10—14.

［5］黄德宽.语言能力与国家现代化建设刍议［J］.语言科学，2016，15（04）：339—342.

［6］李洪乾，唐贤清.加强国防语言战略研究，提升国家软实力［J］.湖南社会科学，2015（06）：253—255.

［7］李宇明.提升国家语言能力的若干思考［J］.南开语言学刊，2011（01）：1—8+180.

［8］梁晓波，敖锋，谭桔玲.美军语言文化发展战略与举措透视［J］.国防科技，2013（01）：44—50.

［9］梁晓波，谭桔玲.国外军事语言研究现状［J］.解放军外语学院学报，2011（06）：17—20.

［10］梁晓波，张晓琳，郭锦亮.美军语言文化发展战略及其启示［J］.高等教育研究学报，2015（03）：42—49.

［11］陆俭明."语言能力"内涵之吾见［J］.语言政策与规划研究，2016，

3（01）：2—4.

[12] 庞超伟, 杨波. 美军军民融合式的国防语言人才储备研究——美军国家语言服务团的建设及启示 [J]. 外语研究, 2016, 33（05）：1—4+112.

[13] 魏晖. 国家语言能力有关问题探讨 [J]. 语言文字应用, 2015（04）：35—43.

[14] 文秋芳. 国家话语能力的内涵——对国家语言能力的新认识 [J]. 新疆师范大学学报（哲学社会科学版）, 2017, 38（03）：66—72.

[15] 文秋芳. 国家语言能力的内涵及其评价指标 [J]. 云南师范大学学报（哲学社会科学版）, 2016, 48（02）：23—31.

[16] 文秋芳. 美国国防部新外语战略评析 [J]. 外语教学与研究, 2011, 43（05）：738—747+800—801.

[17] 文秋芳, 苏静. 国家外语能力的理论构建与应用尝试 [J]. 中国外语, 2011a（03）.

[18] 文秋芳, 苏静. 军队外语能力及其形成——来自美国《国防语言变革路线图》的启示 [J]. 外语研究, 2011b（04）：1—7+112.

[19] 文秋芳, 张天伟. 国家语言能力理论体系构建研究 [M]. 北京：北京大学出版社, 2018.

[20] 文秋芳, 张天伟. 美国国家外语能力建设模式分析 [J]. 外语教学与研究, 2013, 45（06）：854—864+960.

[21] 吴承义. 美国国防语言战备研究 [M]. 北京：军事科学出版社, 2014.

[22] 杨亦鸣. 语言能力新视野与社会发展 [J]. 语言科学, 2016, 15（04）：343—346.

[23] 张天伟. 美国军队外语能力的培养体系及其启示 [J]. 外语研究, 2013（06）：1—6.

[24] 赵世举. 全球竞争中的国家语言能力 [J]. 中国社会科学, 2015（03）：105—118.

[25] 周庆生. 国家语言能力的结构层次问题 [J]. 语言政策与规划研究, 2016, 3（01）：5—6.

[26] Brecht, R.& Walton, A.R. National Strategic Planning in the Less Commonly Taught Languages [J]. NLFLC Occasional paper, 1993（ED367184）.

# 外交话语体系建设

## 引　言

"外交话语"指外交实体，尤其是主权国家在外交语境中阐述特定时期外交理念、指导思想、战略立场、目标规划、政策实施等的具体言语行为，集中反映一国的意识形态、政治主张、核心利益。[①] 外交话语本质上是政治话语（胡开宝，李婵 2018），相关研究涉及政治学、外交学、语言学、传播学等多个学科领域。随着批评话语分析的兴起，尤其是国际关系研究的语言学转向，学界相继依据批评话语分析或后结构主义语言学的相关理论和原则对外交话语展开了较为系统的研究，取得了较为丰硕的成果（胡开宝，李婵 2018）。

加强外交话语体系建设，有利于提升我国的国际话语权。"国际话语权"指一个国家在世界上说话的权利及其产生的效力和影响力（孙吉胜 2019）。党的十八大以来，我国日益重视国际话语权问题，并将其上升到国家战略和整体外交层面。

外交话语体系建设主要包括外交话语构建、外交话语翻译和外交话语传播。外交话语构建主要解决"说什么"的问题，指向外交话语的结构内容；外交话语翻译主要解决"如何跨语说"的问题，指向外交话语的语码转换和跨文化表达；外交话语传播主要解决"怎么说""通过什么渠道说"等问题，指向外交话语的实现方式和实施效果。本专题第一至第三节从上述 3 个方面梳理介绍 2019 年的相关研究情况；此外，有学者探讨了外交话语研究的理论与方法问题，在第四节介绍。

## 一　外交话语构建

话语构建指按照一定的目的，采取一定的方式，有意识地生产具有特定内

---

[①] 金正昆（1999）、陈以定（2011）、杨洁勉（2016）、胡开宝、李婵（2018）等多位学者给"外交话语"下过定义，基本达成共识。本部分采用的系李志丹（2019）综合转述金正昆、杨洁勉等观点提出。

容、特定表达方式的话语（胡开宝 2019）。外交话语构建是依据不同类别和专题进行的中文文本跨文化书写，是外交话语体系建设的源头。①2019年的相关研究主要包括4个方面：改革开放以来我国"和平外交"话语发展历程分析，"一带一路"话语构建，"人类命运共同体"话语构建，中国特色大国外交话语体系构建。

**（一）"和平外交"话语发展**

相关研究通过梳理改革开放以来的外交话语变迁，分析了我国"和平外交"思想的传承与创新，提出了以下主要观点。

一是话语结构包括3个基本要件。杨胜荣、郭强（2019）认为，我国外交宣示和理念阐述围绕特定的话语结构展开。首先判定世界的基本格局和发展方向以及国际形势的基本态势，然后提出与之相应的外交纲领或国际关系理念，进而以这一纲领为指导，确定对外政策方针。因此，外交话语结构的3个基本要件是"时代观""国际关系理念"和"对外政策方针"；其中，"对外政策方针"包括"外交旗帜"和"国与国关系处理原则"。

二是话语内容在传承中发展创新。杨胜荣、郭强（2019）认为表现在3个方面：（1）"和平外交"思想一以贯之，"和平与发展"构成时代观的"硬核"，中国始终坚持独立自主的基本立场，始终坚持以和平共处五项原则为基本准则，始终坚持反对霸权主义和维护世界和平的总目标。（2）核心理念"层层叠加"，如时代观在"和平与发展"的硬核之上逐渐叠加了"合作""互利""共赢"，外交旗帜经历了从"和平、发展"到"和平、发展、合作"再到"和平、发展、合作、共赢"的层层叠加。（3）措辞变化、含义扩展，如国际关系理念经历了从"公正合理的国际新秩序"到"和谐世界"再到"人类命运共同体"的嬗变，名称有异而理论内涵一脉相承又不断扩展，构成了中国的国际秩序观或政治世界观的核心；国与国关系处理原则经历了从"平等互利"到"互利共赢"再到"合作共赢"的嬗变，"共赢"内涵从经济扩展到政治、安全、文化以及环保等领域，表明中国试图为当前国际秩序的变革提出一种路径选择或行动方案。冯开甫、王维（2019）认为，改革开放以来，我国外交话语经历了从"关注国内、韬光养晦"到"以内为主、有所作为"，再到"内外兼顾、奋发有为"的变迁，

---

① 杨明星提出。见：李志丹（2019）。

反映了中国对其在国际上"社会主义国家""发展中国家"和"负责任的大国"多重角色的认识,体现了不同历史时期和平外交的不同侧重点,依次为:以发展促和平,以合作促和平,以共治促和平。

三是话语模式从批判性转向建设性。杨胜荣、郭强(2019)指出,改革开放以来,中国逐渐改变"革命外交"的指导思想,成为当下国际体系的参与者、维护者和建设者,话语模式也相应发生了变化。在中国的外交理念阐述和政策宣示中,包含着两种话语模式:批判性话语和建设性话语。前者以"不"或者"反对"的语式出现,后者则是正面的、肯定性的阐述,如倡导国际关系中的"公平正义"、推动国际关系民主化等。随着中国日益融入国际社会,批判性话语逐渐减少,其烈度也在降低。在"革命外交"时代,强调的是社会主义和资本主义、第三世界国家与帝国主义霸权国家之间的对抗性关系,体现为一种"斗争哲学";而在后冷战时代,可以发现中国政治领导层对时代的认知遵循一种固定的表述模式:尽管"人类还面临着一些深刻矛盾和突出问题",但和平与发展才是"时代主流"。习近平总书记2015年在联合国大会的演讲,用"阳光"和"阴霾"的比喻来描述当前的世界格局:"和平、发展、进步的阳光足以穿透战争、贫穷、落后的阴霾。"这种表述模式体现了一种不同于"斗争哲学"的思维模式,可称之为根源于中国文化精神的辩证思维。同时,在与国际接轨或主动融入国际秩序的过程中,中国一方面反对这个秩序中的霸权主义和强权政治,以及经济发展不平衡的局面,同时又认同、维护乃至推动经济全球化,这体现了中国与当下国际体系的"自由主义秩序"之间的复杂关系。而反对或维护,主要是基于中国对自身发展目标的设定和国家利益的考量。

### (二)"一带一路"话语构建

"一带一路"话语构建应重视内容的丰富性和平衡性。孙敬鑫(2019)指出,"一带一路"话语体系建设初见成效,但也还存在对内与对外、官方与学者、国内与国外之间的话语鸿沟。消除话语鸿沟,要强化话语生产、翻译、传播之间的有效对接。就话语生产而言,应确保话语内容的平衡和立体。既要强调面临的机遇和已经取得的成就,也要客观反映面临的现实挑战和风险;既要大大方方地讲中国的利益诉求,也要着眼于其他国家的利益关切和理念认同;既要有政策宣示和宏观层面的叙事,也要有更多对具体问题的论述;既要有事实描述、数据展示,也要有更多理论性、思想性的深度研究;既要有官方话语、政策语言的权威表述，也要有学术语言、生活语言的学理讨论和生动表述；既要有英语等通用语言的话语体系，也要有当地非通用语言的话语体系。

### （三）"人类命运共同体"话语构建

"人类命运共同体"是我国外交话语体系的核心价值话语。它既是全球治理方案、世界秩序规范，也是人类共同价值、国际法治理念；它是对中华优秀传统思想文化、马克思主义理论以及全世界优秀思想成果的总结和升华，具有普遍而持久的理论与现实意义；它源于对当前人类发展实践与世界历史潮流的深刻把握，是理论与实践、逻辑与历史的高度统一。它还是中国的大国外交方略，是在新时代打造的具有鲜明中国特色的对外话语，是中国对外话语建设的典范，在有力揭露西方话语陷阱的同时，也更好地维护了广大发展中国家的利益，实现了中国国际话语权的有效提升（李丹，李凌羽 2020）。在已有大量研究的基础上，2019 年的相关研究进一步分析阐释了"人类命运共同体"的理论内涵、时代价值、话语结构，探讨了以"人类命运共同体"为核心的对外话语体系构建方略。

"人类命运共同体"的理论内涵。刘勇、王怀信（2019）指出，"人类命运共同体"是推动全球治理国际话语权变革的中国方案；这一更具包容性的国际话语，既是对现实主义、新自由制度主义以及依附理论等理论困境的回应和批判，也是对当前国际经济话语权失衡、国际政治话语权失序、国际文化话语权失范等现实困境的回应和批判。它倡导构建共同繁荣的世界，推动国际经济秩序的变革；倡导构建持久和平的世界，推动国际政治秩序的变革；倡导构建开放包容的世界，尊重人类文明的多样性，从而构建一种以增进人类整体福祉为旨归的共同体话语权。马俊峰、王斌（2019）认为，"人类命运共同体"叙事内容宏大，它以人的类思维的生成为逻辑起点，以"和平、发展、公平、正义、民主、自由"为共同体价值观，以美好生活的实现为终极目标。崔猛（2018）认为，"人类命运共同体"的科学内涵包括三重含义：尊崇自然、绿色发展生态体系的责任共同体；平等协商、互商互谅伙伴关系的利益共同体；和而不同、兼收并蓄文明交流的价值共同体。

"人类命运共同体"的时代价值。刘昌明、杨慧（2019）认为，"人类命运共同体"话语体现了中国外交话语的"发展导向"与"多元包容"特征，超越了传统的以零和博弈、强权政治为基础的思维模式和理论框架，让中国外交站在了时代发展和人类进步的道义制高点上；是对党的十八大以来外交话语的系统性总结、凝练和升华，集中向国际社会表达了中国对于未来国际秩序和全球治理的观点，体现了中国作为新兴大国的责任和担当；其源发性观点与引领型概念，有助于改善中国在国际平台话语不足状态，拓展了中国的国际话语空间。马俊峰、王斌（2019）认为，"人类命运共同体"有利于从人类整体的需要视角审视人类解放，以建设性的逻辑破解现代性难题，从话语体系建构的维度表达中国话语，进而全面彰显人类命运共同体丰盈的生命力。崔猛（2018）认为，"人类命运共同体"话语架起了中国与世界沟通的桥梁，丰富了中国共产党治国理政的方略，贡献了世界新秩序的中国方案。侯衍社、侯耀文（2019）认为，"人类命运共同体"为反驳抹黑人类命运共同体的论调，维护中国良好国际形象，以及为讲好中国故事、传播好中国声音，提供了话语支撑。肖清云（2019）认为，"人类命运共同体"的中国话语表达并非先天生成，而是在世情之需、国情之需与民情之需的倒逼中生成发展，具有以理服之、以利促之、以情感之的特殊功能。

"人类命运共同体"的话语结构。王仕民、陈继雯（2019）指出，"人类命运共同体"话语协调自身发展与维护人类共同利益的兼容，表征人与自然、人与社会、人与自身的共在、共享、共意。第一，以"善"为根本的道德性意义、以关系范式为根本的群体性意义、以治理方式为根本的联合性意义，构成了包容性话语的共同体表达；第二，"伙伴关系"对话协商、"安全格局"共建共享、"发展前景"合作共赢、"文明交流"互鉴并蓄、"生态发展"道法自然的话语表达，构成了"人类命运共同体"话语的价值意涵；第三，由话语对象、陈述方式、概念范畴、理论选择体现再生产能力的话语构成，由媒介场景、文化情境体现话语阐释力的表达语境，由叙述性话语、表意性话语、调节性话语体现话语张力的言说形式，构成了"人类命运共同体"话语的表达结构。

以"人类命运共同体"为核心的对外话语体系构建。唐润华、曹波（2019）认为，"人类命运共同体"理念所蕴含的超越性、包容性和创新性，应该成为新时代中国对外话语体系的基本特征；作为这些特征的具体体现，中国对外话语体系在价值取向上应该具备深远的历史视野和广阔的世界视野，坚守人类共同价值；在知识建构上应该坚持开放意识、交流意识和融通意识。侯衍社、侯耀文（2019）认为，"人类命运共同体"话语体系构建要注重科学性、价值性和方法论相统一，坚持真理性和道义性相统一，以真理的逻辑提升话语的科学说服力，以道义的逻辑增进话语的价值感召力，以方法的逻辑提升话语的传播力。

王义桅（2019）指出，"人类命运共同体"话语体系构建应遵循从认识到共识的认知路径，达到从国家性到国际性、世界性乃至共同体性的最高境界。刘昌明、杨慧（2019）认为，要在坚持包容性的基础上，将以构建"人类命运共同体"为核心的中国外交话语进一步具体化和可操作化。

**（四）中国特色大国外交话语体系构建**

"中国特色大国外交"是我国自2014年以来积极实施的核心外交理念。[①] 该理念坚持中国特色的义利观，要求义利兼顾，讲信义、重情义、扬正义、树道义；主张多边主义，强调合作共赢，推动建立相互尊重、公平正义和合作共赢的新型国际关系；推动"一带一路"框架下的国际合作；积极参与全球治理与治理体系改革，倡导构建人类命运共同体（胡开宝 2019）。构建中国特色大国外交话语体系，是当前外交话语研究的核心主题。2019年的相关研究就中国特色大国外交话语体系构建的理念与方略进行了深入探讨。

中国特色大国外交话语体系构建要体现"特"。李志丹（2019）认为，应致力于展现中国外交7个"更加"的鲜明特征，即：始终坚持中国特色社会主义发展道路和中国共产党的领导，政治根基更加稳固；弘扬博大精深的中华文明和独具特色的东方传统价值观，文化特色更加鲜明；践行新中国成立以来的基本外交方针、政策及优良外交传统，传统继承更加系统；站在时代高度，回答时代课题，思想内涵更加丰富；将实现"中国梦"和"世界梦"有机结合起来，目标使命更加明确；坚持"五位一体"的外交工作整体思路，战略布局更加立体；强调用合作代替对抗，以共赢取代独占，致力于全方位打造新型国际关系格局，合作意识更加凸显。卢静（2019）认为，中国特色大国外交话语体系是关于中国特色大国外交的指导思想、理论内容、战略规划与政策实施的规范化、系统化表达，民族性、时代性、实践性、系统性是其基本特征。

中国特色大国外交话语体系构建要体现"大"。李志丹（2019）认为，"大"体现在3个方面：一是明确大环境，即中国仍然是世界上最大的发展中国家，仍处于并将长期处于社会主义初级阶段；二是传递中国特色外交的大格局，即超越传统的"对大国的外交"，致力于全方位、多层面开展同大国、周边国家、发展中国家、国际组织的双边和多边务实外交，充分发挥中国在全球、地区事

---

① 2014年11月28日习近平总书记在中央外事工作会议上提出"中国必须有自己特色的大国外交"。

务中的积极和建设性作用;三是展现新兴大国的气度和担当,积极承担与自身国际地位相匹配的国际道义。

中国特色大国外交话语体系构建要融通中外。左凤荣(2019)指出,构建中外融通的话语体系,既要反映人类共同的价值追求,也要反映中国特色社会主义理论的最新成果,对于中国现代化进程中所有与资本主义"普遍道路"和"普世话语"无法融合的部分,需要结合中国传统的国家治理理念和吸取了传统社会主义失败教训的21世纪中国社会主义新的价值追求进行诠释与解读;要发展体现继承性、民族性、原创性、时代性、系统性、专业性的哲学社会科学,产出具有世界影响力的新话语。李博一(2019)指出,新时代中国外交话语与国际形象的形成,离不开中国古典文化中"和合"思想、"天下观"以及马克思主义国际观等因素的影响,可在充分借鉴中国古典传统对外思想的基础上,以马克思主义国际观为指导,加强与外部世界的对外话语有效对接,坚持话语自信、文化自信与理论自信,不断根据国情世情的发展构建具有中国特色的外交话语与国际形象。刘哲(2019)提出新时代中国特色社会主义外交话语建设的三大内容体系:和合共生的共赢共享话语体系、以人为本的人类发展话语体系、公平正义的全球治理话语体系。

中国特色大国外交话语体系构建要加强基础研究。胡开宝(2019)提出的研究内容体系涵盖四大领域:(1)中国特色大国外交话语语体特征研究,主要包括语言特征研究、语体风格、话语策略和话语修辞等领域的研究;(2)中外外交话语比较研究,通过对中外话语进行全面而深入的比较,系统考察中国和其他国家外交话语的差异及其内在动因,以获取关于中国外交话语的本质属性和特征的客观而全面的认识,并汲取这些国家和国际组织在外交话语构建方面的经验;(3)批评话语分析视域下的中国特色大国外交话语研究,包括外交话语规范研究、外交话语塑造的中国形象研究;(4)中国特色大国外交话语构建方式和方法研究,包括外交话语概念体系构建研究、外交话语构建的形式和方式研究,以及中国特色大国外交话语术语表研制等。

## 二 外交话语翻译

外交话语翻译是外交话语的跨语转换,也是外交话语的再构建、再创新。本报告2018年度、2019年度曾先后就"中国特色政治话语对外翻译"和"中

国传统文化外译传播"进行专题介绍，这两类话语都有可能进入外交话语。不过，外交话语主要具有当代性和政治性，本质上是政治话语，语言学界也常在中国特色政治话语的视角下进行翻译研究。2019 年的相关研究中，除了翻译策略等传统问题，关于术语翻译的探讨尤其值得关注。

**（一）翻译理论与研究**

女性主义翻译理论。女性主义翻译流派提出的翻译策略主要有：坚持男女之间的话语平等，消除译文中的性别歧视性话语；倡导"创造性叛逆重写"，提出"补充"（supplementing）、"加前言与脚注"（prefacing & footnoting）和"劫持"（hijacking）等翻译方法；重新界定原作与译作、作者与译者之间的关系，突出译者主体性和女性译员的话语权。杨明星、陈倩（2019）认为，中国女性主义翻译理论独具特色，中国外交活动中女性译员的主体性持续增强，女性主义翻译理论和实践中所表现出的"忠实""平衡""男女平等"等思想与外交话语翻译"政治等效"理论的基本原理及 3 个特征相辅相成，不谋而合。作者指出，应从国际关系学、翻译学和女性主义等跨学科、超学科的视角，关注"外交翻译学"的理论创新和学科建设。

语料库翻译学。饶耀平（2019）指出，政治性文本的外宣翻译需真实、准确地完成信息传达、主题号召和价值重构的问题与挑战；在翻译研究范式从规定性译学向描写性译学的转换过程中，语料库翻译学借助语料库强大的数据分析与文本挖掘功能，开辟了译学研究的新路径，为评价译者、翻译过程和翻译作品提供了一个新的视角。同时，语料库翻译学研究还存在不足和局限：（1）语料库建设过程中，语料的深加工不够，在词性标注、赋码和汉语分词不够精细化，数据准确率有待提高；（2）自建语料库耗时费力，库容偏小，导致语料代表性不足；（3）语料库在译学研究中展现出强大的客观性分析功能，但也陷入"就数据论数据"的循环论证怪圈，使讨论和分析流于表面化和形式化，减弱了阐释和说理的逻辑论证作用。

翻译理念研究。安丰存、王铭玉（2019）指出，要尊重国际与全球发展的历史规律与客观现状，协调好中国性与全球性，认识到中国是全球信息传播秩序和发展态势的一个组成部分，承认中外话语体系之间在文本性质、互动方式等方面的差异，学会语码转换，采用国际通用的理念和话语描绘中国现象、阐述中国内涵，追求最佳翻译效果。要关注译者、受众、中介（包括外媒和海外智库）等多元主体，特别要关注智库与对象国政策、主流媒体之间的议题互动、文本互动和话语互动，厘清其中的话语生产机制，在此基础上为中国政治话语对外翻译制定有效的"植入"方案。

### （二）翻译策略

外交表态词翻译策略。张庆彬、王振华（2019）以系统功能语言学评价系统作为理论框架，结合外交表态词的政治特点，归纳出了外交表态词翻译中评价类型等效与外交立场等效的双重"评价等效"原则，从理论上指出了评价语义的类型、方式等多种属性对外交表态词翻译的影响；并以此为基础，对"参拜"一词的英译进行了案例分析，指出现有译文缺失了原文的评价基调，无法有效传递原文的外交立场。

政治新奇隐喻翻译策略。在隐喻研究中，新奇隐喻也被称为诗性隐喻、新鲜隐喻或创新隐喻等，传统隐喻也被称为死隐喻。李霞（2019）指出，政治新奇隐喻的翻译不仅仅是文本之间的转换，更是经过译者重新建构的话语体系的转换。当元话语被移入到一个新的情景时，随之移入的还有产生元话语的社会语境因素。不同于其他文本，政治话语代表国家意志，对译文的准确性要求极高。就译者行为来说，为了使隐喻在新的情景中的新意义尽可能无限贴近原义，避免隐喻意象的大幅流失，避免产生不利于中国形象的语义增殖，译者不仅要具备较高的语言水平及跨文化差异的知识储备，还要有较高的政治意识和受众意识，在翻译实践中做出灵活正确的选择，充分发挥译者的主观能动性。在国家翻译实践的视域下，政治隐喻的翻译不能仅以真不真、准不准、美不美为标准，只求文本上的对应，更要以好不好、懂不懂为准则，使用受众能懂的国际话语直截了当地讲好中国故事，不能苛求用英语表述中国特色的话语体系，以免在元话语移入新情景时产生过多的意义增殖或意义折损。制度化翻译应遵循自利和政治优先的原则，译文在秉承忠实伦理的基础上，坚持政治上维护国家利益，文化上利于对外塑造国家形象，提高文化软实力。

"译有所为"策略。"译有所为"翻译思想不仅强调译者的主体性、在翻译过程中的创造性，而且注重客观效果，即翻译在社会中的作用，如加强文化交流、促进各国文明交流、推动社会进步、维护世界和平等。杜丽娟、张健（2019）指出，中国政治话语翻译的"译有所为"主要体现在对外宣传和展示真实和全面的中国，维护中国的国际形象，对外传播中国传统文化的价值观等方面。翻译工作者的政治立场和中国担当，在对外话语体系的构建过程中作用重大，即忠实于中国传统文化的本质精髓，忠实于中国构建融通中外的对外话语体系建设的现实需要，忠实于中国坚持和平发展道路的本质期待。随着中国综合实力的不断增强，相信直译策略在政治话语翻译中会得以经常使用，但也不能急于求成、操之过急。联系上下文、深入理解原文，采取不同的翻译策略至关重要，处理好政治话语翻译的政治性、忠实和受众的关系，灵活应变地采用直译、意译、省略或翻译补偿等策略。此外，高度的政治责任意识异常重要，外事翻译工作必须注意掌握用词的政治含义和政治分寸。

"以我为主"策略。胡庚申（2019）比较分析了"两山论"几种英译文，并从生态翻译学视角出发，提出"两山论"的新译法。作者认为，外交话语的翻译应强化主场外交意识和以我为主意识，坚持保持差异、创造差异的翻译原则，使用多维转换和依归原语生态的翻译策略。

### （三）术语翻译

术语翻译的积极实践。安丰存、王铭玉（2019）梳理了近年来我国在政治语汇翻译及标准化、规范化方面开展的积极实践：中央编译局定期发布多语中央文献术语的译本；中国翻译研究院启动了"中国重要政治词汇对外翻译标准化专题库"重大项目，确立国家主导的重要政治词汇外译标准；中国翻译研究院联合中国翻译协会和中国网共同打造的"中国关键词"多语种对外信息传播平台（重大项目）被《人民日报》誉为"让世界读懂中国的支点"；天津外国语大学承担的国家社科基金重点项目的主要成果《中央文献核心语汇词典（中英、中俄、中日）》已经完成编撰任务，付梓出版。关熔珍、原森（2019）分析归纳了《中国关键词》的4种英译处理模式：仿写西方、中国特写、中西杂糅和灵活变译，并认为这些英译处理方式对中国对外话语构建研究有重要的启示意义。

术语翻译标准化的重要意义。魏向清、杨平（2019）认为，基于特定知识生产的话语生产才最终促成话语权力的生产，术语翻译标准化的意义在于推动"地方性"中国知识[①]在认知和实践层面的"普遍化"。"地方性知识"的深描离不开术语这一话语工具的应用与传播，对"地方性知识"的跨语解码，"文化持有者"的自塑工作非常重要，尤其是面对可能存在"他塑"误区的情况下，必

---

[①] 相对于西方知识（"普遍性知识"），中国知识是"地方性知识"。

要的"重塑"实践不容忽视。

中国特色话语对外翻译标准化术语库（以下简称术语库）建设。为推进术语翻译标准化，中国外文局、中国翻译研究院启动建设术语库。建库的首要工作是研制数据加工标准，2018年11月中国翻译协会年会上，该标准正式发布。魏向清、杨平（2019），黄鑫宇、董晓娜（2019），刘润泽、丁洁、刘凯（2019）等标准研制项目组成员介绍了术语库标准化构建的理念、实践与方法：（1）术语库旨在以术语为枢纽汇集中华民族独特的语言、知识与文化记忆，并借助翻译媒介推动地方性的"中国知识"走向世界，兼具"知识服务"和"知识管理"双重功能。（2）中国特色术语对外翻译标准化的类型包括两类：当代中国特色社会主义思想术语的"自塑"标准化、中国特色传统术语的"重塑"标准化。（3）术语库知识服务的标准化要求由"用户友好"理念驱动，体现了知识服务的"集成性"和"适应性"特点。术语库数据加工标准化的知识实践过程包括知识采集、知识分析、知识传播和知识应用；数据类目设计结合中国特色术语的多维特点以及译名话语性、知识性的双重特征，以汉语术语数据类目与跨语术语数据类目满足译者两大类需求，前者服务于知识"理解"，后者服务于翻译"选择"。（4）鉴于国际术语库通用标准原则与方法存在一定的适用局限性，术语库标准化以"一种特殊的建基于民族性的国际性"为实践逻辑，基于"中国特色术语因其概念内涵的丰富性与互文性在跨语情境中可能会呈现更为强大的语义张力与丰富的阐释空间"的认知，努力析出一般建库原则未能凸显甚至忽略的关键数据要素，从而为建库过程中跨语术语数据选择与编排带来新思考，如针对易混淆的中外概念增补必要的解释性说明、将目的语受众常用的规范译名语境作为必要的入库信息等。作者指出，术语库的标准化构建实践需要依托于中国术语翻译原创研究的最新成果，同时也能为中国本土术语相关研究带来新鲜的实践素材与理论原创灵感；这一产学研协同模式是语言研究"第四范式"转向中应予以进一步关注的课题。

## 三 外交话语传播

外交话语的多渠道、全方位立体传播，是外交话语产生影响力的重要环节。外交话语传播主要解决"怎么说""通过什么渠道说"等问题，指向外交话语的实现方式和实施效果，即我国国际形象和外交话语权的提升。当前的国际传播依然呈"西强我弱"的格局，中国话语对外传播在国际上既面临某些发达国家的抹黑，也面临某些发展中国家的质疑（陈鑫 2018），以及"中国威胁论"和"中国担忧论"的困扰（周银珍 2018）。2019年的相关研究从理论、路径、现状、方略4个方面就外交话语传播进行了深入探讨。

**（一）传播理论与研究**

传播秩序理论。邵鹏（2019）指出，信息技术的变革使传播冲破了国与国之间的地域障碍，带来了传播主体、内容、渠道、受众和效果的变迁，引发了从国际传播到全球传播的研究转向，更将带来全球传播秩序变革的契机。国际传播是以国家为核心的跨国传播，有较强的政治色彩，而当下的全球传播则是信息化和无中心的网状传播，强调自由、平等的传播观念。从国际传播到全球传播的研究转向，从西方霸权逐步瓦解的世界格局到全球传播新旧秩序的更迭，重建全球传播新秩序是一项极其庞大、复杂的系统工程。它涉及不同国家在全球政治、经济、技术格局中的竞争博弈，涉及不同媒介产业、传播主体、话语体系乃至信息内容在全球所处的地位和分量，甚至涉及每个个体的价值观、人生观和生活习惯的微观变化。"人类命运共同体"理念为建构全球传播新秩序提供了全新的理论视维，它既是全球治理的中国方案，也是全球传播秩序重建中的中国方向。它给予研究者一种鸟瞰性的宏观视野，为这一系统工程提供了强大的理论支撑、努力方向和具体的操作指南。它不仅可以为中国软实力传播提供重要保证，为中国媒体的海外布局和国际话语权争夺提供制度性参照体系，而且可以逐步消除全球传播中不公平、不平等、不平衡以及"信息鸿沟"和"数字鸿沟"的现象，最终建成更加公平、合理、美好的传播世界。

传播能力研究。李昌、马贝贝、刘纯怡（2019）指出，自20世纪80年代传播学引入中国后，对外宣传研究逐步发展为国际传播研究，在定性的思辨研究范式下，关于国际传播能力建设的研究很少有基于具体国家或地区的实证研究，从而使现有的国际传播能力研究缺乏针对性和实用性。国际传播实务界虽然硬件建设突飞猛进，但"传播软实力"没有实现根本性的突破，我国对外传播中"有理说不出""说了传不开"的窘境依然存在。所以，新时代国际传播能力建设急需转变研究范式，选取传播基础较好的国家和地区为具体研究对象，有针对性地开展国际传播研究和国际传播能力建设。

涉华舆情研究。陈伟军（2019）认为，要选择不同类型有代表性的国家，对其涉华舆情传播规律进行研究，分析其对中国的认知态度，评判其价值立场，寻找其与中国价值观的差异与共性。大数据工具有助于海量数据的高效挖掘，要以大数据信息采集技术、信息智能处理技术和云计算技术为支撑，建立全球涉华舆情动态监测和评估系统，既注重舆情数据的结果和效应，也强调揭示其中的相关关系、因果关系。

### （二）传播路径

综合相关研究看，我国外交话语传播路径主要包括：主场外交、创设国际组织和机构、文献外译、媒体宣传等。孙吉胜（2019）指出，党的十八大以来我国积极创新外交实践，充分利用主场外交发出中国声音，主动提出中国倡议和中国理念，积极参与全球治理，努力推动中国话语转为世界话语。张生祥（2019）基于国家话语实践的视角，认为中国国家话语对外传播的路径主要有3个方面：一是依托中央文献外译，推动治理话语走出去；二是借助世界顶级峰会（如G20杭州峰会），让世界倾听中国"好声音"；三是召开世界政党高层对话会，塑造中国"国际话语"体系。丁一（2019）指出，"一带一路"倡议提出以来，我国主要从3个方面积极建构相关国际话语权：一是利用主场外交发出中国声音，提高话语存在和话语效力；二是结合媒体平台改善话语体系，增强话语感召力和影响力；三是依托创设国际组织和机构，提高制度性话语权的覆盖面。

### （三）传播现状

传播成效。孙敬鑫（2019）指出，"一带一路"话语体系传播初见成效，整体来看，国内外对"一带一路"倡议的话语阐释有着越来越多的共识，国际舆论场中的"一带一路"倡议愈发清晰、具体、全面和客观，"一带一路"倡议及共商共建共享核心理念和相关表述多次被写进联合国文件和亚太经合组织、20国集团、上合组织等重要国际机制成果文件，标志着"一带一路"正式成为既融通中外、也融通官方与民间的全球性话语。温祖俊（2019）指出，"人类命运共同体"理念受到国际社会的高度评价和热烈回应，2017年以来先后写入《非洲发展新伙伴关系的社会层面》等3份联合国决议。高彬（2019），康俊英、王建华（2019），黄克瑶（2019）等认为，党的十八大以来，党和国家领导人在对外交往中日益重视话语的影响力，不仅把握时机、主动发声，提高话语存在和话语效力,如每次出访在访问国主流媒体发表署名文章、针对具体问题和挑战主动接受国际媒体采访等,而且注重打造具有亲和力的话语风格,增强话语感召力,为塑造一个真实、立体、全面的国家形象构建了中国对外话语传播新模式。相关研究还对领导人署名文章、接受国际媒体采访话语表达等进行了"积极话语分析"。①

传播不足。丁一(2019)认为,"一带一路"话语建设面临三大挑战:国际舆论表达存在偏差,国际话语表达主体较为单一,国别区域话语研究有待深入。刘昌明、杨慧(2019)认为,"人类命运共同体"要转化为外交话语权还面临三大困境:话语表达强度与国际话语传播效果不匹配;话语表达导向与话语认知结果存在偏差;中国学者在国际平台话语不足。

### (四)传播方略

争取制度性话语权。孙吉胜(2019)认为,我国应发挥发展中国家的集群效应,提升机制创设能力、国际规则制定能力和议程设置能力。在这个过程中,需要体现逻辑性、创新性与说服力,以中国价值观和人类共同价值观的交点为原则,对不合理的国际体制进行规则博弈和秩序重塑。郑长忠(2019)认为,中国需要以辩证的思维、尊重的态度、创新的方式参与引领全球治理体系改革,为中国外交话语权提升赢得逻辑优势、认同基础和制度空间;需要全面加强政府间国际交往工作、政党交往工作、民间外交工作、企业间经济交往工作,以及复合型的多维全球交往工作,建设伙伴关系网络,夯实外交话语权提升的组织基础。刘昌明、杨慧(2019)认为,应进一步推动以制度构建为核心的外交实践,实现中国国际制度性权力与话语权的同步提升。赵庆寺(2019)认为,人类命运共同体的制度化建设需要秉持新型国际关系的理念,提升国际制度的领导权,推进国际法律制度的理念创新,制定全球治理新领域的国际规则,构建"一带一路"的国际规则,加快国际制度领域供给与改革。

提升国家叙事能力,讲好中国故事。刘瑞生、王井(2019)指出,"国家叙事"对中国在国际传播中的话语能力和话语控制力有着重要影响,唯有以中国理论解释、观察中国在国际传播中的国家叙事过程,才能探索出适合中国的形象构建路径,才能在国际社会中赢得合作机会。在深入研究中国国家叙事主体

---

① 与"批评话语分析"不同,"积极话语分析"主张以积极态度对待各种社会矛盾,提倡创建一个宽松、和解、共处的人类社会,为话语研究提供了一个全新视角(康俊英,王建华2019)。

内容、语境场域和话语规则的基础上，作者从单维度渐变、多维度整合两方面构建了提升中国故事的国际传播能力的多维度国家叙事框架，提出了国家叙事理论视角下中国故事对外传播的路径与方案。作者认为，要从全球中国、现代中国和传统中国中充分挖掘叙事元素，从多个维度设置多层级议题；要融合性地将传统中国故事资源、现代中国故事资源、全球中国故事资源与海外大众消费文化舆论场（popular）、海外官方主流意识形态舆论场（special）和海外精英公共政治舆论场（elite）对接，生产不同的话语议题；要通过不同舆论场建构不同的文化价值观；要通过不同的话语实现价值的认同。作者强调，要选择好的故事资源；要具有认知"客体意识"，锁定目标受众，实现精准传播；要遵循从物质层面到意识形态的文化元素的传播内容，降低故事本身被意识形态化地误读或曲解的可能；要用别人的嘴来说话，注重"隐性"传播。王刚毅（2019）认为，中国要以"平视、尊重、互鉴、交流"的心态，传播好利益交汇的故事、交流互鉴的故事、相互合作的故事、共同发展的故事。

积极应对西方话语挑战。史凯迪、常江（2019）对"锐实力"话语的现实根源、理论渊源与传播机制进行分析，指出我国在应对策略上存在3个方面的不足：缺乏整体规划布局，片段化传播强化国际偏见；传播流程相对滞后，错失抢占话语权高地；宏大叙事占据主流，本土化策略未被充分利用。作者认为，中国应勇于应对国外特别是欧美媒体、学界发起的舆论攻势并突破遏制，而不是采取回避态度；应转变以往在对外传播中"不争论"与一味"去政治化"的态度，并去积极回应；应在全球传播呈现"全民化""全媒化""全球化"的大趋势下充分利用全球传播渠道，与其他国家特别是同被"他者化"的国家促进相互协作，一同打破被西方强势垄断的不公正、不平等的国际信息传播旧秩序，推动国际信息传播新秩序的建立。

重视话语策略。左凤荣（2019）认为，要在国际舆论场上保持大国的定力与信心，发挥中华文化以柔克刚的优势。吴佩芬（2019）认为，要把我们想讲的和国外受众想听的结合起来、把"陈情"和"说理"结合起来、把"自己讲"和"别人讲"结合起来，同时要尽量降低政治化和官方色彩。郑曦原[①]（2019）认为，语言在外交工作中扮演着重要角色，语言不仅是工具，更是存在于人们心灵深处的渡船；在外交工作中用好语言这个武器，首先要会使用语言，要会

---

① 作者是我国驻曼彻斯特总领事馆总领事。

说话、把话说好，既坚持和维护我方的利益，也要照顾到对方的想法，给对方面子，让对方有舒适感，最后争取到双赢的结果。杨庆东[①]（2019）认为，外交工作要"入乡随俗"，适时调整思维方式，注意语言的简洁生动；在中国对外交往行为主体和内容形式多元化的情况下，可鼓励大家积极探索，展现各自语言风格，形成丰富的话语层次，避免千人一面，"众口一词"。

善用"术语滤网"效应。时闻、刘润泽、魏向清（2019）研究发现，政治术语的翻译传播较为鲜明地体现了具有认知修辞本质的"术语滤网"[②]效应，不同术语单位构建的"术语滤网"会将人们的注意力导向特定领域并加以塑造。因此，在跨文化传播环境尚未成形的传播初期，应及时确立并加紧推广核心政治术语的规范汉英语表达，在微观层面实现关键概念内涵的准确传递；在传播中期，政治术语翻译应同具体的语境结合起来，以译名为线索自主建构"术语滤网"，同时兼顾受众的可接受性，从而增强传播的有效性；随着政治话语的扩散逐渐进入平稳过渡期，译入语生态环境的文本系统也会生成以译名为核心节点的话语滤网，在此基础上，应从对受众可接受性的关注进一步走向"以受众为主"的"双向沟通"式传播。在这一动态交互过程中，传播主体面临的主要任务在于通过对"术语系统"的完善以及对"术语滤网"效应的综合运用，提升政治话语内容的实质性。

加强媒体建设。宦佳（2019）提出3点建议：一是通过打通顶层设计，深化主流外宣媒体与其他主流媒体在选题策划、内容生产、传播路径、专题制作等方面的"报、网、微、端"全方位合作，形成一个对外传播的创意中心、内容中心和品牌中心，精心创新构建对外话语体系；二是通过深化与海外媒体、华文媒体、全球智库、海外社团等传播渠道的合作，以"共享协作"的方式互通有无，切实提升合作传播能力；三是通过确立"用户思维"和"产品思维"，并借助互联网传播应用平台的创新，主动营销能够引起全球受众兴趣的传播内容，切实讲好中国新征程故事，传播好中国新时代声音。何良（2019）认为，应加强对国际信息传播规律的研究，以"全球化、全民化、全媒化"为方向不断拓展综合性传媒，充分发挥包括互联网、广播电视、出版物、国际会议等在

---

① 作者是我国驻蒙古国大使馆公使衔参赞。

② "术语滤网"指借助术语符号的内在选择性构建信息网，以反映现实、认识现实并建构现实。话语系统中的每个术语符号都是一种"滤镜"，选用某些术语就意味着放弃其他术语，不可避免地会"突出"或"遮蔽"某些事实特征，即"有所见有所不见"。在以翻译为媒介的跨文化传播实践中，变体式"术语滤网"的修辞特征会表现得更加突出。

内的话语平台作用；打造一批具有国际影响力的外宣旗舰媒体，特别是要支持中央电视台、新华社、中国日报社等实施国际化战略，提高它们硬件网络建设、信号频道、记者站建设、编导队伍的质量，做好传播受众分析，提高新闻信息原创率，在与西方媒体的竞争中提高中国声音的播送度，延展人类命运共同体理念的辐射范围。

建设多元化传播主体。孙敬鑫（2019）、丁一（2019）、何良（2019）等众多学者都主张，要重视相关人才培养和智库建设，鼓励更多的中国学者高质量地走出去，通过民间外交、智库外交等，加强对外传播。温祖俊（2019）认为，要在更好发挥官方话语主体作用的同时，积极发挥各类国际组织、民间团体、专家学者、华人华侨等话语主体作用。陈伟军（2019）强调，公共外交、人文交流、外宣媒体和对外文化贸易产品要运用国际化叙事策略进行文本创新，形成传播合力。

## 四 外交话语研究

外交话语研究可以分为"语言学视域下的研究""外交学等视域下的研究"和"外交话语翻译研究"3个部分。外交话语研究近年来取得了较为丰硕的成果，同时存在话语传播研究不足、话语表达方式研究滞后、关于概念或术语以及陈述等层面的研究不够深入、话语翻译研究不成系统、定量分析方法尤其是语料库方法使用不够等问题（胡开宝，李婵 2018）。近年来，语料库研究方法受到学界关注，并积累了初步的实践基础。①2019年学界的相关探讨涉及外交话语研究的理论与方法等基本问题。

### （一）研究路径

外交话语研究存在两种不同倾向：一是将外交话语作为研究外交关系/政策的手段进行研究；二是将外交话语作为话语的一种特殊体裁进行研究。尤泽顺（2019a）指出：（1）前者是国际关系领域语言研究的基本路径，近年来展示了微观话语分析如何用于考察国际关系（外交）问题，但是未能充分地解释"语言与国际（外交）关系之间的联结""话语与社会现实的互构"及如何构建

---

① 见：（1）杨明星等（2018）；（2）http://www.chinanews.com/gn/2018/01-16/8425633.shtml。

出反映这些内在联系的分析框架。(2)后者是语言学领域(尤其是话语分析领域)的研究路径,对外交话语的语言本体特征、语言应用规律、话语的跨文化转换及传播进行了较为详尽的描述;不过,对话语背后的国家意识形态、国家间权力争斗关系等缺乏关注,外交话语独有的政治特性、外交特性以及话语中隐含的外交理念、政策导向及话语与社会之间的互构关系等常被忽略。(3)近年来两种倾向有合流的趋势,很多研究以批评话语分析为视角,强调话语与社会的互构关系,注重对语料进行微观层面话语分析,结合历史文化语境及具体话语事件,揭示话语如何反映外交现实、构建外交政策、促进政策实施并最终改变外交现实等。不过,在论证和解释批评话语分析如何服务于外交话语分析等问题上,已有研究显得比较零碎,需要进一步补充。

### (二)研究方法

外交研究与话语分析的深度融合。尤泽顺(2019b)指出,外交话语不仅仅是语言符号表征,而是篇章、话语实践、社会实践三者的复合统一体,外交话语分析必须在分析这3个维度的基础上揭示话语与外交现实之间的互动。外交研究与话语分析的深度融合必须遵循"话语分析应为解决具体外交问题或实现外交目的服务"的思路。在具体研究中,外交话语分析必须紧扣"外交"主题,体现"外交"特性,尤其是在构建用于具体研究的分析框架时要注意"宏观-中观-微观"层面的结合,以期在语言分析基础上为外交活动中有待解决的问题提供答案或寻找对策。分析内容不能仅仅是那些明显、直接的外交话语活动,而是与此相关的各种形式的外交话语实践;分析视角应是外交研究和话语分析真正融合、使相对具体的语言/非语言符号与相对抽象的外交关系/政策联系起来的综合视角;分析存在多元化方法,但必须是充分考虑到外交话语研究超学科、多学科性及外交话语本身"外交"和"话语"两种属性的跨学科分析方法。

外交话语多维分析框架构建。尤泽顺(2019a)以涉领土争议话语研究为例,构建了一个外交话语多维分析框架。作者指出,在具体框架构建时,要对外交话语的一般化特征和外交特性在具体语境中的结合进行梳理,在综合考虑此类特征基础上,尽量在全局上做到理论和分析、宏观与微观、横向与纵向的结合,在局部做到内部构成成分之间的系统联结。依据该框架可以对具体语料进行分析:(1)"话语过程"重点分析涉领土争议话语生产、流通与消费及话语主体/对象角色换位与争斗;(2)"话语秩序/事件"重点分析涉领土争议话语中话语秩序与话语事件的结合与互动;(3)"话语策略"重点分析涉领土争议话语策略运用的特点、规律及其意识形态目的;(4)"话语功能"重点分析涉领土争议话语意图实现的功能及取得的效果。

### (三)理论发展

国际政治语言学是20世纪80年代末国际关系研究"语言转向"背景下产生的,在国际关系与语言学之间的跨学科研究领域,主要以语言为切入点来研究国际政治,为外交话语研究提供了更为宏阔的学科理论背景。孙吉胜、袁莎(2019)在系统梳理该学科研究现状的基础上,构想了未来发展趋势,并指出了中国学者的努力方向。国际关系理论的语言转向发展到现在,许多概念、理论和方法已经为国际关系学界所接受,例如叙述、文本、话语、符号、隐喻、语言游戏、言语行为等术语已经被广泛使用,语言的作用和地位已经毋庸置疑,未来国际政治语言学研究将进一步深化。一是从宏大的哲学辩论转向范式间的对话、互鉴与融合;二是深挖语言学的前沿成果,深耕国际政治中的具体问题;三是通过理论创新、跨学科研究、中层理论构建、微观层次分析等,创造新的知识生产点,促进学科的发展与进步。中国学者很早就开始关注语言对国际政治研究的重要性,也产出不少成果,有3个可以进一步努力的方向:第一,借助中国语言哲学丰富国际政治语言学的研究视角和议程;第二,从非西方的视角观察、描述和解释国际政治问题,推动国际政治理论的多元化发展;第三,从学理层面更好地研究中国独特的外交实践,从政策层面更好地解释和描述中国的对外行为。

### (四)学科建设

杨明星(2019)建议,把外交话语作为独立学科来构建和发展,外交话语可分为3个分支学科:语言学领域的外交语言学、翻译学领域的外交翻译学、政治传播(国际传播)领域的外交传播学。

## 结 语

外交话语体系建设是以提升国际话语权为目标,涵盖外交话语的构建、翻译与传播的系统工程，它需要哲学、社会科学各学科互动融通、共同发力，通过打造融通中外的新概念、新范畴、新表述，以及实践导向、实证范式的话语分析、翻译研究等，围绕话语内容、话语策略、话语翻译、话语传播，回答好外交语境下"说什么"和"何以如是说"，"怎么说"和"怎么跨语说"，"通过什么渠道说"和"建立什么机制说"等一系列问题。从2019年的研究情况看，未来需进一步推动外交学、政治学、语言学、传播学等各相关学科领域的交流融合，实现宏大叙事、中观建构与微观分析的有机结合。

## 【本年度研究文献】

［1］安丰存，王铭玉．政治话语体系建构与外译策略研究［J］．外语教学，2019，40（06）：1—6．

［2］陈伟军．人类命运共同体构建与中国价值观的国际传播［J］．新闻界，2019（03）：92—100．

［3］丁一．提升"一带一路"国际话语权的路径研究［J］．对外传播，2019（08）：27—29．

［4］杜丽娟，张健．中国政治话语翻译的"译有所为"［J］．江西师范大学学报（哲学社会科学版），2019，52（05）：133—139．

［5］冯开甫，王维．从外交话语看改革开放40年的中国和平外交——基于改革开放40年来历次全国党代会报告的文本分析［J］．渤海大学学报（哲学社会科学版），2019，41（04）：46—50．

［6］高彬．国家形象建构视角下中国对外话语传播模式探索——以习近平海外发表署名文章为例［J］．江苏科技大学学报（社会科学版），2019，19（03）：58—64．

［7］关熔珍，原淼．当代中国关键词英译与对外话语体系建设研究［J］．中国文化研究，2019（01）：24—30．

［8］何良．人类命运共同体视域下提升新时代中国国际话语权研究［J］．世界社会主义研究，2019，4（02）：21—29+94．

［9］侯衍社，侯耀文．价值、基础和方法：人类命运共同体话语体系的构建逻辑［J］．求索，2019（05）：46—54．

［10］胡庚申．在第二届外交话语及外事外交翻译研讨会上的发言［R］．郑

州，2019/11/30—12/1.见：张清俐.构建新时代中国特色大国外交话语体系［N］.中国社会科学报，2019-12-13（001）.

［11］胡开宝.中国特色大国外交话语的构建研究：内涵与意义［J］.山东外语教学，2019，40（04）：11—20.

［12］宦佳.构建中国话语自信的策略探析——试论"传播好中国新时代声音"的实践路径［J］.理论导刊，2019（01）：67—71.

［13］黄克瑶.外交话语中国家形象的建构——基于王毅部长的对外话语分析［J］.青年记者，2019（03）：41—42.

［14］黄鑫宇，董晓娜."中国特色话语对外翻译标准化术语库"数据加工标准研制［J］.中国翻译，2019，40（01）：98—103.

［15］康俊英，王建华.全球治理中国方案话语建构与对外传播研究——以习近平总书记外交演讲为例［J］.对外传播，2019（12）：49—52.

［16］李博一.新时代中国国际形象的重塑与外交话语的调适［J］.印度洋经济体研究，2019（05）：90—105+155.

［17］李昌，马贝贝，刘纯怡.我国国际传播能力建设研究述评［J］.昆明理工大学学报（社会科学版），2019，19（01）：101—108.

［18］李霞.再情景化模式下新时代政治新奇隐喻英译研究［J］.天津外国语大学学报，2019，26（06）：124—132+158.

［19］李志丹.试谈外交话语体系建设［N］.中国社会科学报，2019-06-25（003）.

［20］刘昌明，杨慧.构建人类命运共同体：从外交话语到外交话语权［J］.理论学刊，2019（04）：5—13.

［21］刘瑞生，王井."讲好中国故事"的国家叙事范式和语境［J］.甘肃社会科学，2019（02）：151—159.

［22］刘润泽，丁洁，刘凯.中国特色术语库标准化构建的创新实践与方法论意义［J］.中国翻译，2019，40（01）：104—110.

［23］刘勇，王怀信.人类命运共同体：全球治理国际话语权变革的中国方案［J］.探索，2019（02）：32—40.

［24］刘哲.改革开放以来中国特色社会主义外交话语体系建设研究［D］.西安理工大学，2019.

［25］卢静.中国特色大国外交话语体系的基本特征［N］.中国社会科学报，

2019-03-14（001）.

［26］马俊峰，王斌.人类命运共同体的叙事与丰盈生命力的彰显［J］.思想政治教育研究，2019，35（01）：1—7.

［27］饶耀平.政治性文本外宣翻译探析［J］.西南林业大学学报（社会科学），2019，3（01）：45—49.

［28］邵鹏.人类命运共同体：全球传播新秩序的中国方向［J］.浙江工业大学学报（社会科学版），2019，18（01）：94—100.

［29］时闻，刘润泽，魏向清.政治话语跨文化传播中的"术语滤网"效应与术语翻译策略反思——以"一带一路"话语传播为例［J］.中国外语，2019，16（01）：79—88.

［30］史凯迪，常江."锐实力"话语的生成机制及其对中国对外传播的启示［J］.新闻春秋，2019（02）：75—85.

［31］孙吉胜.中国国际话语权的塑造与提升路径——以党的十八大以来的中国外交实践为例［J］.世界经济与政治，2019（03）：19—43+156.

［32］孙吉胜，袁莎.国际政治语言学研究的源起、现状与前景——孙吉胜教授访谈［J］.国际政治研究，2019，40（01）：142—160+6.

［33］孙敬鑫."一带一路"对外话语体系建设的问题与思考［J］.当代世界，2019（01）：74—78.

［34］唐润华，曹波.人类命运共同体视阈下中国对外话语体系的时代特征［J］.现代传播（中国传媒大学学报），2019，41（07）：33—37.

［35］王刚毅.在第二届外交话语及外事外交翻译研讨会上的发言［R］.郑州，2019/11/30—12/1.见：张清俐.构建新时代中国特色大国外交话语体系［N］.中国社会科学报，2019-12-13（001）.

［36］王仕民，陈继雯.论人类命运共同体思想的话语表达［J］.青海社会科学，2019（05）：23—29+2.

［37］王义桅.在第二届外交话语及外事外交翻译研讨会上的发言［R］.郑州，2019/11/30—12/1.见：张清俐.构建新时代中国特色大国外交话语体系［N］.中国社会科学报，2019-12-13（001）.

［38］魏向清，杨平.中国特色话语对外传播与术语翻译标准化［J］.中国翻译，2019，40（01）：91—97.

［39］温祖俊.人类命运共同体理念的传播现状与改进策略［J］.对外传播，

2019（11）：38—40.

［40］吴佩芬.讲好中国故事 传播好中国声音的三大基础要件［J］.求知，2019（03）：20—22.

［41］肖清云.论人类命运共同体的中国话语表达［J］.汉江师范学院学报，2019，39（02）：117—122.

［42］杨明星.在第二届外交话语及外事外交翻译研讨会上的发言［R］.郑州，2019/11/30—12/1.见：张清俐.构建新时代中国特色大国外交话语体系［N］.中国社会科学报，2019-12-13（001）.

［43］杨明星，陈倩.女性主义视野拓宽外交话语翻译研究［N］.中国社会科学报，2019-10-22（003）.

［44］杨庆东.构建有效的大国外交话语体系［J］.语言战略研究，2019，4（01）：10.

［45］杨胜荣，郭强.20世纪90年代以来中国外交话语模式的传承与嬗变［J］.科学社会主义，2019（02）：156—160.

［46］尤泽顺.外交话语分析框架构建——以涉领土争议话语研究为例［J］.山东外语教学，2019a，40（05）：22—34.

［47］尤泽顺.外交话语研究：话语分析如何与外交研究深度融合［J］.外国语言文学，2019b，36（05）：485—500.

［48］张庆彬，王振华."政治等效"与"评价等效"：中国外交表态词的评价机制和翻译原则［J］.浙江大学学报（人文社会科学版），2019，49（05）：157—166.

［49］张生祥.中国国家话语的路径分析及思考［J］.对外传播，2019（07）：19—22.

［50］赵庆寺.试论构建人类命运共同体的制度化路径［J］.探索，2019（02）：49—57.

［51］郑长忠.为世界谋大同而凝聚共识——中国外交话语权提升的逻辑与路径［J］.当代世界，2019（09）：17—22.

［52］郑曦原.外交工作必须用好语言这个渡船［J］.语言战略研究，2019，4（01）：8—9.

［53］左凤荣.构建融通中外的对外传播话语体系［J］.中国党政干部论坛，2019（03）：47—49.

**【以往参考文献】**

[1] 陈鑫."人类命运共同体"国际传播的困境与出路[J].宁夏社会科学，2018（05）：70—75.

[2] 陈以定.中国外交观念演进的话语视角[J].长江论坛，2011（05）：52—57.

[3] 崔猛.论"人类命运共同体"思想的元素与内涵[J].改革与开放，2018（22）：1—3.

[4] 胡开宝，李婵.国内外外交话语研究：问题与展望[J].外语教学，2018，39（06）：7—12.

[5] 金正昆.现代外交学概论[M].北京：中国人民大学出版社，1999.

[6] 杨洁勉.中国特色大国外交和话语权的使命与挑战[J].国际问题研究，2016（05）：18—30+137—138.

[7] 杨明星，吴丽华，牛桂玲，闫达."互联网+"背景下多模态、多语种外交话语平行语料库设计与创建探析[J].外语教学，2018，39（06）：13—19.

[8] 周银珍.国际情怀与担当："人类命运共同体"建构中国国际话语权[J].宁夏社会科学，2018（01）：21—29.

**【2020年参考文献】**

[1] 李丹，李凌羽.构建人类命运共同体的理论内涵与实践路径研究评析[J].理论月刊，2020（01）：21—30.

# 网络语言治理

## 引　言

　　网络语言的出现和使用一直伴随着各种争议，赞成者有之，反对者有之。有内容方面的，有形式方面的。有语言学方面的，主要是结合语言规范及其对语言生活、语言教学的影响来谈；也有非语言学方面的，主要是结合精神文明及其对文化传统、社会生活的影响来谈（施春宏 2010）。

　　网络语言规范是最近 20 多年来我国语言政策研究的热点话题之一。早在 1999 年就有学者探讨了网络时代大规模真实文本对传统语言规范的挑战（张普 1999），新世纪以来相关研究不断增多，并在前两年达到峰值。[①] 面对社会各界关于网络语言的争议，学界比较有代表性的看法是：网络语言有其特定价值，也存在不容忽视的问题；网络语言规范不能"一刀切"，宜疏不宜堵，要加强柔性引导和疏通；网络语言粗鄙化需治理。[②]

　　本专题提出"网络语言治理"。"网络语言规范"多指语言本体、形式层面的规范化，主要是语言学方面的问题。"网络语言治理"所指向的，不仅包括语言本体和形式，还包括语言使用和内容，并且更偏重内容层面；内容治理涉及更为复杂的道德文化建设等社会治理问题，需要加强规划、统筹协调、多方联动、多措并举。"网络语言治理"体现了语言规范观的最新发展；加强网络语言治理，是贯彻落实党中央关于推进国家治理体系和治理能力现代化的重大部署，以及《国家语言文字事业"十三五"发展规划》（以下简称《"十三五"规划》）关于"加强对网络语言的监测研究和规范引导""倡导文明用语用字，抵制低俗语言，推动社会语言文明建设"规定的必然要求。本部分从治理对象、治理意义、治理重点、治理方略等方面对 2019 年

---

[①] CNKI 学术趋势中检索"网络语言规范"可见，研究数量在 2016 年达到峰值。

[②] 如：侯敏等（2015）、张玉胜（2014）等。

的相关研究进行了梳理。

# 一 治理对象

作为治理对象的网络语言究竟是指什么，自产生以来经历了怎样的变化发展，2019年的相关研究提出了以下观点。

## （一）网络语言内涵

很多学者给网络语言下过定义[①]，不同的定义会对"网络语言治理"产生一定的影响。张黎（2019）认为网络语言是语言的一种功能变体，"就像语言中存在书面语和口语变体、正式语体和非正式语体变体一样，是由于交际对象、交际媒介与工具和交际场景等的不同而自然形成的"。从"网络语言到底该规范什么"的角度，作者将两种情况排除在"网络语言"之外：一是并非原创于网络的大众传播性质的网络语言信息，不属于严格意义上的网络语言范畴；二是语言表达的内容问题，不是语言本身的规范问题，"语言规范只针对语言符号系统本身，而不能约束语言使用者的思想观念认知"。参照语言学界的传统定义，作者将网络语言限于语言符号系统本身。姚志华（2019）对网络语言内涵做出了比较宽泛的解释："不同于一般的宽泛意义上的网络中使用的一切语言文字，也不是指非常狭义的在网络环境中产生的词汇意义上出现的新词新语，而是指在网络环境中产生，在使用中与现实常用语言相区别的词汇（包括有含义的符号）以及语音、语法、语用、修辞等现象，包括在网络环境中产生的新词新语，具有语言文字交际功能的符号、动图和图文语篇，以及在网络环境中产生的新的语用现象。"作者进一步指出，这种界定既扎根网络语言的本体考察，又有利于将网络语言现象和与之有关的网络空间问题联系起来进行研究。

## （二）网络语言发展

网络语言的产生，至少可以追溯至1999年互联网即时通信工具QQ的面世，往前可以追溯至1994年我国正式接入国际互联网，再往前可以追溯至1987年我国发出第一封电子邮件。2019年的相关研究从不同侧重点梳理了网络语言自产生以来的历史发展特点。

---

[①] 如：海中（2000）、于根元（2001）、徐默凡（2013）、苏金智（2016）等。

30多年来不同网络平台影响下的网络语言发展特点。张磊（2019）以1987年中国发出第一封电子邮件为起点进行梳理，认为每种网络产品提供的平台都刺激形成了网络语言新的创新点，但每一种平台的网络语言特点并不是孤立存在的，在言语表达手段和风格上，是相互继承、相互融合的过程。（1）起步期（1987—1999年）。网络语言主要通过网络信息交流平台和应用网站产生。电子邮件是最早的网络语言承载平台；BBS和聊天室是网络语言呈现出与全民语言分化特征的承载平台；网络的各种应用，如商务网站、网上银行、网上教育等崭露头角，初步搭建了网络语言和全民语言融合的桥梁。网络语言以文字符号为主，不同系统符号混合使用比较普遍，新词汇大量涌现，从书面语体快速向口语体发展。（2）发展期（2000—2010年）。BBS、即时通信依然活跃，完成受众的细分化，成长为网络社区；博客是这一时期的创新平台，经历了从个人自由表达和出版、知识过滤与积累，向深度交流沟通、博客营销功能的转变和融合；网络游戏异军突起，强化了网络的娱乐功能，也逐步成长为网络社区。网络语言的文图混合形式逐渐丰富，新词语仍然大量出现，也被快速淘汰，创造出了独属于网络的文体，幽默的语言风格逐渐成为网络语言的重要特点，但也因应社区分化出现风格多元化，口语体与书面体在不同承载平台中略有偏重，总体看形成口语与书面语的融合。（3）活跃期（2010年至今）。微博、微信兴起，并与电子邮件、BBS、博客无障碍互通，引领着各平台间的融合发展；以网购为代表的网络应用加重了人们对网络事务的依赖，更促成现实生活与虚拟生活的融合，形成虚拟现实。从网络语言的特点看，文字与图、像的博弈更加明显，新词语更倾向于关注社会事务，成长为词媒体，并因此增强了网络语言的影响力，网外扩散趋势明显。

25年来网络语言及其管理的发展变迁。姚志华（2019）以1994年我国正式接入国际互联网为起点进行梳理，综合考虑网络技术赋能与赋权、网络语言政策约束与引导、网络语言自身的发展以及网民的社会语言生活等因素，划分为3个发展阶段。（1）初创期（1994—2000年）。新浪、搜狐、网易等门户网站相继创办，聊天室、网络论坛开始产生；互联网即时通信工具QQ面世，成为我国网络语言产生和使用的初始环境。这一时期网民数量较少，网络社交以青少年网民为主，网民结构单一，产生的大部分英文缩写和中英文混合词较为幼稚，到后来不再大规模使用；这一阶段的后期，网络词汇随着网民数量增加而逐渐活跃，虽然饱受争议，但是在1999年的春节联欢晚会上，表演者开始使用网络词"酷",标志着网络语言已逐渐进入现实生活并引起了人们的注意。(2)发展期(2000—2010年)。网民规模和互联网普及率大幅提升,2010年的网民人数超过4.5亿,互联网普及率攀升至34.3%。网络技术和网民结构不断优化,新型门户网站、网络留言板、网络论坛互动功能不断得到开发,职业群体、普通中老年网民开始大规模加入到网络大军中,网民的语言文化素质明显提高。网络语言引起全社会关注与讨论,进入研究视野;网络语言规范纳入国家语言规划。(3)繁荣期(2010年至今)。在技术推动下,网络社交媒体进入了一个爆发期,微博、人人网、百度贴吧、天涯论坛、微信等成为网民活动和网络语言孕育与运用的主要场所。网络语言更加关注现实空间,基于社会现实的网络流行语盛行。网络语言功能取向从虚拟交际、网络狂欢转向社会关怀。同时,网络社交管理制度趋严。

20多年来网络语言发展的趋势。汪磊(2019)认为,20多年来网络语言发展的总体趋势是"从小众走向大众和分众"。互联网的科技属性决定了网络语言最初只是一种小众的语言现象,是那些经常使用计算机的人彼此之间交流的话语形式。随着我国互联网事业的高速发展,使原本具有交互性、开放性特征的网络平台,更加平民化、主动化和大众化,网络语言也如"旧时王谢堂前燕,飞入寻常百姓家",成为大众的、全民的话语。而随着现实世界与虚拟世界的融合、重合,网络语言依旧会遵循语言传播与发展的自身规律,斗转星移,新陈代谢,受网民年龄、性别、群体等诸因素的影响,网络语言的使用同样会出现分化。作者指出,"天下大势,分久必合,合久必分。融合与分众,无疑是网络传播和网络语言发展过程中的两个大势。虚拟语言生活即是现实语言生活的镜像与映射,网络语言即是对现实语言的模因;数字化、超文本的信息传播,让图片、动画、音视频等与传统语言文字、数字符号等相辅相成,多模态成为网络语言传播的基本特征。"关于20年来网络语言特征的变化,作者从3个方面进行了分析:(1)语言形式方面,既有单纯的汉字、字母和数字类型,也有汉字与字母、汉字与数字、字母与数字等多种语码混合类型。(2)语言单位方面,从早期的词语层面扩展到短语、小句,并进一步延伸到语篇,产生了形式各异的网络流行体,如"梨花体""蓝精灵体""丹丹体""扫地老太体""高铁体""舌尖体"等。(3)符号类型方面,网络传播的非即时、非现场性,造成言语交际情态的缺失,这促使人们不断寻求各种表达方式来补偿,于是非语言文字符号的网络表情符应运而生,并从单个表情向系列表情、表情包发展,再由平台系统自带的表情到网民自创的表情、表情包；由单纯的表情符到文字、标点与表情复合的多模态表情，更由静态、图画表情到动态、真人表情包并行并用。图文表情已成为网络传播不可或缺的情态手段。

## 二 治理意义

加强网络语言治理意义重大。除了《"十三五"规划》指出的"推动社会语言文明建设"，2019年关于网络语言传播机制、社会功能等的研究，多方面展现了加强网络语言治理的必要性和迫切性。

### （一）网络语言影响着青少年生活方式

网络语言独特的传播机制使青少年处于"圈层化"生活状态。郑欣、朱沁怡（2019）采用质化研究的方法，描述了青少年群体中网络语言传播的"圈层"现象及其常见类型，并通过社会网络分析视角下对网络语言圈层传播机制的路径分析，提出青少年日常生活中的网络语言圈层化传播的背后其实是其认同或建构的生活方式，青少年网络语言的圈层传播实现了一种跨空间的远距离交往和超时空的近距离聚合，这既是新媒介技术环境下的信息传播模式的革新，也是青少年生活方式日趋圈层化的表征。网络语言在圈层传播过程中的"圈层化"正在铸就一种全新的"圈层化"生存，并且已经逐步成为青少年的生活方式与生活状态。圈层对他们而言就是一个功能强大的信息库，他们在各自所在相应的圈层中各取所需地生存着。因此，网络语言传播过程中的"圈层化"传播所带来的互动聚合所创造的价值，有时甚至超出人们的想象。

### （二）网络语言表征了青少年亚文化心理

网络语言表征了"00后"一代解构权威、渴望被关注、拒绝被定义的亚文化心理。袁伟、朱君（2019）对"00后"网络言语社团话语进行语用分析（包括社交类、评价类、娱乐类）后指出，该言语社团的亚文化心理特征有3个方面：一是渴望解构权威、脱离父辈的精神钳制，希望建立群体内部的精神文化世界。互联网为青少年亚文化的发酵提供了渠道与平台，"网络言语"自然成为承载该阶段"00后"心理的重要载体。二是渴望通过表达内心诉求，获得归属感和认同感。"00后"愿意花大量的时间在论坛、贴吧等网络平台上发出"扩列、cqy"

等极具个性的社交橄榄枝，寻求年龄相仿、兴趣相投的朋友倾诉成长烦恼，在这一言语社团中寻求认同。三是拥有更丰富的内心世界与更强烈的表现欲望。纷繁复杂的外部环境使其从出生起便站在了时代的前沿，形成了"渴望被关注，拒绝被定义"的心理特点，互联网为这一心理表达提供了合适的空间，而作为心理表达重要载体的语言就成为最凸显的标志，"00后"网络话语为其休闲娱乐、聊天交友等活动注入了标新立异的个性元素。

### （三）网络语言影响着青少年对主流意识形态的认同

网络语言的产生与传播既可能"促进"，也可能"消解"青少年对主流意识形态的认同。郭亮、王永贵（2019）认为，网络流行语是"网络交流工具"，也是"社会舆情表达"的载体，还是个性化"表情达意"或"情感宣泄"的载体。网络语言从"文字符号意义""产生、传播过程""产生、传播逻辑"3个维度对青少年主流意识形态认同起着促进或消解作用。主流意识形态要通过及时甄别、规范传播网络流行语，科学研判、及时疏导网络舆情，积极创新、合理使用网络流行语，强化网络流行语对青少年主流意识形态认同中的积极作用，消除消极影响。

### （四）网络语言影响着社会舆论

网络语言的生产和使用具有话语权力特性，在冲击传统社会象征体系的同时，也反应出当前社会权力关系和结构的变动。隋岩、罗瑜（2019）指出，网络语言标志着互联网虚拟社会和网络化生存的成形，是网络空间中表达观念的符号象征系统。随着传播的民众化转向和中国社会舆论场分裂的加剧，网络语言成为民众进行话语权力博弈的策略选择。狂欢化的网络语言作为公民参与的重要表现形式之一，能够对主流话语的宏大叙事加以解构，对社会舆论产生重大影响，在一定程度上打破了传统媒介生态中的话语垄断态势和结构性失衡，但也在重塑着新的话语等级秩序，诱发新的问题。从"欺实码""躲猫猫""我爸是李刚"到"我妈是我妈"，众所关注的社会性事件催生出新的网络流行语，进入其他语境下的公共讨论，乃至引发群体性的围观和传播。面对狂欢化的网络语言对主流媒介话语产生的冲击，以及网络空间中充斥的非理性声音，如何正视网络语言的话语权力成为不可回避的问题。

网络话语的自由化、个体性特征给网络公共领域带来了负面的影响。丁杰、邢霞（2019）指出，一方面，公民的网络话语能够对灰色事件进行曝光并对其处理加以监督和批判，能够为政府决策提供重要的参考；另一方面，并非所有的网络话语都是正确的，有的个体已经不再是他们自己，而是成了不再受自己意志控制的"提线木偶"。由于网民拥有信息的不均衡和活动范围的限制以及对政情的了解程度不同和利益诉求不同，网络话语会存在不同程度的偏狭性、非理性、冷漠化等倾向，网络话语变得众说纷纭，话语冲突容易陷入无止境状态，更有甚者成为网络牢骚（网络牢骚是一种以网络为载体的不良社会心理现象，是网民抑郁不平的情感在网络中的抒发，是不满情绪在网络中的宣泄）。

### （五）网络语言影响着网络经济环境

网络语言具有隐性的经济价值。郭玉梅、杜敏（2019）认为，网络语言是新媒体时代社会经济发展的产物，为适应人类网络交际需求而存在，主要通过交际工具、思维工具和经济资源等方式作用于网络经济生活的不同层面，体现了网络语言的经济功能。网络语言的语言资源和经济资源属性、经济主体的营销策略和传播媒体的有利推广是网络语言经济功能实现的途径。网络语言的经济功能可能产生双面效应：体现网络语言的经济价值，促进社会经济的发展，推动网络语言的传播和丰富人们的语言文化生活；过多依赖网络语言的社会影响力会引发不正当经济竞争，影响网络语言生态环境的健康发展和人们的道德价值观。网络语言作为语言系统中最活跃的一部分，由虚拟空间延伸到人们的现实语言生活中。随着电子商务的快速发展，网民通过网络和移动网络终端参与网络购物等经济活动不断增加，网络语言虽然不能直接产生经济价值，但常被视为品牌参与经济活动运行，在产品创作、生产营销等环节中体现一种"价值商标"，产生了不可忽视的隐性经济价值。在此过程中，网络语言生态环境受到各种生态因素的影响，出现了网络语言滥用、低俗化、不规范等现象。在充分利用网络语言的资源属性，为社会经济发展获取更多语言红利的同时，还需要提升网络领域语言服务，引导网络语言健康发展，促进网络语言生态良性循环。

## 三 治理重点

语言形式层面的规范化问题，在2014年前后一度成为社会热点。关注的焦点不在于对"打破现有语法规则或改变现有字词的形音义关系""大量新造词""夹杂使用图形、符号、外来语"等网络语言的核心特点做语言学层面的价值判断和标准选择,而是关于这样一种特殊的语言事实能否进入新闻传媒、教科书、词典工具书等的政策选择(侯敏等 2015)。近年来,特别是 2019 年的相关研究,将重点转向了网络语言的内容层面,相关研究指出的突出问题正是网络语言治理的重点问题。

### (一)网络新闻"标题党"问题

"标题党"指有意地使用低俗、夸张、怪异、骇人等标题,以获取高阅读量和点击量的现象。王宇波、刘文瑶(2019)调查了 4582 个点击量 10 万以上的自媒体新闻标题,发现"标题党"现象严重。时事、生活、健康、情感类话题是重灾区,常用的表现手法包括情感诱导、表述夸张、故弄玄虚、突破常识、离奇设问、名人效应、色情低俗等。作者指出,如果"标题党"现象泛滥,导致各类夸张、歪曲、暴力的语言充斥网络空间,必然会对社会、媒体和受众产生不可忽视的负面影响。罗曼(2019)指出,媒体"标题党"行为是当下被舆论吐槽最甚的媒体文字乱象,在网络新闻中比比皆是。在事事求快的"速读时代",要在浩如烟海的新闻报道和同质化的内容转发中脱颖而出、拔得头筹,很多网络媒体走上了歧途。"事不够,题来凑"成为部分媒体收揽受众的主要做法,新闻标题尽量往"星""腥""性"上靠,对文章内容进行碎片化、极端化、至简化解读来提炼标题,导致标题与文章的初衷和原意相背离,造成公众误解,给被报道方带来巨大的舆情危机。潘宁(2019)指出,为了迎合大众,吸引眼球,许多网络新闻媒体不惜以一种媚俗化的姿态呈现,刺激、煽情的字眼频频出现在标题中;标题先于正文内容,强化了标题的导读功能,而这些对注意力的吸引和刺激又直接影响到该新闻的点击率。

在"流量为王"的经营方式下,网络媒体为追求点击率而形成的虚假风、浮夸风除了集中表现为"标题党"现象,罗曼(2019)、潘宁(2019)等还指出了网络新闻语言的虚假化、主观化、三俗化、审判式介入(使用带有煽动性和迷惑性的语言煽动公众情绪而影响司法公正)等问题。

### (二)网络主播用语文明问题

网络直播是一种新兴的信息传播和媒体社交平台,主播与评论弹幕的语言文明问题日益凸显。王毅(2019)对斗鱼 TV 直播平台的主播与评论弹幕的语言使用情况进行了调查,发现网络直播平台存在着一些为追求商业利益而忽视法律和道德底线的行为,个别主播为了提高知名度、增加点击量,将"性暗示""爆粗口""搏出位"作为"吸粉利器",低俗化、无底线的现象愈演愈烈。女性才艺表演直播是网络不文明、不规范用语的重灾区,其直播内容以打色情擦边球的居多,观众也广泛使用各色詈骂语与主播互动。

**(三)网络语言暴力问题**

"网络语言暴力"是指一些人借助互联网平台,采取谩骂、诋毁、蔑视、嘲笑等侮辱性、诽谤性、歧视性、攻击性的语言,剥夺他人平等交流的权利,限制他人的言论自由,致使他人的身体或心理遭到侵犯和损害的违法犯罪行为。陈纯柱、马少盈(2019)指出,网络空间的语言暴力是近几年互联网发展过程中较为突出的一类负面现象,并且愈演愈烈,严重影响着人们的社会生活。现实生活中,一些人常常使用暴力性语言,致使他人的身心受到严重侵犯和损害,这种行为已然侵犯了他人的合法权益,此时的"言论自由"已然发展成为一种暴力行为。言论自由是宪法赋予公民的一项基本权利,宪法保护言论自由,但是若将语言作为伤害他人的武器,便超越了宪法对言论自由的保护界限。当宪法赋予的言论自由在网络上被演化为没有边界的权利时,滥用成为必然,语言暴力不会停息,且势必会不断恶化。"众口铄金,积毁销骨",网络语言暴力已渐渐演化成为一把隐形匕首,杀人于无形,对其进行规范治理已成为当务之急。作者指出,网络语言暴力有5个特征:(1)主体隐蔽性和广泛性,为不法分子提供了犯罪的便利条件,大大降低了违法犯罪的成本;(2)行为具有群体性和非理性,大家会抱着一种"法不责众"的侥幸心理,借助群体的力量释放自己的情绪;(3)后果破坏性和延伸性强,给当事人带来精神、心理上的伤害,同时还可能使虚拟空间的语言暴力延伸至线下,转化为实际的暴力行动,从而对当事人造成更大的伤害;(4)突发性与衍生性,攻击信息短时间即可遍布整个网络社会,攻击范围会不断扩大,使受害人由一人变为多人,难以管控;(5)犯罪方法主要依附于现有技术手段,加大了治理难度和侦查难度。

## 四 治理方略

对上述问题的治理面临着严峻挑战,2019年的相关研究在分析治理困难的基础上，就治理方略提出了对策建议。

**（一）加强公民教育**

加强公民教育，提升网民语言规范意识与能力、道德自律与约束，才能从根本上治理好网络语言问题。丁杰、邢霞（2019）认为，网络话语负效应的产生，究其原因是话语主体"责任意识"的淡薄和自律性的缺失，为此应注重培养公民网络话语的责任意识、法定权利与义务意识，以及话语主体的健康心理，用公共理性推动个人理性的发展，使公民在权利意识的觉醒下积极参与集体行动，最终与政府形成良性的互动，实现社会稳定和民众整体媒介素养提高的共赢。袁伟、朱君（2019）认为，学校应优化教学方式，提高对学生语言表达、阅读理解等语文能力培养的重视程度，并在教学中开展"网络用语能不能用、应该怎么用"的讨论，客观分析校园中使用网络语言的利与弊，树立学生对网络语言的正确认识；另一方面，对待具有粗俗、消极意义的词语应该及时警惕，预防其在"00后"群体中蔓延。王瑶（2019）认为，规范网络语言首先应当从语文教学上入手，规范学生使用的语言文字，对于学生使用网络用语，应有意识地加以引导，尽可能给学生提供一个纯粹、干净的语言环境，从而使学生感受语言文字之美，学会用恰当的词语去表情达意。张黎（2019）指出，应该加强正面引导，从提高全民语文修养入手，让人们更好掌握典范、文雅的语体，分清全民语言与各种功能语言变体的区别。

**（二）加强服务引导**

加强服务引导是新时代语言规范观的重要体现，也是提升语言治理能力的重要途径。吴桐、金晓艳、吴长安（2019）建议，国家相关部门应密切关注网络语言的流行态势，及时组织广大语言文字工作者和专家学者发挥专长，按照国家通用语言文字的规范和标准进行审查甄别、编纂收录，去伪存真、去粗取精，形成一个权威的发布，真正使网络语言用起来合法合规，健康文明。饶高琦（2019）认为，语言使用的环境决定了语言能力的提升，语言生活规划者需要做的就是鼓励更多优秀的语言作品产出，压制极少数低俗恶俗的词汇与表达方式，把最大的自由空间还给每一个语言使用者，去激发语言创造的热情。张黎（2019）建议，加强因势利导，区分不同性质区别对待，重点加强公共机构、权威媒体的语言规范，发挥其示范、引领作用。

**（三）构建治理机制**

关于网络新闻语言治理机制。王宇波、刘文瑶（2019）针对"标题党"问题建议：加大媒体行业监管力度，开展专项整治活动；建立媒体行业内部自我监督机制，加强内部巡查；激发民众监督意识，利用新技术为受众提供参与治理的便捷途径。罗曼（2019）建议：加强国家监管，实现有"镣铐"的自由；加强行业自律，共同抵制网络新闻语言文字乱象；提高从业人员素养，坚持新闻的正确写作原则；提高受众素养，净化网络传播环境。潘宁（2019）认为，解决对策可以从加强技术手段、提高从业者自身素质与加强监督管理三方面来考虑。

关于网络直播平台语言治理机制。王毅（2019）认为，网络直播平台不单纯是网络服务提供者，更应是直播内容的合格监管者和技术控制者；因此，必须强化网络平台的主体责任，包括技术上的责任、真实身份认证制度责任、监管制度上的责任以及信息安全责任。对直播平台管理者来说，首先需要完善直播平台主播准入机制，应对主播的文化素质进行全方面的考察，严格落实实名制以便追责，不合格者不允许开启直播；定期组织主播进行网络语言使用培训，加强网络语言运用的规范性，禁止语言违规行为的发生；强化违规惩戒机制，加大对主播直播内容的监测力度，对违规的主播要严肃处理，按情节轻重采取相应的处罚措施，如停播整顿培训、永久封号等。

**（四）完善法律规制**

关于网络语言暴力治理，陈纯柱、马少盈（2019）指出，当前面临6个困境：传统的立案管辖范围不能规制网络语言暴力犯罪；关于刑事责任年龄的规定不适用于网络语言暴力犯罪立案；传统立案条件不适用于网络语言暴力犯罪立案；网络语言暴力犯罪立案存在监督困惑；关于网络语言暴力的相关立法不完善；网络语言暴力犯罪的诉讼成本过高。为此，作者建议：（1）在立法上将网络语言暴力犯罪等网络暴力行为作为专项罪名入刑；（2）针对未成年人参与犯罪活动，建立完善的未成年人教育制度；（3）完善网络语言暴力治理的管辖权；（4）建立网络语言暴力案件自诉转公诉的合理机制，适度修改立案条件；（5）完善网络刑事立案监督制度。作者进一步指出，网络语言暴力作为一个复杂的社会现象，不仅需要法律调控，还需要社会文化建设和道德建设的配合，将自我约束和法律约束相结合，规范网络参与者的言行，从而达到控制网络语言暴力的目的。

## 结　语

网络语言是时代发展的产物，有其特定的交际需求和自身的发展规律，记录社会变迁和时代风貌，体现强大创新活力，丰富社会语言生活。网络语言在产生、使用与传播过程中存在不容忽视的问题，亟须加强治理。从网络语言规范到网络语言治理，我国语言文字事业的任务在扩展，语言政策研究的视野也需相应扩展，应融合语言学、社会学、管理学、行政学、传播学、心理学等学科理论，加强跨学科研究。面对即将到来的"人机共生"的智能化时代，适应时代需求的新的语言规范观需要深入探讨；长期以来在语言规范实践中形成的"突出重点，分类指导""建设、管理、服务、引导并重"等工作经验，特别是以党政机关、学校教育、新闻出版、广电媒体为重点的工作策略，在网络语言治理中仍需坚持。只有充分认识网络语言出现的必然性，掌握网络语言产生、传播的深层机制和社会心理因素，全方位、多渠道地进行引导和规范，才能有效构建一个理性、有序的网络语言环境。

## 【本年度研究文献】

[1] 陈纯柱，马少盈.网络语言暴力的治理困境及路径选择[J].中国人民公安大学学报（社会科学版），2019，35（02）：138—147.

[2] 丁杰，邢霞.互联网空间中道德与责任对网络话语的规制探讨[J].互联网天地，2019（02）：36—42.

[3] 郭亮，王永贵.网络流行语产生、传播流变对青少年主流意识形态认同的影响及启示[J].思想教育研究，2019（04）：103—107.

[4] 郭玉梅，杜敏.新媒体时代网络语言的经济功能[J].北方民族大学学报（哲学社会科学版），2019（02）：151—156.

[5] 罗曼.网络新闻的语言文字乱象及其改观策略探析[J].湖北师范大学学报（哲学社会科学版），2019，39（05）：85—88.

［6］潘宁.浅析网络新闻语言中的乱象及应对策略［J］.汉字文化，2019（16）：16—18.

［7］饶高琦.让网络激发语言热情［N］.光明日报，2019-04-06（08）.

［8］隋岩，罗瑜.论网络语言对话语权的影响［J］.当代传播，2019（04）：30—34.

［9］汪磊.从小众走向大众和分众——漫谈网络语言20年［N］.光明日报，2019-04-06（08）.

［10］王瑶.对网络语言应加以规范和引导［N］.中国社会报，2019-04-15（008）.

［11］王毅.网络直播平台的语言规范调查及优化策略研究——以斗鱼TV为例［J］.现代语文，2019（03）：133—137.

［12］王宇波，刘文瑶.微信"标题党"现象调查［A］.载：郭熙主编.中国语言生活状况报告（2019）［M］，北京：商务印书馆，2019.

［13］吴桐，金晓艳，吴长安.网络出版时代语言文字规范的思考［J］.出版参考，2019（02）：31—33.

［14］姚志华.我国网络语言"进化史"［J］.语文建设，2019（10）：73—75.

［15］袁伟，朱君."00后"网络言语社团观察［J］.语文建设，2019（03）：73—75.

［16］张磊.从电子邮件到词媒体：中国网络语言三十年发展历程研究［J］.新闻爱好者，2019（11）：86—90.

［17］张黎.网络语言，到底该规范什么［N］.光明日报，2019-07-13（12）.

［18］郑欣，朱沁怡."人以圈居"：青少年网络语言的圈层化传播研究［J］.新闻界，2019（07）：25—36.

**【以往参考文献】**

［1］海中.一门崭新的语言学科——网络语言学［J］.科学，2000（09）：62.

［2］侯敏，周红照，刘鹏，程南昌.网络语言规范引热议［A］.载：郭熙主编.中国语言生活状况报告（2015）［M］，北京：商务印书馆，2015.

［3］施春宏.网络语言的语言价值和语言学价值［J］.语言文字应用，2010

（03）：70—80.

［4］苏金智.网络语言研究的社会语言学意义［J］.汉字文化，2016（05）：18—21.

［5］徐默凡.网络语言无关谐音的文化研究［J］.文艺理论研究，2013（06）：69—76.

［6］于根元.网络语言概说［M］.北京：中国经济出版社，2001.

［7］张普.关于网络时代语言规划的思考［C］.中国科学技术协会、浙江省人民政府.面向21世纪的科技进步与社会经济发展（上册）.中国科学技术协会、浙江省人民政府：中国科学技术协会学会学术部，1999：438—439.

［8］张玉胜.网络语言规范宜疏不宜堵［N］.长江日报，2014-11-28（011）.

# 语言规范

## 引 言

语言规范是我国语言规划的核心内容，包括制定语言文字规范标准和促进语言文字规范使用。新中国成立70年来，我国在现代汉语规范方面开展了大量工作，内容涉及语音规范、文字规范、词汇规范、语法规范，书面语系统中的数字用法规范、标点符号规范，以及汉语拼音的使用规范等。

本专题从4个方面梳理介绍2019年关于现代汉语规范的研究情况。一是语言规范政策与方略，主要介绍学界关于新时代语言规范观和语言文字规范标准制定工作方略的思考与探讨；第二至四节针对特定领域的规范问题，包括汉语拼音教学与应用、《通用规范汉字表》研制与实施、地名特殊用字审音定字、汉语教学词表研制、辞书收词处理，涉及语音规范、汉字规范和词汇规范。

## 一 语言规范政策与方略

语言规范政策反映语言规范观，指导语言文字规范标准制定工作。新中国成立之初，我国秉持"语言纯洁观"，采用"匡谬正俗"的规范模式。改革开放以后，学界提出"动态规范观"，针对"语言纯洁观"存在的问题提出了一系列语言规范思想，如对语言变化的评价和抉择、区分语言规范和言语规范、重视语用价值和交际值，以及语言规范的历史观、社会观、动态观、柔性观、层次观、适应观、互动观、调节观、服务观、预测观、追认观、语言生活观，等等。2019年的相关研究分析指出了新世纪以来以《国家通用语言文字法》为代表的语言规范原则，探讨了新时代语言规范面临的主要挑战，就新时代的语言规范观及语言文字规范标准制定工作提出了建议。

**（一）新世纪以来的语言规范原则**

2000年通过的《国家通用语言文字法》，从法律的高度规定了国家通用语言文字是什么，规定了公务、教育、播音、汉语文出版物、公共服务、信息处理等领域的用语用字规范；同时，《国家通用语言文字法》也规定了实现这些规范应当采取的基本举措以及相应的法律责任等（李宇明2015）。以《国家通用语言文字法》为代表，2019年相关研究认为，新世纪以来我国的语言规范原则是"刚柔兼济"和"弹性规范"，两种观点内核一致。

"刚柔兼济"原则。周庆生（2019）认为，"刚柔兼济"原则主要体现在《国家通用语言文字法》的调整对象上。对社会使用语言文字，实行刚性原则；对个人使用语言文字，该法规定则具柔性，只做引导，不予干涉。另外，该法第十六条、第十七条特许方言、繁体字、异体字可以在一些特殊场合使用，也体现了柔性原则。作者认为，"刚柔兼济"原则为妥善处理社会与个人、普通话与方言、规范汉字与繁体字异体字等语用问题，提供了详尽可靠的法律依据；为此后十几年流行的语言和谐思想，提供了思路来源，为此后实行的"构建和谐语言生活"政策，奠定了坚实的法律基础。

"弹性"原则。董琨（2019）指出，所谓"弹性"是比喻事物依实际需要可加以调整、变通的性质，大致上凡是规范文件有说明"特殊情况""但书"或条文本身内容留有余地的，都可以理解为"弹性"。《国家通用语言文字法》不乏使用了"提倡"（第十三条）、"基本的"（第十二、第十三条）、"法律另有规定的除外"（第九、第十条）这样的词语，是一般法律条文所不见或罕见的，应该说都体现了一种弹性。除了《国家通用语言文字法》，关于语言文字的各个方面的具体规范及其实际运用中，也同样贯彻了弹性原则的精神，如《汉语拼音方案》《汉语拼音正词法基本规则》《第一批异体字整理表》《简化字总表》《现代汉语通用字表》《通用规范汉字表》《第一批异形词整理表》等。作者认为，语言文字规范贯彻弹性原则的必要性，起码有3条：一是语言文字现象是复杂的，在大量的一般情况之外，往往存在少数特殊情况，需要有所照顾；二是社会的语言生活是变动不居、不断发展的，所以规范本身需要与时俱进，不断调整；三是语言文字的规范，是一项学术性、专业性很强的工作，需要由社会大众和专家学者共同完成，这就难免存在不同意见，而且也许一时难以裁断，所以也需要留有若干弹性的空间。作者指出,"弹性"不是"随性",不是对规范的随意修改和退缩,规范的主体原则及其"刚性"还是应该坚持的。

### (二)新时代语言规范观

中国特色社会主义进入新时代,新时代语言规范面临新挑战。综合李宇明(2019a)、赵世举(2019)、王翠叶(2019b)、张世平(2019)等学者的观点,这些挑战主要包括:信息技术、人工智能发展,特别是"人机共生"时代悄然而至,信息化和智能化再赋能了语言,语言生活发生全方位深刻巨变;去中心化、反权威、反规范的解构主义和后现代主义文化思潮深刻影响社会语言意识;大华语概念的提出、海峡两岸关系的走向、方言保护传承意识的觉醒、传统文化传承的要求,以及已有规范所形成的语言生活习惯等,多方面影响着新时代语言规范。面对这些挑战,2019年相关研究就新时代语言规范观提出了各自的主张。

"中和诚雅"规范观。刘楚群(2019)指出,"中和"面向语言本体,"诚雅"面向言语行为。作者认为,语言规范包括地位规范、本体规范、使用规范。80年代中期以后是对"匡谬正俗"的反思时期,"约定俗成"的规范观占主流地位,即语言规范与否是由民众在长期的语言实践中确立或形成的。在约定俗成的宏观理念下,又产生了很多新的规范观,如"动态规范观""发展规范观""追认观""预测观""语用为本的规范观"等,这些规范观固然都有其科学精彩之处,但大多形成于20世纪90年代或世纪之交,是适应当时特定时代背景而出现的。当今民众的语言实践和语言观念都发生了很大变化,需要新的语言规范观来指导语言规范实践。"中和"规范观包括"持中"的规范原则与"和而不同"的规范理念,即对新的语言现象要辩证看待,多一点包容。"诚雅"规范观包括"致诚"和"求雅",这是当今语言规范的重点内容:"致诚"指不欺诈、不讲空话套话、不夸大化、避免低俗化,这是言语行为规范的低层次要求;"求雅"是言语行为规范的高层次要求,指语言形式上追求典雅精致,内容上追求人伦教化。

选择观与柔性观。李宇明(2019a)认为,语言文字规范的实质跟随时代的变化而变,"匡谬正俗"虽然有作用,但绝对不是规范的主要目标和目的。语言规范在中国是语言规划最重要的组成部分,规范不是要限制语言的发展,规范本身就是把语言的规律,贯彻到它自己力不从心的地方,如人名、地名、成语、俗语这些地方。所以规范最重要的是一种选择，是一种选择观，而在选择的时候就是按照语言文字的发展规律去选择。新的规范观，不要把规范看作一种强制的东西，规范是按照语言文字规律，在语言产生分歧的地方把它做出来，语言文字的规范多数是软性规范。

全球华语背景下的语言规范原则。戴昭铭（2019）的观点是"中国立场、华夏本位、全球视野、一源多流"。作者认为，中国本土汉语标准形式普通话是全球汉语的雅正母体，海外华语必须依靠本土汉语的基本规范标准来校正自己；既要坚守核心规范标准，又要容忍多种变体，华人社区由于历史原因形成的各种不够标准的华语变体各有自身的功能价值和存在的合理性，不必勉强使用核心规范标准加以"规范化"，但仍可以通过倡导方式使其自动逐渐提升品级；华人汉语的地域变体将长期存在，新的变体还可能继续滋生，但是不应该提"一体多元"，本土汉语和海外华语是源和流的关系。

博采众长，继承发展。郭龙生（2019）对新中国成立以来的语言规范观理论研究进行了全面梳理。作者认为，不管是语言规范的"匡谬正俗观""纯洁观"，还是从俗从众，用的人多了、用得久了就认为是规范的"追认观"，抑或是语言规范的"预测观"，"得体"应该是语言规范的最高境界。交际值、语用价值是衡量语言现象是否规范的最终与最根本的原则。"匡谬正俗，纠偏正误"是最基本的规范理念、最主要的规范举措、最常见的规范行为，不当"语言警察"，但改错误为正确是必须的。独具慧眼可揪错，发现好的更重要，如何评判语言现象的优劣与规范与否，需要具备专业的知识基础，这样才能不放过语言文字差错，但是更需要有发现好的新的语言现象的眼光。"可能规范""语言预测观""适度超前观"等告诉人们要想规划在前，需要依据的是科学规律，这样才能积极地引导语言的规范。为此，应进一步加强语言文字规范化理论研究，用研究成果引导语言文字生活实践，科学地进行语言文字规范化工作。

### （三）新时代语言文字规范标准建设

王翠叶（2019b）指出，要摸清底数，做好顶层设计，目标是标准够用管用或者好用。应向精细化发展，有序制订和修订，特别是一些本体的基础标准先修订。通用标准与专用标准的关系要系统考虑，对不同领域可给出差异规定。关于标准的复审和修订，要充分利用更正的过程，标准发布后需要长期跟踪，需要一个反馈机制,该修订修订,该保持保持。关于标准的施行,要刚柔相济,抓住重点,加强服务,领域重点是辞书和教科书。标准的认证工作今后还可以再加强。标准的作用是为了统一和应用,不是为了限制,标准主要是引导不是强制。标准不可能完美无缺,要允许有问题,不可能过分苛责。标准制定的难点是处理好科学性与现实性的关系,学理与俗实的关系,是在两者或者三者之间进行选择。标准总会有赞成和不赞成,所以要尽量照顾符合规律的一般应用习惯,有利于应用,有利于学习;要着眼于子孙后代国家通用语言文字的学习与应用以及中文国际传播的需求修订,即使改变了少数人某些不符合规律的习惯,也是值得付出的代价。

郭龙生(2019)提出4点建议:第一,标准制定不宜过多从俗从众,以免助长习非成是,而应该坚持正确意见,多做正面宣传,让广大语言文字使用者知道什么是正确的,并择善而从之。第二,规范标准的研制要严谨,规范标准要科学,要经得起考验,要增强规范标准的权威性。《通用规范汉字表》和新的《普通话异读词审音表》征求意见稿中被认为有问题的部分,能否及时予以纠正,以使之能够与时俱进,适应时代、社会与语言文字事业未来发展的基本需求。第三,规范标准的研制要有立足当下、立足中国,面向世界、面向未来的高度与境界,要有一定的预见性。不人为地制造新的矛盾,不来回"翻烧饼"。要从世界来看中国,要从构建人类命运共同体的视角与高度来推进标准研制工作。第四,标准研制出来要加大宣传力度,利用一切可能的手段与途径,在尽可能多的场合去广而告之。不要让规范标准研究出来即束之高阁,项目结项即大功告成了。只有正确地大行其道,习非成是的现象才会逐步减少。

赵世举(2019)认为,标准体系要顶层设计,要加强语言文字规范标准普查,集成、剔旧、纠偏、强弱、补缺、完善。标准研制要科学化,全样本分析,全社会整训,全方位测试,利用大数据优势,减少误判。标准实施要现代化,树立治理思想,增强服务意识,致力全社会知晓,借助科技手段,加强法治建设。

王晓明(2019)认为,信息时代语言文字标准制定应能够覆盖全信息领域,充分了解信息领域客观需求。标准成文的过程中,更多注重规则性,便于机器识读处理,也更便于人去执行,要把规则有效提炼出来。人工智能飞速发展,很多事情不是能不能的问题,而是想不想的问题。对计算机而言,只要有规则,

"多少"对它不是问题,"有无"对它影响很大。

## 二 汉语拼音教学与应用

《汉语拼音方案》(以下简称《方案》)是国家通用语言文字的拼写和注音工具,于1958年2月11日由第一届全国人民代表大会第五次会议批准颁布。2018年,《方案》颁布施行60周年,推动汉语拼音相关研究成为热点。学界回顾《方案》制定的过程与历史,总结汉语拼音在中小学语文教育、汉语国际教育、手语盲文规范化信息化、少数民族文字设计、新诗音韵研究、信息技术普及、国民素养提高、中华文化传播中的应用情况,指出《方案》在拼写语言和技术应用方面的价值,梳理《方案》国际化的进程与成果,探讨《方案》实施的历史经验、存在问题及解决办法,结合新时代、新征程、新要求、新任务,展望汉语拼音的未来发展,并提出相关政策建议。[①]2019年的相关研究主要集中在汉语拼音教学和应用两个方面。

### (一)汉语拼音教学

新时代应继续加强汉语拼音教学。苏培成(2019)指出,根据《国家通用语言文字法》第十八条第三款的规定,初等教育里的汉语拼音教学,要使学生学会拼写和注音,不能只会注音不会拼写。汉语拼音教学要有足够的教学时间,切实掌握这个工具,不搞什么"丢拐棍",防止"煮夹生饭"。从事拼音教材编写和拼音教学的人员都要认真贯彻《汉语拼音方案》的要求。拼音教学最开始是按照《方案》的内容和顺序原原本本地教,然而效果并不好,因为其中有许多难点,学生不易掌握。后来逐渐积累经验,形成了新的教学法。作者认为,统编本教材拼音部分可做出如下修改和补充:(1)先教拼音,后教汉字;(2)必须教学隔音符号;(3)要加强整体认读音节的练习;(4)要教会学生认读用拼音拼写的语句,还要教会学生用拼音来拼写;(5)要贯彻《汉语拼音正词法基本规则》。

### (二)汉语拼音应用

汉语"拼写"是《方案》应用的新天地。李行健(2019)指出,根据新时

---

① 如:杜占元(2018)、李宇明(2018)、袁钟瑞(2018)、苏培成(2018)、冯志伟(2018)、顾之川(2018)、王晖(2018)、马庆株(2018)、肖航(2018)等。

代、新任务和新要求,今后除了在国内的彻底扫盲、小学教育改革、精准扶贫、少数民族地区的推普和双语教育等任务中需要继续发挥《方案》的作用;在国际上,"一带一路"、建设人类命运共同体都需要汉语作为沟通的桥梁尽快传播和推广。要很好地完成这些任务,就必须改变观念,创新方法,从新的角度挖掘汉语拼音的潜力和能量。作者认为,中文国际传播中遇到的问题之一就是汉字的繁难。如果要在初始阶段避开繁难的汉字,可以借助拼音形式,让学习者先拼写学习汉语中的词语,然后拼写学习简单的句子,打破必须先学汉字再学习语言的老办法。学习者还可以进一步用拼音拼写自己学习到的语言,来表达自己要说的话,即在"听、说、读、写"4个学习环节中,"写"的第一步不是汉字,而是拼音拼写的汉语词语,然后再逐步过渡到阅读以拼音书写的汉字,充分发挥"拼写"汉语的作用,为汉语拼音开创新的天地。这可以大大提高学习的效率和兴趣。

## 三 汉字规范与地名用字审定

本节介绍的相关研究主要围绕汉字规范问题,包括两个方面:一是《通用规范汉字表》的研制与实施;二是地名特殊用字的审音定字。

### (一)《通用规范汉字表》研制与实施

《通用规范汉字表》(以下简称《字表》)是教育部、国家语委组织研制,国务院于2013年8月公布的重大汉字规范。研制和公布该字表,是落实《国家通用语言文字法》、满足信息时代汉字应用需求的重大举措,对国家信息化建设和教育、科技、文化发展,对汉字国际标准化和中文国际传播都具有重要意义。2019年的相关研究回顾了《字表》的研制历程,总结了《字表》的研制理念、成果与经验,分析了存在的缺憾,提出了实施建议。

《字表》的研制经验。王翠叶(2019a)指出,《字表》研制的成功经验可概括为3条:(1)运用现代化科技手段,从收集和建设语料库、资源库到运用语料库技术和统计方法,从对50年来汉字规范进行全面梳理和总结到对众多用字资源、数据进行分析研究,最终完成了对一系列重大问题的研究处理,对8105个汉字进行定量、收字、分级和定序。(2)充分征求意见,先后组织召开各种会议120余次,400多人次海内外专家学者参与讨论;同时,在语言文字规范标准研制史上开了公开征求意见的先例。（3）坚持科学可行的研制原则，包括5个"尊重"，1个"考虑"，6个"注重"。注重汉字规范的稳定性、继承性、时代性、社会性、科学性、国际性，主要是处理科学性、规律性与社会性、现实性的关系。其核心是处理科学性与可行性的辩证关系，就是既要遵循汉字发展和应用的客观规律，又要照顾汉字应用的现实和可能。

《字表》的主要特点。王翠叶（2019a）指出，主要有5个方面：（1）集以往多个字表于一体，调适了已有汉字规范之间的矛盾，使字表更好用；（2）恢复部分异体字，解决了一些姓氏、人名、地名等用字的困扰；（3）科学收字、定量和分级，提高了各级汉字应用的有效性，增强了基础教育领域汉字教学的针对性；（4）设立三级字表增收专门领域用字，解决了中小学语文教材文言文、人名地名、科技术语等用字不足的问题，也有利于提高相关领域用字的规范性；（5）梳理了汉字的简繁正异关系，设立简繁正异对照表，有助于减少各领域汉字使用上的混乱。作者特别指出，与过去相关的字表相比，《字表》调整"锳、鲵"等6个异体字为规范字，调整"瘫"等39个异体字在特定用法上为规范字，是最大的变化，对汉字使用的影响较大；在《简化字总表》和《现代汉语通用字表》之外收录"闫"等26个简化字，虽然数量不少，因是符合《简化字总表》类推简化原则且已在社会语言生活中使用的字，实际上是对其实用价值的确认，给人的感觉变化不大，但按"不恢复一个繁体字，也不再扩大简化范围"的原则处理一简对多繁和类推简化问题，对汉字使用的影响则较大；字量、字级有不小的变化，对汉字教学和特殊领域用字影响明显，对其他用字方面影响则不是很大。

《字表》在字形问题上的缺憾。王翠叶（2019a）指出，《字表》研制有成功的经验，也有无奈的遗憾。遗憾的是没有解决字形问题，而且还增加了今后解决的难度。在公开征求意见中，44个汉字的字形微调引起社会争议。多数意见认为字形微调会改变长期以来形成的使用习惯，将给大众用字造成麻烦，担心影响学生学习、考试和增加社会成本，认为不宜轻易改动。其实，这些都不成其为问题，因为字形微调只针对印刷体的字形，并不影响汉字的书写和识别，随着印刷字库、出版物以及教材的变更适时更新即可，也不会产生成本问题。其好处反而有4点：一是有利于汉字字形规范的规律性；二是有利于汉字笔画、部件、笔顺等属性规范的规律性和系统性；三是便于汉字学习、识记和使用；四是便于计算机自动造字。字形规范非常重要，是汉字字形属性规范的基础。

自 20 世纪 80 年代汉字进入计算机之初，有很多辞书编写和字库制作方面的专家呼吁，为了子孙后代的汉字学习和使用，要系统规范汉字字形，对一些不合规律的特例字形进行调整。遗憾的是汉字字形错失了当时的最佳规范时机，而《字表》研制恰是解决字形规范问题的又一次机会。可惜因事先预估不足，应对网络舆情没经验，在难以把控舆情的情况下，不得不放弃字形微调。目前宋、楷两种字体的规范字和繁体字的字形规范，经过近几年的研制已有了较成熟的成果，但对部分汉字的字形微调，曾经的社会争议让研制者心有余悸，也让管理部门难以决策。所以，字形规范迟迟没有出台。

《字表》收字问题探讨。曹维平（2019）从 3 个方面进行了探讨：(1) 字量方面，《字表》一级字收录 3500 个，二级字 3000 个，三级字 1605 个。相比之前的设想，一级字始终未变，二级字略有变化，三级字大大减少，四级字则完全取消。这就使得《字表》在教材用字、部分饮食类常用字、部分比较常用或使用范围比较广泛的人名、地名用字等方面出现漏收的情况。(2) 尊重社会用字实际情况方面，《字表》在这方面取得了很大成就，但还有一些字的处理却没有从实际出发，有些字未收（如"磺""囝"等），有待商榷。从字形来说，有的字虽然增加了字数，但是却有充足的理据性，因此不会增加学习的负担；从稳定性来说，《字表》若不尊重历史和现实的使用情况，不兼容以前和现行的字书系统，恰恰是扩大了文化与教育领域以及现实使用汉字的波动。(3) 在兼顾海外用字方面，大陆简体字与异体字和繁体字的对应关系之中，有些字的划分存在问题。因此，将一部分异体字先调整为繁体字很有必要：首先，异体字是和正体字相对的，二者记录的虽然也是同一个语素，但是性质不同，正体字是规范字，异体字则是俗体或非规范字，但是确定某字是否为正体，大陆地区和海外地区的标准不一致；其次，《字表》中这种调整不会改变汉字的字形，对大陆地区汉字使用的影响也是微乎其微，在实际运用中的可操作性很强。

《字表》实施面临的问题。王翠叶（2019b）指出，《字表》的实施总体还是顺利的，促进了信息化时代汉字应用的规范化水平，但也还存在一些问题，主要有 5 方面的原因：一是因使用者不熟悉《字表》而没有执行，这只限于少量汉字使用者，依据没修订的旧辞书查阅使用汉字；二是因条件不具备而没有执行《字表》，比如银行、交通、医疗等领域的信息系统因涉及安全和成本问题没有更新字库，致使有些字特别是地名、姓氏、人名用字无法在计算机里处理，给使用者造成很多不便；三是因理解不准而错误执行《字表》，比如《字表》收录"锤"用于姓氏、人名用字,有人误以为姓氏、人名用字为"钟"的必须都改为"锤",徒生麻烦;四是执行《字表》有困难,有的计算机软件系统、字库或输入法没有更新,致使一些字无法处理;五是表外字的使用无所依据,因表外字没有规范整理,如何采用历史通用字形,使用者难以把握,容易出现自造新简化字的问题。

《字表》实施建议。王翠叶(2019b)提出5点建议:第一,加强宣传推行;第二,加强实施指导,特别是调整为规范字的异体字的使用问题、《字表》里有些字在计算机里打不出来或显示不出来的问题、新命名和更名用字的使用问题;第三,研究解决有关问题,特别是表外字类推简化的问题;第四,制定配套规范;第五,为《字表》修订做准备。

### (二)地名特殊用字审音定字

地名用字规范是语言规范的重要领域。2019年的相关研究分析了地名用字规范存在的问题,探讨了地名特殊用字的审音定字问题。

地名用字存在问题。商伟凡(2019)指出,在语言文字领域,中国地名存在的问题包括两个层面:从国家标准化层面看存在3个问题,一是用字问题,二是读音问题,三是语词问题;从国际标准化层面看存在两个问题,一是中国地名的拼写问题,二是外国地名的汉字译写问题。作者认为,地名用字首要的是"统一",其次是"规范"。周文德、黄劲伟(2019)认为,中国地名规范面临的现实问题有3个:一是地名标识,二是地名书写,三是地名读音。地名用字规范之难体现在4个方面:生僻的地名专用字量大;地域特点突出;地名规范过程中对来自政界、学界和大众传媒三方面意见的协调;在地名规范上对法理、学理和情理的融通。为此,作者提出,地名规范应当依据"名从主人"的原则;在此原则下,地名用字规范可进一步分为书写规范和读音规范。其中书写规范应为一地一形,同字同形;读音规范应为一地一音,同字不必同音。

地名特殊用字审音定字。由于多种因素影响,在一些地名用字中经常出现不常用读音或不常见(甚至是不规范)书写,这些可以统称为地名特殊用字。民政部地名研究所课题组、闫雪怡(2019)指出,加强对地名特殊用字研究,不仅对地名学本身的学科构建与再延伸具有重要的学术意义,对于做好审音定字工作具有重要的支撑作用,对于研究中国历史地理环境的变迁、政治经济的发展、民族宗教的影响、传统文化的积淀也具有领域性价值。一方面需要重视地名特殊用字的文化价值,建立地名特殊用字保护档案与多媒体信息库,全面掌握和保持地名特殊用字现状。另一方面,需要提升地名特殊用字管理法治现代化水平,稳慎推进地名审音定字工作。具体措施包括:第一,完善管理体系法治化,针对特殊地名用字制定相应政策,做好规范与保护相结合;第二,推进地名特殊用字身份合法化;第三,科学规范工作程序,地名审音定字工作应采取分层推进和分类实施方式,分层推进,就是以国家、省、地、县四级地名主管部门按照管辖范围原则,逐步筛查推进;第四,分类开展审音工作,对约定俗成的读音、多音字、异读词、古读音、方言发音或错误发音等不同情况分类处理;第五,审慎推进定字工作,要确保地名符合其命名缘由,定字的前提是不能更改地名原义。作者认为,对于一个地名有两种以上写法,且存在采用异体字写法的,应确定为规范汉字写法;汉字译写的少数民族语地名和国外地名主要用以表音,应使用读音唯一、无歧义和贬义的规范汉字;相关规定中明令禁止的汉字、形体怪异且音义不清的汉字、过于俚俗且缺乏文化意蕴的汉字等,不应作为地名用字出现,必须做出更改。

## 四 词表研制与辞书收词处理

汉语教学词表和汉语辞书是汉语词汇规范的重要途径。2019年的相关研究涉及《义务教育常用词表》研制、《汉语国际教育用音节汉字词汇等级划分》更新,以及辞书对异形词、新词语、外来词的收录与处理等内容。

### (一)《义务教育常用词表》研制

为了加强义务教育阶段语言教学的科学性与针对性,提高中小学语文教学水平,为我国语文应用及有关语文教育政策的制定提供科学依据,促进汉语规范化和普通话推广,推行汉语国际教育,服务中文信息处理及辞书编纂等工作,国家语委决定开展基础教育常用词表的研制,并先后设立两个课题:"基础教育学习性词表的研制"(编号:YB125-29,2011年)、"基础教育学习性词表的分级、验证及推广"(编号:HQ135-1,2016年),先后于2016年和2017年通过结项鉴定。2019年5月,《义务教育常用词表(草案)》(以下简称《词表》)正式出版。项目负责人苏新春(2019)介绍了词表研制的相关情况。

《词表》的功能。(1)书面语词汇系统的学习功能。书面语是学生在校语文学习的主要内容,表现在词汇上,学习的就应该是书面语词汇而非口语词汇,是承载着思想观念、历史现实、政治经济、文化社会等的通用性规范性词汇。(2)对母语社会的认知功能。母语学习者学习语言的过程就是认知世界的过程。他们通过语言学习来认识整个世界。他们生存于其中的自然环境、社会环境和文化环境,都是通过语言来承载和传递的。义务教育阶段需要学习的正是体现中小学认知需求与认知特点的词,能反映中小学生生于斯长于斯的生活、学习的社会存在环境,有利于进一步掌握语言文字知识的必须储备。这与仅把汉语作为交际工具的"汉语国际教学"的二语学习有很大的不同。(3)体现词汇的习得规律。词汇的学习有"知""晓""用"3个层次。这3个层次就是"知道""懂得""使用"的差别。《词表》的分层分级是与通用性词表很大的一个不同点。前者要体现出学习与认知的难易与学习的阶段性,后者主要考虑使用频次的多少、分布范围的广狭。对一个语义类中多个词的掌握,前者呈圆圈式扩大,即先掌握表示核心义基本义的词,再逐渐以表意丰富、深入、细腻的方式来扩大词量;后者则在掌握通用词达到一定数量的时候,主要以扩大话题、领域、板块的方式来增加词量。

《词表》的性质。(1)是词表而非词集。词表的容量有限,对收词有仔细考量,有内在的序列结构,并根据不同的需要进行等级划分。而词集只是对调查语料内所有词的汇集,排列时往往是按无理据性的音序、笔画顺序,或是单一的拼序来排列。(2)是学习性词表而非通用性词表。学习性词表反映了对学习内容与教学标准的要求,要在一定条件下通过一定教学手段以达到预定的教学目的,其收词及分级要符合词表使用者的认知需求和认知特点。而通用性词表,反映的是社会普通成员一般言语交际活动中使用的通用性词语。它一般是按使用状况来排列,如频率、分布率或综合二者而成的使用度。(3)是面向母语学习者的基础教育词表。基础教育面向的是正在进行母语学习的学习者。需要完成的是第一语言和"第一认知世界"的塑形,语言学习与语言能力、逻辑能力、对世界的认知是紧密联系在一起的。

《词表》的收词原则。所收应是普通话中的通用词,应具有通用性、常用性、基础性、语文性、规范性等特点。具体的收词原则有8条:(1)收录普通话的通用词。普通话词具有通用、普遍、稳定的特定。(2)主要收语文词,一般不收专名。语文词具有很好的通用性、常用性、普遍性。对指物类名词则从中选取部分高频、有代表性的词,以起到以名概类、示范类推的作用,并不追求全面收录。(3)注重收录词的原形,不收重叠、无别意作用的儿化词、变换语素等变形词。(4)一般不收组合重叠词。(5)适当收录当代产生、稳定性强、已进入普通话的词。(6)收录单音词的词义,不收不成词语素义。本词表为保证在有限的规模中能使每个词都能起到专门的语义表达作用,更好地与字表保持互补作用,故收录的是更接近当今语言使用习惯、符合书面语特点的双音词。(7)适当收录有较强表现力、较高稳定性、较广使用范围的成语。对少数含有3500常用字以外的字且常用度高的成语,也适当收录,以体现"以词促字"的作用。(8)有多种词形的,只收规定的词形。收录《第一批异形词整理表(草案)》以及《264组异形词整理表(草案)》等国家试行规范标准及行业规范标准中已做出判断的推荐词。上述规范没有规定的,则参考权威辞书选择推荐词形。

《词表》的研制方法与影响收词规模的因素。研制方法包括频率统计法、语境分布统计法、语义分布统计法、相对词频比较法、位序统计法等多种方法。影响收词规模的因素考虑了3个方面:一是义务教育阶段语文学习任务所应掌握的语义表达范畴;二是现有语文教材及长期教学经验中总结出的词汇教学量;三是教材词汇的常用频率。

《词表》的词级划分依据。《词表》将所有词语共分为4级,分别对应义务教育的4个学段,以体现词汇学习中的易难、浅深、先后的要求。词级划分的依据主要有:(1)词汇的认知规律。一级词以基本词、基本语义类为主,词级增长在扩大词义类范围的同时,以深化、细化、详化同一语义类的传情表意能力。后一级比前一级词的变化主要表现在词语数量的增加,新增语义类的并不多。(2)长期以来语文教学与语文教材使用的经验。(3)频率高低的排列顺序。频率高的词,往往词义明白浅近,贴近日常生活,简单易学。频率高、较为常用的词排在前面,频率低、不太常用的词排在后面。(4)《义务教育语文课程常用字表》。词表努力做到与《义务教育语文课程常用字表》相衔接,以体现汉字与词汇的繁衍关系,并依据"以字带词""词不越字""以词促字"的原则加以调整。

《词表》的意义与推广应用。田立新(2019)指出,《词表》填补了我国基础教育词表研制的空白,可以为基础教育教材编写和教学提供科学的依据。申继亮(2019)指出,《词表》权威性高,是非常重要的基础性工作,要提高《词表》的丰富度和知名度,以及与语文课程标准、教材编写的关联度。李宇明(2019b)指出,《词表》体现了国家语委主动为教育服务的意识,体现了大学和语言学学者主动为基础教育服务的意识与成果;词表有两个重要的后续工作,一是词表本身要丰富、完善,二是词表的理念和具体成果要应用到语文教育的试点中去。

## (二)《汉语国际教育用音节汉字词汇等级划分》更新

《汉语水平词汇与汉字等级大纲》作为对外汉语教学总体设计、教材编写、课堂教学和成绩测试的主要依据,在学界发挥了重要作用,但由于时代的发展,大纲中收取的词汇在今天看来略显过时。为了适应汉语国际化的趋势,2010年国家汉语国际推广领导小组办公室和教育部社会科学司研制了《汉语国际教育用音节汉字词汇等级划分》(以下简称《等级划分》),这是面向全球汉语教学的国际标准。《等级划分》依据30多亿字次的当代大型动态语料库和具有代表性、针对性的词典、词表、字表,共收录了11 093条词语,从数量和规模上说应该是大数据时代汉语教学词表的代表,但依然保留着一些教学中不常用的词汇。如何使《等级划分》保持一种自我更新的能力,使其真正成为一个名副其实的标准是亟待解决的问题。王治敏、俞士汶(2019)尝试通过对《等级划分》与大规模语料的关联,赋予教学常用词语在真实语料中的分布信息,为词语使用孰先孰后提供证据,以实现《等级划分》的过滤与更新。

作者基于大规模语料,重点考察了《等级划分》中名词在历时语料中的分布,通过设计季度时点,可成功过滤出未连续出现在2005—2009年度《人民日报》和广播电视语料中的《等级划分》名词,这种方法可以有效发现不用的过时词语。同时,作者还提取了2005—2009年度的《人民日报》和广播电视语料季度节点中持续流行的词语,通过常用度提取模型,对《等级划分》名词进行了计算,赋予《等级划分》中全部名词在20个季度节点中的统计信息及常用属性特征,并重点分析了酒店、亲属称谓、颜色词等类别词语,通过同义词族群内部特点验证其在《等级划分》中的级别,教学统计词表不仅为解决词语孰先孰后、同义词辨析提供有价值的数据,而且还可为《等级划分》提供大规模语料持续流行的新词备选。

作者指出,教学词表的过滤与更新从理论上涉及常用词语的科学定义、常用词语与大规模语料的关系、词语的稳定性度量等科学问题,以往学者对于常用词语的定义一般是针对人的语言描述,对于机器而言不仅有定义,还要做到可操作、可执行。为此,作者提出了常用词语在空间连续分布的界定方法,将"常用"变成了可量化的定义。同时,常用词语来源于语言生活,来源于语料,常用词语与大规模语料可以互相印证，通过《等级划分》在历时语料的分布，意在建立词语与历时语料的关联，发现词语的分布特点。当然，词语的稳定性度量也同样离不开历时语料的支撑，通过设计季度节点，可以清楚看到词语的变化曲线。词语的稳定是衡量词语常用的因素之一，常用度提取模型考虑词语稳定性的影响因素，提取效果符合人们的心理经验。

作者认为，他们提出的常用词语提取方法建立在历时语料之上，该技术不仅适用于不同时段语料的教学基础词汇提取，也适用于历时领域语料的专业词汇提取，其对汉语国际教学词汇大纲和专业领域词汇大纲的编撰具有广泛的应用价值。

### （三）辞书中的异形词处理

异形词指"普通话书面语中并存并用的同音（本规范中指声、韵、调完全相同）、同义（本规范中指理性意义、色彩意义和语法意义完全相同）而书写形式不同的词语"（《第一批异形词整理表》，2001）。在构成异形关系的一组词中，选择确定推荐使用的词形，是汉语词汇规范的重要内容。教育部、国家语委2001年发布的《第一批异形词整理表》主要依据通用性原则、理据性原则、系统性原则对338组异形词进行了整理，给出了每组异形词的推荐词形，并将通用性原则确定为首要原则。

王迎春（2019）以"厨柜/橱柜""板块/版块"两组异形词为例，对《现代汉语词典》（以下简称《现汉》）第7版确定异形词推荐词形所依据的主要原则进行了讨论，指出《现汉》第7版在确定异形词推荐词形时所依据的主要原则是理据性原则，这对语文辞书的编纂和词汇规范的制定都具有一定的参考意义。作者指出，通用性原则主要以词频统计为依据，有其一定的局限性。由于词频统计来源语料库样本的相对有限性，以及不能及时准确反映有的新出现的异形词逐渐被人们所接受而使用频率逐渐增加的趋势等，通用性原则并不完全适合作为辞书编纂中确定新出现异形词的推荐词形的首要原则。《现汉》作为我国第一部规范型语文词典，从开编起始就重视异形词的规范问题，在修订中又根据人们语言生活的实际变化加以调整，为异形词的整理与规范做出了很大的贡献。《现汉》在确定异形词推荐词形，特别是新出现异形词的推荐词形时，更注重运用理据性原则。

作者认为，通用性原则是由语言约定俗成的社会属性所决定的，具体数值难以穷尽和精确把握，尤其是对新出现的异形词，由于流行的时间较短，其词频往往不高，在确定异形词推荐词形上，只强调通用性原则并不具有说服力。这一点，在分析"厨柜"和"橱柜"这组异形词推荐词形时，显得尤为突出。实际上，语言的内部组织结构及其历时发展演变皆是有规律可循的，理据性原则就是人们对语言实际的理性认识，是人们从语言实际中归纳出来的规律，在异形词处理上，符合理据性原则的词形更便于人们学习、理解和记忆，也更便于推广，所以其词频自然就更高。即便是新出现的异形词，在出现初期可能因为流行时间较短，其词频不高，但如果放到将来相当长的一段时间内考察，只要词形符合理据性原则，相信它的词频应该会是一个逐渐增加的趋势，并将最终占到绝大多数。从这个意义上来说，异形词推荐词形的通用性原则，其实是建立在理据性原则基础之上的。异形词确定推荐词形时的首要原则，应当并且只能是理据性原则。《现汉》作为规范型语文词典，在确立异形词推荐词形时，较好地把握了这一点，这既符合语言的发展规律、人们的心理需要、客观事物自身的理性，同时也顺应了辞书编纂应该具有的前瞻性要求，体现了其规范语言实践的价值所在，不仅有利于推广规范，也有利于语言的健康发展。

### （四）辞书中的新词语收录

《现代汉语词典》的新词语收录原则。康健、刘柏君（2019）基于对《现汉》第7版中收录词语的分析，将《现汉》的新词语收录原则总结为规范性、系统性、普遍性和生命力四大原则。其中规范性原则仍然是第7版新增词语的首要原则，主要体现在对词形的处理及新词语的收录上。在词形处理方面，除同音同形、异形词、异序词以外，对音译外来词的词形也从一致性与简单性原则出发，根据不同词形的使用频率做出规范。在新词语收录方面，第7版新增词语以普通话新词语为主体，兼收少量通行的方言词和外来词，不收录生造词。第7版收录的外来词和方言词仅6个。这些词语由于具有某种特殊表现力或特殊表现范围，构词理据也比较明确，已经成为普通话中有用的一员，因而被第7版收录。作者将第7版增收新词的依据总结为：态度积极、收词审慎，兼收并蓄、与时俱进。其中"态度积极"是指第7版增收了新近产生的词语，第7版出版于2016年9月，收录了8个近两年产生的词语；还收有20多个通用度高、普及度高的网络词语。"收词审慎"是指面对层出不穷的新词语，《现汉》并没有全盘皆收，而是综合词义发展的平衡性、词汇生命力强度和词汇意义的清晰度与稳定度等因素有所取舍。

《年度媒体新词语表》(以下简称《新词语表》)对辞书编纂的价值。张永伟(2019)指出,《中国语言生活状况报告》连续多年发布的《新词语表》,对当年新词语的使用情况进行实录描写,反映了当今汉语新词语的基本面貌和发展趋势,为辞书编纂提供了珍贵的资料。《新词语表》收录初生后发展了一定时间的新词语,而辞书需要挑选成熟阶段的新词语增补。虽然《新词语表》收录的新词语不能直接进入辞书,但依然对辞书编纂尤其是增补新词新义有参考价值,主要体现在以下几个方面:(1)《新词语表》收录新词语数量较多,为整体分析当今新词语的基本面貌及形成特点提供了数据支持;(2)《新词语表》可以直接为辞书增补新词新义提供候选词;(3)通过分析《现汉》第7版对《新词语表》中新词语的收录情况,可以结合新词语的形成特点,了解具备哪些特点的新词语更容易成熟,即有助于总结规范型辞书对新词语的处理原则;(4)借助《高频词表》或者加工处理后的文本语料库,不仅可以检测新词语历年使用的频次变化,印证新词语的生存发展过程,也为辞书编纂中新词新义的增补提供了新的思路和方法。

《年度媒体高频词语表》(以下简称《高频词语表》)对辞书编纂的价值。侯瑞芬(2019)指出,《中国语言生活状况报告》连续八年发布《高频词语表》,不仅对人们了解当年常用词语的使用状况有帮助,对汉语词汇研究和辞书编纂来说也是珍贵的资料。频率反映了一个词的稳定程度,而稳定性是词典收词的一个重要原则,因此,《高频词语表》对词典收词有重要的参考价值。借助语料库和频率统计来对词语进行筛选是辞书编纂的一个趋势和方向,《中国语言生活状况报告》在这方面提供了很好的资源,为了解媒体语料的用字用语情况提供了重要参考,也对高频词语和新词语的发展变化提供了有力证据,对辞书增补新词、确定同物异名形式的主副条及纠正收词的失误都很有帮助。

**(五)辞书中的外来词处理**

李俊杰、冯海霞(2019)以《现代汉语词典》第7版和《现代汉语规范词典》(以下简称《规范》)第3版中的音译外来词为研究对象,对比分析这2部词典中对同实异名外来词的收词、立目问题,发现在外来词的收录方面,个别词在《现汉》里收录了,在《规范》里没有收录;抑或有的外来词,《规范》已经收录,而《现汉》却没有。作者基于词典的系统性,并且根据漏收词语在语文生活中词频的高低，对其是否应该被收录提出了建议。两部词典对外来词的收录情况绝大多数是一致的，但这些同实异名外来词在词源的标注、收录数量及立目问题上呈现出差异和问题：对于两部词典在词源标注上的差异，作者认为只要是外来的词语，就应该标注词源；在收录称名数量上的差异，作者也根据词频的高低即大众认知度对其是否应该收录提出了建议。关于两部词典的立目方面，作者发现，两部词典大多数情况都是科学的，但也存在某些问题：一种情况是两部词典在选词立目时虽做出了相同的选择，但根据语言事实来看却有失偏颇；另一种情况是两部词典对有些同实异名外来词组中主条与副条的选择呈相反的情况，针对这种情况，作者基于语言事实给予了建议。对于同实异名外来词的收录与立目，两部语文词典各有千秋，虽然都存在些许问题，但并不影响其典范性。作者期望两部词典在今后的修订中能够关注这些小问题，使其更加完善。

## 结　语

语言规范是提高语言文字使用效能、促进语言文字在国家建设与社会生活中更好发挥作用的重要任务，是构建和谐语言生活的基础和前提，是我国语言规划的核心内容，也是我国语言规划的首要价值。本专题梳理的内容，既有面向新时代的语言规范理论探讨，也有对特定规范领域的深度细描。对我国整体的语言规范工作而言，第二至四节的内容都只是一个局部，但"窥斑见豹"，本专题从不同侧面呈现了新中国语言规范取得的丰硕成果和巨大成就，也反映了各个领域面临的困难和存在的不足。正如2019年相关研究指出的，"人机共生"时代机器和人一起成为人类自然语言的使用主体，后现代主义的解构思潮伴随着网络通信、现代媒体的飞速发展和快速传播，语言规范，不论是规范标准制修订还是虚拟和现实空间的语用治理，都面临更加严峻的挑战；同时，随着我国综合国力和国际地位的不断提升，中文国际传播、全球视角下的大华语建设等对语言规范的需求从未如此迫切。面向新时代的语言规范理论建设，各个特定规范领域的语言研究，都还有待进一步深入探讨。本报告将持续关注。

# 第一部分 专题综述

**【本年度研究文献】**

［1］曹维平.对《通用规范汉字表》的几点思考［J］.汉字文化,2019(16):3—7.

［2］戴昭铭.全球视角下的现代汉语规范［R］.新时代语言文字规范化标准化学术研讨会暨第四届中国语言政策研究热点与趋势研讨会,上海:2019/11/16—17.

［3］董琨.汉语规范中的弹性原则［J］.语言战略研究,2019,4(02).

［4］郭龙生.新中国七十年语言规范观的嬗变与思考［R］.新时代语言文字规范化标准化学术研讨会暨第四届中国语言政策研究热点与趋势研讨会,上海:2019/11/16—17.

［5］侯瑞芬.《年度媒体高频词语表》对辞书编纂的价值［J］.辞书研究,2019(04):65—75+144.

［6］康健,刘柏君.《现代汉语词典》第7版新增词语的收录原则及特点［J］.辞书研究,2019(03):41—50.

［7］李俊杰,冯海霞.语文词典中同实异名外来词的收录、立目研究——基于《现代汉语词典》第7版与《现代汉语规范词典》第3版对比分析［J］.辞书研究,2019(02):102—108.

［8］李行健.规范·基础·实用——《现代汉语应用规范词典》三特色［J］.语文建设,2019(13):75—77.

［9］李宇明.影响当今语言文字规范标准制定的若干因素［R］.新时代语言文字规范化标准化学术研讨会暨第四届中国语言政策研究热点与趋势研讨会,上海:2019a/11/16—17.

［10］李宇明.在《义务教育常用词表(草案)》出版座谈会上的讲话［C］.北京:商务印书馆,2019/5/31.见:银晴.《义务教育常用词表(草案)》出版座谈会大家谈［J］.江西科技师范大学学报,2019b(03):21—30.

［11］刘楚群.当今语言规范观:中和诚雅［J］.江西师范大学学报(哲学社会科学版),2019,52(06):68—75.

［12］民政部地名研究所课题组,闫雪怡.浅谈地名特殊用字的规范［J］.中国地名,2019(03):14—15.

[13] 商伟凡.中国地名在语言文字领域的五大问题［R］.新时代语言文字规范化标准化学术研讨会暨第四届中国语言政策研究热点与趋势研讨会,上海:2019/11/16—17.

[14] 申继亮.在《义务教育常用词表(草案)》出版座谈会上的讲话［C］.北京:商务印书馆,2019/5/31.见:银晴.《义务教育常用词表(草案)》出版座谈会大家谈［J］.江西科技师范大学学报,2019(03):21—30.

[15] 苏培成.小学汉语拼音教学研究——兼谈统编本语文教材拼音部分的改进建议［J］.语文建设,2019(14):78—80.

[16] 苏新春.《义务教育常用词表(草案)》研制报告［A］.苏新春.义务教育常用词表(草案)［Z］.北京:商务印书馆,2019.

[17] 田立新.在《义务教育常用词表(草案)》出版座谈会上的讲话［C］.北京:商务印书馆,2019/5/31.见:银晴.《义务教育常用词表(草案)》出版座谈会大家谈［J］.江西科技师范大学学报,2019(03):21—30.

[18] 王翠叶.简论《通用规范汉字表》制定的特点及问题的解决［J/OL］.陕西师范大学学报(哲学社会科学版):1—8［2019a-12-18］.

[19] 王翠叶.新时代语言文字标准化工作的思考［R］.新时代语言文字规范化标准化学术研讨会暨第四届中国语言政策研究热点与趋势研讨会,上海:2019b/11/16—17.

[20] 王晓明.语言文字规范标准与产品认证［R］.新时代语言文字规范化标准化学术研讨会暨第四届中国语言政策研究热点与趋势研讨会,上海:2019/11/16—17.

[21] 王迎春.《现代汉语词典》确定异形词推荐词形所依据的主要原则——以"厨柜"和"橱柜"、"板块"和"版块"条目为例［J］.辞书研究,2019(06):46—52+126.

[22] 王治敏,俞士汶.基于人规模语料的汉语教学词表更新研究——以《汉语国际教育用音节汉字词汇等级划分》名词为例［J］.辞书研究,2019(05):64—74+122.

[23] 张世平.两岸语言关系处理与语言文字规范［R］.新时代语言文字规范化标准化学术研讨会暨第四届中国语言政策研究热点与趋势研讨会,上海:2019/11/16—17.

[24] 张永伟.《年度媒体新词语表》对辞书编纂的价值［J］.辞书研究,

2019（04）：76—84．

［25］赵世举．新时代语言文字规范化标准化的新挑战与新任务［R］．新时代语言文字规范化标准化学术研讨会暨第四届中国语言政策研究热点与趋势研讨会，上海：2019/11/16—17．

［26］周庆生．中国语言政策研究七十年［J/OL］．新疆师范大学学报（哲学社会科学版），2019（06）：1—12．

［27］周文德，黄劲伟．地名用字规范迫在眉睫［R］．新时代语言文字规范化标准化学术研讨会暨第四届中国语言政策研究热点与趋势研讨会，上海：2019/11/16—17．

## 【以往参考文献】

［1］杜占元．在纪念《汉语拼音方案》颁布60周年座谈会上的讲话［J］．语言规划学研究，2018（01）：8—10．

［2］冯志伟．汉语拼音走向世界：成绩与缺憾——纪念《汉语拼音方案》颁布60周年［J］．北华大学学报（社会科学版），2018，19（02）：5—9．

［3］顾之川．《汉语拼音方案》与中小学语文教学［J］．语文建设，2018（19）：12—15．

［4］李宇明．功在当代利在千秋——在纪念《汉语拼音方案》颁布60周年学术研讨会上的总结发言［J］．语言规划学研究，2018（01）：3—6．

［5］李宇明．语言规范试说［J］．当代修辞学，2015（04）：1—6．

［6］马庆株．《汉语拼音方案》研制历程及当代发展——兼谈普通话的推广［J］．语文建设，2018（19）：7—11．

［7］苏培成．汉语拼音具有强大的生命力——纪念《汉语拼音方案》颁布60周年［J］．语言规划学研究，2018（01）：17—18．

［8］王晖．略谈汉语拼音教学的若干问题［J］．语文建设，2018（19）：16—18．

［9］肖航．用《汉语拼音方案》推进盲文规范化与信息化［J］．语言文字应用，2018（04）：9—17．

［10］袁钟瑞．《汉语拼音方案》60年感怀［J］．语言规划学研究，2018（01）：21—24．

# 语言服务

## 引　言

语言服务有狭义和广义之分。狭义的语言服务主要指翻译服务，近年来扩展至在不同语种间进行语言信息转换的技术、工具、知识、技能等多种服务类型（袁军 2014）；广义的语言服务指国家或者其他团体与个人以语言文字作为资源手段为社会团体各种单元及个体提供帮助与支持的各种活动（屈哨兵 2018）。广义的语言服务可以分为宏观/微观、国家/城市、政府/市场、行业/专业、领域/区域等不同类型。[①] 本专题聚焦广义语言服务。

语言服务是我国语言规划的重要理念，也是我国语言文字事业的重要任务。作为理念，最早在1986年全国语言文字工作会议上就已提出；作为任务，《国家中长期语言文字事业改革和发展规划纲要（2012—2020年）》《国家语言文字事业"十三五"发展规划》做出了明确规定，包括社会咨询、研究制定多语种外语规划、储备关键语种人才、语言应急和语言援助、特定行业语言服务等。

围绕语言服务的相关研究，内容涉及理论构建、政策方略、产业发展、人才培养等。2019年的研究聚焦3个热点话题：粤港澳大湾区语言服务、2022年北京冬奥会语言服务、城市语言服务。

## 一　大湾区语言服务

粤港澳大湾区由香港、澳门两个特别行政区和广东省广州、深圳、珠海、佛山、惠州、东莞、中山、江门、肇庆9个珠三角城市组成，总面积5.6万平方公里，2018年末总人口已达7000万，是中国开放程度最高、经济活力最强

---

[①] 见：李现乐（2010）、陈鹏（2014）、屈哨兵（2012）、李德鹏（2016）、郭龙生（2012）、王海兰（2018）等。

的区域之一,在国家发展大局中具有重要战略地位。2019年2月,中共中央、国务院印发《粤港澳大湾区发展规划纲要》(以下简称《规划纲要》),要求将大湾区建设成充满活力的世界级城市群、具有全球影响力的国际科技创新中心、"一带一路"建设的重要支撑以及内地与港澳深度合作示范区和宜居宜业宜游的优质生活圈。大湾区建设离不开语言文字建设,许多语言问题需要进一步加大研究力度;语言规划应进一步统筹各方力量助力大湾区战略部署,语言服务将成为大湾区建设发展的重要组成部分(屈哨兵 2019)。2019年的相关研究对标国家关于大湾区建设的总体战略布局,着重概括了大湾区语言生活特征,分析了大湾区语言服务需求,提出了大湾区语言服务规划构想。

### (一)大湾区语言生活特征

多语言、多文字是粤港澳大湾区的基本语言特征。李宇明、李艳(2019)指出,这一区域融汇了汉语、英语、葡语文化,在语言上包含了汉语的普通话和粤方言以及英语、葡语,在文字上包括简化汉字、繁体汉字、英文、葡文。王海兰、何文晓(2019)调查了大湾区568个电视节目的语言使用现状,结果显示:普通话居于主导地位,占57.2%;汉语粤方言次之,占34.9%;英语和葡语再次之,分别占6.3%和1.6%。作者认为,与东京大湾区、纽约大湾区、旧金山大湾区等其他世界级大湾区相比,粤港澳大湾区语言生活更加多样。

大湾区语言生活的复杂多样性体现在3个方面。殷俊、徐艺芳(2019)认为,除了语言种类的多样,大湾区语言生活的复杂多样性还表现为语言分布的分层交织和区域间语言关系的复杂性。(1)语言种类的复杂多样。通行的语言包括三文多语,除汉语外,英文和葡萄牙文分别是香港和澳门的"正式语文"之一,英语同时也是大湾区最为通行的第一外语。在汉语内部,普通话是九市的标准语,但汉语方言中的粤方言(又称广东话、白话等)为生活中的通用语言。在惠州和广州、深圳部分地区,通行汉语方言中的客家话和属于闽方言系闽南分支的潮汕话,而来自广东其他地区和外省市的移民则带来其他方言(如湘方言、赣方言、西南官话等)。在文字上,除英文和葡萄牙文这两种使用拉丁字母的外来文字外,香港和澳门使用的中文繁体字亦与广东省的简体字有所不同。(2)语言分布的分层交织。大湾区中各种语言变体并非孤立分散的,而是可以根据使用人口、空间分布和语言距离等方面分成不同层次。大量双语或多语人的存在,使大湾区及其辐射区域的不同语言在现实生活中是互相交织的。

(3)区域间语言关系的复杂性。大湾区在语言上体现出一定的异质性和外向性,这种外向性既是历史发展——长期的对外贸易以及大量向外移民——的结果,也会进一步促进该地区在经济上的对外开放。作者特别指出,大湾区语言生活的多样性并不意味着混乱,而是有其规律性:不同本土语言在空间分布上的自近及远,和不同语言的相对地位基本吻合,也恰恰和大湾区向外的经济辐射基本一致,显示出"狭义大湾区——广义大湾区——辐射区"的层次;而两大非本土语言——普通话和英语,恰好体现出对本区域经济发展影响最大的两个因素——背靠中国,面向世界。

### (二)大湾区语言服务需求

语言政策需求。屈哨兵(2019)聚焦教学语言选择问题,分析了大湾区建设面临的语言政策需求。作者指出,大湾区教学语言的选择较国内其他地区更为复杂。由于香港、澳门特别行政区政府拥有规定和选择教学语言的权力,这使得港澳教育机构一旦与内地发生关联,就面临语言选择问题。目前陆续在珠三角落户合作办学的,不论是在签订协议、制定学校章程还是在具体的教育教学实践中,都碰到了语言选择的难题。同时,香港与澳门对中小学教学语言的选择,根据区域的差异和不同学校的实际,各自都还有所不同,使得大湾区内中小学的教学语言还很难做到同步划一。《规划纲要》中提到的粤港澳"加强基础教育交流合作"的政策措施离不开教学语言以及交流和考试语言的选择,因此急需相应的语言政策服务,在这些方面做好引导安排。

语言科技需求。李宇明、李艳(2019)指出,大湾区在开展与国内外、全方位文化交流、经济合作的过程中,语言服务可能会涉及200种语言或方言,这就要求有强大的语言服务智能化技术方案;特别是在智慧化城市建设中,城市信息的集成共享、信息安全等城市智慧化运作,都离不开语言智能手段的参与。屈哨兵(2019)指出,对照2018年发布的广东省新一代人工智能发展规划,AI+服务方面的医疗保健、金融、物流、零售和教育等具体领域的响应,AI+电子政务方面的香港、澳门与珠三角九市政务数据互联互通和开放共享等,背后都离不开语言科技;更具体地说,大湾区建设过程中在交通运输领域大力推广的"一票式""一卡通"和"一单制",其票、卡、单等一些客货运输服务中的细节,都应该得到语言规划和语言科技方面的助力。

语言产业需求。殷俊、徐艺芳(2019)认为大湾区的语言多样性固然会增加沟通、翻译等方面的经济成本，但也可以成为带来经济收益的语言资源，催生了对语言文化产业的需求。一方面，语言教育培训、翻译等可以作为经济产业，如普通话教育和英语教育在广东都有庞大的市场，而汉语粤方言在大湾区甚至其他地区也有一定的教育培训市场；另一方面，在大湾区通行的汉语粤方言有着深厚的文化积累，特别是香港的电影、电视、流行音乐等产业，在中国乃至全世界都有很大影响，具有巨大的经济价值。

语言环境需求。郭杰（2019）指出，大湾区的语言环境建设要与其区域特征相匹配。一方面，大湾区具有独特的区位优势，经济、政治、文化、生活的国际化是其必然发展趋势，这就要求必须打造一个优良的国际化语言环境与之匹配；另一方面，大湾区的语言资源较为丰富，多语多言多文已成为居民语言生活的常态，且不同城市之间各有特色，应相互尊重、协同发展，建立一个和谐包容的语言生活环境。

### （三）大湾区语言服务规划

大湾区语言服务规划目标。殷俊、徐艺芳（2019）认为包括两个层面的多个目标。（1）经济层面相关政策目标包括：对内促进通用语言的使用，以降低区域内部经济交流的成本，促进大湾区经济一体化；利用既有语言资本，发展语言产业；利用既有语言资源，促进对外经贸交流。（2）社会、文化及政治层面政策目标包括：普及国家通用语言，消除大湾区与中国其他区域的"语言障碍"，以维护文化上的国家认同和权威；消除区域内的"语言障碍"，促进大湾区与周边区域社会文化融合；尊重和维护语言多样性，保存区域特色和本土文化。

大湾区和谐语言生态建设。屈哨兵（2019）指出，从语言服务的角度看，大湾区的语言生态建设有两个问题尤其值得关注：一是中文和英文、葡文之间的生态关系；二是国家通用语言和粤方言、客家话之间的生态关系。作者认为，根据《规划纲要》的部署，今后相当长一个时期内，英语在香港地区的生态地位不会受到影响；葡语在大湾区发展中的生态地位可能会得到强化与提升，葡语语言服务的范围也会扩展；国家通用语言的适用范围应当继续推广巩固；粤方言与客家话及其他汉语方言或少数民族语言的使用应该按照"各安其位"的原则允其存在。郭杰（2019）提出建设和谐包容的居民语言生活环境，以"彼此尊重，相互竞争，和谐共存"为基本原则，使多种语言、方言和文字各尽其能、各居其位、互补共生，具体措施包括：调查居民语言生活满意度；确保大众媒体语言文字的多样性;满足外籍人士的语言学习需求;设立语言服务咨询机构;为外来务工人员提供语言服务。

大湾区国际化语言环境建设。郭杰(2019)指出,国际化语言环境建设的要点主要包括:居民多语多言使用能力提升,公共服务部门涉外语言服务能力建设,公共场所和交通领域多语标牌呈现,大众媒体语言多元化选择,大型国际活动多语种服务,多语种应急服务平台搭建,较高外语水平语言服务志愿者培养等。

大湾区电视语言规划。王海兰、何文晓(2019)认为,电视语言是电视向受众传递信息的桥梁,要以融入大湾区、建设大湾区为导向,对大湾区电视语言进行整体规划。大湾区电视语言规划的主要目标是传递信息、文化交流、服务生活;主要内容包括语种规划、语言本体规划和语言功能规划。制定大湾区电视语言规划,要全面准确贯彻"一国两制""港人治港""澳人治澳"和高度自治的方针,以《宪法》《国家通用语言文字法》和《香港特别行政区基本法》《澳门特别行政区基本法》为法律基础,以《规划纲要》为纲领;要借鉴其他世界级大湾区语言政策、规划及实施的成功经验;要与其他领域的语言规划(如教育语言规划)联系协调;要尊重大湾区电视语言使用和语言生活多样的现实,重视电视语言使用的传承性;要分阶段、分电视频道、分节目类型、分区域进行,边试验、边评估,稳妥推进。

大湾区语言产业规划。李宇明、李艳(2019)指出,推进大湾区语言产业与服务发展,可以从5个方面着力:(1)开展粤港澳大湾区语言政策与规划研究,调查大湾区的语言需求与语言产业、语言服务的基本情况;(2)开展语言产业与服务相关研究,研究语言技术、语言智能如何在大湾区建设中发挥作用;(3)开展语言智能产品研究和人才培养;(4)开展语言教育培训和语言文化传播,包括普通话培训、葡语培训和行业语言服务培训、语言文化建设业务培训等;(5)建立粤港澳语言文化交流长效合作机制,从语言服务提供者、服务内容、服务方式和服务接受者4个方面深入研究粤港澳语言服务体系和语言产业政策。

## 二 冬奥会语言服务

北京2022年冬奥会(以下简称冬奥会)是国际大型体育盛事,也是我国重要历史节点的重大标志性活动。语言服务对大型国际活动的成功筹办至关重要,2017年5月,教育部、国家语委与北京冬奥会组委会联合启动《北京冬奥会语言服务行动计划》(以下简称《行动计划》),提出开展语言技术集成及服务、提供语言翻译和培训服务、优化奥运语言环境、开展外语志愿者培训工作、合作开展冬奥会语言文化展示体验项目等重点工作。根据《行动计划》,教育部、国家语委主导建设的"冬奥术语平台"的V1版和V2版先后于2018年和2019年交付使用。随着《行动计划》的推进,冬奥会语言服务成为学界热点话题,2019年的相关研究探讨了冬奥会语言服务的功能、内容、现状、挑战及服务能力建设等问题。

**(一)冬奥会语言服务功能**

冬奥会语言服务旨在实现沟通无障碍。北京冬奥会组委对外联络部(2019)指出,冬奥会语言服务愿景是尊重文化多元性,营造多语服务氛围,为冬奥组委各业务领域及利益相关方的交流提供高效语言解决方案和多语种语言服务,向赛会参与者提供最优质的的语言服务体验,实现沟通无障碍。

冬奥会语言服务功能包括3个方面。李艳、高传智(2019)认为,冬奥会语言服务的功能主要由基本核心功能、同步衍生功能和持续发展功能三方面构成。基本核心功能指在赛事筹备和举行阶段的各类具体语言服务。同步衍生功能指通过优质语言服务,促进民心相通,塑造和展示开放包容自信的大国形象。持续发展功能指赛后实现奥运人文遗产的可持续发展,包括总结举办大型国际活动的经验、收集整理和留存相关工作规范标准、培养志愿服务人才队伍、健全智慧服务管理体系、提升城市精细化管理及无障碍设施与服务水平等。

**(二)冬奥会语言服务内容**

冬奥会语言服务主要包括笔译、专业口译、电话口译和志愿者辅助翻译。北京冬奥会组委对外联络部(2019)指出,赛前的语言服务工作主要是统筹安排全委各部(中心)及各业务领域的口译、笔译服务,语言服务商的采购及语言服务质量的监管,官方出版物的翻译等。赛时的语言服务分为四大部分:(1)口译工作。为所有奥林匹克大家庭会议、新闻发布会及有需要的竞赛和非竞赛场馆提供口译,涉及语种包括中文、法语、英语、日语、德语、俄语、意大利语等。除现场翻译外,还可通过多语服务总机提供电话口译等。(2)笔译工作。主要在语言服务总部完成,包括即时引语、奥运村村报以及国际奥委会和北京冬奥组委重要会议报告等。(3) 应急语言服务。主要通过电话方式进行，在周围没有专业口译员或语言服务志愿者时，利益相关方可以拨通多语呼叫中心，口译员与客户和现场工作人员进行三方对话。(4) 志愿者辅助翻译。应用于非核心竞赛层面中容易出现语言障碍的场所或场合。

冬奥会语言服务包括2个部分3个阶段。李艳、高传智（2019）认为，冬奥会语言服务从空间上可以分为比赛场馆（含冬奥村）内、外两个部分，从时间上可以分为开幕前的筹备阶段、开幕到闭幕之间的举行阶段、闭幕后的总结阶段3个阶段；不同主体、不同空间、不同阶段对语言服务有不同的需求，既有微观、具体的需求，也有宏观、长远的需求。作者按照由内到外、由小到大、由近到远的脉络对北京冬奥会语言服务的主要内容进行了细致梳理。

### （三）冬奥会语言服务现状

冬奥会语言服务已取得诸多进展。北京冬奥会组委对外联络部（2019）介绍了管理机制、外语人才储备、国际化语言环境建设3个方面的进展情况。(1) 在管理机制方面，对外联络部已建立了高效的语言服务工作管理机制，包括挑选专业的语言服务供应商，对其服务质量开展持续监督与跟踪；制定合理的语言服务政策，并得到国际奥委会和国际残奥委会批准；制定了严格的翻译工作流程和《语言服务管理规定》。(2) 在外语人才储备方面，冬奥组委设立的各部门和中心领导班子外语能力较好，多个部门负责人可以用英文发表演讲或主持国际会议，专业素质和国际化水平较高。冬奥组委还专门聘请国内翻译界资深专家把关赛会相关书面材料的翻译，并组建了语言服务专家团队，指导语言服务工作并协助审核重要文稿。同时，冬奥组委与在京外语类高校签订了赛时实习生培养协议，为赛事定向储备了一批专业外语人才。(3) 在国际化语言环境建设方面，北京市外办鼓励和支持各区、各行业、各重点单位以"外语学习兴趣小组""外语角"等形式组织员工有计划地学习外语，并结合自身实际开展外语培训。

冬奥会语言服务技术支持取得积极进展。李艳、高传智（2019）指出，科技部、冬奥组委、体育总局等部门联合制定了《"科技冬奥"重点项目实施方案》，作为国家重点研发计划，从2018至2022年对21项科技研发项目进行支持。其中"冬奥多语种语言服务关键支撑技术及设备"旨在研究冬奥场景下多语种语音和语言处理关键技术、研制面向残奥运动员服务的手语交互机器人等。

该规划还研究高性能公众服务无线网络、多语言信息服务、观众交互以及构建智慧服务统一 APP 等。在多语翻译软件研发方面，冬奥组委为中译语通、科大讯飞等提供冬奥会相关语料数据，推动相关技术和产品研发。目前讯飞翻译机 3.0 可支持中文与英、日、韩、俄四国语言离线翻译，支持中文与英、日、韩、法、西、德、俄、意、葡、泰、阿拉伯语的在线拍照互译；讯飞转写机可为会议等场景提供高效语音转写，实时生成双语或多语字幕；此外，还开放了"体育行业翻译官"等行业翻译产品，可以针对专业领域的中英在线互译服务。

**（四）冬奥会语言服务面临挑战**

冬奥会语言服务主要面临四方面挑战。北京冬奥会组委对外联络部（2019）指出：（1）语言服务人员对冰雪项目了解不足，相关工作人员对冰雪运动项目的竞赛规则、装备、场地、技术要领等专业知识储备不足，需要深入学习和熟悉冰雪运动术语的中英文规范表达；（2）延庆和张家口赛区语言服务底子较薄，存在外语标识规范性不足、语言志愿者储备不足、多语种高端外语人才紧缺、国际化语言环境建设有待加强等问题；（3）科技支撑力度尚弱，目前面世的手持翻译机、会议翻译和速记系统等产品在精确性和针对性方面还有待提升；（4）各个赛区间的远程同传技术对语言服务工作也是一大挑战。

延庆、张家口赛区在行业语言服务和专业语言服务方面均存在亟待解决的问题。李艳、高传智（2019）的调查显示：（1）在专业语言服务方面，延庆由于高校数量少，具备一定外语服务能力的青年志愿者储备不足；张家口高校外语教育所开设的语种尚不能覆盖冬奥会语言服务所需 8 个基本语种。（2）在行业语言服务方面，虽然相关赛区已开展针对窗口行业的语言服务培训，但是大多数自营酒店的服务人员外语能力还较低，且由于服务人员流动性较大，给培训工作带来困难。

**（五）冬奥会语言服务能力建设**

组委会下一步工作计划。北京冬奥会组委对外联络部（2019）提出的下一步工作计划和对策包括：高质量完成组委会日常口笔译工作；继续推进"北京冬奥会语言服务行动计划"；加强北京冬奥会语言使用规范；开展外语翻译能力培训；发挥语言服务团队作用；做好各项风险管理和应急预案；打造语言服务冬奥遗产。

冬奥会语言服务总体框架。李艳、高传智（2019）提出的冬奥会语言服务总体框架包括4个部分：(1)制定规范标准，明确冬奥会不同阶段、赛场内外语言服务的具体要求，建立科学有效的语言服务团队运行机制。(2)研发技术设备，推动智能语音翻译技术研发与5G网络发展结合，在360度全景直播、VR沉浸式体验、赛场医疗、智慧城市等智慧程序中嵌入多语种语音翻译技术，实现语言服务在场景、体验等多方面的升级。(3)储备人力资源，着力培养、锻炼高级翻译人才高标准完成赛时翻译任务的综合能力；选拔和有效培训语言服务志愿者；根据体育产业的未来发展，在高校中设置相关专业、方向，培养具有体育专长的外语专业人才或具有外语专长的体育专业人才，满足大型国际赛事对专门翻译人才的需求；建立语言服务志愿者人才库，形成大型国际赛事语言人才培训与使用的长效机制。(4)建设语言环境，开展丰富多样的市民培训，不断增强人们服务冬奥的意识和能力；分行业细化培训内容，确保窗口行业冬奥语言服务培训的实用性；开展全市范围外语标识的核查纠错，不断优化城市国际语言环境。

**外语人才培养。**冯玫、邓卫新（2019）围绕冬奥会语言服务对外语人才的需求以及对相应人才培养体系构建提出的要求，以张家口学院人才培养为例，探讨在冬奥会背景下，地方高校创新人才培养体系需要深入研究的问题以及具体对策。作者指出，2015年以来，张家口学院确立了"服务冬奥，培育办学特色"的工作思路，制定冰雪人才培养规划，出台服务冬奥的具体实施意见，提出"万千百"冰雪人才培养目标（万余名大学生冰雪运动参与者和推广者、千余名冰雪奥运专项服务人员、百余名复合型卓越冰雪管理人才），通过"校企合作，学岗交替，三级进阶"的冰雪人才培养模式，实现"五懂型"（懂滑雪、懂外语、懂礼仪、懂文化、懂急救）冰雪人才培养特色。主要体现在："外语语言技能+专业知识+文化素养"一体化的培养模式；"分类施教"的人才培养原则；四季贯通的冰雪人才实施流程；突出实用易学的校本课程和教材体系；加强校企合作，拓展实习基地；提出"纯洁冰雪"理念教育。

**志愿者语言服务能力培训。**董潇逸（2019）通过对冬奥会志愿者语言服务能力需求的分析，根据不同岗位志愿者对语言服务能力的不同需求，对语言服务志愿者的胜任特征进行分析，并根据胜任特征，提出志愿者语言服务能力培训方案：一是素质类培训，包括定期的心理辅导课程、各个阶段的实训类课程和冰雪运动培训；二是语言类培训，包括集中的冬奥外语类培训和跨文化交际课程；三是文化类培训，包括冬奥知识培训、中国传统文化知识与主办城市历史文化知识培训。作者指出,通过胜任力逆向研究培训方案,可以更精准地找到完成语言服务工作所需要的能力,并通过培训去提高所需要的能力,以减少不必要的培训环节和课程,提高培训的效率,得到更好的培训效果。

技术支持。柳雨(2019)介绍了近年来日本陆续推出的一系列东京2020年奥运会语言翻译产品,认为其对北京冬奥会语言翻译产品研发带来4个方面的启示:关怀特殊人群,拓展应用场景,加强宣传推广,发展先端技术。

## 三 城市语言服务

城市历来是我国语言规划关注的重点。在政策实践方面,教育部、国家语委1999年印发《关于进一步发挥城市的中心作用,全面推进语言文字工作的意见》,2000年起开展"以推广国家通用语言文字,促进语言文字使用规范"为目标的城市语言文字工作评估。在学术研究方面,学界先后开展了城市语言调查、城市语言规划、城市语言服务等相关研究。① 城市语言服务指城市内所有行为主体为满足城市内各主体的语言生活需要和城市发展的语言需求而提供语言知识、语言技术、语言工具、语言咨询,以及所有语言衍生品的活动或行为(王海兰 2018);涉及城市语言文字环境建设、新老市民及进城务工人员语言培训、社会语言服务、通过语言特色展示城市文化风貌等。2019年的相关研究在分析城市语言服务需求的基础上,重点探讨了作为城市语言服务资源的语言景观构建问题和流动人口语言服务问题。

### (一)城市语言服务需求

语言服务是城市的重要功能。李宇明(2019)指出,语言服务是城市的重要功能,也是城市语言规划的重要内容,涉及社会生活、文化教育和城市管理3个方面。在社会生活方面,语言服务既面向市民也面向流动人口;语种类型既包括普通话和方言,也包括少数民族语言、外语和盲文手语等特殊人群使用的语言。在社会生活与城市管理方面,语言服务除了包括政府的内部交际语言和对外工作用语,还包括现代语言技术的开发应用以及各种语言数据的管理和提供。

---

① 见:徐大明、王玲(2010),李宇明(2012),屈哨兵(2018),王海兰(2018)等。

城市语言生活治理需要加强语言服务。张日培（2019）认为，从空间分布看，城市语言生活场域可以分为机构场域、家庭场域、社区场域和网络场域；从目的功能看（即人们通过语言达到什么生活目的），城市语言生活场域一般包括社会交际（口头书面）、阅读学习、学术研究等。在这些场域中，不同程度地存在着语言交流障碍需克服、语言认同需协调、多样化语言教育需求需满足、本地语言文化代际传承需重视等语言服务需求，需要以"构建多样和谐的城市语言生活"为价值，以语言服务为理念和手段，加强城市语言生活治理。城市语言服务属于国家语言服务体系的中观层次的重点内容，城市语言规划部门应发挥统筹协调功能，整合政府和市场两方面力量，从语言资源建设、语言能力提升等多方面加强语言服务供给。赵蓉晖（2019）通过比较纽约与上海的城市语言生活与语言治理模式，认为国际化进程一方面给城市的语言生活带来一些共同影响，其中包括：多语特征更为明显、语言间的接触更加频繁、跨语言的沟通需求和难度进一步增加。但是另一方面，不同城市自身的特点也影响着其城市语言生活的特征及对语言服务的需求。影响城市语言生活和语言服务的因素包括：城市的区位与内部空间格局、人口构成成分及其分布、人口语言背景、城市治理方式、经济特征、社会心理、社会活动特点、城市基础设施与技术条件等。这就需要不同城市根据不同的语言需求和基础条件，探索构建适应每个城市整体治理目标与治理方式的语言服务体系。

语言服务是推进新型城镇化进程的有效途径。张先亮（2019）认为，对比城镇化这一概念，新型城镇化增加了以人为本的观念，追求生态与和谐，建设有特色的城镇；语言政策的出发点是构建良好的语言生态，解决人们在语言生活中遇到的一些问题。对语言服务问题的关注，有利于改善各级城镇的语言生态文明，提高城镇居民的文化素养。各类社会群体应该把创造和谐的语言生活和良好的语言生态作为语言服务的最终目标，并采取有力措施，解决语言服务中存在的问题，改善城市居民的语言环境，提升城镇居民的语言能力，实现人的自由而全面的发展，从而保证新型城镇化各方面的协调发展。这是一个长期渐进的过程，需要政府、企业、单位以及个人的合作与共同努力。

**（二）城市语言景观构建**

语言景观是"了解一个地区语言生态的有效途径"（尚国文，赵守辉 2014），是近年来国内语言规划研究的热点话题。从城市语言服务的视角看，

# 第一部分 专题综述

语言景观是一座城市语言面貌的直观反映，也是一座城市开展语言服务的重要语言资源，具有政策宣示、文化展示、信息沟通、身份认同等多方面功能价值。2019年的相关研究，既有理论探讨，也有实证分析。

理论探讨。张蔼恒、孙九霞（2019）以"地方主体性"理论为切入点梳理语言景观相关文献，以构建主体为分析框架，从"国家""私人机构"和"多元主体互动"3个方面综述语言景观的研究，并就语言景观研究未来发展提出展望。作者指出，作为语言和地理共同的研究对象，语言景观成为近年来社会语言学的一个研究热点，但从地理学视角开展的研究比较匮乏；从语言学角度进行的语言景观研究只关注单主体的空间实践行为，而通过地理学中地方主体性的理论，能细化不同主体在空间中的行为并对其解读。作者发现，已有研究中，语言景观的空间实践主体有差异并呈现不同的地方性构建过程和结果，流动性背景下的语言景观未被充分考察空间实践主体的互动过程。作者认为，探究语言使用现状和语言力量较量等主题可以逐渐转换到意识形态是如何镶嵌在景观中，语言景观本身又是如何被建构的。（1）未来对地方性建构和地方主体性的研究，可将语言景观作为地方性建构的一个方面考虑，而不仅仅将认为语言是文化的一种表征来解读。语言景观之于全球多元主义具有实践意义，特别是旅游目的地应该多考察语言标识和文化符号的设置。景观是人文地理学所关注的重点，但从文化地理角度涉入的研究还不多。语言景观的象征性功能帮助塑造地理空间为社会空间，对城市景观和空间产生重塑作用，以保持和重构地方性。在肯定语言景观对地方性具有构建作用的同时，也必须认识到地方性多元主体与语言景观之间的作用，并共同构建地方性。（2）当从地方性构建主体的角度来解读语言景观时，就必须将语言景观放置于地方的历史和文化脉络中解读。目前在语言学中经常使用的定量调研方法并不足够。引入民族志和质性研究方法可更好地了解语言景观设置的意图及其背后的社会文化思想，了解潜在阅读者解读这些象征符号和交流符号时的认知和感受。地方性由多元主体建构，这些多元主体通常也是语言景观话语分析中关注的不同角色，因此跨学科研究语言景观显得必要和可行。（3）现代性和流动性促使旅游成为目前地方性研究的一个重要方面，注重语言景观在旅游情景下的研究也可能会获得更丰富的结论。语言景观作为文本和文化符号，可在建构主义的框架下进行更为深入的符号互动理论研究。在旅游场域下，可从语言商品化、语言原真性理论等方面发展；在实践层面上，未来研究对官方语言标识规范、语言景观与地方文化的结合和语言标识国际化等方面均有实践指导意义。

浙江杭州语言景观实证研究。许文强（2019）以国际化为视角，从宏观和微观两个角度对杭州4个地区的多语景观进行考察和分析。研究结果显示：4个抽样地区的标牌语言选择以汉语单语和汉英双语为主，汉语占据多语标牌的优势地位，英语次之，日语和韩语作为辅助语处于相对弱势地位；官方标牌的语言选择较为单一，主要受国家语言政策、民族身份以及城市发展规划的影响，而私人标牌，尤其是商业店牌，受经济全球化趋势影响，标牌语言设计的国际化程度较高。作者指出，语言景观是政治、经济、文化等众多因素合力作用的结果，目前，杭州正处于历史发展的关键时期，面临着如何在全球化浪潮中持续发展、同时又保持自身特色的战略应对问题。因此，如何站在国家和城市发展战略层面科学规划各语言之间的权势地位和功能，如何规范和利用语言景观助力国际化城市形象建设，如何提高语言的国际化服务水平等，是有关决策部门需要深入思考的问题。

我国中小城镇语言景观实证研究。张红军、吕明臣（2019）对我国11个县市的语言景观进行了调查，研究发现，汉英双语在我国中小城镇语言标牌中具有普遍性，而且多个地区都出现了英语单语标牌。在他们所调查的1210个语言标牌中，除吉林、通化和抚州3个市的汉字单语标牌多于汉英双语标牌外，其他地区的汉英双语标牌均多于汉字单语标牌，汉英双语标牌共502个，占比41%；其次是单独使用汉字的标牌共390个，占比32%；"汉字+拼音"的使用也相对较多，共94个，占比8%。汉语、蒙语和英语组合在一起的多语标牌在土默特左旗商业街体现最为明显，共90个，在当地语言标牌中占比47%（总计193个）。调查结果表明，我国中小城镇语言景观具有多文化生态模式。关于中小城镇语言景观的管理，作者建议加强语言法规建设、科学制定外语规划、重视语言调查研究。作者认为，我国城镇规划离不开语言环境建设，语言环境建设需要语言规划。语言景观研究应该纳入国家的语言调查范围之内，制定统一的调查方案，发动社会的力量，让更多人参与到调查中来。人们共同关注公共空间的语言使用情况，参与语言规划活动，随着关注和使用的人数不断增多，民族自信心和民族认同感也会随之增强。

### （三）流动人口语言服务

流动人口是城市语言多样性的最主要来源之一，他们既为城市带来了丰富的语言资源，也催生了诸多新的语言需求。同时，语言问题是影响流动人口融入当地社会的重要因素。加强流动人口语言服务，是城市语言服务的重要方面。

语言距离对流动人口语言使用的影响。俞玮奇（2019）对原国家卫生计生委2014年中国流动人口动态监测"社会融合与心理健康调查"专项数据分析后指出，流动人口的家乡方言与流入地城市方言的语言距离越大，其掌握当地方言或使用家乡方言与城市本地人交流的可能性就越小，这就会促使流动人口越有可能选择使用普通话。流入地方言与流出地方言的语言距离可以从流动人口跨区域流动的范围加以观测。对流动人口来说，跨省流动的语言距离通常要比省内流动的语言距离大得多。而影响流动人口语言选择模式的因素，不仅在于其流动范围和流入地区，其他社会因素也会影响其语言选择。一般而言，在城市居留的时间越长、受教育程度越高、社会经济地位越高、越认同自己是本地人的流动人口，通常对流入地方言有着较好的掌握；流动人口越感受到当地人的排外，就越对当地方言不感兴趣。年龄和性别因素对流动人口掌握城市方言的能力没有显著影响。

讲本地话对流动人口社会融入的影响。卢盛峰、陈悦（2019）实证分析发现，讲本地话对流动人口在融入意愿、主观感知融合状况和客观融合状况上均有增进作用。作者建议：在流动人口管理中，要加强对地域文化的理解，开展面向流动人口普及当地语言文化的相关活动；倡导使用普通话，如在本地语言节目中，方言加注普通话字幕，降低流动人口因不会讲本地话而生活受限制的可能性；树立正确的语言观念，提高本地市民接受外地语言的程度，语言本质是沟通，其虽然具有一定身份识别性，但这不能成为歧视流动人口的原因。

语言服务对城市少数民族流动人口文化适应的影响。李尚旗、姚文静（2019）指出，提升城市少数民族流动人口的语言文化适应能力，需要流出地和流入地共同努力。（1）流出地政府要充分调动社会和市场的力量，加大本地区推广普通话活动的力度，营造良好的"语同音"环境，提高群众的国家通用语言意识，自觉学习、使用普通话。同时也要坚持在本地区开展多样化的双语教育，营造良好的汉语学习环境，切实提高少数民族群众的汉语水平，以此为少数民族流动人口实现对城市环境的主动调适与融入创造条件、提供可能。（2）流入地政府应承担起提高城市少数民族流动人口语言交流能力的责任，加大对语言培训的投入力度，努力搭建语言培训平台，开展形式多样的语言培训学习。可以通过线上与线下相结合的方式，搭建全开放的、囊括各种民族语言的线上语言交流培训平台及线下交流、互动的实践平台，向包括少数民族流动人口在内的城市所有有语言培训需求的人员提供语言教育资源，进而提高城市少数民族流动人口的语言交流能力。同时，也可以联合企业为少数民族流动人口定期召开语言培训，加强少数民族流动人口与用人单位的交流沟通。针对少数民族流动人口所从事的职业，帮助企业为其提供专业化的职业语言培训，减缓职业角色转换带来的不适，进而加快其文化适应进程。

## 结　语

语言服务是新世纪以来我国语言规划重要的政策价值和政策内容。2019年的语言服务研究从区域语言服务、大型国际活动语言服务和城市语言服务3个方面探讨了社会语言生活的变化发展对语言服务提出的新需求与新挑战。值得注意的是，在学者们关于如何进一步加强新时代语言服务体系与语言服务能力提升的讨论中，智能技术在语言服务领域的应用被赋予了重要地位。无论是粤港澳大湾区服务体系的构建还是冬奥会语言服务能力的提升，语言智能技术与产品的广泛应用成为学者热议的话题。但是目前有关智能技术在语言服务中的应用效果的实证调查还较缺乏，更多处于理论探讨和政策建言的阶段。语言智能技术是一切语言服务问题的终极答案吗？在语言服务实践中，智能技术具体是如何发挥作用的，效果如何？当前的智能技术与产品在应用于语言服务实践中还存在哪些困难与挑战？这些问题是构建智能时代公共语言服务体系所不能回避的内容，也是智能社会背景下语言服务研究未来的重要探索方向。

## 【本年度研究文献】

［1］北京冬奥会组委对外联络部.北京2022年冬奥会语言服务浅谈［J］.语言产业研究，2019：43—50.

［2］董潇逸.基于胜任特征的冬奥会志愿者语言服务能力培训分析［J］.语言产业研究，2019：51—64.

［3］冯玫，邓卫新.2022年冬奥会背景下地方高校人才培养体系探索——以张家口学院为例［J］.语言产业研究，2019：65—69.

［4］郭杰.粤港澳大湾区语言环境建设研究［J］.云南师范大学学报（哲学

社会科学版），2019，51（06）：46—54.

［5］李尚旗，姚文静.试论城市少数民族流动人口教育与文化适应能力提升［J］.广西民族大学学报（哲学社会科学版），2019，41（03）：152—157.

［6］李艳，高传智.北京2022年冬奥会语言服务对策思考［J］.语言文字应用，2019（03）：48—57.

［7］李宇明.城市语言规划问题.广州大学讲座，2019/11.

［8］李宇明，李艳.粤港澳大湾区语言产业与服务问题刍议［J］.语言产业研究，2019：1—8.

［9］柳雨.东京2020年奥运会语言服务相关问题研究——以语言翻译产品的研发与使用为例［J］.语言产业研究，2019：70—80.

［10］卢盛峰，陈悦.语言的力量：讲本地话增进了流动人口的社会融合吗？［J］.经济科学，2019（04）：118—128.

［11］屈哨兵.粤港澳大湾区发展和语言服务［J］.云南师范大学学报（哲学社会科学版），2019，51（06）：30—36.

［12］王海兰，何文晓.粤港澳大湾区电视语言使用情况调查及其规划思考［J］.语言文字应用，2019（03）：58—66.

［13］许文强.面向国际化城市建设的杭州语言景观现状研究［J］.现代语文，2019（04）：121—128.

［14］殷俊，徐艺芳.粤港澳大湾区的语言多样性与语言战略问题［J］.云南师范大学学报（哲学社会科学版），2019，51（06）：37—45.

［15］俞玮奇.我国流动人口语言状况的区域特征及其影响因素研究［J］.语言文字应用，2019（03）：12—19.

［16］张蔼恒，孙九霞.语言景观研究进展：地方主体的空间实践［J］.人文地理，2019，34（04）：13—19.

［17］张红军，吕明臣.我国中小城镇语言景观研究——以语言规划为视角［J］.社会科学战线，2019（06）：267—271.

［18］张日培.城市语言生活及其治理［R］.第五届中国语言产业论坛暨第四届语言服务高级论坛，北京：首都师范大学，2019/10/24.

［19］张先亮.语言服务在新型城镇化中的地位与作用［C］.中国修辞

2018,上海:学林出版社,2019:21—26.

[20]赵蓉晖.全球化时代的社会语言学[R].首届国际社会语言学高端论坛,上海:上海外国语大学,2019/09.

**【以往参考文献】**

[1]陈鹏.行业语言服务的几个基本理论问题[J].语言文字应用,2014(03):117—124.

[2]郭龙生.论国家语言服务[J].北华大学学报(社会科学版),2012,13(02):12—19.

[3]李德鹏."一带一路"背景下的区域性语言服务——以云南省为例[J].渤海大学学报(哲学社会科学版),2016,38(01):85—89.

[4]李现乐.语言资源和语言问题视角下的语言服务研究[J].云南师范大学学报(哲学社会科学版),2010,42(05):16—21.

[5]李宇明.当代中国语言生活中的问题[J].中国社会科学,2012(09):150—156.

[6]李宇明.语言服务与语言消费[J].教育导刊,2014(07):93—94.

[7]屈哨兵.我国语言活力和语言服务的观察与思考[J].学术研究,2018(03):155—160+178.

[8]屈哨兵.语言服务的概念系统[J].语言文字应用,2012(01):44—50.

[9]屈哨兵.语言服务研究论纲[J].江汉大学学报(人文科学版),2007(06):56—62.

[10]尚国文,赵守辉 语言景观研究的视角、理论与方法[J].外语教学与研究,2014(02):214—223.

[11]王海兰.城市公共语言服务的内涵与评估框架构建[J].云南师范大学学报(哲学社会科学版),2018(03):45—50.

[12]徐大明,王玲.城市语言调查[J].浙江大学学报(人文社会科学版),2010,40(06):134—140.

［13］袁军.语言服务的概念界定［J］.中国翻译,2014,35（01）:18—22.

［14］张日培.上海世界博览会语言环境建设状况［A］.载:周庆生主编.中国语言生活状况报告（2007）［M］.北京:商务印书馆,2008.

［15］周庆生.国家语委十·五项目"北京奥运会语言环境建设研究"简介［J］.广告大观（标识版）,2005（11）:26—28.

# 家庭语言规划

## 引 言

家庭语言规划是微观层面、家庭场域的语言规划。家庭语言规划研究依托斯波斯基（Spolsky）的语言政策"三要素"（包括语言意识、语言实践、语言管理）理论框架，观察、分析、解释或验证家庭语言生活的事实，关注的核心问题是多语家庭日常生活中的语言选择，主要涉及语言保持或转用、儿童语言习得与发展等话题。

家庭语言规划作为我国语言政策研究的新兴热点，本报告于2018年首次关注，梳理介绍了2017年的研究情况，相关内容主要涉及理论建构和国外研究综述。2018—2019年相关研究成果的最大特点是注重实证，研究方法主要有问卷调查和民族志研究，研究对象覆盖了方言区家庭、少数民族家庭、华侨华人家庭、跨国婚姻家庭等。

## 一 方言区家庭语言规划

方言区家庭面临的多语环境，包括普通话、汉语方言和外语（主要是英语，下同）。其中，方言情况最为复杂，根据不同的婚姻情况（包括本地和本地联姻、本地和异地联姻、异地和异地同方言区联姻、异地和异地不同方言区联姻等[①]），至少涉及1—3种方言；如果再加上照抚儿童的祖父母、外祖父母、保姆等的方言背景，情况就更加复杂。外语进入家庭日常生活的情况在不少城市也已出现，但总体上还不具普遍性。方言区的家庭语言规划研究涉及两个关键话题：一是方言的代际传承，二是儿童的外语教育。2018—2019年相关研究中，

---

[①] 本节不涉及跨族际、跨国际联姻家庭，下文介绍的相关研究也未特别指出。跨国婚姻家庭语言规划研究情况在第四节专门介绍。

有学者依据"三要素"框架，主要采用问卷调查和重点访谈方法，考察父母对普通话、方言和外语（英语）的语言态度、语言管理、语言实践，两个关键话题均有涉及；还有学者采用民族志方法考察家庭语言实践，重点探讨了方言的代际传承问题。

### （一）方言区家庭的多语状况与发展趋势

普通话强势发展。张治国、邵蒙蒙（2018）的问卷调查显示，家庭不但具备普通话代际传承的条件（即存在语言实践），也具备普通话代际传承的意愿（即具备语言意识形态）和行动（即出现过语言管理），普通话在家庭域中的政策及发展现状和趋势是最佳的。周贝、肖向一、刘群（2018）的问卷调查显示，绝大多数家长（93.33%）主要使用普通话和孩子沟通。

英语最受重视。张治国、邵蒙蒙（2018）调查发现，在语言意识形态和语言管理方面，家长最看重的是英语；但在语言实践方面，英语则是最差的。英语在家庭域中尽管存在代际传承的意愿（即语言意识形态）和行动（即语言管理），但不具备自然代际传承的条件（即没有语言实践），从而导致"语言意识形态、语言管理"和"语言实践"之间的脱节。不过，作者认为，英语尽管目前在家庭域中使用最少，但其发展将随着代际的出现而呈逐渐上升的趋势。周贝、肖向一、刘群（2018）调查发现，家长对孩子语言的期望值最高的是英语；在重视程度和培养途径方面英语均处在首要位置。

方言传承面临严峻挑战。张治国、邵蒙蒙（2018）调查发现，汉语方言在家庭域具备自然代际传承的条件（即存在语言实践），却出现了不少代际语言转用现象，汉语方言的代际维持会变得越来越难；汉语方言尽管目前在家庭域中使用最多，但其发展将随着代际的出现而呈逐渐下降的趋势。周贝、肖向一、刘群（2018）调查发现，不论是对孩子语言的期望值，还是对孩子语言教育的重视程度和培养途径，方言都排在英语和普通话之后。

### （二）影响方言传承的家庭语言实践

父母在祖孙三代语言交流中的媒介转译行为是影响方言代际传承的重要因素。汪卫红、张晓兰（2019）采用民族志方法，收集了武汉市13组城市家庭在吃饭、辅导作业和陪小孩玩等日常生活中的家庭语言交流语料。通过对比分析"成功实现方言代际传承"和"没有实现方言代际传承"的两类家庭的日常交流语料，发现"没有实现方言代际传承"的家庭中存在一种值得重视的媒介转译现象，即作为中间层的父母分别跟上一辈的祖父母以及下一辈的孩子交流时会出现一种有意无意的语言媒介转换行为，即把方言转译成普通话，或把普通话转译成方言。父母的这种媒介转译行为具有单向性，父母跟祖父母交流时会习惯性地转用方言，而跟小孩交流时则转用普通话。这种单向媒介转译行为人为地为处于多言多语家庭语境中的小孩创造了一个纯普通话的氛围。尽管孙辈从小就生活在方言环境中，但很多孩子不会说方言，这跟父辈在祖辈和孙辈交流中的媒介转译行为有很大关系。虽然这种媒介转换有可能是父母无意识、不自觉的行为，却潜移默化地影响了小孩的语言选择，切断了方言作为民俗文化传承维系的纽带。据此，作者认为，普通话推广和方言保护不仅需要政策规划，更需要在现实语言生活实践中探索普通话和方言的相处之道；方言传承需要增强父母对方言的认识，从而提高父母参与的积极性。

方言传承主要依靠祖辈。邹春燕（2019）采用民族志方法，通过半结构式的深度访谈、家庭拜访与观察、家庭对话录音和视频等方式收集数据，观察了广州市3个客家家庭语言的使用情况。研究发现，普通话和客家方言并用是这3个家庭共同的特点；客家方言的主要传承依靠祖辈，祖辈是否坚持和孙辈讲方言决定了客家方言在家庭里传承的力度。此外，影响客家方言能否传承的因素颇多，其中包括祖辈、父辈对方言价值的认识，对客家人的身份认同主要基于血缘而非语言，还有跨民系的婚姻，父母对孩子的国际化期盼，等等。作者认为，客家方言正面临着一场博弈：一方面，它在家庭中的语言交流功能不断退缩，进而影响到其传承；另一方面，祖辈们仍然坚持用客家方言与孙辈进行交流，并通过带孙辈"回老家生活一段时间"，来强化方言的使用，让方言的传承得以延续。

### （三）无方言家庭的语言意识

无方言家庭指家庭内部交际语码是普通话、子辈以普通话为第一语言的家庭。刘群（2019a）对湖北襄阳364户无方言家庭的语言规划状况进行了问卷调查和重点访谈，这些家庭不仅包括移民家庭、半移民家庭，也包括部分本土家庭。调查显示，在这些家庭中，父母教授孩子的第一语言都是普通话；在家庭内部使用普通话是家庭成员（主要是家长）的自觉选择；父辈和子辈的语言格局差异明显，由父辈的双言格局转向子辈的单言格局；父辈的文化层次普遍较高，往往具有较高的社会地位；家长的语言观和人口的流动是无方言家庭出现的主要原因，高学历的父辈能够理性地认识到方言的使用与坚守同区域文化传承的关联度，但是在实际操作时，仍然会选用更具有潜在语言价值的普通话。作者指出，处于方言包围圈的非方言人群的语言困惑、情感焦虑，值得学界和相关部门重视。

## 二 少数民族家庭语言规划

少数民族家庭面临的语言选择主要包括国家通用语、本民族母语和外语。少数民族家庭语言规划的关键话题是民族母语的代际传承。民族地区的汉语方言经常与普通话一起被统称为汉语，在民族母语代际传承问题面前常被忽略。2018—2019 年的少数民族家庭语言规划研究主要涉及蒙古族、锡伯族、撒拉族、苗族等，这些家庭都处于少数民族聚居区域内。

### （一）蒙古族家庭的母语意识

周凤玲（2018）对内蒙古呼和浩特市和兴安盟扎赉特旗 0—3 岁儿童的蒙古族家庭父母语言意识与家庭语言使用进行了问卷调查和访谈，得出 5 个方面的结论。第一，总体上父母对蒙古语的保护意识、母语传承意识都很强。第二，父母的语言意识有地域差异，地域越偏，父母对母语蒙古语的保护传承意识相比较弱一些，开放一些。呼和浩特的 44 份问卷中，准备让儿童上蒙古族幼儿园的有 43 个，蒙汉双语幼儿园的有 1 个；兴安盟扎赉特旗的 46 份问卷中，准备让儿童上蒙古族幼儿园的有 35 个，上蒙汉双语幼儿园的有 11 个。第三，父母语言意识中也开始让儿童慢慢接触和学习普通话。第四，性别和地域是影响父母语言意识的主要因素。母亲语言意识普遍高于父亲；同时越封闭的地区，母亲的语言意识越强，越希望孩子尽早掌握普通话，具备双语能力，成为双语人，走出山村。第五，被调查家长的汉语水平与其教育程度、居住地域密切相关，工作场所用语也跟地域密切相关。

### （二）锡伯族家庭的母语态度

尹小荣、李国芳（2019）以居住在新疆察布查尔锡伯自治县的锡伯族为调查对象，对 148 个中小学生及其家长分别进行了问卷调查，以了解两代人对锡伯语的语言态度所呈现出来的特征。调查发现，两代人对语言本身的态度、语言社会优越性的评价到语言发展动力的评价呈现递减的趋势，对锡伯语的态度在不同层次上有显著的差异。研究发现，坚持广义的语言观和创新的话语方式能够增加语言的吸引力并维持其社会优越性，帮助语言使用者降低语言忧患；家庭语言规划的意识能维持语言的发展动力，采用动态、连续的双语意识不仅能帮助两代人全面认识双语的经济效益和认知过程，还能充分调动各成员的积极性，促成各机构的合作。

**（三）撒拉族家庭的母语传承**

妥洪岩、李增垠（2019）对青海西宁城东区东关社区的一户撒拉族家庭进行了单一个案研究。采取深度访谈和参与观察的方式收集资料，通过半结构式访谈了解访谈家庭成员、家庭的社会背景以及家庭语言政策。该社区部分小区撒拉族居住较为集中，因此绝大部分父母都会说撒拉语。但是，由于家庭世代传承的失调，即便是会说撒拉语的家长，也有一定比例的人在家很少跟小孩说撒拉语。在这样的语言环境中，研究对象家庭成功实现了撒拉语的代际传承。通过对该家庭语言意识、语言实践和语言管理的分析，作者认为，合适的家庭语言政策有助于族语世代传承和保护，挽救民族语言的流失。在强势语言成为家庭主要语言的背景下，民族语言传承与保护必须有意识、有策略和有行动。由正面的民族语言意识启动语言政策管理机制，透过内在和外在的管理策略，可以成功地实现家庭民族语言实践，逆转在家庭网络内说强势语言的习惯，从而培育具备双语能力的儿童。可见，家庭语言的选用是民族语言能否存续的关键。

**（四）苗族家庭的母语衰退**

王莲（2019）采用问卷调查与半结构性访谈的方式，对贵州台江县814位苗族居民的家庭语言政策进行了抽样调查。研究发现，苗语的自然代际传承呈递减趋势。台江苗族家庭第一代祖父母多数是苗语单语者；第二代父母是苗语兼通汉语者，苗语听说认知依旧保持语言活力；第三代子女是普通话使用者，部分兼通苗语，苗语听说认知远不及父母，苗语在这一代身上已表现出严重衰退。虽然苗语在家庭域中仍有一定使用率，但第二代到第三代总体呈现出从苗语和汉语双语平衡向"亲"普通话、"疏"本族语的方向流动。此外，苗族家庭的语言意识形态与语言实践、语言管理存在分离现象。虽然大多数家长表达出传承苗语的意愿，以及苗族身份的认同，但在家庭语言实践中对普通话的评价却更高,在家庭语言管理中家长表现出向子女语言选择妥协、共同向普通话靠拢的趋势。这也佐证了孩子在家庭语言政策中具备能动性的观点。据此,作者认为,苗族家庭语言实践和语言管理不完全受家长的语言意识形态支配,而是受诸多因素的影响。因此,在家庭空间内传承苗语固然重要,但苗语的实用价值需要在更大的社会空间获得认同,方能在本质上提升台江人对苗语的保护意识,减缓其衰亡速度。

## 三 华侨华人家庭语言规划

华侨华人家庭面临的语言选择,至少包括英语、所在国及所在社区通用语(英语国家即为英语)、华语(包括普通话和方言)或中国少数民族语。华语的代际传承问题一直是华侨华人家庭语言规划研究的关键话题,2018—2019年的相关研究显示家庭语言规划已成为影响海外华文教育发展的有效驱动机制。此外,还有研究关注了国内"洋留守儿童"的语言生活状况,这部分儿童身处国内语言环境,面临着特殊的语言选择和语言需求,这些华侨华人家庭的语言意识和语言管理需要特别关注。

### (一)华侨华人家庭的华语保持

家庭语言规划是华文教育的原生驱动力。白娟(2019)以半结构式访谈和个人民族志材料为依据,剖析华裔祖语生视角下家庭语言规划对其祖语保持的影响,揭示了家庭语言规划在华文教育中的重要作用。研究发现,华语文水平较高的华裔学生的家庭语言规划具有6个特点:家庭尤其是家长充分认同和热爱中国语言文化,具有强烈的语言文化传承意识;华语(包括方言)是家庭成员的主要、甚至是唯一的交际用语;家长通过华文书籍、影视资源、网络资源等,尽可能为子女创造良好的华文环境;家长亲自指导子女学习华语,并能使子女在美好的亲子时光中体验到中国语言文化带来的乐趣;送子女去华文学校,接受系统的书面华语教育;保持与中国的联系,不定期地让子女到中国居住。以上家庭语言政策深刻地影响了华裔学生的语言意识和语言实践,对其个人发展产生深远影响。这些华裔学生对中国及中国语言文化都有强烈的好感,并且认为身为华人应该能够使用华语。同时,对所在国语言文化的掌握和民族传统语言文化的传承,也使华裔学生在经历长期的、有时甚至是痛苦的认同思索以后，能够以更超脱的姿态跨越民族、国家的樊篱，客观地看待多种文化，更加成熟和包容地处理多种文化的差异和冲突。当他们以这种跨文化的视野来重新审视自己的族裔文化时，会对其有更深的认同和喜爱。鉴于家庭语言规划在华文教育中的重要意义尚未得到充分认识，海外华人家庭缺乏科学规范的指导，家庭语言规划相关研究成果也没有很好地与华文教育相结合，作者建议，今后应当在加强针对华人家长的华文教育培训、提高华人华侨家庭的语言意识、增加面向华侨华人家庭的华文教育资源供给以及加强家庭语言政策规划指导等方面加大力度。

**（二）华侨华人家庭的多语特点**

海外华人移民家庭可调动多种语言资源。董洁（2019）采用民族志研究方法，分别对荷兰和西班牙两个华人移民家庭进行长期跟踪研究，讨论他们的家庭语言规划。研究显示，两个移民家庭处于不同的移民阶段（一个是第一代移民，一个是第三代移民），子女处于不同成长阶段（一个家庭的子女未成年，一个已经成年），家庭语言规划方式不同（一个是显性规划，一个是隐性规划），但是两个家庭对语言的规划类似，即英语和移民目的国语言为公共空间语言，鼓励子女使用普通话，而家乡方言则在家长之间使用。两个家庭都认为子女应该在正规教育中学习英语和移入国语言（荷兰语和西班牙语），而在家庭环境中则以普通话为主，目的是保证子女未来能够使用普通话进行交流。这样的语言规划在海外华人移民家庭中非常普遍，但是实践效果因家庭具体情况和家庭未来发展规划不同而有所差异。海外华人移民家庭可调动多种语言资源，这些语言资源使他们具有了较强的全球移动能力。英语和移民目的国语言是移民家庭的主要语言资源。随着中国经济实力的增长，相比方言，普通话的实用价值提升，普通话使海外华人不仅可以在移民社区进行交际互动，而且能为他们以及他们的子女提供了解国内动态、参与国内经济社会发展的机会，因此也越来越为华人移民家庭所重视。有鉴于此，作者指出，微观的家庭语言常常可以反映宏观层面语言秩序的变化和全球政治经济秩序的变化，是语言政策研究中不可或缺的基本领域和研究方向。

**（三）洋留守儿童的语言状况**

"洋留守儿童"是主要存在于我国东南沿海侨乡的特殊群体。与国内城乡间人口流动所产生的一般"留守儿童"不同,侨乡留守儿童因拥有"外国国籍或居留权(绿卡)"的特殊身份又被称为"洋留守儿童"。"洋留守儿童"现象是人员跨国流动的产物,其异国身份决定了他们未来将远渡重洋的命运。语言生活层面,与一般"留守儿童"相比,侨乡"洋留守儿童"既要面临普通话与方言学习、使用选择上的现实问题,又有掌握身份国语言(外语)以融入未来海外生活的长远需求。孙浩峰、苏新春(2019)对福建省重点侨乡福清市江阴镇的社会语言学调查发现,侨乡"洋留守儿童"语言生活整体呈现出"双言并存,普进方退"的特点,普通话取得了实际的权威地位,方言在家庭领域占据重要位置,外语成为语言生活弱侧。存在语言使用和情感认同的反差,即普通话虽然占据语言生活的主导地位,但对江阴方言仍保持强烈的情感认同。侨乡社会特有的乡族观念、家庭结构、婚嫁习俗以及方言教育政策成为构建和维系方言情感认同的重要因素。"洋留守儿童"生活在侨乡,熟练掌握普通话和保持一定的方言能力能够帮助他们更好地适应侨乡留守生活,而外语能力的缺失必然会对他们未来融入海外生活造成不利影响。为此,作者指出,应当正视"洋留守儿童"语言生活所存在的外语能力弱势问题,未来应在全面调研、深入了解"洋留守儿童"语言尤其是外语需求的基础上,建立由侨务部门牵头、教育部门和社会力量共同参与的语言服务体系,保持并深化普通话优势,厚植方言情感认同,更要全面补齐外语短板。作者进一步指出,从国家侨务战略的高度来看,"洋留守儿童"是新生代华人,更是我国未来重要的侨务资源。长久以来,海外侨胞和归侨侨眷是中国联系世界的重要纽带,是促进国家发展的重要依靠力量。而根植于情感深处的母语,特别是方言情感认同,则成为海内外侨胞根系故土、情牵祖国的重要纽带。在国家"持续推动侨务工作改革创新,扎实做好各项为侨服务"的当下,海内外华人华侨的母语,特别是方言情感认同,正是"凝聚侨心、汇集侨智、发挥侨力,团结调动广大海外侨胞和归侨侨眷积极投身国家建设"的有效发力点。

## 四 跨国婚姻家庭语言规划

本节的"跨国婚姻家庭"指具有中国国籍的人和非汉语母语的外籍人士联姻的、在中国居住的家庭。这些家庭面临的语言选择,主要是夫妻双方各自的母语、英语,可能还包括居住地汉语方言或少数民族语。跨国婚姻家庭语言规

划研究的关键话题是子女的多语能力培养问题。

跨国婚姻家庭语言规划研究刚刚起步，2018—2019年时段中值得关注的主要是丁鹏（2019）的研究。作者采用民族志方法（半结构化访谈和实地考察）调查了7个跨国婚姻家庭的语言规划状况，其中：中英家庭3个、英中家庭1个、中意家庭1个、中芬（兰）家庭1个、中奥（地利）家庭1个；[①]涉及9名2—8岁儿童，其中男孩5名、女孩4名。

**（一）跨国婚姻家庭语言规划的特点**

研究揭示了跨国婚姻家庭语言规划的共同特点。（1）在语言意识方面，家长都认为子女多语能力必不可少。这些国际家庭家长都有意无意地认同英语在所有语言中的重要地位。家长纷纷提到，不论在中国还是在英国、意大利、芬兰、奥地利，英语都是必须掌握的重要工具，是将来子女受教育、就业必须掌握的语言，是学习任何专业、获取重要知识的途径。汉语在所有家庭中也被看作是最重要的语言，是孩子身份认同的重要标志。对父母任何一方语言的熟练掌握是联结父母和子女情感的重要纽带。（2）在语言管理方面，所有家庭都认为多语的家庭环境给孩子提供了重要的语言资源，孩子能够同时像母语般地使用多种语言是一种优势。他们将培养孩子的双语或多语能力视为极为重要的事，也正在做出不懈的努力。有些家长通过修正自己的行为来更好地促进孩子双语、多语能力的形成。（3）在语言使用方面，这些家庭都在慢慢摸索适合的家庭语言规划，采取相应的措施来帮助孩子提高所需要掌握的全部语言。从中可以看出，家长们努力培养孩子双语和多语的语言平衡发展能力，希望开发利用他们所有的这些语言资源。

**（二）家庭环境对子女多语习得的影响**

研究显示，家庭环境对孩子语言习得，尤其在早期儿童语言发展阶段非常重要。如果家庭语言规划合理，这些家庭的孩子往往表现出很强的双语或多语能力。外籍家长往往需要付出更大努力来提高孩子对其母语的兴趣，如果家长忽视用其母语和子女交流，往往导致子女不能成功习得此语言，成为单语使用者。

---

① 指"母亲国籍+父亲国籍"。

### （三）父母情感因素对家庭语言规划的影响

研究显示，跨国婚姻父母的情感因素在家庭语言规划中扮演重要角色。在中国的这些国际家庭中，中外父母都讲到曾经经历不同程度上的焦虑、担心、困惑、无助，甚至自责，也经历过孩子成功具备双语或多语能力而带来的喜悦、自豪、成就感和方向感。外籍家长更多的焦虑、担心来自孩子因为语言环境的限制不能习得自己母国的语言，从而影响父母和孩子感情融和、情感交流。并且，这些复杂的情感会持续影响每个家庭的语言规划发展和变化。如果父母对孩子的多语习得持漠不关心的态度，也不创造环境和条件使用自己母国的语言与孩子交流，就势必会影响孩子对这种语言的兴趣，即使成长在多语的家庭里，孩子也会成为单语使用者。另外，家庭语言规划不是停留在一个静止的状态，研究中涉及的各个家庭都呈现出不同的语言规划，而每个家庭的语言规划也会随着语言环境而不断变化。

## 五　家庭语言规划研究综论

2018—2019年时段中，还有一些研究涉及家庭语言规划研究的理念、方法等基本问题，揭示了近年来家庭语言规划研究的发展走向。

### （一）研究方法

家庭语言规划的研究方法既有量化方法也有质化方法，作为质性研究的民族志方法近来受到推崇。李英姿（2018）认为，民族志方法可以促进语言规划研究的纵深发展，实现服务研究对象的研究目的；要使其研究结论得到普遍应用，需要结合话语分析、人口统计学等其他方法共同使用。李英姿（2019）在述介国外最新研究时进一步指出，民族志方法目前被视为家庭语言政策领域最为有效、最为重要的研究方法之一。虽然民族志方法不能从统计学角度来归纳结论，但是通过深描可以得到更丰厚的数据。研究者往往通过长期的、深入的追访研究获取数据；研究者并不是单纯的观察者，更重要的是参与者，可以引导研究的走向。与早期的语言规划研究相比，当前家庭语言规划的研究方法更注重从批判的、后现代的和全球化的视角出发，运用多元的研究方法进行思考与探索。语言规划研究自诞生之日起就带有强烈的实用倾向，即重在解决实际问题，并最终使研究对象受益。民族志方法尤其彰显了这种解决实际问题的旨归。

### （二）研究理念

重视儿童的主观能动作用。李英姿（2019）在述介国外最新研究时指出，此前很多研究都是将儿童视为被动的语言规划接受者，父母的语言意识和语言管理决定了儿童的语言实践；而多项国外最新研究显示，儿童并不是完全被动地接受家长或者外来的语言意识和语言管理，而是有自己的选择和判断。比如，在成人照顾者缺失的状态下，乌干达的孤儿们依然可以用自己的方式构建语言交际模式；移民到美国的乌克兰儿童根据对话对象的不同选择不同的语言以构建亲密感；儿童还可以帮助父母学习新的语言，从哥伦比亚移民到新西兰的单亲母亲，经常向最小的孩子请教英语。这些事实说明家庭语言规划不是简单的自上而下的从父母到儿童，而是儿童与父母之间的对话，更是不断变化的动态共建过程。从儿童着眼的研究路径拓宽了家庭语言规划研究的范围，也有助于从更多角度理解家庭语言规划。李德鹏（2018）也强调，除了父母、家长，孩子也是重要的家庭语言规划主体，具有主观能动性。

重视复杂多样的环境影响。方小兵（2018）主张在社区中观察家庭语言规划，通过言语社区的区域、人口、认同、互动和设施等5个要素来考察社区融入动机、社区经济、社会网络等对家庭语言规划的影响。王晓梅（2019）指出，没有脱离社区而存在的家庭，"没有家庭是孤岛"，城市语言调查为家庭语言规划研究提供了一个研究视角，而言语社区理论为家庭语言规划研究提供了一个理论视角，中国的家庭语言规划研究应立足中国高速城市化的语言现实、应用言语社区等社会语言学理论，才能对国际社会语言学界有真正的贡献。杨红燕（2019）认为，家庭语言规划是家庭成员对家庭领域语言使用和习得的规划，不仅体现家庭语言实践的过程和动因，还能折射家庭内外多重因素的互动。李英姿（2019）述介的国外最新研究则展示了非传统意义上的家庭语言规划研究的多种可能性，关注到了更为复杂多样环境下的多语世界，涉及此前很多不为人所知的多种语言和多种环境，比如难民、孤儿家庭、单亲母亲等弱势群体，包括乌干达的卢干达语、墨西哥的萨巴特克语、埃塞俄比亚的阿姆哈拉语等。刘群（2019b）认为，由于家庭类型、规划对象和家庭语言习得的多样性，家庭语言规划具有明显的多元化特征；家庭语言规划不是以家庭为封闭空间的，相对孤立、相对平面化的规划体系，其立体式框架中还包括语言或非语言的成分、家庭或非家庭的要素；因此，家庭语言规划的多元化是制定或研究家庭语言规划时值得深思的问题之一。BELL 信托基金会的凯瑟琳·布伦南（2019）以英国双语学校为例指出，学校的语言态度明显影响着家庭语言规划。

**（三）关键话题**

家庭语言保持。西班牙巴塞罗那大学的弗朗西斯·瓦尔斯（2019）指出，少数族群语言的传承极具挑战性，即便如全球通行的英语，在巴塞罗那也如其他少数族群语言一样，让位于社会主流语言，英语家庭遭遇代际传承困难。

儿童语言教育。许静荣（2019）指出，家庭语言意识对家庭语言规划的影响有 5 个层级：环境、行为、能力、信念和身份。中国的家长应多从"能力""信念"和"身份"层次去思考家庭语言规划，以选择合适的学前语言教育和学习方式；而学前教育机构应该回归它原本的位置，为儿童语言社会化实践提供场所。

家庭语言规划研究的新话题。如农民工社会融合，杨红燕（2019）认为，家庭语言规划研究为探索进城农民工社会融合问题，包括身份建构与认同、乡土文化传承、城市语言环境等，提供了新视角。

## 结　语

除了上述研究，本时段还有一项与家庭语言规划密切相关的成果尤应重视，那就是李宇明（2019）的《人生初年——一名中国女孩的语言日志》。这是一部人类个体早期行为的科学观察日志，观察、记录和描写了乳名叫"冬冬"的中国女孩 0 到 6 岁的语言发展；除语言发展之外，还观察记录了她的生活、行为及心理活动等，从 1985 年 1 月 16 日开始，到 1991 年 7 月 29 日，历时 2200 余天（零星失记）。该日志对语言学、文学、教育学、社会学、民俗学等多个领域的研究都具有重要价值。对家庭语言规划研究而言，该日志全面反映了一个语言学专业人士家庭的语言意识、语言管理和语言实践，是家庭语言规划研究的"宝藏"。

总体而言，近两年来"本土化""实证性"的家庭语言规划研究日益增多。

在探究解释社会、政治和经济因素对家庭语言规划影响的同时，从微观的视角对家庭语言实践进行透彻分析，是反映语言发展过程非常有意义的研究方式；显性的自上而下的宏观家庭语言政策研究和基于调查问卷的量化研究，甚至是用访谈方式调查家庭语言实践和家庭语言意识的质性研究，都无法深入反映家庭语言维持、转换或流失的形成过程；而基于家庭语言交流的话语分析却在这个方面有很好的突破，是值得今后家庭语言规划研究借鉴参考的地方（张晓兰2019）。本专题介绍的部分研究已经表现出这一发展趋势，理应进一步成为语言规划研究的努力方向。因此，应进一步调查中国各类家庭的语言生活状况，利用科学研究方法，建立详细完整的家庭语言生活档案，不断丰富家庭语库，从而为国家制定相关语言政策、引导语言生活健康发展提供研究参考，为解决不同领域与语言相关的问题提出建设性意见，切实发挥理论研究服务于国家的作用。可以预见，未来会有更多不同地区、不同民族、环境各异的家庭语言规划研究面世，令人期待。

## 【本时段研究文献】

［1］白娟．华文教育中的家庭语言政策驱动机制和影响分析［J］．语言战略研究，2019，4（04）：81—89.

［2］丁鹏．中国跨国婚姻家庭的语言规划研究［J］．语言战略研究，2019，4（02）：42—50.

［3］董洁．家庭中的"声音"：海外华人家庭语言规划案例二则［J］．语言战略研究，2019，4（02）：51—59.

［4］方小兵．从家庭语言规划到社区语言规划［J］．云南师范大学学报（哲学社会科学版），2018，50（06）：17—24.

［5］弗朗西斯·瓦尔斯，曹佳，赵守辉．巴塞罗那英语家庭遭遇代际传承困难［J］．语言战略研究，2019，4（02）：63—64.

［6］凯瑟琳·布伦南，阎喜，赵守辉．英国双语学校语言态度影响家庭语言规划［J］．语言战略研究，2019，4（02）：64—65.

［7］李德鹏．我国家庭语言规划的基本要素分析［J］．云南师范大学学报（哲学社会科学版），2018，50（06）：32—38.

［8］李英姿.《多语言世界的家庭语言政策——机遇、挑战与效应》述评［J］.语言战略研究，2019，4（02）：90—96.

［9］李英姿.家庭语言政策研究的理论和方法［J］.语言战略研究，2018，（01）：58—64.

［10］李宇明.人生初年——一名中国女孩的语言日志［M］.北京：商务印书馆，2019.

［11］刘群.家庭语言规划多元化特征缘由探析［J］.长江大学学报（社会科学版），2019b，42（05）：98—102.

［12］刘群."无方言"家庭语言规划状况调查与研究［J］.湖北文理学院学报，2019a，40（09）：53—56.

［13］孙浩峰，苏新春.福建侨乡"洋留守儿童"语言生活现状调查研究——基于福清市江阴镇的田野调查［J］.语言文字应用，2019（02）：61—69.

［14］妥洪岩，李增垠.撒拉族家庭语言政策个案调查研究［J］.民族论坛，2019（02）：107—112.

［15］汪卫红，张晓兰.方言代际传承中的父母媒介转译行为［J］.语言战略研究，2019，4（02）：12—22.

［16］王莲.贵州台江苗族家庭语言政策调查研究［J］.贵州民族研究，2019（04）：190—195.

［17］王晓梅.家庭语言规划应该放在言语社区中研究［J］.语言战略研究，2019，4（02）：61.

［18］许静荣.提高对家庭语言规划认识，处理好家庭与学前教育机构关系［J］.语言战略研究，2019，4（02）：62—63.

［19］杨红燕.家庭语言政策为探索进城农民工社会融合问题提供新视角［J］.语言战略研究，2019，4（02）：60.

［20］尹小荣，李国芳.锡伯族家庭语言态度的代际差异研究［J］.语言战略研究，2019，4（02）：31—41.

［21］张晓兰.主持人语［J］.语言战略研究，2019，4（02）：11.

［22］张治国，邵蒙蒙.家庭语言政策调查研究——以山东济宁为例［J］.语言文字应用，2018（01）：12—20.

［23］周贝，肖向一，刘群.杭州市区学龄前儿童家庭语言规划状况调查——以父母学历大专以上背景的家庭为对象［J］.湖北科技学院学报，2018，38（01）：89—94+116.

［24］周凤玲.内蒙古蒙古族家庭父母语言意识与家庭语言使用调查研究——以内蒙古0—3岁儿童蒙古族家庭为例［J］.汉字文化，2018（20）：24—36.

［25］邹春燕.广州客家家庭方言代际传承研究［J］.语言战略研究，2019，4（02）：23—30.

# 特殊人群语言规划

## 引 言

"特殊人群语言规划"是本专题提出的针对语言交流障碍人士的语言规划,指政府、学界、社会有关机构等为消除特定人士的语言交流障碍而开展的语言管理、语言服务、语言研究、语言康复治疗、信息无障碍建设等活动。特殊人群语言规划是构建和谐语言生活的重要内容,体现了服务和权利导向的国家语言规划理念。

本专题汇聚了2019年以来关于手语盲文规范化标准化信息化建设、手语服务、盲文出版、视听残疾人信息无障碍建设、儿童语言障碍及康复、老年语言蚀失等内容的研究,针对4类特殊人群:聋人、盲人、语言障碍儿童、语言蚀失老人。

## 一 聋人语言规划

聋人语言规划是关于聋人群体使用的特殊语言——手语的语言规划,内容包括手语规范化标准化建设、手语信息处理、手语语言服务、听障人士普通话水平替代性测试等。

### (一)手语规范化标准化建设

手语是聋人与外部世界交流的最有效途径,是聋人群体获取知识、融入社会的重要手段与媒介;加强手语规范化标准化建设,关乎聋人语言文字权益的实现、文化素质的提高与融合发展。2019年以来的相关研究主要包括三方面内容:国家通用手语推广、手语标准化的国际经验与教训、汉语手指字母方案制定。

国家通用手语推广。2018年由教育部、国家语委、中国残联联合发布的国家语委语言文字规范（GF）《国家通用手语常用词表》（以下简称《词表》）为国家通用手语确立了基础规范。《词表》是对我国60多年手语规范化研究工作的继承、变革和发展（顾定倩2017），收录广大听力残疾人现实生活中广泛使用的手语词语，替换许多过去和汉字一一对应的手语，大量减少手指字母的使用，注意描述手语表达时体态动作和面部表情的变化，重在体现汉语手语表形表意的特点。推广以《词表》为基础规范的国家通用手语是听力残疾人事业的一项基础性工作，赵菲、韩梅（2020）指出，现阶段国家通用手语推广与教学有3个方面的不足：手语教学方式缺乏灵活性，手语学习途径缺乏系统性，手语研究推广缺乏针对性；因此，要努力拓宽国家通用手语推广与教学的新途径，通过建立手语数据库、开设网络公开课、新媒体互动参与、远程职业培训教学等手段，将移动新媒体技术应用到手语推广与教学中，帮助不同群体学习手语，从而保障聋人语言权利、创建无障碍沟通环境、推动社会共建共融共享发展。

手语标准化的国际经验与教训。世界上很多国家如比利时、厄立特里亚、法国、印度、英国等在手语标准化方面都开展了积极实践（沈玉林2008；林皓，赵蓉晖2018），林皓（2019）对比分析了比利时弗兰德手语与荷兰手语标准化成败的原因。弗兰德手语标准化失败的原因在于：对弗兰德手语词汇缺乏全面而深入的语言学研究，不仅是对其语言结构，还对受社会影响的手语不同变体缺乏全面的调查和了解，即不了解一个手语词的词义以及使用往往受年龄、性别等因素影响，没能尊重手语自身情况和规律。荷兰手语标准化成功的原因在于：标准化的目标是自然手语，而非"手势荷兰语"；标准化方法较符合手语规律；处理好手语标准化和地方手语变体的关系；有手语语言学家的参与和指导；注重结合新的技术和媒介；政府及组织有力支持并合理规划。作者认为，这给手语标准化带来的启示是：首先，要组建及发展一个由语言学家、聋人手语者、聋人教育者以及技术人员的核心项目组，集中人力、物力，同时各负其责，并能得到长期各方面的支持；其次，制定目标及方法，要遵循手语的规律，协调好标准化的手语（词汇）和地区手语变体的关系，尊重地方手语，给予其一定位置；再次，手语标准化工作将是个较为漫长、艰巨的任务，应关注阶段性成果的积累和继承，并逐步推进手语标准化进程，同时考虑各地手语接触引起的自然演变规律，结合习得规划，以潜入方式促进和推动手语标准化成果，并让手语社区逐渐接受；最后，注重新技术和新媒体的使用，结合传统媒介与语料库，开发能得到最多受众的手语标准媒介，最大程度推广手语。

汉语手指字母方案制定。手指字母是聋人学习语言文字的工具，刘秋芳、顾定倩（2019）从历史学和语音学的角度进行比较分析，认为中华人民共和国成立前我国手指字母由舶来品向本土化演变的过程，反映的是从繁杂向简明、从表音向表形、从音节化向音素化的设计思想变化，但这种转变还属于改良的性质，没有彻底摆脱"赖恩手势"的影响。这为新中国制定《汉语手指字母方案》带来3点启示：选择合适的拼音字母；符合音素化的理据；体现民族化的本色。

### （二）手语信息处理

手语信息处理有三大环节：一是手势感知，包括手势识别、手势表征；二是手势理解，包括手势语料库建设、手势语料库标注、基于语料库的统计分析、手势机器翻译；三是手势生成（姚登峰等2015）。2019年的相关研究主要涉及手语语料库建设和手语识别。

手语语料库建设。我国的手语语料库建设在语言学与计算机科学领域都有所研究和应用，但普遍存在起步时间晚、语料素材范围窄和语料库使用效率低的问题（张晓梅2014），面临语料采集难、加工技术要求高和建设周期长等现实困难（王敏，郑权2013）。袁甜甜、赵伟、杨学、胡彬（2019）认为基于深度摄像头的手语数据采集可以应对手语识别设备昂贵且携带不便和手语信息捕获效率低且识别准确率低的问题，从而构建一个大规模、高质量的连续手语数据集，以满足相关领域对于提升视频中手语识别率和理解准确性的需求。在创建语料库的实践基础上，袁甜甜、胡彬、杨学、赵伟（2019）进一步讨论了如何有效建立规模庞大、标准的中国手语语料库。吴蕊珠、李晗静、吕会华、姚登峰（2019）认为手语、汉语平行语料库的建设需要解决两个重大问题：一方面要有严格的手语语料采集过程；另一方面要保证语料标注信息的丰富性和准确性。目前手语汉语平行语料库建设存在的主要缺陷在于规范性差，缺少系统的理论指导；缺乏具体的评测标准，使得手语语料库建设的质量不一；应用性欠佳，难以满足语料库语言学发展的需要。

手语识别。袁甜甜、赵伟、杨学、胡彬（2019）和袁甜甜、胡彬、杨学、赵伟（2019）指出，目前中国手语识别研究存在两个主要缺陷：一是训练数据很少，尤其语句和段落级别数据缺乏；二是所用的手段大多为传统的计算机视觉方法和机器学习算法，需要进行及时的技术更新。作者认为，现代深度学习技术在识别复杂手语方面具有巨大优势，要使用深度学习模型对手语数据集进行有效训练。如何将深度学习在视频分析领域的前沿成果应用于手语翻译，提供实时、准确、规范且能被广泛应用的手语翻译模型是当前手语识别研究需要解决的重要问题。

**（三）手语语言服务**

手语语言服务指政府、社会为消除聋人的交际障碍，促进聋人更好融入社会而采取的一系列措施，包括聋人教育与聋人文化生活建设、聋人信息交流无障碍环境建设、手语服务资源建设等。目前，政府和社会已在多个方面进行了积极的实践，如上海、广州、北京等城市在多场文化活动中配备了手语翻译；中央电视台和多个地方电视台为电视节目配备手语翻译、增设手语主持人；也有城市在特定医院开设了"助聋门诊"等。2019年以来的相关研究主要聚焦媒体手语翻译。

聋人是信息社会的弱势群体，如何让他们能够无障碍地接触和使用大众媒介是信息无障碍建设的关键，而他们能够在多大程度上接触和使用媒体被称为媒体的"可及性"。李东晓、熊梦琪（2019）认为我国基于媒体"可及性"的信息无障碍实践可分为起步（1952—1977年）、拓展（1978—1999年）和快速发展（2000年至今）3个阶段：在拓展阶段，电视媒体的"可及性"有了突破，地方电视台开始推出手语节目，中央电视台也开始逐渐在电视节目中增加字幕；快速发展阶段，互联网的高速发展更加强调实现互联网的信息无障碍，媒体"可及性"实践的全面发展不仅包括在传统媒体领域的完善，也包括在新媒体领域的尝试和推进。李朵朵（2019）从手语新闻现有文献入手，结合对聋人的访谈，就如何更好地传播手语新闻提出了以下建议：第一，深刻把握手语新闻的语言特性；第二，注意手语新闻播报采用的形式；第三，注意手语新闻播报员的选择和培训。

**（四）聋人普通话水平替代性测试**

长期以来，由于听力障碍的原因，绝大多数聋人很难通过现行的普通话水平测试，因此聋人群体一直强烈希望和呼吁能够有一种适合聋人的、替代性的普通话水平测试方式来反映他们的普通话水平。陈蓓琴、史玉凤、韩艳（2019）基于经典测量理论对聋人普通话水平替代性测试中的信度和效度分别进行了量化和统计分析,认为聋人普通话水平替代性测试的难度、区分度、信度和效度均在合理范围内。陈蓓琴、史玉凤、李祖慰(2019)认为,根据通用设计理念和替代性评估方式,在遵循《普通话水平测试等级标准》和《普通话水平测试大纲》规定、使用与听人应试者相同的普通话水平测试试卷的前提下,可采用"打手语"和"写书面汉语"两种方式替代"读"和"说",开展聋人普通话水平测试试验。由于测查和评定的是聋人运用普通话而非手语所达到的规范程度,尤其是语法规范程度,因此测试强调现代汉语的语序和语法。这样一种基于现代汉语语法结构和内在逻辑的手语替代普通话的水平评估,不仅使普通话水平测试能以聋人较为适合的手语交流方式进行,同时也确保和体现了普通话水平测试的基本要求和精神内核。

## 二 盲人语言规划

盲人语言规划是关于盲人群体使用的特殊文字——盲文的语言规划,内容包括盲文规范化标准化信息化建设、盲文出版等。

### (一)盲文规范化标准化建设

加强盲文规范化标准化建设是国家语言文字规范化工作和残疾人事业的重要内容,是促进盲人教育、文化等各项事业发展的必要条件。2019年的相关研究主要涉及国家通用盲文推广、盲文分词连写规范等内容。

国家通用盲文推广。2018年由教育部、国家语委、中国残联联合发布的国家语委语言文字规范(GF)《国家通用盲文方案》(以下简称《方案》)是对以往盲文规范化成果的继承、发展和完善(程凯 2018),既保持了盲文使用的稳定,遵循了语言文字约定俗成的根本规律,又充分体现了我国国家通用语言音节带调的特点(钟经华 2018a)。《方案》沿用现行盲文的声母、韵母、声调和标点符号,进一步完善现行盲文标调规则,规范声调符号用法(国家语言文字工作委员会 2019),确立了全部音节标调的总原则,废止了需要时标调的旧体系,使阅读盲文不再需要"猜音",实现了"新旧衔接、读音准确、省时省方、易学易用、利于信息化"的综合平衡(钟经华 2018b)。推广国家通用盲文是视力残疾人事业的一项基础性工作。徐明、苏光军(2019)提出,国家通用盲文的教学与推广工作包括盲校教学推广、社会教学推广两个部分。盲校面向学生的国家通用盲文教学与推广应采取三类教学法：一是寓教于乐教学法，包括编制通用盲文省写音调基本规则歌谣、进行声调角色扮演游戏、举办通用盲文竞赛等；二是融规则于教学中，开展"五轮"强化记忆教学法；三是读写并重教学法。面向社会的通用盲文教学与推广要提供政策和条件保障，以保证推广效果；结合盲人的障碍特点和工作性质等采用高效且能持久记忆的教学方法，如数字记忆法、歌诀记忆法等；同时要因材施教，进行梯度教学。马丽莉（2019）认为在特殊教育中职学校使用和推广《国家通用盲文方案》，不仅要在盲文专业教师培养中加强国家通用盲文的学习，在教师的继续教育中也要将盲文的书写和阅读能力作为教师培训、教学能力考查的重要内容，以更好地推动教师的专业化发展。在特殊教育中职学校推广国家通用盲文可以采用以下方式：第一，培训先行，做到盲专业教师全覆盖；第二，鼓励特殊教育教师参与国家通用盲文科研课题；第三，通过编写通用盲文读物、校本教材，开展丰富多彩的通用盲文活动等手段扩大通用盲文的使用范围。

盲文分词连写规范。分词连写规则是当前我国大陆地区书写汉语盲文时必须遵守的书写规范，《国家通用盲文方案》未对分词连写规则做出系统修订，分词连写仍会是影响盲文规范使用的一个主要问题（肖航 2018）。琚四化、鲁明辉、张居晓、刘春玲、徐琴（2019）探讨分析了分词连写规则对汉语盲文阅读的促进作用，指出分词连写规则存在条目过多、内容过度依赖汉语语法和部分规则内容不够明确 3 个方面的问题。针对分词连写规则中存在的问题，学界早在 20 世纪 90 年代就开始呼吁进行改进，此后一些研究者也尝试提出了一些不同的改进措施，有的主张不改变现行分词连写规则的任何内容，只调整个别细节；有的主张在保留现行分词连写规则及其功能的前提下，对规则内容进行简化；有的主张汉语盲文书写中完全取消分词连写规则及其功能。对此，作者建议，应加强针对分词连写功能的比较研究、针对分词连写规则问题的调查研究和针对具体改进措施的实验研究。

## （二）盲文信息化建设

盲文信息化是盲文发展的时代需求，包括盲文编辑和出版的计算机化，盲文有声读物的出版和盲文信息化软件开发等多个方面。重点是要加强字音与音字转换研究，提升汉盲转换准确率；充分发挥汉语拼音的中介作用，降低盲文编校难度；基于盲文信息处理技术开展视障人群语言服务（肖航 2018）。2019

年以来的相关研究主要聚焦盲文语料库的标注问题。国家亮、高雪珍、吕明、刘红、梁纪恒、王波、钟经华（2019）对盲文语料库"盲文-拼音-汉字"对齐标注进行了研究。作者首先通过自行设计开发的拼音和汉字标注软件进行计算机自动标注，然后通过人工校对平台进行两次校对和一次复核，结果拼音标注正确率超过99.95%，汉字标注正确率达到99.9%。作者指出，"盲文-拼音-汉字"三行对齐语料已经能够为盲文教学、辞典编纂提供大量真实的盲文例句，能够生成盲文词库，能够为盲文信息化的研究提供高质量的"盲文-拼音-汉字"对齐的训练数据和测试数据，为盲文信息化处理的深度机器学习提供基础。已经完成标注校对的部分语料先行发挥了重要作用，为国家通用盲文标准修订提供了可靠的标调数据，有力地支持了汉语盲文规范化、标准化建设。作者建议，未来要进一步提升语料采集质量，改进对齐标注。同时，盲文语料库建设对盲文出版规范化、标准化提出迫切要求，盲文出版物应突出汉语的中心地位，规范标点符号、标志符号的使用；普通出版物要有意识地选用非同音词，以利于盲文的信息化和汉语的听觉传播。

### （三）盲文出版

我国盲文出版事业经过数十年艰苦卓绝的发展，由单一纸质出版，发展到目前盲文、大字、有声、数字出版、无障碍影视等多形态出版。在发展过程中，盲文出版不断满足盲人阅读、学习需求，但也存在着数量不足、信息滞后、针对性不强、出版成本过高等问题。郭丽华（2019）回顾了我国盲文出版的发展历史，将盲文出版现状总结为以下6个特点：盲文书刊日趋丰富；大字读物逐渐满足低视力人士阅读需求；盲人有声读物快速发展；音像教育无障碍影视填补空白；高科技产品日新月异；数字出版实现多点突破。作者认为未来应该主要在以下5个方面着力，推动盲文出版工作：第一，要加大政府扶持力度，提高社会关注度；第二，要精准按需出版盲文书刊；第三，盲文改革与盲文出版要进一步统一规范；第四，与时俱进推进科技与文化融合，不断创新阅读服务模式；第五，坚持对外交流开放，吸取国际经验。

## 三 语言障碍儿童语言规划

语言障碍儿童语言规划研究主要包括两个方面：语言障碍儿童语言能力评

估与分析、语言康复儿童语言矫治与康复训练。

### （一）语言障碍儿童语言能力评估与分析

语言障碍是常见的儿童发育障碍之一，指儿童的语言理解或表达大幅度地低于同龄儿童语言水平（刘雪曼 2019）。2019年以来关于语言障碍儿童语言能力评估与分析的研究主要关注三类儿童：听障儿童、语言发育迟缓儿童、自闭症儿童。

听障儿童语言能力评估与分析。听力损失会阻碍儿童通过听觉系统获取外界的有效刺激，使得言语系统缺乏听觉信息的输入，从而导致听障儿童言语系统发育迟缓，出现言语表达问题（周翔等 2008）。范慧敏、刘巧云、金黎明、郭强（2019）探究了"国际功能、残疾和健康分类（儿童与青少年版）"儿童功能障碍分析模式在听障儿童评估和训练中的应用，认为听力障碍是导致儿童言语异常的一个过程，主要体现为听力系统和言语系统之间的关系；听力障碍儿童由于言语系统缺乏听觉信息的输入导致语言获得困难，从而影响儿童言语表达能力的发展。吴芃、陶云、胡宏安（2019）认为，听障儿童语言的发展不良表现为口头语、书面语和手势语3个方面：口头语发展滞后的具体表现涵盖语音、语法和语用等方面；书面语存在理解和表达困难；手势语发展正常，但对听障儿童的口头语和书面语产生不同的影响。听障儿童的语言发展受到众多因素的影响，包括听力受损的程度、家庭经济状况、家庭交流模式、母亲的受教育程度以及早期识别等。王丽燕、武慧多、张阳（2019）认为对听障儿童的语言能力评估需要以儿童语言发展规律为基础，从前语言沟通开始考察，逐步进行语音、语义、语法的评估，最后考察语言运用能力。目前国内常用于听障儿童语言能力评估的工具大致可分为问卷评估和结构化测试两类；可用于听障儿童语言能力评估的工具仍不够丰富、完善，继续开发适合各年龄段、不同康复阶段，采用不同评估方式且能和国际接轨的听障儿童语言能力评估体系是今后一段时期的研究重点。

语言发育迟缓儿童（简称"迟语儿"）语言能力评估与分析。语言发育迟缓指儿童在发育过程中言语发育未达到与其年龄相匹配水平的疾患（胡继红 2017）。金黎明、刘巧云（2019）认为"国际功能、残疾和健康分类（儿童与青少年版）"理论框架能够细致、全面地反映语言发育迟缓儿童的语言能力，为制订康复计划提供有力支持。应艳红、鲜丹、袁飒（2019）探究了"语言发育迟缓检查法"（S-S检查法）与《格赛尔婴幼儿发展量表》（Gesell）检测结果在儿童语言发育评估中的一致性，提出S-S检查法可作为儿童语言发育评估的筛查工具，但不同年龄儿童语言障碍类型不同，应注意区分类型进行有针对性的干预。孙杨杨（2019）探究了两类迟语儿的语言发展形态：语言障碍和语言晚熟，发现语言障碍与语言晚熟迟语儿的语言能力呈现相对差异，并展现出各自的语言发展曲线，表明在2～4岁间即有区分语言障碍与语言晚熟迟语儿的可行性。

自闭症儿童语言能力评估与分析。语言障碍是自闭症儿童的典型症状，集中表现为语言能力滞后、不能与人进行对话等（王淼 2016）；自闭症儿童语言障碍主要有7种类型：语言发育迟缓、语言重复、语音异常、人称代词混淆、否定与肯定混淆、语句结构混乱和语言缺乏感情色彩（贺晓旭，于妍 2018）。马冬梅、姜志梅、庞伟、历虹、郭岚敏、李鑫、吕美萱、牛天瑜（2019）认为研制开发专门针对自闭症儿童语言评估的工具十分必要。郭强、刘巧云、马乃吉、姚权、武慧多、刘敏（2019）发现基于"国际功能、残疾和健康分类（儿童与青少年版）"理论框架能够细致、全面地反映学龄前自闭症儿童的语言能力，从而为制订相应的康复计划提供有力的支持。程燕华、马博森（2019）发现自闭症儿童的指称行为在自然会话、故事叙说和高度结构化任务3种交际情境下均表现出异于正常发展儿童的特征，而这些差异与其非语言智商、语言能力、心理理论以及执行功能等因素密切相关。

### （二）语言障碍儿童语言矫治训练与康复

针对语言障碍儿童的康复治疗与训练，事关语言障碍儿童的教育质量及其整个家庭的生活质量，是我国残疾人事业发展的重要方面，也是"健康中国"战略不可缺少的一环。儿童语言康复体系的构建、儿童语言康复状况评估和儿童语言康复方法是2019年以来相关研究的主要话题。

儿童语言康复体系构建。刘巧云、陈思齐、李岩（2019）基于"国际功能、残疾和健康分类"构建了儿童语言康复体系，在全面评价个人健康状况，强调与健康状况相关的身体结构与功能、活动和参与，关注个体因素与环境因素对个人影响的基础上，将语言障碍儿童分为身体结构损伤儿童、身体功能损伤儿童、活动受限儿童、参与局限儿童及背景性因素不良儿童5种类型，建议有针对性地对儿童的语言障碍进行干预。

儿童语言康复状况评估。黄海燕、赵鑫月、陈舒婷、吕晓媚（2019）采用构音测量与训练仪分别对中度障碍的听力障碍儿童、语言发育迟缓儿童和孤独症儿童进行了构音语音能力的主观评估，发现《普通话水平测试评分标准》与《构音语音能力评估标准》存在一定的共性和细微的差异性，《普通话水平测试评分标准》介入特殊儿童普通话语音清晰度评估具有一定的可行性。

儿童语言康复方法。李欢、黄文桥、龙艳林、周晓雯（2019）通过评价智力障碍儿童在不同干预方法下语言康复效果的差异，探究了干预方法、干预时间以及干预者年龄对干预效果的影响，发现不同干预方法的效果依次为传统干预＞其他干预＞综合干预＞针刺，干预时间与干预效果成正比，被试年龄段高低与干预效果成反比，因此应重视推广传统语言训练方法，适当延长干预时间并加强早期干预。杨婉玲（2019）认为自闭症儿童语言康复训练必须具体问题具体分析、针对不同的案例配置不同的治疗和康复训练方案，根据实效选择康复手段，同时对自闭症儿童要保持持续预防的态势，有针对性地避免更多的儿童陷入自闭症的困境。贺晓旭、于妍（2018）认为对于自闭症儿童语言训练的策略可以分为两方面：一是器质性训练策略，包括感觉统合训练、气息训练、口部肌肉训练和舌头灵活性训练；二是语言训练教学法，包括回合式教学法和自然教学法。马志芳（2019）认为听障儿童的言语矫治应做好4个方面的工作，一是恰当选择人工矫正的方法；二是注重进行专业、科学的康复训练；三是重视家庭在听障儿童矫正恢复中的作用；四是引导听力障碍儿童主动交流、融入社会。

## 四　语言蚀失老人语言规划

老年语言问题是随着社会人口老龄化发展而逐渐引起关注的研究话题，2019年以来的相关研究主要聚焦老年语言学有关理论问题和老年语言障碍分析两个方面。

### （一）老年语言学理论

老年语言学内涵。顾曰国（2019）指出，随着我国快速进入老龄社会的步伐，以老年语言为研究对象的老年语言学学科建设迫在眉睫。黄立鹤（2019）指出，老年语言学是研究老年人语言蚀失的现象、规律及机制的学问。研究内容包括描述并阐释老年人在不同语言层级上的表现，以及第二或第三语言能力的退化等；在应用上，包括外语学习与成功老龄、老年看护沟通、临终关怀与丧慰等方面。老年语言学研究具有跨学科属性，涉及语言学、认知科学与脑科学等多个领域，也与人工智能密切相关。

老年语言现象。顾曰国（2019）将老年语言现象分为两大类4个子类：（1）无损类，包括语常和语误；（2）有损类，包括语蚀和语障。老年人群中超康健和成功老龄人直至临终保持语言无损；通常老龄人随着增龄语言由无损衰变到有损；智退老龄人因疾病导致语蚀和语障，甚至失语。跟语言状态直接相关的是老年人身脑心健康状态。探讨身脑心自然衰老对老人个人语言维护产生的负面影响是老年语言学的核心任务。

老年语言学研究方法。顾曰国（2019）认为针对不同的研究对象要选取不同的研究方法，老年语言学终极目的是服务于老年人身脑心健康。对于超康健和成功老龄人群来说，要探寻他们是如何保持语常的，挖掘可供其他老人借鉴的语用、修辞、各种话语活动的原则和规律；对于通常老龄人群来说，要探寻语常、语误、语蚀到语障的衰变过程及其规律，力求服务于早期发现和早期干预；对于老年语障人群来说，要探寻语言康复计划以及实施方案。黄立鹤（2019）认为利用人工智能技术服务认知衰老及老年语言学研究是老年语言研究与老龄服务的重要发展方向。基于人工智能的老年语言学研究及老龄服务应用至少包括3个领域：一是老年语言学基础研究，利用人工智能技术进行跨学科考察；二是衰老与疾病检测，利用人工智能的数据建设实现疾病的智能检测与干预；三是老年语言认知康复，利用人工智能服务提升养老环境。

老年语言学研究维度。方小兵（2019）认为老年语言学是一门交叉学科，老年人的语言及言语行为研究应涉及病理、心理和社会3个维度。病理维度主要涉及大脑衰老与老年语言蚀失、老年人言语障碍与康复治疗；心理学角度也是老年语言研究不可或缺的一个方面；老年语言的社会语言学研究严重不足，老年语言变异、老年话语策略、老年语言传承、老年语言适应、老年语言服务和老年人的语言性别差异都尚待人们深入探讨。黄立鹤、朱琦（2019）提出老年语言学研究有必要进一步从语用维度全面、深入地展开。丰富老年语言学中语用维度的相关知识体系，可拓展临床语用学和老年语言学的学科内涵，也会带来一系列重要的临床意义和社会效益，应当成为世界各国应对人口老龄化战略的重要基础性研究。

### （二）老年语言障碍分析

老年人的语言障碍通常不是由先天因素，而是由身脑心的衰老和获得性疾病导致的，如老年性听力障碍、老年抑郁症、阿尔茨海默病、帕金森病、脑血管病变、脑梗死等（方小兵 2019）。2019年以来的相关研究主要聚焦两类老年疾病——阿尔茨海默病和帕金森病引发的老年语言障碍。

阿尔茨海默病语言障碍。黄立鹤、王晶、李云霞（2019）从阿尔茨海默病（AD）患者言语能力出发，综合考量患者的言语障碍表现，并结合相关神经心理学评估量表中的语言能力检测项目，为未来量表优化和AD患者言语蚀失研究提供了几点思路：其一，AD是一个包含病理生理改变到临床症状逐步出现的连续过程，因此将关注点提前到临床前期，可发挥言语表现的显著外在优势，在AD临床前期较早筛查出患病风险，从而开展早期干预；其二，语言能力具有多维性，仅考察语言的某个层级不足以全面评估患者的言语能力，在参考单个词汇处理数据的同时，更应采集患者的自然连续话语，从而更全面准确地对患者进行评估，且更利于对语言特征进行算法编码；其三，有必要建立正常老龄言语表现常模以提升认知症老年人评估及诊断的准确性，并采用多模态数据为认知障碍评估提供基线、增加AD早期筛查的数据形式和检测维度，从而更全面地为诊断提供参考。

帕金森病语言障碍。姜孟、田真玲（2019）着眼于帕金森病（PD）患者动作语义加工选择性缺陷，介绍了国外的相关实证性研究，梳理不同理论取向对PD患者这一特异性表现的神经功能机制解释，将相关争议概括为"运动-认知"分离论与"运动-认知"耦合论之争。

## 结　语

近年来，我国特殊人群语言规划的研究与实践都取得长足发展。手语和盲文规范化标准化、国家通用手语和国家通用盲文宣传推广成果显著，信息无障碍建设、针对特殊人群的语言信息技术研发及实践应用等不断进步，儿童语言障碍研究的深入与老年语言蚀失研究的兴起拓宽了对特殊人群语言问题的关注视角。这些学术研究成果及实践成果极大地促进了我国特殊人群语言规划研究的深入和语言服务事业的发展。同时应该认识到,手语和盲文语言本体研究是一项长期的基础性研究,是手语和盲文标准化与规范化、手语翻译、手语和盲文信息化的研究基础,为此应进一步加大研究力度,促进研究成果转化,使其更好地应用在特殊人群语言服务领域。此外,目前针对特殊儿童语言障碍的研究多集中于特殊教育和医学领域,语言学界的关注度尚显不足;对儿童语言康复的研究也主要是具体语言评估工具与康复方法的探讨,而语言康复事业发展中的学科建设、人才培养等问题应加强关注。语言蚀失老人语言规划研究刚刚起步,未来也需要各相关学科领域给予更多的关注。

## 【本时段研究文献】

[1] 陈蓓琴,史玉凤,韩艳.听障人员普通话水平替代性测试信度与效度的统计分析[J].统计科学与实践,2019(04):48—50.

[2] 陈蓓琴,史玉凤,李祖慰.听障人员普通话水平替代性测试的理论基础探析[J].现代特殊教育(高等教育研究),2019(06):15—22.

[3] 程燕华,马博森.自闭症谱系障碍儿童指称行为研究综述[J].中国特殊教育,2019(09):51—56.

[4] 范慧敏,刘巧云,金黎明,郭强.ICF-CY在学龄前听障儿童构音障碍干预的个案研究[J].中国听力语言康复科学杂志,2019(06):405—408.

[5] 方小兵.老龄化社会呼唤老年语言学的出场[N].中国社会科学报,2019-12-03(003).

[6] 顾曰国.老年语言学发端[J].语言战略研究,2019(05):12—33.

[7] 郭丽华.盲文出版现状及未来发展趋势研究[J].传媒论坛,2019,2(11):121—122.

[8] 郭强,刘巧云,马乃吉,姚权,武慧多,刘敏.ICF-CY在学龄前自闭症儿童语言障碍评估中的个案研究[J].中国听力语言康复科学杂志,2019(06):413—416.

[9] 国家亮,高雪珍,吕明,刘红,梁纪恒,王波,钟经华.现行盲文拼音汉字标注研究[J].中国特殊教育,2019(01):54—58.

[10] 国家语言文字工作委员会组编.中国语言文字事业发展报告(2019

[M].北京:商务印书馆,2019.

[11] 黄海燕,赵鑫月,陈舒婷,吕晓媚.普通话水平测试评分标准对特殊儿童语言康复主观评估的影响[J].教育观察,2019,8(03):133—136.

[12] 黄立鹤.充分利用人工智能推进老年语言学研究[N].中国社会科学报,2019-03-05(003).

[13] 黄立鹤,王晶,李云霞.阿尔茨海默病言语障碍表现及相关神经心理学量表编制问题[J].语言战略研究,2019(05):34—45.

[14] 黄立鹤,朱琦.老年语言学研究的语用维度:视角、方法与议题[J].华东师范大学学报(哲学社会科学版),2019(06):129—137.

[15] 姜孟,田真玲.帕金森患者动作语义加工选择性缺陷研究[J].语言战略研究,2019(05):46—57.

[16] 金黎明,刘巧云.ICF-CY在语言发育迟缓儿童评估与干预中的个案研究[J].中国听力语言康复科学杂志,2019(06):417—420.

[17] 琚四化,鲁明辉,张居晓,刘春玲,徐琴.汉语盲文分词连写规则的研究进展与展望[J].中国特殊教育,2019(03):37—40.

[18] 李东晓,熊梦琪.新中国信息无障碍70年:理念、实践与变迁[J].浙江学刊,2019(05):14—23.

[19] 李朵朵.我国手语电视新闻传播发展的思考[J].青年记者,2019(06):56—57.

[20] 李欢,黄文桥,龙艳林,周晓雯.我国智力障碍儿童语言康复方法的系统评价[J].中国听力语言康复科学杂志,2019(03):183—187.

[21] 林皓.弗兰德与荷兰手语标准化对比研究[J].语言战略研究,2019(02):83—89.

[22] 刘宏.盲文规范与推广工作意义重大使命光荣[N].语言文字报,2019-1-9(001).

[23] 刘巧云,陈思齐,李岩.基于ICF的儿童语言康复体系构建[J].中国听力语言康复科学杂志,2019(06):401—404.

[24] 刘秋芳,顾定倩.我国手指字母演变及其设计思想的比较分析[J].中国特殊教育,2019(07):22—27.

[25] 刘雪曼.儿童语言障碍与语言评估[J].中国听力语言康复科学杂志,

2019（03）：161—165.

［26］马冬梅，姜志梅，庞伟，历虹，郭岚敏，李鑫，吕美萱，牛天瑜.孤独症谱系障碍儿童语言功能评估探析［J］.中国听力语言康复科学杂志，2019（03）：175—178.

［27］马丽莉.特殊教育中职学校国家通用盲文方案推广和使用实践［J］.中国农村教育，2019（11）：43—44.

［28］马志芳.听力障碍儿童的言语异常与言语矫治［J］.教育教学论坛，2019（03）：78—79.

［29］孙杨杨.迟语儿幼儿期的语言发展形态：两年追踪研究［J］.语言文字应用，2019（02）：104—114.

［30］王丽燕，武慧多，张阳.听障儿童语言能力评估内容及常用工具［J］.中国听力语言康复科学杂志，2019（03）：166—170.

［31］吴冬，彭爽.我国语言康复产业的问题与对策［J］.东北师大学报（哲学社会科学版），2019（06）：55—60.

［32］吴芃，陶云，胡宏安.听力障碍儿童的语言发展研究进展［J］.中国康复理论与实践，2019，25（06）：704—708.

［33］吴蕊珠，李晗静，吕会华，姚登峰.面向ELAN软件的手语汉语平行语料库构建［J］.中文信息学报，2019（02）：43—50.

［34］徐明，苏光军.通用盲文规则教学与推广研究［J］.长春大学学报，2019，29（11）：116—120.

［35］杨婉玲.自闭症儿童语言康复训练的思考［J］.教育教学论坛，2019（10）：251—252.

［36］应艳红，鲜丹，袁飒.S-S检测法与Gesell量表在儿童语言发育评估中的一致性［J］.中国听力语言康复科学杂志，2019（04）：291—293.

［37］袁甜甜，胡彬，杨学，赵伟.基于深度学习的中国手语翻译［J］.电视技术，2019，43（02）：52—55.

［38］袁甜甜，赵伟，杨学，胡彬.大规模连续中国手语数据集的创建与分析［J］.计算机工程与应用，2019，55（11）：110—116.

［39］赵菲，韩梅.新媒体环境拓宽国家通用手语推广教学新路径［J］.绥化学院学报，2020，40（01）：39—42.

# 【以往参考文献】

[1] 陈鹏.语言产业的基本概念及要素分析[J].语言文字应用,2012(03):16—24.

[2] 程凯.推广国家通用手语和通用盲文是残疾人事业的一项基础性工作[J].残疾人研究,2018(03):3—7.

[3] 顾定倩.我国通用手语的发展沿革(三)[J].现代特殊教育,2017(09):11—13.

[4] 贺晓旭,于妍.自闭症儿童语言障碍类型及训练策略分析[J].绥化学院学报,2018,38(04):98—101.

[5] 胡继红.言语和语言障碍也是病[J].家庭医学(下),2017(05):14—15.

[6] 廖敏,高立群.美国语言康复业快速发展的法规保障及其启示[J].语言战略研究,2017(05):29—39.

[7] 林皓,赵蓉晖.英国手语的发展演变探析——以语言政策为视角[J].北京联合大学学报,2018,32(03):69—75.

[8] 沈玉林.手语多样性、标准化及手语语言建设的问题与思考——从荷兰CLSLR2会议看中国手语规范化工作[J].中国特殊教育,2008(06):34—40.

[9] 苏怡,谢帆.汉语孤独谱系障碍儿童早期语言及沟通发展水平研究[J].语言文字应用,2018(02):118—127.

[10] 王淼.自闭症儿童语言障碍表现及康复训练研究[J].黑龙江教育学院学报,2016,35(02):93—94.

[11] 王敏,郑权.手语语料库建设的价值、内容及策略[J].中国教育信息化,2013(05):24—26.

[12] 魏丹,顾定倩.《国家通用手语方案》的研制与试用[J].语言规划学研究,2017(01):17—29.

[13] 吴铭.汉语自闭症儿童的语言障碍[J].陕西学前师范学院学报,2018,34(11):109—112.

[14] 肖航.用《汉语拼音方案》推进盲文规范化与信息化[J].语言文字

应用，2018（04）：9—17.

［15］姚登峰、江铭虎、阿布都克力木·阿布力孜、李晗静、哈里旦木·阿布都克里木、夏娣娜.中国手语信息处理述评［J］.中文信息学报，2015，29（05）：216—227.

［16］张晓梅.自然手语语料库建设与研究［J］.长春大学学报，2014，24（09）：1279—1283.

［17］钟经华.国家通用盲文方案特色解析［J］.现代特殊教育，2018b(12)：23—25.

［18］钟经华.国家通用盲文方案研究［J］.中国特殊教育，2018a（06）：42—46.

［19］周翔，曾淑萍，李京，李合意，胡惠金，冯秀娟.言语语言障碍儿童语言评估结果分析［J］.听力学及言语疾病杂志，2008，16（03）：240—245.

# 高考语文改革

## 引 言

语文教育是语言规划的重要内容,高考语文改革是社会高度关注的热点话题。党的十九大以来,立德树人根本任务和传承中华优秀传统文化要求的提出,高考招生制度改革的影响,高校需求的变化,国家课程标准的修订,使高考语文的定位和功能发生变化。新形势下,高考语文考什么、怎么考、如何评卷,语文教育和考试学界进行了深入探讨。

2018—2019年的相关研究主要探讨了有关高考语文改革的以下5个方面内容:改革背景、改革原则,以及内容改革、命题改革、评卷改革。

## 一 改革背景

高考是为普通高等学校招生提供依据的选拔性考试。语文作为高中的基础学科,一直以来都是高考的统考科目。高考语文是对广大考生语言文字能力和素养的测量和评价。基于这些基本定位,相关研究从时代背景入手,探讨了高考语文改革面临的迫切需求,分析了影响高考语文改革的主要因素。

### (一)党的教育方针为高考语文指明根本方向

党的十九大就优先发展教育事业、加快教育现代化、建设教育强国做出重大部署,习近平总书记在2018年全国教育大会上就培养德智体美劳全面发展的社会主义建设者和接班人、深化教育体制改革、扭转不科学的教育评价导向发表重要讲话,这为高考语文改革指明了根本方向。

高考的根本任务是立德树人。姜钢(2018)指出,高考的性质地位、甄选功能、导向作用，要求高考必须突出立德树人的基本要求、坚持立德树人的基本原则，使高考更好地成为落实立德树人根本任务的重要途径和载体，引导学生践行社会主义核心价值观，树立正确的世界观、人生观和价值观。作者特别指出，高考应进一步深化对德育的考查，加强对体美劳的引导。

高考语文应在落实立德树人根本任务的过程中承担更多的责任。于涵、赵静宇、李勇（2018）认为，除测量功能外，高考语文还具有直接和间接的教育功能，应主动发挥其在德育、智育和美育方面的积极作用。就德育而言，在各科的高考试题中，语文科的阅读材料最多，且常常带有道德评判色彩，能引发道德思考，写作的话题也常常与道德有关。在智育方面，高考语文承担着考查学生思维品质和创新能力的任务。在美育方面，高考语文具有学科优势，其阅读材料中的小说散文、诗词歌赋，无一不是美的具体体现。

高考语文还应在传承中华优秀传统文化方面发挥积极作用。于涵、赵静宇、李勇（2018）指出，高考语文与中华优秀传统文化天然血脉相连，一方面能考查学生是否具备中华优秀传统文化知识和传承优秀传统文化的能力，另一方面，试题本身就是中华优秀传统文化在当代的发展，并且可以通过层层铺设的方式，引导考生体会中华优秀传统文化的丰富内涵，思考并阐释其在当代的意义。

### （二）高考评价体系为高考语文做出原则规定

高考评价体系是教育部考试中心2016年起开始制定的指导高考内容改革和命题工作的总纲，目前已经初步构建完成。姜钢（2019）指出，高考评价体系可以概括为"一核四层四翼"："一核"指考查目的，明确了高考的核心功能是立德树人、服务选才、引导教学；"四层"是考查内容，包括必备知识、关键能力、学科素养、核心价值；"四翼"指考查要求，包括基础性、综合性、应用性、创新性。考查内容（即"四层"）与考查要求（即"四翼"）之间具有关联性，考查内容通过考查要求来达成，考查要求对考查内容的实现方式给出具体明确的规定。张开（2019）指出，制定高考评价体系，旨在全面贯彻新时代党的教育方针，落实国家教育改革相关政策文件部署，系统解决高考"为什么考、考什么、怎么考""培养什么人、怎样培养人、为谁培养人"等教育根本问题。高考评价体系既从教育评价的角度、又从中华民族伟大复兴中国梦的高度，就这些问题给出了答案；也对包括语文在内的各科命题工作清晰明确地提出设计目标和研制路径，提供了基本遵循。

### （三）高考综合改革对高考语文产生深刻影响

高考综合改革（也称"新高考"）是指根据 2014 年《国务院关于深化考试招生制度改革的实施意见》（以下简称《实施意见》）的要求，针对"唯分数论""一考定终身"等社会反映强烈的问题，以"分类考试、综合评价、多元录取"为目标，包括考试科目设置、招生录取机制等多方面内容的新一轮高考改革。在新的考试招生模式下，除语文、数学、外语三科科目不变、分值不变外，考生可以根据高校要求和自身特长，在思想政治、历史、地理、物理、化学、生物等科目中自主选择考试科目，并且这些科目采用等级制计分法。新的考试招生模式在以下两个方面对高考语文产生了深刻影响。

一是必须进一步提升区分功能。新高考使语文的重要性凸显，民间流传的"得语文者得天下"的说法，正是这种重要性的体现。对此，于涵、赵静宇、李勇（2018）指出，与以往统考9门中的语文相比，高考语文区分功能不佳的问题将更为明显，只有解决好这一问题，才能防止或缓解在后续招生录取过程中可能出现的学生分数拉不开差距、"一分之差天壤之别"的现象。

二是考查内容应更加注重基础性和共通性。于涵、赵静宇、李勇（2018）指出，高考语文科是所有考生都必须参加的，高考语文考查的能力和素养，应是学生进入高校所有学科领域和专业学习所必需的。作为统考科目，语文试题的选材范围将更加广泛，在试卷整体稳定、避免公平性问题的前提下，不同学科领域、不同话题、不同体裁、不同组织形式的文本都可能进入试卷，使视野开阔、理解能力和学习能力较强的学生脱颖而出。

### （四）语文课程标准对高考语文提出明确建议

2018 年初，教育部发布《普通高中课程方案（2017 年版）》（以下简称《课程方案》）和《普通高中语文课程标准（2017 年版）》（以下简称《课程标准》）。《课程标准》凝练和明确了"语言建构与运用、思维发展与提升、审美鉴赏与创造、文化传承与理解"的语文核心素养，并提出"着眼于核心素养的整体发展""全面把握学习任务群的特点""倡导评价主体多元化""选用恰当的评价方式""明确必修和选修课程评价的重点和联系"等评价建议。《课程标准》还对高考语文命题和阅卷原则提出具体建议：以语文学科核心素养为考查目标；以情境任务作为试题载体；以综合考查为命题导向；选用的言语材料要具有时代性、典型性和多样性，贴近学生生活，充分体现语文学科特点；测试形式要创新，多设置可供学生选择的题目，体现学生个性；多设置主观性、开放性的题目，展现学生智慧，鼓励学生发挥和创造；试卷结构和测试形式不应固化，以避免形成新的应试模式。对此，于涵、赵静宇、李勇（2018）指出，高考语文在对知识和能力进行考查的基础上要进一步提升，探索考查核心素养的方式方法，助力国家课程标准的落实，促进素质教育；但同时需要正视考试和教学在性质、内容、要求等方面的差异，在落实国家课程标准有关要求时，遵循教育测量的规律，具体问题具体分析，避免出现落实的形式化与简单化。

**（五）高校需求变化对高考语文提出新的要求**

高校需求变化要求高考语文完善成绩报告。于涵、赵静宇、李勇（2018）指出，我国高等教育已进入普及化阶段，在这种情况下，高考由原来的选拔少部分考生变为对大多数合格考生进行精细区分。精细区分有两个方面，除了提高分数离散度之外，还包括完善分数解释；在提供分数的同时，为考生和高校提供分数背后更多的信息，并做好分数解释和使用的效度验证。这正是《实施意见》提出的"完善成绩报告"的要求。高考语文的成绩报告既要包括对学生综合语文能力和素养的评价，也要包括对不同的语文能力和素养的评价，如对文学鉴赏能力的评价和对逻辑论证能力的评价等，从而满足不同高校、不同专业的人才选拔需求。

## 二　改革原则

高考语文改革研究，主要是根据普通高等学校对学生思想道德素质和科学文化素质的综合要求，依据《课程方案》《课程标准》和高考评价体系，从制度层面、理论层面和实践层面进行研究，系统贯彻全国教育大会健全立德树人落实机制的要求，在服务高校人才选拔的同时，引导语文基础教育的改革方向，促进学生全面发展，推动人才培养的体制化建设。张开（2019）就高考语文改革提出3项原则。

### （一）坚定立场与方向

充分发挥语文的强大育人功能和不可替代的优势，有机融入社会主义核心价值观教育，继承和弘扬中华优秀传统文化、革命文化、社会主义先进文化，加强法治意识、国家安全、民族团结、生态文明等方面的教育，培养良好政治素质、道德品质和健全人格的社会主义建设者和接班人，增强中国特色社会主义道路自信、理论自信、制度自信和文化自信；关注学生个性化、多样化发展需求在高考语文中的体现，关注与高中语文课程改革理念与实践的衔接，大力促进学生语文核心素养的形成与发展。

### （二）坚持科学与创新

从科教兴国战略和人才强国战略出发，依据高校人才选拔要求和《语文课程标准》，努力体现各类高校选拔人才在语文素养方面的共性需求；关注先进的教育思想和理念，关注教育测评理论和技术的新进展，科学把握语文教学与测评以及人才选拔的规律，努力提升高考语文和高考选才的效度，及时更新、不断创新高考语文的内容和话语体系。

### （三）坚守传统与特色

我国历史悠久，语文教育和考试文化源远流长、博大精深，在长期的教育和考试发展历程中，形成了以德为先、注重公平、尊重知识等独具特色的人才培养和选拔观念。现代语文独立设科100多年来，语文的教学与测评也已形成了鲜明的传统与特色。新中国成立以后，特别是恢复高考40余年来，语文课程改革的热潮不断，高考语文命题工作也始终是语文教育的关键一环、重中之重。为了实现科学、公平、合理、稳定的测评目标，高考语文形成了较为稳定的命题队伍和命题机制，积累了较为丰厚的命题经验，形成了以语文科考试大纲为代表的成果内容。所有这些，都需要进行系统梳理、总结提升，以丰富和发展具有中国特色的教育评价理论与语文测评实践，确保高考语文改革的连续性，在继承中前行，在改革中完善。

## 三 内容改革

高考内容改革涉及高考指挥棒作用的有效发挥，只有形成覆盖德智体美劳全面发展要求的考试内容体系，才能引导基础教育教学破除"唯分数"的不良倾向，夯实学生全面成长的基础，促进综合素养的全面提升。高考语文内容如何改革，《课程标准》提出了基本要求，高考评价体系提供了基本遵循。本时段的相关研究围绕这些基本遵循进行了探讨和阐发。

### （一）内容体系

高考语文内容体系以"一核四层四翼"中的"四层"为纲，包括核心价值、学科素养、关键能力和必备知识。

关于核心价值。于涵、赵静宇、李勇（2018）指出，高考通过考试测量行为践行社会主义核心价值观，通过试题体现正确的价值观、世界观和人生观。高考语文试题应传递积极人生追求、高尚思想境界和健康生活情趣，以润物无声的方式促使考生提高对多元价值观念的判断甄别能力，促使考生勤学、修德、明辨、笃实，以形成正确的价值观、世界观和人生观，促使考生自觉践行并对社会主义核心价值观形成情感认同；应坚持高标准，以考促学，提高国民语言能力，助力和谐健康语言氛围的形成和中华优秀语言文化的传播。

关于学科素养。于涵、赵静宇、李勇（2018）指出，高考评价体系中语文学科素养借鉴了国家课程标准语文核心素养的4个维度，即语言维度、思维维度、审美维度和文化维度，保证核心素养培养和学科素养考查与评价的一致性。但两者依然有所差别，这主要是由于核心素养基于教育视角、高考学科素养基于评价视角而造成的。学科素养的测量有两种实现途径：一种是设计多道考查维度较为单一的试题，在测量必备知识、关键能力的同时，也从多个角度共同完成对某一学科素养的测量；另一种是设计大型情境化、综合性的试题，直接完成对某一学科素养的测量，包括复杂的生活实践情境的试题和复杂的科学研究情境的试题。张开（2019）认为，阅读素养和表达素养是高考语文学科素养的基本构成和决定要素，表现为在阅读和表达中有效进行认知监控；同时，语文学科素养还需从高中语文学习内容的维度来认识，从语言建构与运用、思维发展与提升、审美鉴赏与创造、文化传承与理解4个方面予以强调,进而在高考语文中全面、综合而均衡地予以最大程度的落实。

关于关键能力。于涵、赵静宇、李勇(2018)指出,高考评价体系中语文学科的能力框架以支撑学生终身发展和适应时代要求为标准,将与语文能力紧密相关的独立思考能力、逻辑推理能力、信息加工能力、语言表达能力、文字写作能力、形象思维能力、想象能力、审美鉴赏能力、创新能力、职业能力遴选出来,作为关键能力纳入调整后的能力框架,并进行重点考查。高考语文试题可分为两类:对某一关键能力进行精准测量的试题、对多个关键能力进行综合测量的试题。张开(2019)认为,语文关键能力的主体内容可从阅读能力和表达能力两个方面进行总体设计,并予以分类、分层地呈现,具体包括:信息型阅读能力、文学性阅读能力、古代诗文阅读能力、语言策略与技能、写作能力。

关于必备知识。张开(2019)认为,高考语文要求的必备知识,主要包括3个部分:一是语言文字知识,如现代汉语和古代汉语的字词句法相关知识等;二是文学审美知识,如小说、散文、诗歌、戏剧等文学作品的文体基本特征和主要表现手法,此外还包括《课程标准》涉及的文学作品和背诵篇目等相关知识内容;三是中外文化常识,如中外优秀文化中艺术、历史、科学等领域的基本常识,中华优秀传统文化、革命文化和社会主义先进文化的基本常识等。于涵、赵静宇、李勇(2018)认为,语文学科涉及的知识范围非常广泛,考试大纲仅划分了知识模块,没有具体的知识点,在实际命题时,试题考查涉及的知识多以课程标准(或教学大纲)和教材为依据。

## (二)考查要求

高考语文考查要求以"一核四层四翼"中的"四翼"为纲,包括基础性、综合性、应用性、创新性。张开(2019)就此进行了深入阐释。(1)基础性。通过对语文各领域基本概念、原理、思想方法的考查,引导学生将所学的语义知识和方法内化为自身的素养和能力。(2)综合性。突出考查学生掌握知识体系的完整性和不同知识间的交叉与渗透,引导学生全面完整认识问题的复杂性与动态性,综合运用语文学科的知识、方法,灵活调动阅读与表达策略,以有效解决复杂情境中的各种语文任务。(3)应用性。通过设置新颖的问题情境,将学科内容与国家经济社会发展、社会生活实际等紧密联系起来,引导学生增强语文联系实际的能力,善于观察、体验,主动灵活运用所学知识解决实际问题。(4)创新性。通过设计开放性和探究性的情境与设问,培养学生辩证思维和创新思维能力,引导学生独立思考、敢于创新,大胆提出自己的观点和结论,允许学生根据自己的理解,从不同角度加以探讨,对同一问题或现象得出不同的结论。

## 四 命题改革

命题改革是将前述顶层设计落到实处的关键环节。本时段的相关研究主要涉及以下6个方面的内容。

### (一)情境化命题理念

"情境"是实现考查内容和考查要求的载体,高考评价体系"一核四层四翼"的实现需要借助情境化的设计理念与实践,才能确保改革设计目标的落实落地(张开2019)。"情境化"是有效测评核心素养的必然要求,与碎片化学科知识点相比,核心素养指向的是教育领域中复杂的理论建构,是学生通过后天学习形成的综合性学习结果;要合理测评核心素养,必须依赖于创设合理的、真实的任务情境,才有可能实现(杨向东2017)。语文学科核心素养是在具体的语文实践活动中形成与发展,并通过具体、多样的实践活动表现、展示出来的,考试、测评题目应以具体的情境为载体,以典型任务为主要内容。①

"情境"一词的理解和应用,在教学及考试测评中,还存在较多的困惑。叶丽新(2019a)主张从"来源""目的指向""与生活的距离"3个角度立体地理解"情境",尤其第3个角度的考查,对理解情境在测评中的运用,有较大价值。作者借助比利时学者易克萨维耶·罗日叶提出的"任务需求是现实存在的还是模仿现实虚构的"和"问题解决是真正解决还是模拟解决"两个维度,从与生活的距离角度,提炼出4种情境。这一思考框架有助于根据实际需要选择和设计情境,也可以不再纠结于情境的"真实性"问题。依据这一思考框架,只要情境能有效地服务于测试目的,达到期待的测试效果,不违背基本的日常逻辑,这4类情境都可以称为"真实、有意义的情境"。作者还指出,在试题

---

① 参见《普通高中语文课程标准(2017年版)》。

层面,"情境"需与或隐含或明示的"问题"要素及明确规定的"任务"要素融为一体,优质的情境化试题应该具备以下特点:借助材料和任务本身的特质或适当的描述,情境的呈现方式应当自然顺畅;情境应当对学生有一定的吸引力;情境应当有助于引导学生整合知识与技能,并体验问题解决过程;情境应当含有新学习的成分,或能强化已有学习策略、成果。

### (二)论证评估能力测评路径

非形式论证及其评估是逻辑学、批判性思维的重要内容,也是核心素养的重要组成部分,论证评估能力的发展对人的培养、社会的发展意义重大。蒋远桥(2018a)指出,逻辑思维、辩证思维的发展,敏捷性、灵活性、批判性等思维品质的提升,与论证及评估紧密相关。基于非形式论证"情境依赖"的特点,在纸笔考试中可以"情境化"为路径,为不同情境的论证评估能力设计不同侧重点的试题进行测评。作者结合核心素养测评情境化的特征,以逻辑标准和语用标准为两条非形式论证评估的可用标准,根据情境的不同类型,论证了不同策略操控,阐发了在学术情境、个人生活情境、社会生活情境等不同情境下不同论证评估标准的倾向和权重。作者认为,可以通过情境化这一路径,设置学术情境、生活情境两大类情境,进行论证评估能力的测评。

### (三)核心素养背景下的阅读命题策略

核心素养背景下文学阅读的测评存在选文难、命题难、评分量表制作困难、评卷效度低等难题。郑桂华(2019)以高考语文全国卷中的小说阅读试题为例,把测评活动和具体、真实的语言实践活动关联起来,提出了小说阅读核心素养测评的4个标准:有阅读理由、有基本内容梳理、有真实问题讨论、有人生体验与可能性收获。作者对测试中的小说阅读向生活阅读状态倾斜的限度也有所警惕,认为生活阅读状态利于激发阅读兴趣、获得语感、感悟社会人生,语文学习阅读状态偏重于表达技巧和策略学习、把握规律,指向学习效率,两者互有侧重,但同时互相促进,理想的状态是从生活情境进入初始阅读状态,再借助知识和阅读策略把握规律,最终目的仍然是回到语文生活,帮助学生完善语感,建构改善人生境界和生活状态。作者还讨论了测评的典型性问题,认为测评应当既注重文本的"这一类",还要将关注点从"这一类"向"这一篇"转移,即除小说的社会认知价值、小说阅读考察视角的价值以外,还应重视小说所体现的独特风格等文学价值,即小说家整体创作风格的典型性,认为读出一篇小说的独到内涵和风格而不是所有小说的共同特征,是读懂一篇小说的根本标志,也是区分小说阅读理解水平的主要依据,这样可以避免学生套用大多数小说中塑造人物形象的手法作答,而能测试出阅读的独特收获。

**(四)核心素养背景下的写作命题策略**

2019年高考作文命题的积极探索。李倩、李煜晖(2019)认为,2019年高考作文命题在测试构念①、价值取向和任务设计等方面就体现出鲜明特点。(1)对写作能力的构念,聚焦于思维品质和写作情境。作者认为,判断认知能力的高下取决于语言表达过程中展现出的思维品质,如抽象概括、辩证思维、逻辑推演和想象力等,而情境则是写作得以展开的前提条件,学生需要在特定的情境、根据一定的目的开展写作活动。(2)测试内容的价值取向,兼顾家国观念与学生个体的精神成长。作者指出,这体现了作文测评对继承和弘扬中华优秀传统文化、革命文化、社会主义先进文化,培养文化自信,推动文化的创新发展方面所具有的不可替代的优势。(3)写作任务的命制与设计,注重学科课程内容的整合以及测试领域之间的关联。作者认为,在真实的生活情境中,学习者所面对的问题是复杂而多样的,需要能够从不同视角综合运用自身所具备的技能与能力要素,实现问题的有效解决。从综合性与整合性的视角重新审视语文核心素养的培养尤为重要。

写作命题的开放性问题,一直存在学术分歧,有人把开放性当作一个好试题的前置条件,有人以为开放性会成为学生猜测老师意图的推手,还有可能会导致不公平。叶丽新(2019b)从"任务的选做""文体的规定""立意的开放"3个角度探讨了核心素养背景下写作测评试题的"开放度"问题。作者认为,调控作文试题开放度的实现方式和调控角度是多元的,这些角度可能在一个试题中同时发挥作用,作文试题的开放度要综合考量各个角度合力作用下的最终效果,选做题未必一定比一个必做题开放,反之,单个话题的必做题未必就是强封闭性的。试题选做、文体规定性、写作内容和立意空间这几个角度内部,又分别可以在开放和限制的两极连续体上做出不同程度、角度的设计,每一个角度、不同层次的开放度,都没有绝对的好或坏,各有长处和可能的风险。把握

---

① 测试构念指对拟考查的能力特质所持有的理论假设或基本构想。命制写作试题,须率先明确"写作能力"的内涵和外延。

作文命题的开放方式、分寸，还需要考试后的研究，即从学生实际的写作反应中获取信息来反观试题设计的效果。

### （五）旨在提升区分度的命题策略

高考语文在提升区分功能方面大有可为。于涵、赵静宇、李勇（2018）认为，可以尝试采取增加区分效果较好的题型在试卷中的比例，改进主观试题评分量表和评分方式，适当增加阅读材料的文字量，加大试题创新力度等措施。

### （六）高考语文命题总体发展趋势

温儒敏[①]（2018）指出，"新高考"背景下语文命题呈现7个方面的变化趋势：越来越注重阅读量，越来越注重阅读速度；命题所依赖的材料范围将大大拓展；更加注重信息筛选处理能力和逻辑思辨能力的考查；题型和各类题搭配的改革，更注重综合性；文言文考试变化最大，断句和翻译将增多，虚词、动词等知识性考查相对减少，这两年还增加了对古代文化常识的考查，未来也将会持续下去；语言文字运用题随文设点，考语境中的对错，训练语感；注重情景化。

## 五 评卷改革

评卷是考试流程的重要环节。语文科因主观性题目较多，有些开放性的题目答案不唯一，尤其是作文部分分值比重较大，因此更需要对评卷进行科学合理设计，充分利用新技术，建立完善机制确保评卷公平公正。

### （一）评分标准和量表制作

评分标准。潘涌、李熹（2019）在对比分析了新、旧美国学术能力评估测试（School Assessment Test，SAT）作文的考核要求及评分标准后指出，借鉴最新SAT高考作文评分标准中阅读、分析与写作这种"三维度"融合的模型，对于调整与完善我国高考作文评分标准，推动高考作文评价体系走向理性化、逻辑化和创新化，最终通过评分标准的改革与创新来促进教师教学理念、学生写作观念的深刻转型，都将产生非常积极的正面影响。新SAT作文考核维度

---

① 统编本义务教育语文教材主编。

多元，即以写作过程中涉及的阅读、分析、写作各项具体能力为考核维度；赋分标准层级化，为阅读、分析、写作3个维度分出高级（Advanced）、优秀（Proficient）、偏颇（Partial）、不足（Inadequate）4个等级，设置2—8的赋分空间。在作文评分细则中，各等级均附有详细的文字说明，使赋分过程更加易于操作、测试结果更体现公平。评分者将以文字形式详细地记录赋分理由，确保赋分的科学性和合法性，使每一份作文试卷都将得到以分数形式呈现的量化评价和以文字说明形式呈现的质性评价，进一步丰富作文测试过程内蕴的教育性价值。

评分量表制作。蒋远桥（2018b）指出，《实施意见》要求"改进评分方式，加强评卷管理，完善成绩报告"，而成绩报告的完善，必然要求评分量表的完善，才能让测评分数提供更多的信息。现行高考成绩可视为标准参照下的成绩获得与常模参照下的成绩使用的融合，这种融合的趋势及高考的其他社会效应，都对高考语文主观性试题提出了超越于原有赋分方式的新要求，评分量表可以说是这种要求的必然产物。不过，标准参照和常模参照有着天然不同，有的不同对结果解释或许不重要，而有的不同则会有很大影响，这是试卷及评分量表制作时要着重解决的。作者以赋予分值到标定编码的转变的方法，就高考语文科评分量表的制作做了有益探索。让本用于个体差异的相对测量的常模参照考试向学生掌握知识与技能的绝对测量转变，可以将原来效用单一分数，转变为依据考生应答而分类标记的编码，记录更多的学生表现，然后对不同水平层次即根据双位编码的首位进行赋分。有这样的评分标准作为保障，考试后的成绩反馈，可以由原来简单的一个分值，变成一份完善的成绩报告，既有整体指数，也有不同内容、能力的指数，还有每个状态症候的类别描述。

人机结合评分量表探讨。霍紫莹、赵静宇、张敏强、胡家俊（2019）对某次经过严格组织的语文作文测试采用两种评分量表进行评分，并对比两种量表的差异优劣。一种量表是由教育部考试中心颁布的目前全国卷使用的作文评分量表，可以称为"经典评分量表"，设定为基础等级（内容、表达）40分，发展等级（特征）20分。另一种量表则根据议论文的要素，将评分标准分为论点、论据、论证、语言和思想5项，精简对每项标准的描述，赋分也从原来的20个分值减少为好、中、差3个等次。评分者只需确定考生的作答情况，评定等次，然后计算机评分系统基于评分者评定的作文等次，在后台进行定量给分，这种方式可以称为"人机结合"，所以把这一量表称为"人机结合评分量表"。研究显示：人机结合评分较好地解决了分数离散程度低、保险给分的问题；评分者在使用人机结合评分量表时能更好地区分考生的写作能力水平；人机结合评分量表的等级设置较为合理，但其表现仍会受到评分者个人偏好及严厉度不一致的影响。总体而言，人机结合评分方式产生的评分结果与经典评分存在较高相关，而在某些方面的表现超过经典评分量表。这一研究对实现命题意图、降低阅卷成本、提高评分效度，都有较大的意义。

### （二）评分严厉度效应控制

评分严厉度效应是指在主观题人工评分过程中，由于评分员的严厉度随时间、场合或任务的波动而导致的评分误差效应，这是与测量目标无关的干扰因素，对评分质量有重要影响。赵海燕、辛涛、田伟（2019）指出，评分者效应不是一种静态特征，而会随着时间、场合以及任务的变化而发生改变，即发生评分者漂移（rater DRIFT），这就需要对评分员做动态评估，可以为制定补偿方案奠定基础，也有利于评分过程的改进、有效监控机制的建立、评分员遴选与评价的完善，并最终有助于提升大规模考试结果分数的信度、效度与公平性。该研究基于高利害性大规模教育考试的作文评分过程中现场收集的操作性评分数据，借助传统检测方法侦测严厉度漂移，旨在回答：在当前评分背景下，评分员是否在持续数天的高强度密集评分中表现出严厉度漂移；选用多面 Rasch 模型的不同变式、效应指标以及侦测方法，结果是否存在差异；评分员所表现出的严厉度效应在静态和动态上有何区别。研究结果表明：评分员在整体上并未发生明显的严厉度漂移，但有相当比例的个体评分员显示出波动现象，并且分离模型的检出率要明显高于交互作用模型；对于严厉度漂移，使用效果量标准的检出率要明显高于差异检验的结果；这在一定程度上说明使用效果量的标准更为灵敏，检测出的严厉度漂移也更具有现实意义；静态和动态严厉度效应间并不存在简单的加合或对应关系，评分员是否发生严厉度漂移并不取决于其静态效应的强度。作者对结果的原因进行了分析讨论，如交互作用模型可能不适用于评分员在整体上发生一定的波动、但个体评分员的相对位置并未发生明显改变的情况，这种情况在评分质量监控较为严格时最有可能出现。对评分质量进行监控，单纯进行总结性评价可能会掩盖过程内部的起伏跌宕，要保障评分的效度，必须深入考察评分行为的稳定性，对评分员进行即时评价和实时监控。这些实证研究对评分质量的合理监控、评分效度的提升，都很有实际意义。

### （三）人工智能技术应用

随着人工智能技术的发展，深度学习技术不断进步，人工智能在考试测评中的应用也越来越多，如考试命题、人机对话等领域，人工智能都有深入的发展。因为评分员效应的必然存在，人工智能评卷则可以规避这一缺陷，另外还具有便捷快速、成本低廉、反馈及时等优点，所以这一技术在评卷领域也吸引了众多眼光。不过这一技术以前多运用于非母语的语言测试，在高考语文评卷中的研究和应用，仍可以算是新事物。2018年安徽省高考作文评卷采用了人工智能辅助网上评卷质量监控系统，在后台对试卷进行评判，将其结果与人工教师评卷结果进行对照，如果发现偏差较大，就会对现场的人工评卷进行提醒，保证评卷按照标准化操作继续处理、进行。何屹松、徐飞、刘惠、孙媛媛、竺博、储林林（2019）就这一工作给出了详细的流程和翔实的数据，进行了思考和总结，指出在某些人工智能技术瓶颈得到突破后，能够在更多科目、更多题型上进行精准评分；在阅卷组织和管理模式上形成规范化和程序化的操作之后，以智能评分替代一评或部分替代人工评卷，将成为一种可能，智能阅卷模式，将成为未来考试阅卷智能化应用的发展方向。

## 结　语

在立德树人总要求和"新高考"制度下，语文的重要性日益凸显。高考语文改革是涉及民生问题、各界高度关注的社会热点，是引领基础语文教育转型升级的"指挥棒"。本专题梳理的2018—2019年相关研究显示，国家考试部门和学界已经就高考语文考什么、怎么考、怎么评卷等进行了顶层规划和深入研究，这些研究取得的成果、提出的理念、形成的共识必将通过多种渠道体现在未来高考语文的发展变化之中。同时应该认识到，高考语文改革是一项"始终在路上"的系统工程，未来从顶层的价值导向到中层的测评理念再到基层的命题规范，都还需要学界和考试从业者结合社会对人才的要求、纸笔考试的特点、考试安全的红线、评卷技术的发展等各方面因素，不断探索研究和积极稳步实践。

**【本时段研究文献】**

［1］何屹松，徐飞，刘惠，孙媛媛，竺博，储林林. 新一代智能网上评卷系统的技术实现及在高考网评中的应用实例分析［J］. 中国考试，2019（01）：57—65.

［2］霍紫莹，赵静宇，张敏强，胡家俊. 语文作文经典评分与人机结合评分的比较研究［J］. 教育研究与实验，2019（03）：85—90.

［3］姜钢. 发挥高考内容改革导向作用　助力推进教育评价改革［J］. 中国考试，2019（06）：1—4.

［4］姜钢. 论高考"立德树人、服务选才、引导教学"的核心功能［J］. 中国高等教育，2018（11）：31—35.

［5］蒋远桥. 从赋予分值到标定编码——高考语文试卷评分量表的制作［J］. 语文学习，2018b（02）：68—73.

［6］蒋远桥. 论证评估能力在纸笔考试中的测评路径［J］. 上海教育科研，2018a（11）：17—23.

［7］李倩，李煜晖. 课改进程中的新探索——2019年高考作文命题特色评析［J］. 中学语文教学，2019（07）：76—79.

［8］潘涌，李熹. 最新SAT作文评分标准的特点及价值启示［J］. 教育科学研究，2019（06）：71—75.

［9］温儒敏. "三新"与语文教学改革——新课标、新教材与新高考［R］. 深圳：2018/10/11. 见：https://www.sohu.com/a/271066434_559435.

［10］叶丽新. "情境"的理解维度与"情境化试题"的设计框架——以语文学科为例［J］. 课程·教材·教法，2019a，39（05）：107—113.

［11］叶丽新. 作文试题开放度的调控角度与方式——从2019年高考作文试题说起［J］. 语文建设，2019b（13）：4—9.

［12］于涵，赵静宇，李勇. 新高考语文科的定位、功能和考查内容研究［J］. 课程·教材·教法，2018，38（05）：11—16+61.

［13］张开. 基于高考评价体系的语文科考试内容改革实施路径［J］. 中国考试，2019（12）：20—24.

［14］赵海燕，辛涛，田伟. 大规模教育考试作文评分中的严厉度漂移研究

[J].中国考试，2019（02）：1—8.

［15］郑桂华.高考文学阅读素养测评的探索——以2019年高考语文全国卷小说阅读试题为讨论对象［J］.基础教育课程，2019（15）：7—13.

**【以往参考文献】**

［1］杨向东.核心素养测评的十大要点［J］.人民教育，2017（Z1）：41—46.

# 新时代外语专业教育

## 引　言

新中国成立以来，我国外语教育经过 70 年的辛勤耕耘，尤其是 40 多年的改革开放，得到迅猛发展，无论是人才培养、学科建设、科学研究、文化传承传播，还是国际交流与合作等都取得了令人骄傲和叹服的成绩，为我国各项事业的进步做出了重要贡献。[①]

党的十九大宣告中国特色社会主义进入新时代，我国外语教育面临新需求、新机遇和新挑战。党的十九大关于优先发展教育事业、加快教育现代化、建设教育强国的重大部署，习近平总书记在 2018 年全国教育大会上关于"培养德智体美劳全面发展的社会主义建设者和接班人"的讲话精神，《中国教育现代化 2035》及《加快推进教育现代化实施方案（2018—2022 年）》关于"促进高等教育内涵发展"的"六卓越一拔尖"计划 2.0、一流专业建设"双万计划"，全国高等学校本科教育工作会议确立的"以本为本，四个回归"[②] 的发展原则，以及教育部 2018 年颁布的《外国语言文学类本科教学质量国家标准》（以下简称《国标》）、《大学英语教学指南（2017 版）》（以下简称《指南》）等文件标准，为新时代外语教育确立了基本遵循。

本专题介绍 2018—2019 年学界关于"大学本科阶段外语专业教育如何在新时代转型发展"的思考与探讨，内容涉及培养目标、专业建设、课程改革、教学理念等。除非出于比较的需要，不涉及大学公共外语和专业外语[③]教育。英语是我国高校最大的外语专业，学界探讨的主要是英语教育问题，除非明确指向

---

[①]《外语界》2019 年第 4 期"纪念新中国成立 70 周年"栏目编者按。

[②] "以本为本"指"高教大计，本科为本"；"四个回归"指"回归常识、回归本分、回归初心、回归梦想"。

[③] 指结合其他专业的外语教学，如工程英语、化工英语、法律英语等。

英语以外的其他外语语种,本专题不特意区分"外语"和"英语"。

## 一 培养目标

学界对外语专业人才培养目标的思考历来有着不同的侧重点。① 进入新时代,面对建设"一带一路"和构建人类命运共同体对外语人才的迫切需求,根据《国标》的相关规定和全国教育大会关于外语人才培养的要求,学界普遍认为,新时代外语专业人才不仅应具有过硬的外语技能,还应具有较高的综合素质和人文素养,对人才培养目标的解读、阐释、思考与凝练表现出鲜明的"综合性"特点,同时也有不同侧重。

### (一)新型复合型外语人才观

复合型人才主要是指具备掌握了两种专业实用技能的人才(戴炜栋1999),复合型外语人才则通常理解为掌握了"外语+专业"的人才。20世纪80年代起开展的培养复合型外语人才的试验是我国外语教育中影响最大、涉及范围最广的一次改革(胡文仲2008a)。复合型外语人才培养的改革与实践取得了令人瞩目的成就,不仅满足了我国经济社会发展的需要,而且带动了外语学科的发展,提高了我国外语教育事业的整体水平(文旭2018),同时也存在"重技能轻素质、重专业轻通识、重应用轻文化"(蒋洪新2019)等问题。

面对新时代新要求,蒋洪新(2018)认为应着力培养与以往不同的,强调外语跟其他学科专业内在融合的复合型外语人才,而不是仅仅将外语视作一种载体的跟另外一个专业的结合。蒋洪新(2019)进一步提出了新时代复合型外语人才的具体标准:(1)在素质方面,具有正确的世界观、人生观和价值观,有良好的道德品质和崇高的社会责任感,有开阔的国际视野和深厚的中国情怀,有良好的人文科学素养、开拓创新的意识和团队合作的精神;(2)在能力方面,具有扎实的外语听说读写译技能和良好的外语综合运用能力,有对不同国家、不同民族、不同文化的感悟能力和进行跨文化交流的能力;(3)在知识方面,不仅要系统掌握语言知识,还需要了解一定的哲学、艺术、文化知识以及经济社会发展各领域的专门知识。

---

① 参见胡开宝、王琴(2019)。

## （二）卓越国际化外语人才观

李岩松（2019）结合所在高校多年来的人才培养实践，对新时代外语人才培养目标的思考更侧重"国际化"和"高端"。面对新时代对人才类型与规格的战略要求，作者认为外语学科应坚持以高端外语人才培养为核心。为对接国家和社会需求，新时代要培养具有中国情怀、国际视野的"多语种+"卓越国际化人才，特别是"一精多会""一专多能"的国际化复合型人才，使其在"一带一路"建设、人类命运共同体构建等过程中发挥重要的桥梁沟通作用，为中华民族伟大复兴提供智力支持。作者将这种人才培养目标概括为"会语言、通国家、精领域"。

## （三）全球素养视角下的外语人才观

"全球素养"指能够考察当地、全球和跨文化的问题，理解和欣赏他人的观点和世界观，与不同文化背景的人进行开放、得体和有效的互动，并为集体福祉和可持续发展采取行动的胜任力。① "全球胜任力"是全球化时代的综合素养，也是基于双语甚至多语种能力，融知识、技能、态度和价值观于一体的21世纪公民素养。梅德明（2018）指出，我国外语教育必须帮助学生在学习和掌握外语知识和语用能力的同时，形成构建人类命运共同体所需要的情感、态度和价值观，发展全球胜任力；这种胜任力不仅是语言沟通能力，更是从多个角度审视、分析、理解、评判并积极回应全球和跨文化议题的能力，还包括要了解不同观念产生的历史地理和社会文化原因，理解差异性对认知能力以及元认知策略的影响，与不同文化背景的人进行开放、恰当、有效互动的人文交流与合作的能力。杨金龙、沈骑（2019）认为，在"人类命运共同体"理念的引领下，我国的外语专业人才在国际话语体系中不仅充当着"语言传递者"的角色，更在建设国家文化与话语"软件"、塑造我国良好形象和提升我国国际话语能力的过程中扮演着"语言与文化传播者"的角色。现阶段，为使外语专业人才尽快融入"语言与文化传播者"的新角色，调适外语专业人才培养的价值诉求，对学习者"全人类"格局感、全球胜任力、文明对话能力等方面进行多维塑造已成为提升我国国际话语能力、践行"人类命运共同体"理念的重要途径。

---

① 见2017年经济合作与发展组织（OECD）教育与技能司和美国哈佛大学教育研究生院零点项目共同主持发布的《PISA全球素养框架》（PISA Global Competence Framework）。

### （四）多语种和复语型外语人才观

针对多年来我国外语人才培养"英语独大"的问题，面临"一带一路"建设的迫切需求，多位学者主张培养多语种人才和复语型外语人才。潘文国（2019）指出，百多年来的外语教学，欧美语言特别是英语独领风骚，中国人几乎把外语等同于英语；到了新时代，这一格局必然会有所变化，随着"一带一路"的全面推进，外语的外延会变得更宽，外语语种的多样性是必然趋势。作者建议：非英外语人才培养要科学布局，包括开设语种、开设地域、开设层次等；英语要"让"，英语专业要精简，砍掉一些，腾笼放鸟，给更多的非英外语专业；同时英语要"领"，在全国外语专业中起引领作用，并积极参与非英外语人才的培养。王守仁、王海啸（2019）指出，大学外语教学并不等同于英语教学，要重视大学法、俄、德、日语教学，采取有效措施扶持多语种外语教学，特别是要对接国家"一带一路"倡议，促进沿线国家语言互通，应鼓励更多的高校创造条件发展多语种大学外语教学，开设多样化的第二外语课程，构建各语种共存的和谐语言教学生态。郭英剑（2019）认为，未来外语专业发展的必由之路，将是对人才多语能力的培养。

## 二　专业建设

我国外语专业建设成就巨大，同时也存在突出问题，甚至可以说面临"危机"。2018年末的一篇网文《英语专业是否是"对不起良心的专业"？》①（作者蔡基刚，以下简称"蔡文"）更是搅动全国大学外语教育界。本时段的相关研究围绕"蔡文"反思危机，深入探讨改革方略。

### （一）存在问题

"蔡文"认为英语专业存在的问题主要是：培养规格不是国家和社会所需要的、教学内容也不能满足大学生的需求、招生过多过滥，并以毕业生专业对口的就业率低、2018年有5所学校的英语专业被撤销等为论据，指出英语专业"病得不轻"。"蔡文"的观点遭到了"英语专业内几乎是一边倒的批评态度，甚至

---

① 参见 https://new.qq.com/omn/20181107/20181107C033VQ.html。

形成'同仇敌忾'"①，但"外语教学不是没有危机"（吴岩 2019），而是"众多背负着学科体系沉疴的亟须改革的大学本科专业之一"（张和龙 2018）。学界在批驳"蔡文""语不惊人死不休"的情绪化表达经不起推敲，甚至"不值一驳"的同时，也普遍承认外语专业面临危机。

张文茹（2018）认为"英语专业实际上是没有专业"，许环光（2018）则认为外语专业是"半吊子"专业。柴湛涵（2018）认为："专业建设的简单重复、同质化，单一方向体量臃肿、缺乏适应时代发展的创新等问题表现得尤为突出。"张和龙（2018）指出："20 世纪末，国家出于经济建设与社会发展需要，启动大学扩招，英语专业也以席卷之势迅猛发展，并呈过度扩张之势。而过度扩张必然会造成合格生源不足、师资力量薄弱、培养规格不高、教学内容滞后等诸多问题。"李翠英（2018）认为，最主要的问题是思辨缺席、就业困难、学生学习热情低。石冠辉（2018）指出："英语专业表面繁荣发展的背后，难掩其历史积淀不足，学科基础薄弱，专业定位不清，沿袭大学英语教学模式，缺乏创新和费时低效的种种弊端。"侯明华（2018）指出："英语专业整个学科遭遇合法性危机，培养出来的毕业生思辨能力和表达能力偏弱，人文素养和专业知识缺乏，甚至英语技能方面的优势也越来越小。"文旭（2018）在反思复合型人才改革实验时也指出了"外语专业性质弱化、学科属性趋于模糊，教育理念和教学方式相对落后，课程设置不合理、与培养目标不匹配，教学质量和人才培养质量下滑、学生的思辨能力和创新能力不足，师资队伍建设有待加强"等问题。实际上在"蔡文"之前，就已经有学者指出，英语专业几乎到了"最危险的时刻"（束定芳 2015）。

归纳起来，主要有三大问题：一是专业定位不清、专业性不强，面临合法性危机；二是专业设置过多过滥，同质化问题突出；三是培养质量不高，学生思辨能力、综合素质不强，基本语言技能方面的优势也越来越小。尽管这些问题不能抹杀外语专业教育取得的巨大成就，也是发展过程中的问题，但需树立危机意识，予以足够重视。

造成这些问题的原因，欧阳护华（2019）认为，一方面是特殊历史时期"专业英语"和"大学英语"划分所致，另一方面是大一统的英语教育标准与地方教育发展不平衡之间的矛盾；杨一铎（2018）也认为，外语专业因《高等学

---

① 参见 http://www.sohu.com/a/302289121_176673。

校英语专业英语教学大纲》不分院校性质的"一刀切"而在很多院校出现种种的不适应,尤其是因教学大纲的片面和漏洞而导致的教学管理、师资队伍、学生素质、教学研究等方面的问题,已成为阻碍英语专业发展的瓶颈。

### (二)建设理念

围绕"蔡文"的讨论,背后是关于外语专业本质属性到底是"工具性"还是"人文性"的理念冲突。

工具属性论。工具属性论将外语视作工具和载体,重在培养应用型人才,强调"学以致用",强调以听说读写"四会"内容为核心的语言技能训练,是一种实用主义或功利主义教育观,体现的是"工具理性"。[1] 工具属性论一度主导了我国外语教育的价值取向,杨金龙、沈骑(2019)指出,在工具性价值取向影响下,与其他学科相比,外语学科的应试能力、语言能力与工作技能三者之间的联系看似更加紧密;从短期效益来讲,对学习者的词汇、语法等语言系统层面的巩固与加强似乎是提升其应试能力、语言能力与工作技能最直接的路径。而工具性价值取向被大多数学者认定为是导致前述问题和危机的根本原因,石冠辉(2018)指出,"今天英语专业面临的困境和问题,是由于对自身学科性质的错误理解,是对英语学科基本性质即人文属性的模糊认知,以及对自身真正学科立场的缺乏坚守而导致的"。新世纪以来,众多学者对其提出了批评。随着时代的发展和认识的演进,当前仍然"旗帜鲜明"地坚持工具属性论的大概只有蔡基刚等个别学者了,因而这在张和龙(2018)看来是"逆潮流而动"。"蔡文"提出,"英语专业人士必须放弃'英语教育本质上是人文教育'的片面观点,接受英语就是一门汲取和交流专业领域国际前沿信息的工具的观点"。面对反对和批评意见,蔡基刚(2019)进一步认为,在大国博弈、科技竞争日益激烈的形势下,将专业划分为人文性、工具性和实用性,重道轻器,这是与这个时代格格不入的。而许环光(2018)则强调"学以致用、学用结合",认为语言说到底只是一门工具,实践性很强。

人文属性论。人文属性论认为人文性是外语专业的根本属性,外语专业本源上就是人文教育,是严格意义上的人文学科专业,只有坚持人文教育的专业定位,才能促进学生的综合素质提升与长远发展,才能满足国家战略的需求。[2]

---

[1] 见:韩宝成(2018),杨金龙、沈骑(2019)等。
[2] 见:查明建(2018),蒋洪新(2019),幸珺君、赵宏(2018)等。

人文属性论以"大学本科教育本质上是博雅教育、通识教育"(即"本科特性")等为主要论据。[①] 人文属性论是当前大多数学者抱持的立场,21世纪初以来,一大批学者呼吁外语专业教育要回归人文性。近两年学界就此阐发的观点大致包括3个方面:一是指出"人文价值是外语专业人才的时代之需",如杨金龙、沈骑(2019),蒋洪新(2018)等;二是认为"回归人文性是专业自身发展的必然",如宁琦(2019)等;三是认为"回归人文性是社会发展的必然",如查明建(2018)等。人文属性论者不否定外语(语言)的工具性,但强调外语教育(及研究)是人文性的,如陈彦旭(2018)。在人文性价值导向下,近年来全国各高校积极推进课程改革,增设人文类课程。不过,在实际操作中将语言的工具性和文化性、外语教学的语言学习和人文教育分开体现和实施,以及将人文教育简单化为文化文学知识学习的做法,也遭到了批评。批评者不惟蔡基刚(2017),还有杨蕾(2018)等,"缺乏理论指导而匆匆上马的教学改革并没有带给高校预期的效果。虽然我们不能抹杀人文教育带给高校的功劳,但在工具观指导下开设的人文教育,最终带来的后果就是学生混学分,抄袭的事情屡屡发生。人文教育也慢慢地被边缘化,一些相关课程甚至变成了可有可无,或者点缀性的"。

伪命题论。语言的工具性和文化性、外语教学的语言学习和人文教育是很难分开的,将语言学习和人文教育分开进行是机械的(蔡基刚2017)。高雪松(2018)认为,外语教育的核心任务是教会学习者把外语作为一个语言资源和工具来认识、批判和改造世界,而提倡人文素质,不会减少外语教育的工具性,人文素质本身也不是教育的终极目标,人文素质教育很有可能是达成教育终极目标的一个重要手段。王立非(2019)指出:"我们太纠结和迷失于英语专业是人文教育还是专业教育的争论之中。中国目前有哪个大学专业不强调人文教育和人文素养?有哪个专业不重视专业教育?放眼望去根本没有。"杨永林(2018)指出,每一个学科和专业,都有其自身存在的价值和发展的特点,不能人为地使其承担生命之重或生命之轻的价值判断,所以要正确看待学术讨论与客观存在之间的关系。

双重属性论。工具属性论和人文属性论既统一于服务国家、对接国家的战略需求,又彼此存在张力。因此近年来,外语课程兼具工具性和人文性的观念

---

[①] 见:张道振(2018),封一函(2019),曲卫国、陈流芳(2018)等。

得到认可,并被写入修订后的课程标准、教学大纲或教学指南。本时段的相关研究进一步阐释了二者之间的辩证关系。梅德明(2018)指出,轻视工具性的人文价值教育最终培养的是空谈家,忽略人文性的工具价值教育最终造就的是空心人;只有将"工具性"和"人文性"融合统一的外语教育,才是立足当下、面向未来的育人工程。郭英剑(2019)指出,作为以外国语言为工具的专业,和以文学与国家社会、文化等为研究对象的专业,自然兼具了工具性与人文性的双重特征;英语专业(亦如所有外语专业)是具有工具性与人文性特征的专业,可谓双重价值并存;两者之间的关系表现在,前者是基础与特征,后者是保障与属性,同时需要说明的是,这两者缺一不可。封一函(2019)的"开放式回归说"也兼顾了工具属性论和人文属性论,作者认为,外语教育的"人文回归"是开放式的回归。在开放的时代,外语专业的本体化、寄生性或可塑性应该并重;外语专业不排斥与商贸、法律、口笔译等应用性专业的结合,并不只是出现在沙龙或象牙塔里,而是在日常生活中;外语人文知识和人文思想的教育是贯通于各种培养方案之中的,我们所面临的挑战是如何更开放地理解其专业内涵,又不失这门古老的人文专业的本分。

语言和文化不可割裂,专业教育与通识教育则泾渭分明。工具性和人文性的价值取向之辩根本上是关于外语学科本位之辩,所谓"本位",是外语专业的独特性所在、安身立命之所在。之所以要辩,双方共同的出发点是"保持外语专业的学科独立性"。文旭(2018)、王卓(2018)等认为,工具性取向导致了"学科独立性受到质疑","外语专业性质弱化,学科属性趋于模糊";蔡基刚(2019)则认为人文性不只是外语一个专业的任务。应该说,如果走向两个极端,都会使外语专业失去独立性,王立非(2019)对此看得十分透彻,"英语专业一直在争论'人文性'和'工具性',要么过分强调人文通识教育,要么过分强调语言技能学习,在外界看来,新东方培训机构也能训练英语技能,理工农医经管法等专业都强调人文通识教育,从这个意义上说,英语专业就是一个完全可替代的专业"。因此,《指南》关于"大学英语课程是高等学校人文教育的一部分,兼有工具性和人文性双重性质"的表述,应该是为相关讨论与思辨给出了结论。

### (三)建设方略

面对新时代的人才需求,以及堪称"危机"的严峻挑战,外语专业改革势在必行。"蔡文"引发了集体反思，也带来了关于专业建设改革的多维思考。

优化布局。针对"专业设置过多过滥"的问题，学者们建议优化布局，加强"供给侧"改革。许环光（2018）建议，大量精减和撤销全国现有高校外文学院和外文专业的数量，大幅提高小学到大学各类各层次教师的准入门槛，提高外文专业招生的准入门槛。孙有中（2019）建议，要根据《国标》，严格实施"三级专业认证"，"保合格，上水平，追卓越"。

分类发展。反对"一刀切"，根据《国标》的规定，结合各校实际，克服同质化弊端，走多元化、差异化发展之路，根据新时代社会对专业人才的新要求，高等学校的办学层次、发展定位、师资力量、科研水平、教学水平、生源情况等因时制宜、因校制宜，是近两年来学界取得的最大共识；吴岩（2019）也指出："标准实质等效，模式和而不同。"之前，曾经有学者构想英语专业的改造和发展是：三大方向（高端技能型、研究型、语言文化传播型），三大分工（外国语大学、综合性大学英语专业、专业院校），三大举措（国际化、海外游学、经典研读）（束定芳2015）。本时段研究中值得关注的是黄立鹤、魏耀章（2018）和魏耀章（2019）的构想：学科型、通专融合型、复合交叉型三类。"学科型"主要培养从事该学科领域科学探索的创新型人才，主要以语言学、文学、翻译学、国别与区域研究、跨文化与比较文学研究为方向，坚持扎根中国与融通中外相结合，培养具有国际视野的高层次研究型人才，极少数研究型大学具备设置此类专业的资质；"通专融合型"主要培养具有较好的探究能力，能够适应社会发展变化、具备领导力的创新型人才，通过英语语言与通识类学科知识的融合式学习，提高语言能力、思辨能力、跨文化能力和人文素养，多数综合性、研究型大学具有设置此类专业的条件；"复合交叉型"主要培养具有两种或两种以上学科知识、能力和素养，能从事交叉领域的科学探索或职业服务的高级人才，课程设置主要以英语专业的一个学科方向（根据各学校的优势）知识体系为主，再融入另外一个学科方向的基本课程。此外，杨一铎（2018）建议构建一个更为切实可行、合理全面并能真正对英语专业进行规范、约束的机制，修订颁发全新的专业教学大纲；胡壮麟（2019）建议增强教学大纲的灵活性。

关于专门用途英语（ESP）教学改革的讨论。"蔡文"主张，除少数高校继续保留英语语言文学方向（但必须精而少），大多数要转型到专门用途英语（ESP）方向，培养新工科的国际复合型人才。这一主张背后"逆潮流而动"的工具性立场、短浅的目光,以及对外语专业的独立性和专业性带来的不利影响[①],遭到学界的广泛批评。而作为操作层面的改革举措,则有人支持,也有人反对。支持者多为来自理工科专业院校的学者,如柴湛涵(2018),朱波(2018),焦丹(2018),张慧玉(2018),杨承松、范娜(2018)等,他们认为:"其实,蔡基刚并不是要把英语专业推入谷底,而是呼唤其转型,从传统的语言、文学和翻译转向专门用途英语,依托新工科知识体系,丰富内涵,做'顶天立地'的专业。""蔡基刚所建议的复合型人才培养道路是诸多高校英语专业实现可持续发展的必由之路,这不仅逐渐成为英语教育界的共识,也是诸多高校正在尝试、探索、践行的人才培养道路。""蔡基刚提出的专门用途英语目前更适合作为大英选修课程,只是我们现在做得还不够好。"而反对者的意见归纳起来主要是3个方面:一是质疑其可行性,如幸君珺、赵宏(2018),顾静(2018),何三宁(2018),张玉双(2018)等,"并不是所有高校、所有学生、所有教师,都能这样转型,中国高校的差异性不仅体现在学校与学校之间存在层次、地域的差别,更体现在学生与学生、教师与教师的差别,这种差别短时间不仅不可能缩小,反而可能拉大";二是质疑其有效性,如顾静(2018),"ESP课程专业性有限,无法承担起专业培养的重任";三是批评其"一刀切",如王守仁、王海啸(2019),严世清(2018)等,"专门用途英语是大学英语教学内容的重要组成部分而不是其全部""蔡基刚近年来浸淫于专门用途英语研究……虽不能说这里有夹带私货之嫌,至少很难说服广大的英语专业教师"。

其他改革建议。张玉双(2018)主张采取"大类招生、大类培养"的方式,学校尽量给学生开出各种各样的课程,学生根据自己的兴趣,选够足够学分的课程,所有课程学生都可以选,没有学科限制、课程限制,满足学生个性化发展需要;学生在学业的后半段根据自己的兴趣爱好,自由选择专业方向,毕业后自由选择就业领域。范鹏华(2018)认为,跨学科、跨院系合作模式下的英语专业人才培养可能是改革的方向。严世清(2018)认为,传统的高校专业或学科壁垒势必会被彻底打破,而"淡化专业强化课程"的新型人才培养模式可能会成为高校教育教学的主流形态。总体而言,大家反对"蔡文"的激进和"一刀切",而主张彻底回归文学教育、明确标榜"自由而无用"的学

---

① 见:张和龙(2018),幸君珺、赵宏(2018),顾静(2018),封一函(2019)等。

者也不多,"跨学科发展"已经成为较大范围的共识,如王立非(2019)、曾艳钰(2019)等。

## 三 课程改革

课程在人才培养中发挥着核心作用,张玉双(2018)的"大类招生大类培养"、严世清(2018)的"淡化专业强化课程"等观点,进一步凸显了课程改革的重要性。《国标》规定的课程体系框架包括公共课程(通识教育课程)、专业核心课程、专业方向课程、实践环节和毕业论文5个部分。《国标》关于课程体系设置有两个原则:一是目标导向原则,既要开设基本技能课程(听说读写译)和专业知识课程(文学、语言学、文化等),又要特别重视开设学习方法、研究方法类课程,注重培养学习和思维能力;二是内容驱动原则,要求将课程关注的焦点由语言技能转移到文化内涵上来,不是为了语言而教语言,而要通过语言习得其文化内涵(蒋洪新,简功友 2017)。

### (一)《国标》指导下的课程改革

《国标》指导下的课程改革是外语人才培养的质量保证,课程体系的改革是外语教育改革的核心任务。仲伟合、王巍巍(2018)认为,应发挥大学院系协同效应,对照《国标》等文件要求,灵活协调外语类专业核心课程和专业知识等课程,同时结合学校师资力量和学科特色优势增加选修课程选择量,将专业教学与语言教学有机结合。在核心课程设置方面,外语专业可根据区域经济社会特点、大学资源优势及学科优势有所侧重、凸显特色,如"英语文学+语言学"模式、"英语文学+英语国家研究"模式、"英语文学+跨学科知识"模式等;在特色课程设置方面,师范类院校可以开设外语教育心理与策略、教学设计与实施、现代教育技术等师范特色课程,外语类院校可以开设国际政治、国际法与国际组织、全球化与全球治理等国际政治特色课程,综合类院校可以开设中国哲学思想、儒家思想及其海外传播、中外文化遗产等中国文化特色课程。同时,在确保外语技能训练的前提下,加强英语语言国家国情研究、研究方法、学术写作等课程。通过整体协调不同类型课程与不同学习阶段之间的关联度,一方面增强学生专业知识的系统建构,另一方面在外语教育过程中提升其人文素养。

### （二）多样化课程体系构建

王守仁、王海啸（2019）指出，我国1200多所普通高校地处不同区域，类型各异，层次不同，外语需求有别，课程改革的着力点也应有不同。比如，专业院校可结合学科专业特色重点建设专门用途英语课程，"双一流"高校可在"精"字上下功夫，加强旨在提升英语能力的写作、演讲、辩论等通用英语课程建设。高校外语教学应体现"分类指导、因材施教"的个性化教学思想，构建多语种、多层次、多元化大学外语课程体系，符合"多样化、个性化高等教育"的发展趋势。

孙有中（2019）认为，所有外语类专业点必须根据《国标》关于外语学科基础的规定，健全语言、文学、区域与国别研究3个板块的核心课程，满足所属学科的基本要求；在此基础上，不同高校的外语类专业点可有不同的特色定位。有的可以侧重语言研究或文学研究，有的可以定位为师范教育，有的可以采取"外语+"跨学科模式，有的可以将外语教育、人文教育、国别与区域研究融为一体，商务英语专业和翻译专业则应在应用型人才培养方面深耕细作。

### （三）外语院校英语专业课程体系构建

常俊跃（2018）提出了对外语院校英语专业公共课程、专业核心课程、专业方向课程、实践教学等方面的思考。在《国标》公共课程的基础上，建议增加外交学导论、国际关系概况、外交外事法规导论、国际法入门、国际金融概论、国际商务概论、国际贸易概论、中西方政治制度概论、东西方哲学概论等方面的课程。在《国标》专业核心课程的基础上，有必要继续强化听说读写训练，提高训练层次，但也有必要给课程的开设提供多项选择，以增加外语院校英语专业设置课程的自主性和灵活性。在专业方向课程设置方面，在《国标》提出的3个方向基础上还可以开设国别和区域研究方向、翻译方向、英语教育方向等。在《国标》实践环节规定内容的基础上，可以开设专业实践课程，组织课外英语语音实践、课外英语听说实践、课外读写实践、课外口笔译实践；组织专业研究活动可以开展英语竞赛、英语学习兴趣小组、创新项目；组织国际交流，可以开展出国（境）交换学习、参加涉外活动、出席国际会议等。

### (四)英语专业外国文学课程体系构建

王卓(2019)认为,英美文学是作为人文学科的英语专业的核心内容,是英语专业区别于大学外语最为明显的标志,并在教学实践中构建了体现"课程思政"要求、贯彻全过程育人理念、基于OBE(Outcome-Based Education)理念、跨学科的外国文学课程群,包括世界文学、英国文学、美国文学、文学与历史、文学与身份、经典诵读、跨学科文学沙龙,以及"文学经典、思维训练、写作"等课程类型学科专业核心课程、专业自主发展课程、专业实践和第二课堂。

## 四 教学理念

按照新时代党的教育方针,根据《国标》关于"外语类专业是我国高等学校人文与社会科学学科的重要组成部分,学科基础包括外国语言、外国文学和区域与国别研究,具有跨学科特点"和《指南》关于"大学英语课程是高等学校人文教育的一部分,兼有工具性和人文性双重性质"的规定,本时段相关研究主要提出了以下教学理念和教学改革建议。

### (一)全人教育理念

"全人"是指全面发展的人、具有主体性且能够把握自己命运的人;"全人教育"强调人的整体发展,尊重个体的多样性,其目的就是培养有道德、有知识、有纪律、有能力,和谐发展的"完人"。文旭(2018)指出,就"为谁培养人"而言,全人教育可以整合"社会本位论"和"个体本位论",既重视个人自身发展的需求,又兼顾社会和国家对人才的需求,力求人才培养服务于国家发展战略;既重视培养专业能力、达到"博雅精专",又倡导立德树人,以求"通识通德"。作者在之前提出"基于综合"(即通识教育或博雅教育)、"立于专业"(即英语专业教育)、"归于个性"(即尊重学生的个性发展)主张(文旭2016)的基础上,进一步强调:新时代的全人教育应以"立德树人"为根本任务,落实以"学生为本"的教育理念;注重全员全过程全方位育人;侧重人文精神和人文素养的培养和融合;重视个体"双能"(才能和潜能)的全面挖掘；强调跨学科、跨领域和跨方向的知识整合与互动。"全人教育"的路径包括6个方面：创新教育理念，确定培育创新型外语专业"全人"的教育目标；重构课程体系，推行"全人"教学方式；丰富教学资源，注重通识教育和跨学科知识的学习；搭建实践平台，拓展"全人"培养路径；优化师资，建设"全人"师资队伍；完善人才质量监控和评价体系，确保"全人"培养质量。

### （二）整体外语教学理念

韩宝成（2018）提出的"整体外语教育"采用整体教育哲学观看待外语教育，核心理念包括外语教育的目的（目标观）、课程的编制（课程观）和教学的实施（教学观）。作者指出，外语教育的根本目标是促进学生整体发展，即通过外语教育使学生在语言能力、心智能力和人文素养3个方面全面得到提升与发展，这也是由外语课程的本质属性——工具性和人文性决定的。为实现这一目标，无论基础教育阶段的外语课程，还是高校外语专业课程，都应该整体设计，以人文通识内容为依托，融合语言与思维，让学生在学习内容、获得知识、掌握语言的同时，提升思维能力和人文素养。在实践层面，应该坚持"整进整出"的理念，即外语教学要整体输入、整体互动、整体输出，既学又问，思辨与表达并举，全面提升学生的外国语言文化素养。总而言之，就是要把外语教育提升到文化教育层面，使学生做到"学文化""启心智""达至善"。

陈冬纯（2019）提出基于超学科研究的"整体语言教学"，并认为这是推动新时代外语教学改革的有效途径。超学科研究是一种突破学科界限、整合知识资源、以解决问题为导向的教学和研究范式；基于该范式的整体语言教学是集研究、学科知识学习和语言学习于一体的新时代融合式外语教学模式。其教学原则包括5个方面：内容共核原则、整体阅读原则、意义建构原则、超学科融合原则、多元协同原则。其设计流程包括6个阶段：目标分析、文本挑选、内容分析、活动设计、组织建构、考核设计。其设计原理是文本意义、学科知识和探究问题"三位一体"，体现在文本内涵组织的逻辑思维上；文本的语言输入、信息加工和语言产出"三位一体"，使三者形成语言习得有效的循环系统。

### （三）跨界融合理念

与过去"外语＋专业"的简单复合不同，新时代复合型人才是"在夯实外语教育的基础上做到外语跟其他学科专业的内在融合"（蒋洪新等 2018）。王卓（2018）提出的"跨学科"外语人才培养旨在促进"内在融合"。"外语＋专业"的复合型人才培养模式表面化、机械化、简单化，这种简单复合的尝试遭遇失败，根本原因在于忽略了外语专业本身具有的独特的跨学科特质：内在跨学科特性和外在跨学科特性。外语专业的内在知识体系是以语言、文学、文化等交融交叉建构起来的，其本身就具有学科交叉性；外语专业的外在知识体系架构在历史、哲学、心理、教育、音乐、美术、舞蹈等人文学科和生物、化学、计算机、数学、生命科学等自然科学之中，人文学科和自然科学不仅是外语专业的学习内容，也为其提供了方法论，因此具有鲜明的外在跨学科性。在"新时代"背景下，外语学科特有的内在跨学科属性和外在跨学科属性具有了更大的延展性和指导性，应以这种双重特性为基础，建构双重跨学科教育模式。从专业性培养到人文性培养转化的有效途径就是从简单复合到深挖外语专业跨学科内涵，将语言、文学、文化等放置在多学科视角下，将语言文学本体研究和教学扩展到跨学科研究和教学，将跨学科思维融入外语专业教学的各个环节之中，将跨学科教学和研究活动融入外语专业的教学结构之中。这种基于双重跨学科属性的外语人才"新复合"培养模式将有效突破"外语＋专业"的简单复合模式的局限，为探索培养适应新时代需求的外语人才提供新的路径。作者指出，落实"跨学科"人才培养应以内容驱动为基础加强教材建设，应加强跨学科课程体系建设，应打造跨专业、跨学科、跨学院的人才培养平台。

**（四）关键能力培养理念**

教育目标要追求全面发展，教学落实则要突出重点、抓住根本。郭英剑（2019）认为外语专业的核心素养就是"用外语去言说和写作"，指出这是外语人才独有的品质与核心竞争力，"可以反映我们的阅读与思考，体现我们的批判性思维，表达我们的真知灼见，展现我们的世界眼光，传播我们的人文情怀，既可以向中国讲好世界故事，也可以向世界讲好中国故事"。王霄（2018）认为"英语专业课的教学，究其根本就是解决英语语言表达的问题"。

文秋芳（2018）则从教学落实的角度，将产出导向法（POA）的理念由"全人教育说"修订为"关键能力说"：一是由于"全人教育说"过于抽象，不易落实到外语课堂教学中；二是为了和《普通高中英语课程标准（2017年版）》提出的"核心素养"对接；三是中办和国办《关于深化教育体制机制改革的意见》(2017)提出了培养关键能力的新要求。高中《课标》的"核心素养"包括4项:语言能力、文化意识、思维品质和学习能力;两办《意见》提出的"关键能力"也包括4项:认知能力、合作能力、创新能力和职业能力。在对上述诸项深入分析的基础上,作者提出了高校外语课程中的6项"关键能力":语言能力、学习能力、思辨能力、文化能力、创新能力、合作能力;每项关键能力都包括核心知识、核心技能、情感品格、自我管理、价值观5个要素。作者认为,只要精心安排每个单元的教学,语言能力与学习能力、文化能力、思辨能力就能够做到如影随形;课堂教学中的任何活动都能够覆盖这4种关键能力,而创新能力和合作能力的培养需要教师做额外"功课",设计特定活动给予关照,因为这两种能力与前4种关键能力的天然黏合度不强。具体到每个单元、每节课,授课教师需要根据教学目标和学生的水平确定关键能力所要覆盖的教学内容,要随机应变。

### (五)技术融合理念

促进人工智能等信息技术在外语教学中的运用与融合,是"新时代"的突出特点和重要任务。信息技术与外语教学深度融合是满足新时代外语教学发展内在需求的一种新手段,也是满足新时代外语教学发展内在诉求的一条新路径,还将是满足新时代外语教学发展内在诉求的一个新结果。戴炜栋(2019)、王守仁、王海啸(2019),蒋洪新(2019)等学者提出了方向性建议。王娜、张敬源(2018)就信息技术与外语教学的深度融合进行了理论探讨与建构。作者指出,外语教育信息化发展的历程表现为信息技术与外语教育教学的关系发展进程:辅助、支撑、整合,到现阶段的深度融合。从辅助到深度融合,信息技术与外语教学的关系将会发生本质的转变。深度融合包含着"技术"与"课程"的无缝对接、隐性渗透、融为一体的过程。与辅助、支撑、整合不同,深度融合是信息技术与外语教学相互之间的交融关系,是直接的、平等的、交互的、双向的、共生的,二者相互促进、协同创新。要实现这一新关系的转变,需要从外语教育教学的内在需求出发创新信息技术的外语教育教学应用理论与实践。信息技术与外语教学深度融合并非二者的简单叠加,而是一个错综复杂的动态系统工程,需要强化顶层设计,引领深度融合。大学英语作为高等学校公共基础课程,具有量大面广的特点,深度融合信息技术的大学英语课堂教学更需要强化顶层设计,发挥团队教学的优势。现有的翻转课堂教学、混合式课堂教学,不仅是信息技术与传统课堂教学深度融合的重要开端,更意味着一场席卷全球的课堂教学模式改革已经启程。但二者是否是信息技术与大学英语课堂教学深度融合的最佳课堂教学模式,其教学有效性如何,还有待进一步实证研究的验证。无论深度融合后课堂教学的表现形式如何,在进行课堂教学的顶层设计时,要全面考虑其所构筑的新型课堂教学不同结构维度(包括空间维度、关系维度、内容维度、过程维度、外延维度)对有效学习中心地位实现的支撑作用。信息技术与外语教学深度融合的实质是信息技术与外语教学深度融合实践探索与理论建构的核心基点和逻辑起点,表现为一种新关系、新手段、新路径、新结果;强化顶层设计是信息技术与外语教学深度融合路径探索的关键;优质资源共建共享及应用、实践教学研究与理论建构是信息技术与外语教学深度融合持续健康发展的关键。

## 结　语

大学本科外语专业教育因为有关学者的"良心"拷问而成为本时段搅动整个大学外语教育界的学术热点。国内一大批外语教育专家、高校外语学院院长、不少高校书记校长参与其中的关于高校本科外语专业建设的讨论,内容涉及培养目标、专业建设、课程改革、教学理念等诸多方面。而对英语专业教育的集体反思恰恰说明了英语专业作为人文学科长于思考、勇于反省、敢于认错并尽力自我修正的最大特征,而且突出彰显了英语专业所追求的批评性思维能力的素养(郭英剑 2019)。研究显示,统筹兼顾工具性和人文性,培养高素质复合型国际化人才是未来发展方向;把握高等教育发展大势"超前识变",加快推进新文科建设"积极应变",培养高素质外语人才"主动求变",建设新文科,做强大外语,创新人才培养机制,做强一流外语专业(吴岩 2019),前景广阔,任务艰巨。

### 【本时段研究文献】

[1] 蔡基刚.外语教育政策的冲突:复合型人才还是英语专业人才培养[J].东北师大学报(哲学社会科学版),2019(04):1—6.

[2] 常俊跃.对《国标》框架下外语院校英语专业课程设置的思考[J].外

语教学，2018，39（01）：60—64.

［3］陈冬纯.基于超学科研究的整体语言教学——新时代融合式外语教学模式［J］.中国外语，2019，16（06）：75—80.

［4］戴炜栋.我国外语教育70年：传承与发展［J］.外语界，2019（04）：2—7.

［5］封一函.新时代英语专业的人文学科内涵［J］.中国外语，2019，16（04）：16—21.

［6］郭英剑.对当下英语专业建设的几点思考［J］.外国语言文学，2019，36（03）：241—249.

［7］韩宝成.整体外语教育及其核心理念［J］.外语教学，2018，39（02）：52—56.

［8］何三宁，张道振，李翠英，陈宁阳，石冠辉，杨承松，范娜，李廉，黄赛芳，晏刚，张健，范鹏华，吴慧坚.英语专业：对不起"良心"吗？［J］.当代外语研究，2018（06）：32—45+60.

［9］胡开宝，王琴.外语学科核心竞争力要素及其构建研究——以上海交通大学外语学科建设为例［J］.中国外语，2019，16（04）：4—11.

［10］胡壮麟，王立非，欧阳护华，杨永林.新时代中国外语教育建设与发展笔谈［J］.山东外语教学，2019，40（01）：44—52.

［11］蒋洪新.新时代外语专业复合型人才培养的思考［J］.中国外语，2019，16（01）：1+11—14.

［12］蒋洪新，贾文键，文秋芳，王初明，王文斌，胡开宝，程晓堂，束定芳，宁琦，周异夫，薛庆国，赵刚.新时代中国特色外语教育：理论与实践［J］.外语教学与研究，2018，50（03）：419—430.

［13］李岩松.贯彻全国教育大会精神，共促一流外语学科发展［J］.外语界，2019（03）：2—6.

［14］梅德明.新时代外语教育应助力构建"人类命运共同体"［N］.文汇报，2018-02-09（006）.

［15］宁琦.综合性大学一流外国语言文学学科定位与建设路径探索［J］.外语界，2019（01）：17—22.

［16］潘文国.新时代外语学科建设的多维思考［J］.中国外语，2019，16（04）：1+11—15.

［17］曲卫国，陈流芳.治疗英语本科专业"毛病"急需厘清的问题［J］.当代外语研究，2018（06）：16—18+24.

［18］孙有中.落实《国标》要求，大力提高外国语言文学类专业人才培养能力［J］.中国外语，2019，16（05）：36—42.

［19］王娜，张敬源.信息技术与外语教学深度融合之反思——基于技术融合的大学英语课堂教学改革实践［J］.外语电化教学，2018（05）：3—7.

［20］王守仁，王海啸.守正出新，推动大学外语教学内涵式发展——2013—2017年大学外语教指委工作总结与思考［J］.外语界，2019（02）：7—13.

［21］王卓.从简单复合到跨学科外语人才培养——谈新时代背景下英语专业人才培养［J］.山东外语教学，2018，39（03）：61—69.

［22］王卓.回归与创新：《国标》视野下高校英语专业外国文学课程体系构建［J］.外语电化教学，2019（05）：7—12.

［23］魏耀章.新时代英语专业人才培养的理念与方向［J］.外语教学，2019，40（02）：61—65.

［24］文秋芳.新时代高校外语课程中关键能力的培养：思考与建议［J］.外语教育研究前沿，2018，1（01）：3—11+90.

［25］文旭.全人教育视域下的外语人才培养［J］.当代外语教育，2018：1—5.

［26］吴岩.新使命　大格局　新文科　大外语［J］.外语教育研究前沿，2019，2（02）：3—7+90.

［27］杨金龙，沈骑."人类命运共同体"视域下我国外语专业人才的价值重塑——"工具"与"人文"之辨［J］.外语教育研究前沿，2019，2（03）：36—41+91.

［28］杨永林，张文茹，朱波，柴湛涵，黄立鹤，魏耀章，焦丹，余素青，张玉双，王霞，刘江，张慧玉，许环光，杨一铎，林克难，顾静.多视角看新时代英语专业发展方向［J］.当代外语研究，2018（06）：61—80+98.

［29］曾艳钰.论新时代外国语言文学学科的跨学科发展路径［J］.外语界，2019（01）：31—37.

［30］查明建.英语专业的困境与出路［J］.当代外语研究，2018（06）：10—15.

[31]张和龙,严世清,幸君珺,赵宏,姜学龙,王亚光,侯明华,杨蕾,陈彦旭,覃江华,高雪松,杨京鹏.英语专业的属性:工具还是人文?[J].当代外语研究,2018(06):46—60.

[32]仲伟合,王巍巍.新时代背景下我国高校外语专业教育的改革与发展[J].山东外语教学,2018,39(03):42—49.

## 【以往参考文献】

[1]蔡基刚.从语言属性看外语教学的工具性和人文性[J].东北师大学报(哲学社会科学版),2017(02):1—6.

[2]戴炜栋.关于面向21世纪培养复合型高级外语人才发展战略的几个问题[J].外语界,1999(04):2—4.

[3]蒋洪新,简功友.全人教育与个性学习——英语专业《国标》课程体系的研制与思考[J].外语教学与研究,2017,49(06):871—879.

[4]胡文仲.对于我国英语专业教学改革的回顾和再思考[J].外语界,2008a(05):18—23.

[5]胡文仲.英语专业"专"在哪里?[J].外语界,2008b(06):18—24.

[6]束定芳.高校英语专业"复兴"之三大路径[J].中国外语,2015,12(05):4—8.

[7]文旭.全人教育与英语专业人才培养[J].东北师大学报(哲学社会科学版),2016(03):118—120.

# 语言智能

## 引 言

语言智能（Language Intelligence）是语言信息的智能化，指运用计算机信息技术模仿人类的智能来分析和处理人类语言的过程（周建设 2017），也即"自然语言处理"。语言智能被称作"人工智能皇冠上的明珠"，因为人工智能既要具备感知智能，更需要具备认知智能，而认知智能又集中体现为语言智能（包括理解、运用语言的能力，掌握知识、运用知识的能力，以及在语言和知识基础上的推理能力等），只有通过自然语言理解与处理，才能实现机器智能与人类智能的无缝对接，实现真正意义上的人工智能（邓晓蕾 2017）。

本专题介绍的 2019 年相关研究包括 3 个方面：语言智能时代的语言研究、语言智能应用的教育场景、语言智能的社会伦理问题。

## 一 语言智能时代的语言研究

语言智能涉及语言学、计算机科学等多个学科领域。语言学研究为语言智能发展做出了重要贡献，未来更加不可或缺。语言智能（或者说人工智能解决语言问题）经历了 3 个发展阶段：第一阶段是传统人工智能时代，主要基于语言规则来处理语言问题；第二阶段是统计机器学习时代，主要应用深度学习处理自然语言；第三阶段是当前的后深度学习时代，语言研究至关重要，语言智能的未来发展离不开语言学家的参与，离不开对语言系统和语言生活本身的深入认识（张钹 2019）。2019 年，学界主要探讨了语言智能时代语言研究的目标、现状、重点和路径。

### （一）研究目标

语言智能时代语言研究的目标是提升自然语言处理能力。张钹（2019）指出，人工智能的终极目标是使机器达到人类理解自然语言的水平。刘挺、丁效（2019）认为，语言智能的目标是实现自然语言与机器语言的连续交互，是人工智能的高级阶段，在未来人工智能的应用上有着举足轻重的作用。吾守尔·斯拉木（2019）强调，自然语言理解是混合智能的重要领域，使计算机具备理解自然语言的能力是认知计算的核心问题。

### （二）研究现状

语言智能研发和应用取得重大进步，但在"认知"层面还面临难题和瓶颈。刘挺、丁效（2019）指出，虽然学术界和工业界解决了很多感知层面的问题，但语言智能里还有很多解决不了的认知层面的问题，例如常识性知识问题、逻辑推理问题等；人类有了知识之后，可以不断推理和思考，但是语言智能还不具备足够的思维和推理能力，特别是不具备常识性知识。李生（2019a）指出，当前人工智能采用的深度学习算法在感知智能上已经取得了突破性成果，但其认知能力还十分有限，尚处于感知走向认知的临界点；因此，语言智能的进一步发展必须逾越人类大脑思维能力和因果推理的鸿沟，否则真正的认知和通用人工智能难以实现。

### （三）研究重点

深层认知层面和语义级别的理解研究。袁毓林（2019）指出，人工智能必须能够理解自然语言的意义并进行常识推理，通过对词汇知识进行深度挖掘，并与计算机的视觉、知识图谱等技术相结合，使人工智能达到一种可理解的、可解释的境界。毕玉德（2019）认为，自然语言处理的关键就是如何识别与消解自然语言的歧义，语言知识库可以为语义理解任务提供宝贵的知识资源，对于自然语言理解具有重要的理论意义和实践意义。周建设（2019a）认为，要真正解决语义理解问题，还应依靠传统语言学的理论成果，单纯依靠统计方法无法继续取得跨越性的突破。

语言认知的脑机制研究。杨亦鸣（2019）认为，与人工智能密切相关的脑科学研究要有前瞻性。目前，认知与行为层面的语言脑机制研究相对丰富，细胞层面的研究相对匮乏，在分子层面也局限于少量基因与语言障碍的关联研究。只有贯通从分子层面到认知与行为层面的研究，才可能为人工智能研究带来突破性变革。李航（2019）指出，机器达到和人同等的对话能力还非常困难，目前人类尚不清楚人脑的语言理解机制，比如语言理解的多义性、多样性问题，虽然迄今有很多研究，但仍然没有根本解决。语言和知识，既可以由符号表征，又可以由神经表征，如何将符号处理和深度学习结合，应该是未来研究的重要方向。

自然语言处理的新领域。冯志伟（2019）指出，近年来在会话智能代理系统的研究中，计算语言学家把以言表意、以言行事、以言取效等言语行为综合在一起，很有创意地提出了"信念-期望-意图"模型，这个模型常常与基于公理化逻辑的行为方案集成在一起，把会话当作计划推理的序列来处理，提高了会话智能代理系统的性能。该模型着重于言语行为形式方面的研究，使得言语行为理论由一种描述性和解释性的理论变成了一种可计算的理论。荀恩东（2019）和李生（2019b）都强调，有关认知和深度理解、深度分析的语言资源建设至关重要，是语言智能今后发展不可或缺的基础。

### （四）研究路径

加强前沿交叉学科建设。孙茂松（2019）指出，语言智能自身具有鲜明的跨学科性质，需要计算机科学家、语言学家等各个领域的专家学者开展深入的交流合作。荀恩东（2019）认为应设立交叉学科性质的"语言资源与智能学科"，培养具有语言学和计算机基础，掌握语言数据应用需求、加工规范建设、标引流程管理、人机互助标引技术、标注者行为和心理学等专门知识的专门人才，服务语言智能对语言资源建构的需求。

促进语言学在新时代取得新发展。陆俭明（2019）认为，语言智能的发展能推进语言的计算研究，从而使语言知识的表示成为计算机可识别的方式，这将会使语言学成为真正的科学。语言学的发展，必须走与其他学科交叉融合的"语言学+"发展之路。需要深入探究语言学与其他不同学科间的关联性和相互作用，找到语言学与其他学科交叉融合的契合点、着力点和支撑点，逐步形成众多的语言学与其他学科交叉融合的新的分支学科，不断开拓新的学科增长点。周建设（2019a）认为，语言智能时代是语言学研究"最好的时代"，语言学家既可以沿用传统方式去挖掘有理论价值的语言事实，给出详尽合理的解释；也能够使用大数据技术，挖掘、整理海量语言数据知识，并将这些知识应用到自然语言处理等人工智能领域中。

## 二 语言智能应用的教育场景

语言智能应用场景丰富多样,2019 年的相关研究主要探讨了语言智能在教育领域的应用,包括语言智能测评、语言智能学习等。此外,还有学者探讨了语言智能背景下的外语教育改革、翻译专业转型等问题。

### (一)语言智能测评

语言智能测评指利用计算机评测文章(作文)。周建设(2019b)介绍,中英文作文智能测评是语言智能重要且较早就进入实操阶段的应用场景,近年来随着全信息语言智能测评模型、主题聚合度计算理论等的不断完善与进步,连续取得重大突破。相关评测系统不仅测评结果与人工评分表现出较高的一致性,而且能对文章主题思想、内容结构、写作技巧、语言规范等进行深入分析,进而给出评语和修改建议,实时反馈评价意见,自动生成分析报告。此外,阅读与写作智能辅助训练等也是语言智能重要的应用场景,并取得可喜的进展。作者指出,语言智能测评系统以其评测拟合度高、反馈速度快且教育成本低等优势在母语学习和二语学习过程中对语言技能训练和语言能力提升起到重要作用,因而必然有广阔的应用前景。作为教育辅助技术手段,智能评测顺应时代要求,满足省力、快速和精准评测语言的需要,从而推动教学内容、教学方法、学习方法以及教育研究等一系列教育改革的深入。语言智能测评通过信息技术与教学服务、教学管理的融合,使优质教学资源和教师资源得到系统整合和深度开发,促使教育质量的最大提升,实现优质教育的均衡发展。

### (二)语言智能学习

语言智能大大推动了语言学习,尤其是二语习得。何冰艳(2019)研究了智能设备参与下第二语言学习者与环境的互动,发现智能设备在完成任务能力方面和人脑及身体具有对等性。基于对等性原则,作者认为,智能语言学习的认知基础是延展认知,延展认知具有环境依赖性、适应性、分享性等特点。基于延展认知的智能语言学习为二语习得研究带来了新启示。在人机共生环境下,语言学习过程和环境的交互机制更为外显,且可以被记录。学习者在环境交互中的变化,二语习得者应遵循不可分原则、适应性原则和协同原则,并重视智能语言学习的价值。

### （三）语言智能背景下的教育改革

语言智能为外语教育带来新机遇。蒋洪新（2019）指出，语言智能有效提升了外语教学的实用性、针对性。教师在教学中能够及时根据客观大数据调整方式方法，让学生在强互动和趣味性的环境中更好地学习与成长。而面对高端教育资源匮乏、基础教育"择校热"和"大班额"、中西部欠发达地区乡村教育师资紧缺等实际问题，语言智能带来的变革让外语教育更加公平。关于推进语言智能背景下的外语教育改革，作者提出3点建议：一要积极推进理念变革。不断丰富课程设置，增加智能翻译等技术应用类课程；推动教学方式转变，推进智慧教室、智慧校园建设，更加注重智能技术在课程教学中的运用。二要加强统筹规划，实施分类指导。统筹规划各级各类外语教育智能技术平台，推进共建共享，避免重复建设；地方教育部门和各类型教育机构根据自身实际，多样化推进语言智能在外语教育领域的创新发展；重点做好贫困地区特别是中西部欠发达地区的外语基础教育智能平台建设，开展发音矫正等一对一智能辅导。三要不断丰富语言教育内涵。强化外语教学作为文化教学和跨文化教学的学科意识，实现语言智能和人文教育有效结合，满足学生个性化成长发展的需求，培养集"专业知识+外语技能+文化素养"为一体的复合型人才。

语言智能为外语教育带来新挑战。姜锋（2019）认为，语言智能推进了外语教学的升级，把人从费时低效的外语学习模式中解放出来；同时，外语教育的问题更加突出了。母语与外语，第一语言与第二语言，作为第二语言的不同语种之间的关系从来不仅仅只是语言教育层面的问题，而更多关系到国家统一、民族认同等深层次的问题。面对这一局面，南开大学、山东大学等综合性大学提出"+多语种"人才培养模式，上海外国语大学等则提出"多语种+"人才培养模式；无论是传统工科大学，还是文科高校，不少高校都在促进计算科学、神经科学、数据科学与语言科学的紧密结合。虽然侧重点不同，但是大家都在积极探索，主动求变。

语言智能背景下的翻译专业转型。蔡基刚（2019）认为，机器翻译将明显影响翻译专业乃至外语专业的招生，也要求原来的翻译专业在培养规格和培养目的上要有根本性的改革。新时代的经济发展和技术发展要求培养具有修改各种专业翻译文本的语言服务人才而不是单纯的翻译人才。任何学科专业的理论知识或行业的业务知识都是通过特定的语言方式构建和交流的。一个翻译能力再强的语言服务人员也必须结合专业和行业学习某一领域常见的语类（期刊论文和产品说明）的结构和语言，才能胜任这个领域的语言服务。语言服务学科的诞生，翻译专业转型为语言服务专业，或翻译专业1.0范式转移为2.0范式已经具备学理依据。由翻译专业变成语言服务专业不是学术地震，不是意味着从高雅跌入低俗，从"道"跌入"器"，而是顺应时代的需求。面对新技术新需求，翻译专业不能以不变应万变，"自娱自乐，跟社会脱节、跟经济脱节"。从文学和政治文献翻译向为各行各业提供语言服务的转型是不可阻挡的历史潮流。朱一凡、管新潮（2019）指出，机器翻译给语言服务行业带来了结构性变化，为了应对这种变化，未来的翻译人才培养目标需要逐渐从原先的专职翻译过渡到"翻译+语言工程师"的融合体。各院校还可根据学生背景的差异，制订差异化的培养方案，培养"翻译为主，技术为辅"或"技术为主，翻译为辅"不同类型的翻译硕士。并根据培养目标和师资情况将涉及技术的课程模块有选择、有层级地加入课程体系中。

## 三 语言智能的社会伦理问题

迅速发展的语言智能及其应用在深刻改变人类社会生活的同时，带来一系列法律、伦理和社会问题。2019年，学界重点探讨了两方面的问题：语言智能在新闻传播领域中的伦理问题、翻译技术应用中的伦理问题。

### （一）语言智能在新闻传播领域遭遇的伦理问题

"信息茧房"效应、劣质内容传播、智能写作的版权纠纷等，都是语言智能在新闻传播领域中无序应用所遭遇的伦理问题。董天策、何旭（2019）指出，目前机器写作新闻正从体育新闻、财经新闻这些与数字关联大的领域向更多更广的其他新闻领域发展，实现多类型全方位的新闻生产。算法新闻作为语言智能技术在新闻传播行业的衍生，法律条文还未能及时做出规制，行业规范也很不健全，抛开现阶段技术本身的问题，单就伦理层面来讲，面临着隐私权侵犯、算法黑箱、价值偏向、缺乏人文关怀与社会责任感，以及未来强人工智能阶段所涉及的机器伦理等一系列的问题。业界应持守非颠覆性目标，禁止人工智能装备竞赛。安全、透明、负责，以全人类的繁荣发展为目标，应该成为新闻领域使用智能技术的最基本准则。李慧敏（2019）发现，要解决机器写作新闻的伦理失范问题，首先需要分清责任主体，但目前机器写作新闻责任主体不明，编辑、新闻核查人员、程序员、算法、互联网平台都是责任主体，却又都存在归责模糊不清的问题，导致伦理失范问题的化解陷入怪圈当中。

除了传统媒体，社交媒体也是新闻传播领域的重要场域。社交机器人是语言智能技术在此场域下的重要应用。张洪忠、段泽宁、杨慧芸（2019）指出，社交机器人早前被应用于商业营销，之后被政治团体逐渐利用于操纵社会舆情，产生了政治机器人。政治机器人的主要行为表现是：营造虚假人气，大量推送政治消息，传播垃圾信息，制造"烟雾"混淆公众视听，伪装意见领袖。或用于商业目的，或用于政治目的，社交机器人的出现和大规模使用无法避免，并且开始和真人竞争公众的信任，机器人行为学将成为新闻传播研究的重要领域。

面对传统媒体和社交媒体中的这些问题，2019年12月举行的第二届"语言智能与社会发展"论坛发表了《推进智能写作健康发展宣言》。该宣言确认了"以积极态度拥抱智能写作""彰显社会属性和价值""互联互通深度人机结合""遵循人类语言生活的公序良俗""协同发展，彼此补益"等5项原则，并提出以下倡议：智能写作技术的总目标在于提升人类社会的信息交换能力和知识传承、共享水平，促进社会的和谐；智能写作在发展中应当以人为本，以公众福祉为目标，尊重社会伦理和科技伦理，担当起社会责任；智能写作在运用中应当符合人类价值观，符合社会整体利益；智能写作的治理中，产业界应实事求是，不夸大性能，不做缺乏科学依据的展望，不误导社会，不人为制造社会焦虑；政府应用法律、法规来规范、引导智能写作的发展与应用；理清智能写作开发者、使用者和受用者之间的责任与义务，推动技术开发、市场应用和伦理监督的良性互动，禁止滥用智能写作危害社会与个人权益。

**（二）语言智能在翻译产业遭遇的伦理问题**

一段时间以来，以机器翻译、智能语音等为代表的语言智能技术迅猛发展，有舆论认为已对外语教育和翻译服务两大行业造成冲击。外语教育存废及投入多寡、翻译行业是否会被机器翻译取代等议题引起社会热议。2019年的相关研究就此提出以下主张：

一是语言智能与外语教育应协同发展。基于首届"语言智能与社会发展"论坛成果形成的《语言智能与外语教育协同发展宣言》倡议:学界理性预测机器翻译等语言智能技术的发展未来,有效帮助国家制定符合实际的外语发展规划,帮助外语从业者做好心理准备,主动适应新形势;面对语言智能时代的冲击和挑战,为自身发展和学生前途计,应当全力适应人机共存的语言生活形态,充分利用语言工具的革命性变化,增强受教育者智能工具的使用能力,帮助其过好智能时代的外语生活。机器翻译等语言智能技术的发展和实践,不应也不可能谋求全面替代人类的外语能力,在公共宣传、科普演示中,语言智能学界和产业界应当实事求是地报告语言智能的发展现实,不能对人类的外语工作造成恐慌,不能对人类的外语事业规划造成形势误判。语言智能需与外语教育协同发展,共同进步,助力人类命运共同体的形成。

二是翻译行业未来趋势是人机协同。宗成庆(2019)认为,机器翻译可能替代那些任务重复性较大、翻译难度较低的低端翻译人员(如天气预报、旅馆预订、交通信息咨询等翻译),但不可能取代高端翻译人员,更不可能"消灭"翻译职业。"信、达、雅"是翻译的终极目标,在可以预见的未来,机器翻译系统能够辅助高端翻译人员提高翻译效率,但要实现无须人工干预的高质量全自动翻译恐怕还只是一个愿望。作者强调,任何负责任的科学家和企业界都有责任和义务把技术或产品的真实水平和性能告知公众,而不是一味地宣扬,甚至为了利益而故弄玄虚。实事求是是一种态度,也是一种品格。林杨琼(2019)则认为机器翻译和人工翻译各有优势,人机协同是必然趋势。即使未来机器翻译在准确性和速度上超越了人工翻译,人工翻译在传达情感、文化以及语言深层含义方面的作用仍不可替代。低端译员的淘汰,本质上讲,是行业内部优胜劣汰加速的结果,机器翻译的出现只是加快了这一进程。人机协同是人工翻译在人工智能时代下的必然选择,也是提升行业质量与竞争力的必由之路。未来的人工译者也绝不是仅懂计算机技术或仅具备双语能力的人,而应是集技术能力与双语能力于一体的复合型人才。

三是规范商业伦理。韩林涛(2019)指出,当前造成人工翻译恐慌的重要原因是部分掌握语言智能领域话语权的翻译技术企业罔顾商业伦理的宣传行为。在产品推广和销售过程中,翻译技术企业的主要商业伦理问题大致可分为妄下断言、以偏概全和夸大事实三类。作者认为,翻译技术企业应当遵守五大原则:以语言服务业利益相关者为本,产品研发过程中语言服务质量优先,在产品推广营销过程中诚实守信，在同业竞争中确保公平公正，面向语言产业履行企业社会责任。作者指出，翻译技术企业及其利益相关者可以从宏观和微观两个角度联合推动翻译技术商业伦理基本原则的应用。宏观上，翻译技术企业应当在行业协会的指导下制定行业规范，开展翻译技术科普活动，牵头制定完善的面向翻译技术产品的层次化翻译质量评估体系，针对不同的应用场景定义不同级别的语言服务质量标准；微观上，翻译技术商业伦理的利益相关者应根据自身特点开展伦理教育和准则建设。翻译技术商业伦理看似是翻译技术研发企业应当遵从的伦理道德准则和决策依据，实则是语言服务业利益相关者共同的伦理要求。翻译技术商业伦理的核心研究问题是确立和遵循合理的翻译技术商业伦理基本规则，根本目的是推动翻译技术企业健康发展和先进翻译技术的推广普及。语言是打开世界之门的钥匙，语言服务行业是蓬勃发展的朝阳产业，翻译技术是语言服务行业快速发展的助力引擎，有必要深入研究翻译技术的商业伦理基本原则，帮助利益相关者做出正确的伦理决策。

## 结　语

语言智能的高速发展和快速应用引起了世界各国政府、企业乃至全社会的高度重视，但语言智能还有很多难题没有突破，距离全面广泛实用，甚至取代人工还有很长一段路要走；同时，语言智能进入了发展的快车道，未来的前景可期（刘挺，丁效 2019）。针对语言智能发展与应用中存在的问题，国家应从"促进研发"和"治理应用"两方面着手：加强"认知"层面的自然语言处理研究，推动语言智能发展与进步；依托语言智能最新成果，优化语言教育，提升国民和国家语言能力；探索对算法歧视、数据偏见、信息茧房等伦理失范现象进行有效干预的方式；规范商业伦理，促进语言产业、语言行业与语言智能协同发展、和谐共生。

**【本年度研究文献】**

［1］毕玉德.人工智能时代的语言知识库研究［R］.语言学与人工智能跨学科论坛，湖北武汉：2019.

［2］綦基刚.高校翻译专业范式转移：从翻译专业（1.0）到语言服务专业

（2.0）[J]．上海翻译，2019（04）：54—59+95．

[3]董天策，何旭．算法新闻的伦理审视[J]．新闻界，2019（01）．

[4]冯志伟．机器翻译与人工智能[R]．语言学与人工智能跨学科论坛，湖北武汉：2019．

[5]韩林涛．语言产业视域下翻译技术商业伦理的基本原则[J]．上海翻译，2019（5）．

[6]何冰艳，刘玉梅．智能语言学习的认知基础及对SLA的新启示[J]．外语电化教学，2019（01）：78—83．

[7]姜锋．回归语言作为知识工具的本质[N]．光明日报，2019-03-16（12）．

[8]蒋洪新．人工智能给外语教育发展带来新机遇[N]．光明日报，2019-03-16（12）．

[9]李航．人工智能的未来——记忆、知识与语言[R]．世界人工智能大会，上海：2019．

[10]李慧敏．谁该为人工智能新闻的伦理失范负责[J]．新闻战线，2019（6）：105—107．

[11]李生．从感知智能到认知智能[R]．语言与下一代人工智能论坛，海南博鳌：2019b．

[12]李生．语言·智能·未来[R]．语言学与人工智能跨学科论坛，湖北武汉：2019a．

[13]林杨琼．机器翻译与语言翻译之争[N]．中国社会科学报，2019-07-16（006）．

[14]刘挺，丁效．语言智能的目标：实现自然语言与机器语言的连续交互[N]．光明日报，2019-03-16（12）．

[15]陆俭明．人工智能与语言研究[R]．语言学与人工智能跨学科论坛，湖北武汉：2019．

[16]明海英．关注人工智能时代的语言学研究[N]．中国社会科学报，2019-09-23（002）．

[17]沈峥嵘．AI人机交互：技术、应用与伦理[N]．新华日报，2019-06-05（011）．

[18]史曼．语言学与智能制造的跨学科探索[N]．中国社会科学报，2019-04-16（003）．

［19］孙茂松.人工智能的跨学科性质［R］.语言与下一代人工智能论坛，海南博鳌：2019.

［20］王广禄.语言认知研究推进人工智能发展［N］.中国社会科学报，2019-01-16（002）.

［21］吾守尔·斯拉木.自然语言理解与混合智能［R］.语言与下一代人工智能论坛，海南博鳌：2019.

［22］荀恩东.面向语言智能应用的资源研发与学科建设［R］.北京语言大学语言智能研究院成立仪式暨语言智能学术论坛，北京：2019.

［23］杨亦鸣."人工智能+语言学专业"复合型人才培养［R］.语言与下一代人工智能论坛，海南博鳌：2019.

［24］语言智能与社会发展论坛.推进智能写作健康发展宣言［R］.第二届语言智能与社会发展论坛，北京：2019.

［25］语言智能与社会发展论坛.语言智能与外语教育协同发展宣言［R］.语言教学与研究，2019（01）.

［26］袁毓林.怎样用语言学知识及其资源助推"可解释的"人工智能［R］.语言学与人工智能跨学科论坛，湖北武汉：2019.

［27］张钹.人工智能与自然语言的关系［R］.语言与下一代人工智能论坛，海南博鳌：2019.

［28］张洪忠，段泽宁，杨慧芸.政治机器人在社交媒体空间的舆论干预分析［J］.新闻界，2019（09）：17—25.

［29］周建设.闭幕总结［R］.语言学与人工智能跨学科论坛，湖北武汉：2019a.

［30］周建设.语言智能在教育中的应用［R］."语言智能技术在教育领域的应用与发展前景"专家报告会，上海：2019b/12/24.

［31］朱一凡，管新潮.人工智能时代的翻译人才培养：挑战与机遇［J］.上海交通大学学报（哲学社会科学版），2019，27（04）：37—45.

［32］宗成庆.机器翻译的梦想与现实［N］.光明日报，2019-03-16（12）.

**【以往参考文献】**

［1］邓晓蕾.语言智能是人工智能皇冠上的明珠［A］.中国计算机报，

2017（29）.

［2］周建设.语言智能研究渐成热点［N］.中国社会科学报，2017-02-07（003）.

［3］周建设，张凯，罗茵，娜仁图雅，张跃，刘小力.语言智能测评理论研究与技术应用——以英语作文智能评测系统为例［J］.语言战略研究，2017，2（05）：12—19.

# 中文国际传播

## 引 言

语言传播是语言规划的目标之一,推动中文的国际传播对我国深化改革开放、提升文化软实力,以及促进人类文明交流互鉴、建设人类命运共同体,具有重要意义。2019年12月9日首届国际中文教育大会在长沙召开,中共中央政治局委员、国务院副总理孙春兰出席大会,并就"构建更加开放、包容、规范的现代国际中文教育体系"发表重要讲话,标志着中文国际传播事业迈入新阶段。

语言教育是语言传播的重要路径,中文国际传播的教育路径包括国际中文教育和海外华文教育,改革开放以来学界开展了大量研究,内容涉及事业发展、教学体系、人才培养、学科建设等方方面面。提升中文的功能和国际地位、促进中文在国际社会的使用,是中文国际传播的根本目标,也是国家语言文字事业落实"中华语言文化传承传播"任务的着力点之一,近年来语言规划学界开展了一系列研究。随着国际中文教育和海外华文教育"在地化""本土化""生活化"理念的提出,海外中文学习研究和海外中文使用研究在互动融合中不断深化,学界开始从语言传播的主体和客体两个方面、"推广"和"拉动"两个方向、宏观微观不同层次思考探讨中文国际传播的动力机制等理论问题。以下,从中文传播理论、国际中文教育、海外华文教育3个方面,介绍2019年的研究情况。

## 一 中文传播理论

语言传播是推动特定语言不断扩大使用范围和增加学习者与使用者数量的动态发展过程。2019年的相关研究深入探讨了中文国际传播的价值、趋势、模式、机制和方略。

**（一）传播价值**

中文国际传播的文化价值。申莉（2019），李雅、夏添（2019），刘旭（2019），戚德祥（2019）等指出，推动中文的国际传播在助力"一带一路"建设、推动中国文化"走出去"、讲好中国故事、提升中国文化软实力、改善中国国际形象、促进中国价值观的国际认同等方面具有重要意义。

中文国际传播的经济价值。苏剑、葛加国（2019）指出，语言传播能够通过网络外部效应与产业效应衍生语言红利；语言红利指语言资源、语言能力以及语言行为对个体以及经济增长的贡献度，在国际贸易中获取语言红利对于实施"一带一路"倡议具有重要的价值，语言推广与红利获取是国际贸易以及我国经济发展的可持续支撑点。李宝贵、于芳（2019）指出，语言传播与经贸合作是否具有相关性是关乎语言传播效益评估的一个非常值得研究的课题，对俄罗斯中文传播的量化指标和中俄经贸合作指标的相关度模型分析显示，二者具有显著相关性，经济因素在中文国际传播过程中具有重要的决定性作用。赵永亮、葛振宇（2019）实证研究发现，中文国际传播对"中国制造"品的海外贸易具有提升作用。中文国际传播政策在短期内作为信号机制具有宣传价值；长期内一方面会促进海外居民对"中国制造"品的认知和认同度，另一方面会促进跨国人员交往，进而可以扩大双边贸易的信息资本优势，间接通过增加"消费偏好效应"和"社会网络效应"提升"中国制造"品的贸易竞争力；中文国际传播政策具有时滞性和国别差异性，对欠发达（或相对封闭）非OECD国家的贸易影响更为显著。

**（二）传播趋势**

中文将成为一门全球性语言。王春辉（2019）介绍，多年以来，国际上有两种讨论：哪些语言会是未来的全球性语言？汉语会代替英语成为全球通用语吗？学者和大众都认为第一个问题的答案中一定会有中文[①]，而对第二个问题的回答则是见仁见智。李宇明（2019）认为，人类命运共同体必须要有一些公共产品，中文有可能成为这样的公共产品。中国向世界传播中文，是中国在为人类命运共同体贡献一个公共产品；外国朋友学习中文，是要掌握未来世界的一

---

① 如：吴应辉（2014）。

个重要公共产品。中文是世界的什么公共产品？当前来看，中文很可能成为世界第二语言。

中文成为全球语言要实现两种"事实"。卢德平（2019）指出，中文成为全球语言面临"语言传播事实"和"语言使用事实"的区别。语言传播事实，可以通过政治、经济、外交等手段推动并实现；但语言使用事实涉及语言构成的内在特征，涉及语言长期承载的民族文化系统，特别是与语言使用者日常社会场域的关联，所以实现起来难度较大。传播媒介的大规模播放，语言课堂的大规模开设，对于简单言说一门语言的人群的统计性复制，体现了语言的传播事实；在多样化的社会场域成为社会生活的主要交际手段，日夜不离，则是语言的使用事实。语言使用事实的形成和外在的推动手段存在着不可忽视的关系，但其决定性因素还是语言使用者在具体的社会场域对相关语言的使用。对语言在具体社会场域的使用，是语言扎根于生活的体现。但语言面临着传播之力和扎根之力共现的难题。语言的传播之力面向语言的统一，而其扎根之力则守护着语言的分离或独立。统一与分离的悖论是中文国际传播不可回避的挑战，涉及"国际语言"的理论规律和实践指向。面向"国际语言"的中文国际化，在视角上仍需要从传播事实转向使用事实，从公共用品表象转向语言之外的政治经济学不平等。在肯定"国际语言"具有统一性优势的同时，认识到"国际语言"和"地方（民族、国家）语言"的等级性差异，是思考中文国际化所不能忽视的重要问题。

## （三）传播模式

中文作为"陆地-海洋型语言"的传播模式。王春辉（2019）在语言传播"推-拉"理论①框架下，从主观-客观、推力-拉力两个维度，主观推力因素、主观拉力因素、客观推力因素、客观拉力因素4个方面，论证了中文正在从"陆地型语言"向"陆地-海洋型语言"转换，具备了"陆地-海洋型语言"的雏形，形成了"向国外移民+外国人到华学习+推动中文国际化"的中文传播模式。（1）客观推力因素主要包括：地缘视角中海洋性的提升；农耕传统文化在一定程度上的瓦解；中国经济实力和整体国力的提升；中国国际移民的新格局；中文国际传播的顶层设计与规划；语言学习和教学技术层面的科学规划

---

① 语言传播的推拉理论，指源自传播国的推力因素和对象国内部生成的拉力因素，以及二者之间的关系。由卢德平（2016）从人类迁移研究的"推-拉"理论迁移至语言传播研究。

与成就。(2) 客观拉力因素主要有：全球化进程和国际贸易体系对中国市场的依赖；国际格局深刻调整时期对中国文化的期待；中文需求的提升及中文二语学习者人数的增长；中文在各国教育体系中地位的提升；中文学习者层级的扩展；科学技术的发达；中文的世界分布。(3) 主观推力因素主要有：晚清以后，国人对世界的认识开始"从天下到万国"；政府开始重视国家软实力的建设和提升；国人开始认为中文能走向世界。(4) 主观拉力因素主要是，当代历史研究的"全球史"视角将中国在近代史发展中的状态和角色进行了重构，构建起"动态开放"的中国形象。作者进一步分析了中文最终成为"陆地-海洋型语言"在推力和拉力两个方向上面临的挑战。推力方面包括：中国自身政治经济社会发展状况；中国人口面临的加速老龄化以及可能的规模性减少；孔子学院的困境；中文本身在功能上的不足；中文教学本身还存在着许多问题和挑战。拉力方面包括：中美在各个层面的竞争态势以及国际环境的不确定性；民族主义及民粹主义的回潮以及全球化进程的放缓；中文作为二语学习者的人数仍不容乐观。

全球化时代语言传播的混合模式。王辉（2019）在语言传播"推-拉"理论框架下，分析了政府的推力因素和市场的拉力因素，构建了全球化时代以政府推动和市场拉动上下结合为主要特征的语言传播的混合模式。作者指出，不论是"三模式"论（指人口模式、经济文化模式、帝国模式），还是"语言帝国主义"的政府推动模式，抑或"选择主义"的选择模式，都无法适用和解释全球化时代语言传播的新现象和新趋势。作者构建的混合模式结合政府语言传播政策的显性、隐性之分，可以细分为显性强推拉型、隐性强推拉型、显性弱推强拉型、隐性弱推强拉型、显性弱推拉型、隐性弱推拉型、显性强推弱拉型和隐性强推弱拉型8种类型。作者强调，信息技术对语言传播产生着深刻影响，应从互联网、大数据、人工智能方面与以上混合传播模式结合产生新的应用方式推动语言传播。作者进一步指出，中文国际传播理论需要吸收借鉴已有语言传播理论，既不能自说自话，也不能人云亦云。只有将中文国际传播放置在全球语言传播的统一框架和社会文化进程中进行理论传承、借鉴和创新，才能增强国际学术话语权，满足全球化和"一带一路"建设对中文国际传播研究的需求，对中文国际传播事业发展和学科建设真正起到指导作用。

### （四）传播机制

由内及外的圈层传播机制。姚敏（2019）综合李宇明（2003）、吴英成

(2010)、吴应辉（2013）等对中文国际传播的圈层划分，根据全球中文学习群体及其学习特点，将中文国际传播由内圈到外圈划分为3个层次："大华语"传播圈、汉字文化圈、辐射圈。"大华语"传播圈是以中国为内核的全世界华侨华人对"大华语"的传承与传播；汉字文化圈是日本、韩国、朝鲜、越南等周边国家中文学习者对中文的学习和传播；辐射圈指中文作为一门外语在全球范围内被学习、使用和传播，学习者多为无华人血统又无中华文化背景的母语非中文的外国人。这3个不同层面的传播圈在传播对象、传播历史和传播动因上各具特色，共同构成了中文国际传播的大格局，在中文国际传播中发挥着各自的作用。其中，"大华语"传播圈历史悠久，与中华文化有着天然的联系，植根当地，传播渠道成熟，是中文国际传播的重要力量。因此，应重视"大华语"传播圈的独特优势，更大程度发挥其在中文国际传播中的作用；同时充分认识每一圈层特点及作用，协调处理好三圈之间的关系。作为内核，中国要从国家层面通盘考虑中文传播资源，从政治、经济、文化战略高度整合汇聚国家语言传播的资源；要利用和整合不同传播圈的资源，充分挖掘不同传播圈的潜力，汲取不同传播模式的优势，做到效益最大化。此外，应制定实施以国家战略为政策定位、以实用主义为传播理念、以非政府机构为实际传播主体的传播策略。

从宏观到微观的多元动力机制。王焕芝（2019）从系统动力学视角将华文教育发展的动力类型分为微观动力、中观动力与宏观动力，分别体现为华裔子弟对学习华文及中华文化的需求程度等方面的内生动力、来自教育实践者（华人社团、华文教师）的动力以及来自居住国政府与祖籍国政府的动力。"一带一路"视域下，华文学校、孔子学院、主流学校、商业培训机构逐渐成为海外华文教育市场的"四驾马车"，推动海外华文教育发展的多元驱动机制正在形成，如"一带一路"发展的区域驱动、内生驱动、祖籍国和居住国政府的政治和经济驱动、华文教育发展与中文国际传播的投资驱动、科技驱动和民间力量的发展驱动等。但由于海外华文教育的组织与管理具有碎片化特征以及居住国政府责任缺失等问题，其在文化传承与保持华人民族性方面依旧困难重重。

针对中文学习者个体需求的传播路径。王海兰、宁继鸣（2019）从适应和满足个体中文学习动因和目的的角度，提出中文国际传播的4种路径：经济路径、文化路径、教育路径、中文国际推广路径，并针对每种路径提出了具体建议。作者指出，这4种路径基于语言国际传播的微观基础（个体的语言选择和语言使用行为）的分析提出，加快中文国际传播还需要其他路径的配合，例如提高中文在国际组织中的地位等;这4种路径是相互交叉,并非完全独立的,需要通过4种路径的综合作用达到影响和改变个体学习中文的"成本-收益"的最佳效果;中文国际传播本身并不是最终目的,从根本上来说中文国际传播要服务于我国经济、文化和政治发展的需要,应该树立"成本-收益"意识,力求以最小的成本达到最好的传播效果,实现中文国际传播的增值效应。

**(五)传播方略**

加强基于领域需求的中文传播规划研究。余江英(2019)将领域语言规划理论与中文国际传播相结合,提出"领域中文传播规划"。该规划的目标是实现中文作为政治交往名片、经贸往来媒介、文化传播载体、科技传播标准、军事智能内核的领域价值,提升中国国际话语权;主要任务是分析关键领域需求,营造丰富和谐的领域中文语言生活。作者指出,当前世界各国对中文的需求已由普及的表层需求向领域的深层需求转变,中文作为领域外语的需求越发旺盛;中文国际传播的实质,是对象国各领域需求得到满足的过程,是中文领域传播价值得以实现的过程;新时代的中文国际传播,应当以教育领域为起点,逐步向政治、经贸、文化、科技、军事等关键领域延伸。作者认为,开展领域中文传播规划研究,要注意统筹中国与对象国的双边需求,兼顾实体与虚拟空间的领域需求,强化国际中文教育的领域意识,以营造实体空间和虚拟空间丰富和谐的领域中文语言生活为努力方向,以培养"中文+专业"的国际职业中文人才为根本任务。

加强基于语言生活的中文功能研究。李宇明(李宇明等2019)强调,要帮助中文学习者过好"语言生活",要了解二语学习者、二语人的语言生活特点,找到需要帮助之处;要关注中文学习者的"低龄化"现象;要积极探讨通过网络帮助中文学习者过好语言生活的最佳途径。盛继艳(2019)认为,针对海外华语学习者呈现低龄化趋势,要多角度深化华语功能研究:一是要基于海外华裔儿童语言生活的观察,深化华语的交际功能研究;二是要结合汉语特点,深化华语的思维功能研究;三是要遵循儿童不同年龄阶段的心理特征与认知发展特点,深化华语的文化功能研究。

加强国际中文教育和华文教育的互动融通。崔希亮(2019a)指出,国际中文教育和华文教育要"微雨燕双飞",双方要加强资源共享、资源整合和资源挖掘。王焕芝(2019)认为,国际中文教育与海外华文教育之间需要建立一种最有效率、最稳定、具有最大共生能量的对称互惠共生模式。尽管过去双方在历史起源、教育对象、语言学特征、教学形式、教材内容、办学资金、师资队伍、学科建设等方面存在较大差异，但随着侨情的变化，国际中文教育和海外华文教育的共生单元可以涵盖办学经费、教师教育、教学质量保障、教材开发、扩大生源等方面。这些共生单元之间的利益分配态势形成了共生单元之间的共生模式。作者提出，应在两者之间创新外在环境诱导机制，构建内在共生动力机制，减缓共生阻尼机制。

加强"一带一路"视域下的中文国际传播研究。刘旭（2019）指出，"一带一路"视域下中文国际传播应做好以下工作：第一，加大对沿线国家语言政策研究力度，形成动态监测机制，通过多维研究视角，形成较为系统的研究成果；第二，对沿线国家的语言政策进行比较研究，进而形成中文国际传播的阶段性决策意见，立足于"一带一路"语言规划及建设，放眼于非沿线国家语言教学及研究；第三，强化技术型中文人才的培养及我国技术人才的相关语种培训，努力培养语言过关的技术型人才，为"一带一路"建设不断输送专业技术型人才；第四，给予孔子课堂建设和发展更多的关注和支持，做好孔子课堂发展规划及指导，进一步完善评价指标及体系，让孔子课堂与孔子学院的发展形成有利的横向联合发展；第五，推动国际中文教育与华文教育形成合力；第六，推动形成中文的国际表达体系，增强国际话语权。中文国际传播不仅要达到语言共通、文化共识，还要努力实现情感共鸣，这是中文国际传播的深层目标。

增强中文国际传播中的经济意识。苏剑、葛加国（2019）指出，当前中文国际推广初具规模，但是还没有产生规模语言红利。作者认为，语言推广应该注重合作经济意识，并注重语言推广成效的评估与测度，以及考察语言推广的供给与需求状况，研究孔子学院的全球分布问题。这些语言推广策略可以辅助我们在国际贸易中提高中文的通用度与话语权，解决争议与摩擦，最大限度地获取语言红利。

增强中文国际传播中的文化自觉。陆俭明（2019）指出，文化传播既有"必然性"，也有"双向性"。文化分为"硬文化"和"软文化"，"硬文化"是反映我们国家、我国各个民族各方面生活的有形文化，包括制度文化、艺术文化、旅游文化、生态文化、饮食文化、服饰文化、习俗文化、历史文化、健身文化、汉语汉字文化、体态文化等；"软文化"指反映国家和民族精神风貌和品格的无形文化，包括心态文化、思维文化。汉语教学中的文化教育，既要有

"硬"文化方面的内容,更要有"软"文化方面的内容。申莉(2019)认为,中文传播对象对中国文化的认同是一种跨文化认同,是在认同母语文化基础上对异文化的认可和接纳,培养跨文化意识、克服跨文化冲突,是中文国际传播中实现中国文化认同的前提和基础。

加强中文国际传播资源建设。李宇明(李宇明等 2019)指出,要思考即将到来的"语言智能时代"对语言学习的助益,研究"智慧学习"问题。要让资源活起来,资源要"有用",有人用、便于用;要洞察学习者的真实需求、精心满足需求,要引入游戏原理、竞赛原理、群体学习机制等,寓教于乐,使学习变得有乐趣、有竞争。张会、陈晨(2019)介绍了"互联网+"背景下移动通信、人工智能、区块链等技术在国际中文教育中的应用现状和潜力,从学习方式、学习环境、教育评价和管理方面分析了智能技术对国际中文教育和文化传播的影响,指出了技术在宏观决策、资源共享、教学模式创新、师资培养中可应用与研究的空间。甄刚(2019)就国际中文教育慕课平台建设指出,国家要继续发挥引导作用,持续加强资金支持、社会资源协作和调动等方面政策的落实;高校应构建适应国内外不同层次的在线开放课程体系,推进精品课程战略,着力提升与高校慕课课程学习配套的大数据分析能力;教师应努力提升慕课教学能力,把语言类慕课课程教育培训作为教学理论扩展和教学理念革新的重点,转变传统的以教师为中心的教学模式。毕彦华(2019)指出,应创新传播路径和传播内容,充分发挥以微信、Facebook、微博等为代表的新媒体的作用,开发手机软件,建设慕课,开发"互联网+"教材等,拓宽传播的渠道,加大传播力度,同时增强中文学习的趣味性。马冲宇(2019)认为,借助虚拟显示技术构造的 3D 虚拟世界已经成为语言文化传播的新媒介,并说明了如何借助演出模块、展览模块、教学模块与交流模块,通过语言学习、虚拟空间文化体验交流等实现中文国际传播媒介、学习理念、传播理念与国家形象塑造理念的创新。

## 二　国际中文教育

国际中文教育在 2019 年之前称作"汉语国际教育"。"汉语国际教育"既是一项事业,又是一门专业(学科)。作为一项事业,指通过在海外设立机构开展针对外国人的中文教育,是国家"汉语国际推广"战略的重要举措,是"有组织、成建制的汉语国际推广工作"(王海兰,宁继鸣 2019)。"汉语国际推广"

最早可以上溯到20世纪50年代初，而真正意义上的国家行为始于1987年"国家对外汉语教学领导小组办公室"的成立（后改名为"国家汉语国际推广领导小组办公室"，简称国家汉办）；2005年，党中央、国务院进一步将"汉语国际推广"确定为国家新的文化发展战略；"汉语国际推广"工作，对内主要包括设立机构、建设学科、建设基地、选拔师资等，对外主要包括设置推广机构、开发语言测试、制定相关标准、召开国际会议、开展国际交流等（张文浩2013）。2019年首届国际中文教育大会的召开，显示"汉语国际推广"正在走向"中文国际传播"。作为一门专业（学科），是从"对外汉语教学"发展而来，旨在为事业发展培养人才队伍。学界的相关研究大致分为4个块面：事业发展政策方略等的宏观研究，涉及教材、教师、课程、教法等的教学体系研究，"汉语国际教育"学科理论与学科建设研究，孔子学院建设与管理。2019年值得关注的研究内容主要包括"汉语国际教育"学科建设、国际中文教育教学体系构建、孔子学院建设与管理。

## （一）"汉语国际教育"学科建设[①]

以促进学科可持续发展为宗旨，2019年的相关研究从学科建设总体架构、学科性质、学科知识体系、学科理论研究、专业设置与人才培养等多个方面进行了探讨。

关于学科建设总体架构。刘利（刘利等2019）指出6个方面：一是面向汉语国际教育的汉语语言学体系；二是汉语第二语言教学法体系；三是文化教学体系；四是教师教育体系；五是汉语国际教育评估体系、留学生教育与多语多文化教育政策体系；六是汉语第二语言学习者认知与习得体系。

关于学科性质。陆俭明（陆俭明等2019）认为，汉语教学学科是以汉语言文字教学为基础的，关涉汉语言文字学、应用语言学、理论语言学、教育学、心理学、文学以及跨文化交际等多学科的交叉性学科；核心任务（或者说出发点和终极目标）是想方设法帮助外国的汉语学习者尽快、尽好地学习、掌握好汉语，特别是汉语书面语；指导思想是培养外国学生较好的包括语言能力、文化品格、思维品质和学习能力的综合汉语素养；基础性教学内容是汉语言文字，其他方面的教学都是为汉语言文字教学服务的。吴应辉（2019）认为，汉语国际教育作为一个交叉学科，是指不同一级学科而非二级学科之间的交叉，其主

---

[①] 受学科名称影响，本节相关术语仍使用"汉语"。

干学科是"中国语言文学"和"教育学"两个一级学科,此外还涉及传播学、外国语言文学、哲学、历史学等其他一级学科,如果将汉语国际教育界定为二级学科层次上的交叉,则存在明显的局限性。贾益民(贾益民等 2019)认为,应在汉语言文化学科基础上,探讨汉语国际教育跨学科、跨领域、跨文化、跨国别、跨民族的特性与规律,而不能以其他学科替代其汉语言文化教育的学科属性;各相关学科内容的吸纳应建立一个取舍"标准"。

关于学科知识体系。崔希亮(2019a)从汉语国际教育的基本问题(教什么、怎么教、怎么学、在哪里教、教什么人、用什么教、用什么方式教、经常遇到哪些困难等)入手,分析指出汉语教师需要具备语言表达、课堂组织、外交、外语、理解、科学研究、跨文化交际、现代教育技术应用等多方面能力,基于这些能力需求,认为汉语国际教育的学科知识体系应该包括 10 个方面:语言学知识、教育学知识、汉语言文字学知识、传播学知识、中国文化知识、中国历史地理知识、中国社会知识、世界文化知识、网络与智能技术知识和百科知识。贾益民(贾益民等 2019)认为,汉语国际教育知识体系的构建必须体现其作为国家和民族的一项伟大事业的价值需求,回答汉语国际教育目前面临的重大现实问题;必须适应汉语国际教育自身学科建设与发展的需要,突出汉语言文化学科自身的特点和规律;必须把海外华文教育纳入其中。吴应辉(2019)认为汉语国际教育知识体系应体现八大特色:语言与文化有机融合;多学科交叉一体;体现教育规律;学科与事业衔接;普适性与本土化并存;中国特色与国别特色兼顾;与社会生活关联;不同文明交流互鉴。赵金铭(2019)强调,知识体系的构建与创新所关涉的所有领域的研究,都应以汉语本体为依托,体现汉语特点;离开汉语本体研究,相关研究都将无从进行,未免舍本逐末;汉语虽存在于世界语言共性之中,但有些根本特点是世界其他语言所无,这些特点明显地影响着汉语的教与学。

关于学科理论研究。吴应辉(2019)指出,要树立创建世界一流的汉语国际教育学科理论体系的学术自信;要充分体现问题导向,主动服务国家战略,在语言文化走出去、提升中华文化软实力等领域有所作为;要做好汉语国际教育学科理论体系建设的顶层设计;要坚持"学科"研究与"事业"研究并重;要坚持继承、转型与重构并行;要设立专门机构牵头组织实施、分工协作;要增强学术原创能力,深入开展不同区域、国别、语别的汉语国际教育相关研究,在解决实际问题中寻求学术创新,产出大批高水平的学术成果,形成独具特色的理论体系；要正确处理国际接轨与汉语特色问题，建构一套二者兼顾的理论体系；要积极开展国别服务，如国别汉语教育政策研究、标准研制、教学资源研发等，为有需求的国家量身定制，服务国别汉语教育事业。曹秀玲（2019）认为，汉语国际教育提升学术原创力要做到5个结合：一是理论创新与汉语教学实践相结合，打破思维定式和路径依赖，在汉语语言事实描写和教学经验总结基础上进行理论提升，提出中国概念和中国理论；二是微观、中观的基础研究与宏观的顶层设计相结合；三是继承与创新相结合，在继承丰厚的学科积淀基础上，依托现代科技手段，拓展研究思路，优化研究方法，创新思维和话语表达方式；四是引进与输出相结合，畅通国内外合作交流平台和机制，扩大中外学者（界）的交流与沟通，进一步打破双方各自为战的"隔膜"状态，大力开展合作研究；五是中国理念与国际话语方式相结合，依托学界熟悉国际话语体系和较强的跨语言文化沟通理解能力，让更多汉语事实、语言理论和中国话语为国际社会所了解和接受。鲁健骥（2019）强调，汉语国际教育学术研究既要高精尖，更要接一线教学的地气，为一线教学提供充足的丰富的资源，当前后者明显不足。

关于专业和学科点设置。文秋芳（2019）针对"汉语国际教育"本科专业布点多、学生就业难，而硕博士点总体发展滞后，硕士点增加速度过快、博士点数量不足的问题，建议逐步撤销本科专业，限制硕士点的增速，适度扩大博士点，提升硕士、博士点建设的质量；招生对象要从以国内学生为主转向以国外留学生为主，重点为培养国外本土化教师服务。陆俭明（2019）也认为应压缩、调整目前"汉语国际教育"的本科专业，可适当保留若干所学校开设此本科专业，主要培养中小学中文教师和国际中文教育的管理人才；大量的中文教师应在硕士、博士阶段培养，生源主要来自中文系、教育学系和外语学系，培养真正称职的中文教师。吴应辉（2019）则建议，改变目前在"教育"博士专业学位类别之下增设"汉语国际教育"领域的做法，独立设置"汉语国际教育"博士专业学位类别，认为这是提升"汉语国际教育"学科体系的关键环节之一，是"独立学科"之说的立论基础。

### （二）国际中文教育教学体系构建

关于教材。陆俭明（2019）指出，要重视并抓好国际中文教育中字、词、成语、语法点的基础性研究工作，解决好"多少""哪些""孰先孰后""递增率该是多少""复现率该是多少"等问题，使教材编写真正能够建立在科学的基础上；要重视和抓好高质量、成系列的中文教材，以及影视类视听说信息化、智能化中文教材；要将中华文化精神和价值观、人生观的文化教育内容浸润于中文教材之中。文秋芳（2019）建议"国别化"教材的编写任务由外国学者承担，或中外合作完成，而不应由我国学者或出版社"越俎代庖"、错位谋划；中方的"分内"事是出版高质量的中文教学语法、对外中文教学词典、对外通用中文教程、对外学术中文教程等，同时探索具有中国特色的外语教育理论和体系，增强在国际中文教育中的话语权。

关于教学法。刘珣（2019）指出，构建教学法体系不能盲目地照抄照搬西方的教学理论和教学方法，要特别强调从中文和中文教学的特点出发，发现中文教学的特殊规律，从而建立并完善真正适合于中文教学的教学法体系，比如当交际法、任务法否定或不十分重视语言结构教学的时候，可以从中文教学的实际出发，明确提出中文教学必须以语言结构的教学为基础。

关于语言教学和文化教学的关系。李泉（2019）认为，"对外汉语教学"跟其他第二语言教学一样，有其自身的教学规律，其中的文化教学有特定内涵和功能，过于强调汉语教学的文化传播功能，是对这门学科的误解。陆俭明（2019；陆俭明等2019）强调，有成效的文化教育要浸润于语言教学之中，尤其是要浸润在中文教材之中；对于中文教学的文化传播作用不应过分强调与夸大，要摆正语言教学与文化教育的关系，要以语言教学为主，文化教育是伴随性的。陈绂（2019）强调，要对中华文化的内容和特质有深刻的认识，正确地掌握将语言教学与文化教学密切地结合在一起的法门。文秋芳（2019）提出语言文化的具体教学策略，根据语言表达过程，将语言文化（languature）分为主题、语篇、情境和语言本体4个维度，同时将这4个维度置放于由强到弱的可分度连续统上；主题维度上的语言文化可分度最强，应以开放、相互尊重的态度，相互学习彼此文化，增加相互理解；其余3个维度上的语言文化可分度相对较弱，可依据不同学习动机，采取"明语言隐文化"或"明文化隐语言"的教学策略。徐正考（2019）和崔希亮（2019b）则建议加强汉字和书法教育。

（三）孔子学院建设与管理

从2004年开始，我国在借鉴英、法、德、西等国语言推广经验的基础上，探索在海外设立以教授汉语和传播中国文化为宗旨的非营利性教育机构

"孔子学院"。15年来，孔子学院建设快速发展，已成为世界各国人民学习汉语和了解中华文化的园地，中外文化交流的平台，加强中国人民与世界各国人民友谊合作的桥梁，受到广泛欢迎。同时，当前也面临外部环境严峻和自身建设不足两方面的困难和问题。本年度的相关研究，重点分析了孔子学院自身建设在布局设点、管理运营、"三教"本土化、文化展示与传播能力建设等方面的困难、不足和问题，在此基础上，主要从以下4个方面提出了对策建议。

第一，师资建设。徐丽华、包亮（2019）提出开展两方面变革：一是政策变革，包括汉办试行职能下放、强化标准引领、关注专业开设院校与合作院校的适度平衡、提高教师待遇并保障教师的职业发展；二是合作院校师资供给主体变革，包括注重孔子学院师资培养相关专业建设、加强专职师资队伍建设、探索中方院长的培养模式、联合外方合作院校构建孔子学院本土汉语教师培养模式。王彦伟、周冰玉（2019）指出，中国教师的使用和管理应更多地依靠政府政策，本土教师的培养和使用应更多地遵循市场化的规律，志愿者教师管理应坚持"志愿精神是核心，政府组织是保障，经济补贴是维持"。金志刚、史官圣（2019）认为，应加强国别或区域定向师资培养，完善中方教师岗前、岗中培训体系。张欣亮、童玲红（2019）指出，要加强国际师资交互，促进中外教师利益共同体认知的形成，打造"跨境校验团队"，以促成区域汉语教育本土化的实现，形成平等、互惠、活跃的汉语教学合作态势。

第二，课程设置与教学改进。张欣亮、童玲红（2019）建议针对当地行业对复合型人才的实际需求，开展"中文+职业技术"的跨境教学项目，实现中文特色课程从"孔院供给"到"需求匹配"的转变。陈锦娟、陈肯（2019）提出，面对关于简繁汉字的跨文化误读问题，应按需教学并改革汉字教学法，尤其要考虑技术改革，改汉字教学目标为"辨认汉字和拼打汉字"。徐永亮、徐丽华（2019）认为，要加强研究，针对受众特点开展文化教学、设计文化活动，并通过开展社会公益活动增强在当地媒体的显示度，提升孔子学院的文化传播力和影响力。

第三，管理机制完善。尹春梅、李晓东、吴应辉（2019）指出，要改善孔子课堂分布格局，启动重点国别和重点机构孔子课堂评估，建立片区管理中心，建设"普适+特色"评估指标体系。徐永亮、徐丽华（2019）建议设立区域孔子学院事务协调中心和巡视制度落实测评机制，完善孔子学院内部民主监督和中外方院长考核方式，制定机构知识管理方案和档案管理制度；在非洲，还要重视安全问题，制定安全条例和应急保障预案。王彦伟、周冰玉（2019）建议打造职业化管理队伍，培养孔子学院领域的"职业经理人"；同时，建设知识管理系统，培育标准化、流程化和系统化的意识和认识，打造"依靠人才但不依赖人才"的孔子学院管理系统。刘宝存、张永军（2019）提出建设"一带一路"沿线国家孔子学院网络联盟和大数据平台。

第四，运营机制改革。刘宝存、张永军（2019）认为，要把为企业提供有关服务作为孔子学院办学目标之一，积极促进现有孔子学院与驻在国有中方背景的企业发展需求对接，由孔子学院总部牵头，并争取国家发展改革委、外交部、商务部等部门的支持，建立有中方背景企业参与的孔子学院新模式；要改变过去由外方主动申请创办孔子学院的单一模式，增加由中方直接提出与外方合作创办孔子学院的模式；要扩大资金来源渠道，争取获得中外方企业以及社会机构的赞助或资助。王彦伟、周冰玉（2019）提出要整合中文学习者和沿线投资企业两类目标群体需求，根据"一带一路"沿线经济社会现状细分目标市场，提供差异化的产品和项目，打破沿线地域壁垒，促进区域资源和资本流动。

## 三　海外华文教育

华文教育是面向海外华侨华人的中文教育。华文教育对传承传播中华优秀传统文化、讲好中国故事、促进"民心相通"具有重要意义，对海外华裔青少年固根铸魂、助力中外人文交流具有独特作用，是"汉语国际推广"战略的重要构成。华文教育的建设方针是"三化"：标准化、正规化、专业化；工作重点是打造"六大体系"：施教体系、教材体系、培训体系、帮扶体系、支撑体系和体验体系。①改革开放以来，关于华文教育的研究经历了从持续增长到稳步发展的过程；研究热点包括华文教育理论研究、规划研究、"三教"问题及国别化研究；华人社会、"一带一路"、华文媒体、华文教育当地化和华文学校等正成为华文教育研究的最新前沿主题（李宝贵，孙杰 2019）。2019 年值得关注的研究内容主要包括两个方面：一是对新时代华文教育发展方略的探讨；

---

① 参见 http://www.chinaqw.com/hwjy/2017/12-21/172749.shtml。

二是"三化"重要成果"华文水平测试"项目通过专家鉴定，课题组成员介绍了相关情况。

### （一）新时代华文教育发展方略

把握新时代新趋势，明确新时代新使命，树立新时代新理念。贾益民（贾益民等2019）及其近年的相关研究（贾益民2018a，2018b）就此进行了一系列战略性思考。作者认为，"新时代"是全球化发展的时代，是科技高度发展的时代，是多元文化交流融合、打造人类命运共同体的时代。华文教育担负促进中外人文交流、推进国际传播能力建设，推动中华传统文化创造性转化、创新性发展，推动构建人类命运共同体、服务世界和平与发展，促进世界中华儿女大团结、推动两岸关系和平发展等一系列新使命。应把握"大华语"发展趋势、科技快速发展趋势、华文教育本土化发展趋势，树立"全球化"发展理念、"大华文教育"发展理念、"融入主流"发展理念、"多元驱动"发展理念、"民间力量"发展理念、"转型升级"发展理念、"华文教育+"发展理念、"产教融合"发展理念、"华教安全"发展理念，促进华语文的全球传播，借助科技发展推动华语文教育发展，加快完善标准化体系建设，推进多元整合、融合发展，加强华语文教育学科建设和专业建设。

促进资源共享，解决具体问题，加强基础研究。耿惠昌[①]（2019）在2019年全国政协会议上建言：（1）成立"世界华文教育联盟"。建议国家支持海内外华文教育单位或机构，尽快推动"世界华文教育联盟"的成立，以促进全球华文教育机构间信息沟通和经验交流，实现资源共享，充分调动社会力量参与华文教育建设的积极性。（2）解决华文教育发展中的具体问题。一是在继续扩大中华文化体验系列活动基础上，针对新生代华裔开设华语沉浸式学习冬夏令营；二是支持海外华社推动华文教育在所在国教育体制内的价值实现，包括华文教育课程学分认可和华文进入当地升学考试的备选外语科目等；三是加大对东南亚年轻华文教师培养的支持力度，增加华侨大学等华文教育专业奖学金投入，扩大华文教师培养规模；四是逐步开展华文教学标准化工作，支持有条件的地区尝试进行华文教学学业统一考试。（3）加强华文教育基础性研究。一是支持华文教育智库建设，鼓励其积极参与"一带一路"课题研究，推出一批有影响

---

① 现任全国政协港澳台侨委员会副主任。

力的学术成果；二是研发各种具有实用性的华文文化产品，指导编写标准化的文化读物、华语词典、教学课件和数据库；三是开展"一带一路"沿线国家华文教育现状调查，研究各国对"一带一路"倡议中人文交流的反映和诉求；四是加强华文教育理论体系建设，建立和完善华文教育学术话语体系，培养华文教学研究领域的高层次复合型人才。

多方面推动华文教育供给改革。赵雅青、周秀姜（2019）建议进行五方面改革：一是变革教育供给客体，从传统的华社群体转变为全世界人民，走向"大华文教育"发展格局；二是变革华文教育供给内容，从过去单纯统一的语言文化教学转型为同时适应各国家地区和各阶层差异的、满足个体发展的复合型语言文化教学，达到共性和个性需求的双向满足；三是变革华文教育供给机制，摸清海外华文教育的现实需求，做好整合、测评、调控、引导等需求管理工作，打通华文教育资源流动和再配置的通道，促使华文教育资源从过剩领域流向有切实需求的领域，从低效领域流向高效领域，提高华文教育发展效益；四是变革华文教育供给方式，加快建立基于信息技术的线上教学，弥补传统课堂教学之不足，使华文教育通过互联网扩大在全球范围内的覆盖面，使华文学习者能自主便捷地选择符合自身发展需求的学习形式和学习内容，实现"虚"（线上）和"实"（课上）教育教学资源的同步共享和深度融合；五是变革华文教育供给模式，吸引当地教育主管部门以及社会教育机构成为华文教育供给的主体，向产业化、市场化方向发展，多元供给助力华文教育转型升级。

加强华语习得研究。吴勇毅（2019）指出，华文教育对华裔学习者而言，是"传承语"（heritage language）的教育问题。在传承语教育方面，祖籍国的作用至关重要。要深入学习者语言生活，考察其传承语习得所处的社会网络，考虑其身份认同因素，探讨有效的华语教学策略。鉴于"回流"的华裔孩子在各个学科、各个专业领域里学习，对用汉语学习专业知识和技能需求迫切，建议开展"专业汉语"教学。与以汉语习得为目标的"专门用途汉语"（CSP）不同，"专业汉语"的教学是为了帮助学习者用汉语（专业汉语）进行本专业的学习，即进行学术讨论、文献阅读和学术论文（包括学位论文）的写作，用汉语作为工具去研究专业。

推动不同国家的华文教育差异化发展。梁宇（2019）根据"政策引领、需求导向、资金保障、机构落实"四大必要条件，将不同国家的华文教育分为3种类型，提出不同类型国家采取不同的推进方略：华文教育"成熟型"国家

(如新加坡、马来西亚),提倡自主性发展;华文教育"成长型"国家(如泰国、菲律宾、印度尼西亚),探索产业化发展;华文教育"待发展"国家(如越南、柬埔寨、老挝、缅甸),采取帮扶式发展。

### (二)华文水平测试

华文水平测试(HSC,简称华测)是基于海外华裔与一般汉语二语者的异质性而开发的标准化语言水平考试系统。这项考试是国务院侨务办公室立项、暨南大学华文学院研发的重大项目,考试的研发和实施由暨南大学华文水平测试中心承担。2018年10月,项目通过了国务院侨办组织的专家鉴定。

华测的主要测试对象是"有完全或较多家庭中文环境的华人后裔"和"华人开办的以华裔为主要招生对象,以中文为主要教学内容乃至部分教学工具的学校学生",实践中不排斥任何海外华人,乃至一般外国人。华测是传承语考试,是跟母语挂钩的考试,是教学之用为核心的考试,是读写测试为宗旨的考试,是高起点前提下尽可能广泛适应的考试,是引领海外华文教育朝着"永久传承"目标迈进的考试。华测的诞生将彻底结束华文教育没有针对性测试系统的局面。

郑锦丹(2019)介绍了华测的三大基本设计。(1)高起点,关联母语者水平。"高起点"是华测的底线,是华测作为传承语考试的根本特点。华测关注认知发展的各个阶段,明确区分不同的年龄段,以适龄性原则定位和开发单独的语言测试。依据一般基础教育的学制,同时依据针对海外华文教学实际情况的调查,华测分为6个等级,贯穿了学龄前到高中(成人阶段),每一阶段考试的高点均相当于该年龄段汉语母语者能力的70%左右。(2)华测分为A、B、C。华测A目的是尽力服务华教:一方面给世界各地的华校提供一个平等交际的舞台、公平竞技的平台;一方面尽可能以考促学、以考促教,用真实可靠的数据给世界各地的华校和考生提供教学参考。不同于选拔考试、资格考试,华测A是服务教学的,是华教肌体的一部分,而不是额外负担。华测的主要对象是未成年人,它的主要功用也应该是"教学之用"。有了华测A,就有了教、学、考3个"点",海外华文教育这个"面"方得以形成。华测A将为每一位考生提供详细的考试报告,还将为学校提供相关数据以供参考,实现教学评价的目的。进一步,在华测A的基础上,将适时推出华测B,用于服务个人需要、定级发证,华测B将完全采用自适应的考试方式。另外,将适时开放直接面向用户的模拟考试,称之为华测C。(3)侧重读写能力的考察,重视汉字书写能力。二语能力的发展是从听说开始的,而继承语能力的退化和丢失是从书面能力开始的——这几乎是一条不归路。语言能力发展的三大引擎是家庭、社区和学校。家庭和社区的作用越大,学校的作用越小,传承语的性质就越明显;相反,外语的性质就越明显;从华文教学的过程来看,读写会融合听说;从结果上看,读写对听说也具有解释力。所以,华测坚持读写为测试重点。

王汉卫、刘嘉蒨(2019)介绍了华测汉字大纲研制的理念与程序。华测字表分为认读字表和书写字表,旨在促进华文学习者扩大汉字识字量,同时也对写字提出了明确要求。这是汉语国际教育界第一次以大纲的形式对汉字的"认"与"写"提出定性和定量的要求。华测大纲(字表)配合海外华裔青少年华文水平测试而研发,其将作为华文水平测试的读写试卷的汉字命题依据,并可服务和引导华文教材编写,乃至海外华文教学的整体设计。按照定性、定量与人工干预相结合的方法,认读字表和书写字表各分5级,对应6—18岁年龄跨度的学生,既照顾到了学习者的认知发展特点,也遵循了汉字学习规律。字表的研制坚持了"字量适中,向下集中,认写分开,多认少写"的理念,目前认读字和书写字的字量见表1。作者指出:"华测字表不是一成不变的,将在教学、测试中不断检验和修订,与时俱进,随着时代的发展而发展。"

**表1 华测字表各级字量**

|  | 一级 | 二级 | 三级 | 四级 | 五级 | 总计 |
| --- | --- | --- | --- | --- | --- | --- |
| 认读字 | 1127 | 743 | 595 | 390 | 300 | 3155 |
| 书写字 | 450 | 660 | 725 | 264 | 94 | 2193 |

## 结 语

中文国际传播是在国际上不断扩大中文的学习者和使用者数量的过程。与"扩大学习者数量"相比,扩大"使用者数量"受到综合国力、国际政治、经济、文化竞争等多重因素的影响,是一项涉及多领域、任务更艰巨的系统工程。只有全面提升中文在国际社会的功能,才能推动中文国际传播实现"语言使用事实"。就此而言,未来在以下问题上面临迫切的学术需求和广阔的研究空间:如何加强海外华人的语言认同,维护中文母语人口的"底盘";如何不断扩大中文的二语人口;如何促进中文在国际组织中的使用,巩固和提升中文在国际组织中的地位；如何提高中文文献声望；如何建设网络空间的中文资源，使中文成为国际上重要的网络语言；如何发挥翻译的文化价值和语言价值，加大"译入""译出"的双向翻译，使中文成为人类知识交换重要的轴心语言；如何增加中文的经济力量与文化含量，保持中文发展的充足后劲；如何提升中文的学术功能，用中文表达世界知识（李宇明，王春辉 2018；李宇明 2018）；等等。无论怎样，在"人类命运共同体"视域下，中文都应当成为未来世界的一个重要公共产品（李宇明 2019）。

## 【本年度研究文献】

[1] 毕彦华. "一带一路"倡议背景下汉语国际传播的新思考［J］.文化学刊，2019（12）：195—197.

[2] 常琳. "一带一路"背景下汉语国际传播与复合型汉语人才培养互动关系研究［J］.大理大学学报，2019，4（11）：102—107.

[3] 陈锦娟，陈肯.孔子学院的跨文化误读及汉字繁简之争［J］.高教发展与评估，2019，35（03）：8—15+109—110.

[4] 崔希亮.汉语国际教育和华文教育［J］.世界华文教学，2019a：9—14.

[5] 崔希亮.中国书法与汉语国际教育［J］.书法教育，2019b（02）：4—9.

[6] 耿惠昌.发展海外华文教育　推动共建"一带一路"［N］.人民政协报，2019-08-29（003）.

[7] 贾益民.新时代世界华文教育发展大趋势［J］.世界华文教学，2019：18—24+2.

[8] 金志刚，史官圣.意大利孔子学院发展现状、问题与策略研究［J］.国际汉语教学研究，2019（03）：12—18.

[9] 李宝贵，孙杰.改革开放四十年来我国华文教育研究的现状分析——基于文献计量学视角［J］.海外华文教育，2019（03）：5—16.

[10] 李宝贵，于芳.俄罗斯汉语传播与中俄经贸合作相关性研究［J］.辽宁大学学报（哲学社会科学版），2019，47（03）：134—142.

[11] 李泉.中国对外汉语教学七十年［J］.语言战略研究，2019b,4（04）：49—59.

［12］李雅，夏添."一带一路"背景下中亚汉语国际教育与中华文化传播机遇与挑战［J］.当代教育与文化，2019，11（06）：31—36.

［13］李宇明.中文怎样才能成为世界通用第二语言［R］.北京：北京语言大学"汉语国际教育名家讲坛"，2019/12.

［14］梁宇.东南亚汉语教学的差异化发展［N］.社会科学报，2019-05-30（005）.

［15］刘宝存，张永军."一带一路"沿线国家孔子学院发展现状、问题与改革路径［J］.西南大学学报（社会科学版），2019，45（02）：74—80+196—197.

［16］刘利，赵金铭，李宇明，刘珣，陈绂，曹秀玲，徐正考，崔希亮，鲁健骥，贾益民，吴应辉，李泉，陆俭明.汉语国际教育知识体系的特色与构建——"汉语国际教育知识体系的特色与构建研讨会"观点汇辑［J］.世界汉语教学，2019，33（02）：147—165.

［17］刘旭."一带一路"视阈下的汉语国际传播发展策略研究［J］.语言文字应用，2019（04）：73—81.

［18］卢德平.汉语国际化的两种事实［J］.浙江师范大学学报（社会科学版），2019，44（04）：60—65.

［19］陆俭明.汉语国际传播方略之我见［J］.汉语应用语言学研究，2019：1—11.

［20］马冲宇.3D虚拟世界中的语言文化传播——以"虚拟歌德学院"项目为例［J］.传媒，2019（13）：79—83.

［21］戚德祥.基于语言与文化传播的国际汉语教材出版研究［J］.科技与出版，2019（06）：13—17.

［22］申莉.汉语国际传播与中国文化认同［J］.人民论坛，2019（01）：140—141.

［23］盛继艳.从海外华语学习者的低龄化看华语研究［J］.华文教学与研究，2019（02）：66—70+80.

［24］苏剑，葛加国.语言推广的经济效应与语言红利［J］.江汉论坛，2019（02）：31—35.

［25］王春辉.汉语：从陆地型语言到陆地-海洋型语言［J］.世界汉语教学，2019，33（01）：3—19.

[26] 王海兰, 宁继鸣. 汉语国际传播的微观基础与路径选择 [J]. 云南师范大学学报 (对外汉语教学与研究版), 2019, 17 (02): 84—92.

[27] 王汉卫, 刘熹蒨. 华文水平测试汉字大纲研制的理念与程序 [J]. 华文教学与研究, 2019 (01): 59—67.

[28] 王焕芝. "一带一路"视阈下海外华文教育发展的动力机制与策略: 以东南亚为中心的探讨 [J]. 海外华文教育, 2019 (03): 122—129.

[29] 王辉. 语言传播的理论探索 [J]. 语言文字应用, 2019 (02): 20—29.

[30] 王彦伟, 周冰玉. 一带一路沿线孔子学院有限市场化路径研究: 新东方模式的借鉴与启示 [J]. 云南师范大学学报 (对外汉语教学与研究版), 2019, 17 (04): 27—34.

[31] 文秋芳. 从英语国际教育到汉语国际教育: 反思与建议 [J]. 世界汉语教学, 2019, 33 (03): 291—299.

[32] 吴勇毅. 华语习得研究 [J]. 世界华文教学, 2019: 42—45.

[33] 徐丽华, 包亮. 孔子学院师资供给: 现状、困境与变革 [J]. 浙江师范大学学报 (社会科学版), 2019, 44 (03): 56—61.

[34] 徐永亮, 徐丽华. 非洲孔子学院管理面临的问题及对策研究 [J]. 管理观察, 2019 (02): 155—159.

[35] 姚敏. "大华语"视角下的汉语国际传播策略思考 [J]. 语言文字应用, 2019 (01): 20—26.

[36] 尹春梅, 李晓东, 吴应辉. 孔子课堂分布状况与管理体系研究 [J]. 新疆师范大学学报 (哲学社会科学版), 2019, 40 (03): 100—109.

[37] 余江英. 领域汉语传播规划研究: 目标与任务 [J]. 语言文字应用, 2019 (02): 10—19.

[38] 张会, 陈晨. "互联网+"背景下的汉语国际教育与文化传播 [J]. 语言文字应用, 2019 (02): 30—38.

[39] 张欣亮, 童坽红. 跨境教育辖域中孔子学院特色发展鉴析——基于澳大利亚格里菲斯大学旅游孔子学院的案例研究 [J]. 比较教育研究, 2019, 41 (04): 19—27.

[40] 赵雅青, 周秀姜. 多方面推动华文教育供给改革 [N]. 中国社会科学报, 2019-05-07 (003).

[41]赵永亮,葛振宇.汉语文化传播与"中国制造"的海外影响力[J].南开经济研究,2019(03):44—61.

[42]甄刚.汉语国际教育慕课平台建设现状及策略探究[J].教育教学论坛,2019(46):218—219.

[43]郑锦丹.华文水平测试简介[J].华文教学与研究,2019(03):94—95.

## 【以往参考文献】

[1]崔希亮.关于汉语国际教育的学科定位问题[J].世界汉语教学,2015,29(03):405—411.

[2]郭熙,祝晓宏.海外华语传播与《中国语言生活状况报告》[J].语言文字应用,2007(01):44—48.

[3]贾益民.新时代华文教育的新使命[J].世界华文教学,2018a:3—17+2.

[4]贾益民.新时代世界华文教育发展理念探讨[J].世界汉语教学,2018b,32(02):147—161.

[5]李宇明.探索语言传播规律[J].国际汉语教学动态与研究,2007(03):2—4.

[6]李宇明.信息时代的中国语言问题[J].语言文字应用,2003(01):2—9.

[7]李宇明.用中文表达世界知识[N].中国社会科学报,2018-09-14(004).

[8]李宇明,王春辉.全球视域中的汉语功能[J].云南师范大学学报(哲学社会科学版),2018,50(05):17—26.

[9]卢德平.汉语国际传播的推拉因素:一个框架性思考[J].新疆师范大学学报(哲学社会科学版),2016,37(01):55—61+2.

[10]宁继鸣.汉语国际教育:"事业"与"学科"双重属性的反思[J].语言战略研究,2018,3(06):6—16.

[11]王建勤.汉语国际传播标准的学术竞争力与战略规划[C].北京市社会科学界联合会、北京师范大学.科学发展:文化软实力与民族复兴——纪念中华人民共和国成立60周年论文集(上卷).北京市社会科学界联合会、北京师范大学:北京市社会科学界联合会,2009:354—362.

[12] 文秋芳．中文在联合国系统中影响力的分析及其思考［J］．语言文字应用，2015（03）：33—40.

[13] 吴英成．汉语国际传播：新加坡视角［C］．世界汉语教学学会通讯2010年第2期（总第6期）．世界汉语教学学会，2010：37.

[14] 吴应辉．汉语国际传播研究理论与方法［M］．北京：中央民族大学出版社，2013.

[15] 吴应辉．让汉语成为一门全球性语言——全球性语言特征探讨与汉语国际传播的远景目标［J］．汉语国际传播研究，2014（02）：1—12+213.

[16] 张文浩．汉语国际推广中的宣传策略及其受西方国家的影响［C］．北京大学对外汉语教育学院研究生院．北京地区对外汉语教学研究生论坛论文集．北京大学对外汉语教育学院研究生院：北京大学对外汉语教育学院，2013：199—208.

[17] 周庆生．主持人语［J］．语言战略研究，2018，3（04）：9.

第二部分

# 论点摘编

## 语言功能决定世界语言格局

语言功能分为工具功能和文化功能两大范畴，工具功能主要考察语言的沟通能力，文化功能主要考察语言的文化影响力。通过考察语言功能，可把当前的世界语言划分为"全球通用语""国际和地区通用语""国家官方语言""地方官方语言""其他小语种""文化语言"六大方阵。世界语言格局是一个动态系统，其形成是每种语言所实际发挥的功能的结果；语言功能的发挥积淀着历史因素和现实因素，掺杂各种社会因素；这种格局，不是语言谱系格局，也不是类型格局，而是功能视角下的语言聚类。认识语言的谱系、类型特征，都不能改变语言的发生学、类型学性质，而认识语言的功能学特征，却可以自觉改善语言的功能。比如汉语在当前的世界语言格局中，处在第二方阵较前的位置，且充满后劲。下一步的发展，可注意如下方面：海外华人社会的母语维持，以保持甚至增加汉语的母语人数；推进汉语的国际传播，以增加汉语第二语言人数；加强汉语在国际组织中的应用，以增强汉语在国际生活中的功能；扩大汉语网民人数及汉语文本的互联网占有率，以争取汉语在互联网上的地位；促进汉外翻译及汉语与民族语言互译，以增加汉语的翻译量，提高汉语文献的声望；利用汉语的名人、名物及曾经在东亚汉字文化圈的影响，增加汉语的文化功能等。现在我们已经为汉语的强身固本采取了很多措施，但从语言功能分类指标的角度看，还有较大的发展空间。

摘自：李宇明，王春辉. 论语言的功能分类［J］. 当代语言学，2019（01）

## 加快修订《国家通用语言文字法》

深入推进语言文字工作法治建设，已成为新时期语言文字工作的重要内容，《国家通用语言文字法》的修订工作应该加快步伐，对《国家通用语言文字法》中与当前实践不符之处，应把多年来的经验做法补充写入法律。第一，进一步巩固国家通用语言文字主体地位；第二，加强对网络语言使用的监管；第三，加强语言文字多样性的规范管理；第四，加强对外国语言文字使用的规范和管理；第五，加强法律的执法力度，提高法律的可操作性。

摘自：蒋昌忠.深入推进语言文字工作法治建设［J］.语言战略研究，2019（02）

## 新时代推普要有新认识

在人类文明史上，博大精深的中华优秀文化之所以能传承至今、从未中断，与历史悠久的文字和共同语的贡献有着直接的关系；语言文字本身也成为中华优秀传统文化的最重要的组成部分。在新形势下，我们要更加自觉地认识到语言文字对维系中华文化根脉、传承优秀传统文化的重要作用，推进新时代的推普工作迈向新高度。语言文字现代化与信息化时代同频共振，标准化、规范化是信息化时代对语言文字工作的基本要求。信息化时代对国民个人遵循语言文字规范和标准的要求更高，一个人如果不能很好地遵循语言文字的规范和标准，就难以真正融入信息化社会，就无法更好地在信息化时代生活和发展，也不能享受各种信息服务的便利。推普工作要根据信息化时代的新要求来更新思想认识，充分利用信息化带来的便捷条件，改进推普工作的方式和手段，丰富推普工作的内容，增强推普工作面向的精准性，通过更加艰辛的努力和创新性工作，不断提高普及国家通用语言文字的工作成效。

摘自：黄德宽.新时代推普要有新认识［N］.语言文字报，2019年10月23日第2版

## 做好新时代甲骨文研究工作的四点建议

在甲骨文发现120周年这个具有纪念意义的年份，我们特别希望国家有关部门在制订甲骨文研究的发展规划时，有以下几方面导向和新的拓展领域。一是加强全社会对中华古典文字——甲骨文的敬畏之心。保护载入"世界记忆名录"的甲骨文的尊严，杜绝伪造乱用乱通假甲骨文字的现象。注重多元化、多路径的甲骨文研究理论、方案、方法的探索，完善甲骨学学科体系，加强知识产权保护，造就良好的甲骨学发展氛围。二是从国家层面启动全国甲骨藏品单位的家底清理与著录。落实甲骨文抢救性保护措施，全面推动甲骨文的专业整理、科学研究和著录公布，推进甲骨文的知识展示与文创利用。三是重视文理

结合、打破界际，多学科、多部门、同方向、开放式协同创新攻关。建议从顶层设计甲骨文大数据平台的建设指南，提高甲骨文人工智能识别技术。适当增加甲骨文重大项目、重点课题和一般课题的设立，要建立实事求是的符合特殊学科特点的科研考核机制，不提倡"短平快"形式宣导，结项成果要经得起学术的检验，经得起历史的评判。四是要着力"出学术精品，育高端人才"。注意甲骨文与甲骨学专门人才的培养，扶育一批名副其实的甲骨文科普园地。要重视甲骨学史的钩沉探赜，揭示尘封的沧桑历程，这对甲骨学的传承有促进作用。

摘自：宋镇豪.新时代甲骨文研究工作的继往开来［J］.语言战略研究，2019（06）

## 让古老汉字焕发出时代风采

百余年来，经过一代代学者的艰难探索，甲骨文研究已从鸿蒙初辟到巍然成学，享誉国际学术界。但我们也要清醒地认识到，甲骨文等古文字研究依然面临十分艰巨的任务。4000多个甲骨文中公认被释读出的只有三分之一左右，十几万片甲骨的缀合、分期、断代和解读困难重重，在甲骨学的不少问题上学者们还没能达成共识。除甲骨文之外，两万余件商周青铜器铭文、数十万枚新发现的战国秦汉简牍以及其他先秦古文字材料，分散收藏在不同的文博考古单位，亟待开展科学保护、系统整理和深入研究。为此，要重视培养青年学者队伍，创新研究手段和方法，加强多学科交流协作。建议国家加强甲骨文等古文字研究的统筹规划，发挥制度优势，组织力量，协同攻关，对分散收藏的古文字资料，开展科学保护、整理和研究，避免力量分散、重复投资、资源浪费。同时，汉字研究专业工作者要积极关注汉字研究成果的应用和推广，既要坚守书斋，甘于寂寞，也要走出书斋、服务社会，以群众喜闻乐见的方式，讲好汉字故事，将自己新的研究成果介绍给广大人民群众。此外，中华优秀传统文化的传承关键在教育，汉字文化的普及和传承要从教育抓起。

摘自：黄德宽.继往开来，让古老汉字焕发出时代风采［J］.语言战略研究，2019（06）

## 融媒体辞书要在六个方面实现融合贯通

融媒体词典的核心是辞书文本和一切与文本生产、存贮、传播相关的活动的高度融合。在整个辞书领域内，任何辞书或词条信息只生产一次就能为任何出版机构、任何类型的相关辞书的生成所调用。融媒体辞书主要包括以下几个方面的融合贯通：辞书编纂和出版主体的融通，辞书资源和元数据的融通，词典内容和文本形式的融通，词典文本与新媒介的融通，词典传统出版和新媒介的融通，词典信息文本类型和组织方法的融通。

摘自：章宜华. 论融媒体背景下辞书编纂与出版的创新［J］. 语言战略研究，2019（06）

## 外语教育要为国家战略服务

当前中国出现了一个流传较广的观点，即中国的高等教育应像美国那样，不受国家或政府领导。这在学界已引起热烈讨论。我认为，对此有必要统一认识，不然难以讨论外语教育是否要为国家战略服务这个命题。我更认为，讨论时不能脱离改革开放后中国的"中国特色社会主义"这个基本前提，不然缺少统一思想的标准。这就是说，高等教育是否只有一个模式？新时代、新社会制度在办好高等教育上能否走自己的道路？能否创新？我既不赞成单纯学习外国文学的"文学道路"，也不同意把高等院校的外语教育降格为语言学校，只教"听说读写"。我们应当考虑的是如何培养国家需要的不同人才，那就是培养对象有全面发展的，也有专攻文学、口译、笔译、教学或研究的。这意味着，外语专业学生除了外语外，还应学习和掌握一些其他专业的知识，这有助于提高其分析问题、研究问题的能力。有一点可以肯定，当前国家最迫切需求的是复合型人才，学生毕业后必须能应对和完成多种任务。也只有这样，才能有效提升中国外语专业毕业生的就业率。

摘自：胡壮麟. 外语教育要为国家战略服务［J］. 语言战略研究，2019（04）

## 外语教育要防止走极端

一是外语教育现象及政策的研究不宜走极端,学界某些有关外语教育现象（如各种外语考试）的政策性研究仅从某一个角度来分析,缺乏综合考虑,背离了外语教育的目的,观点有失偏颇。二是外语与母语的关系处理不宜走极端,在对待外语与母语的地位关系时要牢记母语是本、外语是末。三是语种的开设不宜走极端,高校在开设小语种专业时切忌大规模发展,要避免出现"一窝蜂上和一窝蜂下"的现象,这对国家、对高校和对人民都是很大的损失;语种的选择需要总体规划和顶层设计,需要考虑学校的定位以及区域特点,管理部门可以通过语言政策来引导和管理学生的语种选择,从而起到宏观调控的作用。四是高校英语教育的改革不宜走极端,重点不应放在数量上,而应放在质量上;核心是处理好英语基本功和学校特色或专业特色的关系,不要骤然完全偏向任何一方,否则都是走极端的表现,应该两者结合,循序渐进地开展改革。

摘自：张治国. 外语教育过程中要防止走极端现象[J]. 当代外语研究, 2019（01）

## "一带一路"外语教育规划的四大任务

一是外语语种规划,在关注"一带一路"沿线官方语言的同时,还应当重视在非传统安全领域的关键语种,以及具有区域国别研究价值的重要研究语言,如梵文、拉丁语等学术研究语种规划问题。二是英语专业建设,不同背景院校的英语专业都要在练好"内功"的同时,充分发掘本校办学特色、行业需求和学科优势,建设具有校本优势的英语专业。三是大学外语改革,高校外语教学需要考虑到多语种能力培养,加强区域国别知识与文化课程的教学,培养"一精多专"和"一专多能"的复合型人才,有条件的高校必须加大学术英语与专门用途英语课程建设力度。四是外语学科发展,需要植根于中国高校的教育实践,坚守"以我为主"的主体意识,坚持本土创新与国际视野相结合,走出具有中国特色的外语学科建设和发展之路。

摘自：沈骑.“一带一路”外语教育规划的四大任务［J］.当代外语研究，2019（01）

## 提高中文修养对搞好翻译至关重要

在两种语言的转换中，译者起的是"中介"作用，始终斡旋于两者之间，被论家称为"媒人"，也是不无道理的。德国汉学家顾彬批评当代中国译者的母语不够好，可谓切中肯綮之言。今日译坛虽是热闹，却难出大家，也与译者的母语修养不尽如人意有关。过往译界的盛况，更从另一角度提供了可资借鉴的依据。然而，这种重要性至今并未引起我们足够的重视。应试教育体制下的学生，母语的掌握本来就"先天不足"，到了大学里又未适时"补课"，上网基本代替了阅读，他们的母语修养令人生忧。对于几乎靠语言"吃饭"的翻译专业学生，此类偏差，如不及时纠正，从长远看会殃及翻译人才的成长。要弥补学生中文修养的缺陷，大量阅读不失为一剂良药。要提倡和鼓励学生，特别是文科生，大量阅读文学作品，尤其是经典，细水长流，持之以恒。翻译是语言的艺术，提高中文修养对搞好翻译至关重要，我们没有理由不引起重视。应采取相关措施，达到预设目的。

摘自：黄源深.翻译，说到底是语言的艺术［J］.语言战略研究，2019（05）

## 从"三原"着手传承传播中华文化

传承传播中华优秀文化是两件事，也是一件事。对国内来说是传承，对国外来说是传播，但两者有一个总的目标，即让中华民族的优秀遗产能够成为全中国乃至全世界人民的共同财富。这一个共识大概现在已经基本形成了。但是，什么是中华优秀传统文化？怎样进行有效的传承和传播？这些还需要进行认真的讨论。相对来说，方法问题比较好解决，我的建议是"多元并存，大胆实验"。因时、因地、因人而异，采取最适宜的方法，经过试验，决定去留。最关键的是要弄清什么是中国传统文化，尤其什么是中国优秀传统文化，这是进行传承传播的前提。在这些方面我们现在的认识还是比较混乱的，包括一些从事理论研究和实际工作的专家。要解决这个问题，我的建议是从"三原"着手，就是带"原(源)"的3个词:"原构""源头""原典"。"原构"就是原生态的中国文化架构,就是"经史子集"的体系。"源头",四部的"源"是经部,经部的"源"是"六经"。"原典",读经典一定要读原典,当然要结合前人注释,但不能以读后人注释代替读原典,更不能把今人的白话翻译当作原典去读。

摘自:潘文国.从"三原"着手传承传播中华文化[J].沈阳师范大学学报(社会科学版),2019(02)

## 提高国家文化软实力需要重视语言文化交流

语言文化交流是指以语言文化为主要内容的信息、知识互换互通,既包括国家与国家之间,也包括国家内部民族、群体、人与人之间的交流。除了个体、群体参与外,还可以有工具书、翻译作品等语言文化产品作为辅助方参与交流,交流的内容包括表层、中层、底层3个层面的交流:语言的相互学习;以语言文字为载体的相关文化交流;语言价值观交流。语言文化交流产生作用的生成机制是语言理解和文化理解。首先,提高国家文化软实力,人是最重要的因素,而语言文化交流正是发挥人的作用的重要方式。其次,提高国家文化软实力,要努力提高中华文化传播效率、效果,而语言文化交流是比较有效、高效的传播方式。再次,提高国家文化软实力,要努力传播当代中国价值观念,而语言文化交流是逐层递进的,涉及价值观、思想、哲学层面的交流。

摘自:魏晖.语言文化交流与国家文化软实力[J].文化软实力研究,2019(01)

## 安全观话语构建要充分阐释中国文化内涵

对于传播中国的安全观而言,除了传播安全观本身的具体内容之外,还需关注以下几个方面:第一是关于安全观背后的理念,需充分阐释中国文化内涵。首先,中国文化重视整体性,强调群体性思维,从全局而非局部出发来看待事物的性质和联系;其次,中国文化既强调事物的差异性,又强调关联性;最后,重"和合"一直是中国传统文化的精髓。第二个方面是关于传播的具体语言,需加强安全叙事研究,叙事场景、言辞模式和叙事者的权威性都会影响到叙事效果,当叙事场景比较确定时,一般需要采用辩论式(argumentation)模式;

如果不是特别确定时,最好采用故事模式(tell a story)。第三个方面是重视传播受众的研究,需外外有别,不同背景的人对所接触信息的理解和接受能力完全不同,需根据不同国家的受众来设计传播的具体内容和具体语言。

摘自:孙吉胜.中国国际安全观话语的构建与传播[J].对外传播,2019(01)

## 法律工作者应具有"四位一体"的语言能力

法律工作者语言能力规划的核心和前提是搞清法治工作对语言能力的关键需求,从而有针对性地提出建议、实施培训。法治工作各层面对语言能力的关键需求表现为4个方面:第一,立法语言能力的核心是保证书面语言的逻辑清晰、表意准确;第二,司法语言能力的核心是语言使用要做到与专业语境的最大契合;第三,执法和依法治理语言能力的核心是在抽象的法条语言与具体的刑事民事案件、行政事务之间建立对应关系,将规范抽象的法条语言与现实的、活生生的、多样化的执法情景语言相结合;第四,普法语言能力的关键是将抽象的立法语言、专业的司法语言进行通俗化、形象化的转化。对法律工作者的语言能力进行具体的规划与提升,需要从以下4个方面入手,构成"四位一体"的语言能力架构:第一,语言学知识的储备能力;第二,语言学知识向法律应用的迁移能力;第三,与法律事务语境相结合的语言运用能力;第四,侧重社会属性的多语多言能力。

摘自:王东海.法律工作者的语言能力规划初论[J].语言文字应用,
2019(02)

## 语言影响国际政治的三个方面

基于对世界政治格局与语言状况的考查可以发现,语言与政治的联结点在于语言在社会认知和构建方面的功能。语言与现代国际政治版图的关系集中体现在3个方面:第一,语言既是分裂的力量,也是统一的力量,在国家分裂和国家统一进程中都有重要作用;第二,语言可以成为考察国家影响力的指征,可用影响力指数、民主指数、语言影响力等对国家进行分类和评级,从而认识不同国家在国际社会的地位和作用;第三,全球化进程对语言发展影响巨大,多种因素导致超级语言出现,英语更成为全球最通用的语言。但同时,对多语制的追求导致语言冲突，构成了当代世界"语言战争"的基本格局。以上分析基于非传统安全观，凸显了语言与政治的相关性，可进一步深化对语言与国家安全关系的理解。全球化和信息化是影响现代世界发展最重要的两个趋势，多主体、多中心、多空间、多维度等特征，使参与国际政治的主体及其作用方式不同于以往，语言在其中发挥的作用日益增长。在当前的时代背景下，语言不仅是人类最重要的交际工具，同时也是重要的经济资源、社会行为和政治行为，并具有社会构建、社会认知的功能。对语言与政治这个话题而言，社会建构、社会认知功能尤为重要。从语言出发，可以更清楚地理解众多国际政治现象。但是，由于语言具有公共产品的性质，且多与其他社会要素结合，它的重要性很容易被人忽略或低估。

摘自：赵蓉晖，阿衣西仁·居马巴依.语言与现代国际政治述论[J].
云南师范大学学报（哲学社会科学版），2019（02）

## 语言政策的本质是引导和调控语言价值

语言不但有价值，而且还可分为经济价值、文化价值和情感价值；人类在语言学习和语言使用中都必须做出语言选择，而语言选择基本上是根据语言价值来进行的；语言价值的平衡、发挥和保护，以及个体语言选择与集体语言选择的矛盾，都需要通过语言政策来引导和调控，但语言政策的制定也必须考虑到语言价值和语言选择的影响。语言政策的制定及管理都应该遵循以经济价值为主，文化价值和情感价值为辅的原则，做到统筹兼顾。由于各种语言的价值大小不同，为了能充分发挥它们各自不同的价值，我们可以在语言政策的制定方面实行多语制，并通过语言功能或语言地位的划分来发挥众多语言各自不同的价值。此外，我们还可以在语言政策的管理方面通过语言使用域来解决各语言价值大小不同的这一问题，如让各种语言的情感价值在注重情感交流的语言使用域（如家庭域）中得到实现，让主要语言的经济价值在讲究工作效率的语言域（如工作域和超国家组织域）中得到发挥，让诸多语言的文化价值在崇尚学术研究的语言域（如学校域）中得到施展。

摘自：张治国.语言价值、语言选择和语言政策[J].云南师范大学学报（哲学社会科学版），2019（05）

# 第二部分 论点摘编

## 中国术语学研究的八大特点

与欧洲和加拿大的术语学研究相比较,中国的术语学研究具有如下八大特点:语文独特;历史悠久;尊重传统;体系成熟;关注结构;功能为本;数据导向;成果丰硕。中国的术语研究努力克服了术语学中的德国-奥地利学派、俄罗斯学派、捷克斯洛伐克学派、加拿大-魁北克学派的局限性,具有鲜明的特点。这些特点可以归结为术语研究中的"结构功能观",事实上已经形成了中国的术语学派。与国际上四大术语学派相比,中国术语学派毫不逊色。中国术语学派应当是术语学中的"结构功能学派"(structural functional school)。

摘自:冯志伟.中国术语学研究的八大特点[J].中国科技术语,2019(02)

## 语言学应向话语研究转型

中国语言学界有"本体研究"一说,所谓"本体研究",一般是指语音、文字、词汇、语法等关于语言结构的研究,与语言应用研究、交叉学科研究区分开来。本体研究是中国语言学的"本体",其他研究仍处"附庸"的地位。中国现有的语言学理论体系,事实上也是以语言结构为研究基点的,大量的关于语言运用的问题都被边缘化,关于语境、关于互动语言学的研究,也比较难以进入语言学的理论体系。在国际上出现"话语转向"的新形势下,将研究基点从"语言结构"移至"语言运用",或者说实现由"语言"向"话语"的基点转变,是很有必要,也是很迫切的。人类社会正在跨越工业化进入信息化时代,语言智能成为信息化时代的宠儿。计算机要处理的是真实的话语,只有语言结构的研究,语言学家是不能完成"规则提供者"的使命的。就支持人工智能的发展而言,语言学实现"话语转向",加强对话语的研究也是十分必要的。国际语言学界正在步入"后乔姆斯基时代",一方面乔姆斯基的学术思想还会继续发生影响,另一方面也一定会出现语言学新潮流。这种新潮流很可能就是话语研究,就是支持语言智能处理真实语言应用的研究。这可能是语言学的"弯道期",中国语言学应做好"弯道"准备。

摘自:李宇明.语言学的问题意识、话语转向及学科问题[J].广州大学学报(社会科学版),2019(05)

第三部分

# 学术动态

# 2019年四大科研基金语言学课题立项情况调查

文章中的四大科研基金分别指"国家自然科学基金""国家哲学社会科学基金""教育部哲学社会科学规划课题""国家语委科研规划课题",下文简称为"国自然""国社科""教育部哲社""国家语委"。四大科研基金在语言学研究领域各有关注重点,代表各领域研究的最高水平,通过调查分析2019年四大科研基金语言学课题立项情况,有助于了解把握该年度语言学研究领域的热点与新动向。

## 一 立项课题概貌

四大科研基金2019年共立项资助语言学及相关课题837项,包括:

**1. 国自然**:在"信息科学部—计算机科学—计算机应用技术—语言文字信息处理(F020514)"科目下资助6项,在"信息科学部—人工智能—自然语言处理(F0604)"科目下资助55项,共资助61项。①

**2. 国社科**:在"语言学"科目下资助412项(含21项未标示学科但内容属于语言学研究范畴的国社科重大项目)。②

**3. 教育部哲社**:在"语言学"及与其相关的"交叉学科/综合研究"科目下资助271项。③

**4. 国家语委**:资助93项。④

根据近十年的相关统计数据[1-3]⑤,四大科研基金立项资助的语言学课题在数量上大致呈现出逐年增长的趋势,这种增长趋势在近五年中尤为显著,见图1。其中,本年度国社科、教育部哲社立项数与上年相比基本持平,国家语委立项数与上年相同,国自然相关立项数稍有增加。

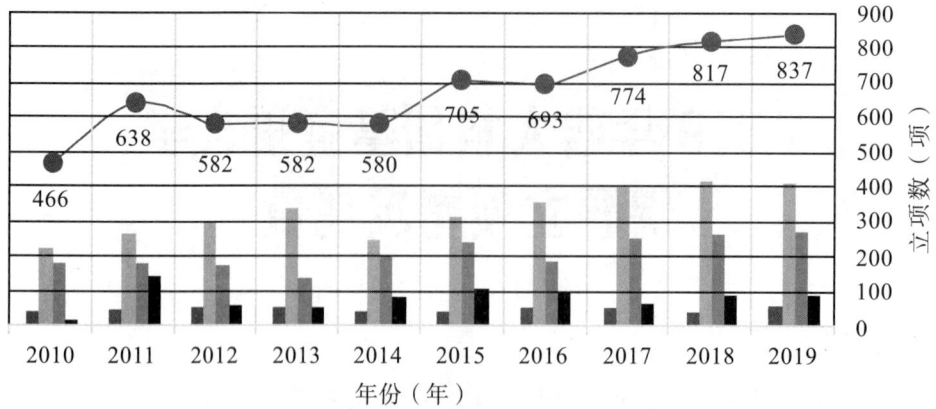

图1　2010—2019年四大科研基金语言学课题立项数量一览

2019年立项的语言学课题中，资助数量最多的是国社科，占49.22%；其次是教育部哲社，占32.38%，详见表1。四大基金语言学课题涉及的类别及各类立项数量、占比情况详见表2。

表1　四大科研基金2019年语言学课题立项来源分布

| 基金 | 国自然 | 国社科 | 教育部哲社 | 国家语委 | 合计 |
| --- | --- | --- | --- | --- | --- |
| 数量 | 61 | 412 | 271 | 93 | 837 |
| 占比 | 7.29% | 49.22% | 32.38% | 11.11% | 100% |

表2-1　2019年国自然语言学相关课题立项情况

| 类别 | 面上项目 | 重点项目 | 国家杰出青年科学基金项目 | 国际(地区)合作与交流项目 | 青年科学基金项目 | 地区科学基金项目 | 优秀青年科学基金项目 | 合计 |
| --- | --- | --- | --- | --- | --- | --- | --- | --- |
| 数量 | 27 | 2 | 1 | 1 | 19 | 10 | 1 | 61 |
| 占比 | 44.26% | 3.28% | 1.64% | 1.64% | 31.15% | 16.39% | 1.64% | 100% |

从表2-1中可以看出，国自然面上项目资助语言学相关课题最多，占44.26%；其次为青年科学基金项目，占31.15%。与近几年立项情况相比，本年度面上项目、青年科学基金项目与地区科学基金项目仍为国自然资助语言学相关课题的主要三类，但资助类别较往年更为多样，新增"国家杰出青年科学基金项目"与"优秀青年科学基金项目"各一项。

## 2019 年四大科研基金语言学课题立项情况调查

表 2-2　2019 年国社科语言学相关课题立项情况

| 类别 | 重大项目 | 中华学术外译项目 | 后期资助项目 | 一般项目 | 重点项目 | 青年项目 | 西部项目 | 合计 |
| --- | --- | --- | --- | --- | --- | --- | --- | --- |
| 数量 | 21 | 14 | 48 | 234 | 21 | 53 | 21 | 412 |
| 占比 | 5.10% | 3.40% | 11.65% | 56.79% | 5.10% | 12.86% | 5.10% | 100% |

从表 2-2 中可以看出，国社科资助的语言学相关课题中，一般项目最多，占 56.79%；青年项目居次，占 12.86%；第三为后期资助项目，占 11.65%。纵观近年来立项情况，一般项目与青年项目所占比例趋于稳定（一般项目比例略有提升，青年项目比例稍有减少），而中华学术外译项目与后期资助项目占比逐年增加，这反映了国社科立项较为关注国家文化战略的落实，助力"文化走出去"，同时又关照了社会科学研究延续性的特点。

表 2-3　2019 年教育部哲社语言学相关课题立项情况

| 类别 | 规划基金项目 | 后期资助项目 | 青年基金项目 | 西部和边疆地区项目 | 西藏项目 | 新疆项目 | 重大课题攻关项目 | 重点研究基地重大项目 | 合计 |
| --- | --- | --- | --- | --- | --- | --- | --- | --- | --- |
| 数量 | 97 | 6 | 142 | 15 | 1 | 1 | 2 | 7 | 271 |
| 占比 | 35.79% | 2.21% | 52.40% | 5.54% | 0.37% | 0.37% | 0.74% | 2.58% | 100% |

从表 2-3 中可以看出，教育部哲社资助的语言学相关课题中，青年基金项目约占一半（52.40%）；其次为规划基金项目，占 35.79%。与近年立项情况相比，青年基金占比稍有减少，规划基金项目占比提升较多，新增"西藏项目"一项，不再设有"自筹经费项目"，取消"重点研究基地重大项目拟延期"项目，而本年度"重点研究基地重大项目"资助的 7 项均为上年"拟延期"项目，未资助新的重点研究基地重大项目，这里体现教育部哲社立项的引导倾向与服务倾向，一方面强调基金使用的针对性与规划性，增加规划项目比例、扶持西部项目；一方面对基金的使用效率提出了更高要求，不增设新的重大项目，而是在既有重大项目上持续着力，重视课题研究的完成度与深度。

表 2-4　2019 年国家语委语言学相关课题立项情况

| 类别 | 重大项目 | 重点项目 | 一般项目 | 后期资助项目 | 委托项目 | 合计 |
| --- | --- | --- | --- | --- | --- | --- |
| 数量 | 4 | 33 | 32 | 7 | 17 | 93 |
| 占比 | 4.30% | 35.48% | 34.41% | 7.53% | 18.28% | 100% |

从表 2-4 中可以看出，国家语委课题中数量最多的两项为"重点项目"和"一般项目"，占比分别为 35.48% 和 34.41%。与上年相比，总立项数及一般项目数量不变，重点项目增加 9 项。其中，重点项目和一般项目下还设有"一带一路"专项（重点 3 项，一般 5 项）、信息化专项（重点 3 项，一般 5 项）、中青班项目（一般 13 项）与民族班项目（一般 3 项），可以看出国家语委根据国家语言文字工作方针、政策灵活调整资助形式，以多样化、更有针对性的资助形式满足当前我国语言文字研究的需要。

837 项语言学课题中，名称重复的共 4 项（8 个课题），来自国家语委重大项目与国社科中华学术外译项目，分属两种情况：(1) 同一基金不同负责人研究内容有所区分，国家语委重大项目"中国语言扶贫的经验成效及相关理论问题研究"由山东大学张卫国教授与教育部语言文字应用研究所魏晖研究员主持，两位负责人的研究背景分别为经济学与语言学，另一重大项目"新疆中小学教师国家通用语言文字培训与教学"由中国社会科学院语言研究所贾媛研究员与新疆大学孟凡丽教授主持，两位负责人的研究背景分别为语言学与教育学。(2) 同一基金资助将汉语著作翻译为不同语种，国社科中华学术外译项目设 4 项课题，资助两部著作外译，分别将周生亚的《汉语词类史稿》（中国人民大学出版社）、石毓智的《汉语语法演化史》（浙江大学出版社/江西教育出版社）翻译为英文、韩文。

## 二　立项课题的分布调查

文章对 837 项课题分别做了来源地与内容的分布调查，其中来源地分布主要统计立项课题依托单位及所在省（市、自治区），内容分布则依次考察立项课题涉及的语种、研究时间与研究问题。

## (一)来源地的分布

### 1.依托单位的分布

2019年共有326个高校、科研院所等单位获得四大基金语言学及相关课题立项,资助单位相较于2018年的300个单位又有所增加,立项单位趋于分散,更多单位获得语言学课题立项资助。

本年度立项总数在8项及以上的单位有19个,分别为:广东外语外贸大学(17项)、复旦大学(13项)、北京外国语大学(13项)、北京语言大学(13项)、西南大学(12项)、华中师范大学(12项)、南京大学(11项)、暨南大学(11项)、江西师范大学(11项)、北京大学(11项)、北京师范大学(10项)、宁波大学(9项)、南京师范大学(9项)、黑龙江大学(8项)、华东师范大学(8项)、苏州大学(8项)、上海交通大学(8项)、浙江大学(8项)、内蒙古大学(8项)。对比2017年教育部学位与研究生教育发展中心公布的全国第四轮学科评估结果,上述高校均为"中国语言文学"或"外国语言文学"一级学科评估B-及以上评级单位[6],其中北京大学(语言学、现代语言学)、北京师范大学(中国语言文学、语言学)、复旦大学(中国语言文学)、南京大学(中国语言文学)、华中师范大学(中国语言文学)、北京外国语大学(外国语言文学)为我国语言类一流学科建设高校,可见科研立项数量与高校学科建设水平之间存在一定的正向关联。

对比四大基金,其立项资助较多的单位又各有区分,我们统计并选取了2019年各基金资助较多的单位,列举如表3。

表3中列举了国自然立项资助两项及以上单位13个,教育部哲社立项资助3项及以上单位26个,国家语委立项资助两项及以上单位16个,国社科立项资助5项及以上单位23个。表中标*的为同时获得两类及以上基金较多资助的高校,其中同时获得三类基金较多资助的高校有广东外语外贸大学、北京师范大学、南京大学、北京外国语大学、华中师范大学、北京语言大学、江西师范大学,同时获得两类基金较多资助的高校有北京大学、复旦大学、西南大学、

### 表3 2019年四大基金语言学立项资助较多单位一览

| \*\*国自然\*\* | | | \*\*国社科\*\* | | | | | |
|---|---|---|---|---|---|---|---|---|
| 序号 | 单位 | 立项 | 序号 | 单位 | 立项 | 序号 | 单位 | 立项 |
| 1 | 中科院自动化研究所 | 5 | 1 | 浙江大学 | 7 | 14 | *南京师范大学 | 5 |
| 2 | 哈尔滨工业大学 | 4 | 2 | *北京外国语大学 | 7 | 15 | *华东师范大学 | 5 |
| 3 | 苏州大学 | 4 | 3 | 内蒙古大学 | 7 | 16 | 杭州师范大学 | 5 |
| 4 | *复旦大学 | 3 | 4 | 宁波大学 | 7 | 17 | 河北大学 | 5 |
| 5 | *清华大学 | 2 | 5 | *广东外语外贸大学 | 7 | 18 | 上海外国语大学 | 5 |
| 6 | 北京邮电大学 | 2 | 6 | *北京语言大学 | 7 | 19 | 华中师范大学 | 5 |
| 7 | 大连理工大学 | 2 | 7 | 黑龙江大学 | 6 | 20 | *江西师范大学 | 5 |
| 8 | *江西师范大学 | 2 | 8 | *暨南大学 | 6 | 21 | 中央民族大学 | 5 |
| 9 | 内蒙古工业大学 | 2 | 9 | 中国人民大学 | 6 | 22 | *北京师范大学 | 5 |
| 10 | 北京交通大学 | 2 | 10 | *南京大学 | 6 | 23 | *北京大学 | 5 |
| 11 | *南京大学 | 2 | 11 | 华南师范大学 | 5 | | | |
| 12 | *山西大学 | 2 | 12 | 云南师范大学 | 5 | | | |
| 13 | 中科院信息工程研究所 | 2 | 13 | *西南大学 | 5 | | | |

| \*\*国家语委\*\* | | | \*\*教育部哲社\*\* | | | | | |
|---|---|---|---|---|---|---|---|---|
| 序号 | 单位 | 立项 | 序号 | 单位 | 立项 | 序号 | 单位 | 立项 |
| 1 | 新疆大学 | 4 | 1 | *广东外语外贸大学 | 7 | 17 | *江西师范大学 | 3 |
| 2 | *北京大学 | 4 | 2 | *西南大学 | 6 | 18 | 江苏师范大学 | 3 |
| 3 | 武汉大学 | 3 | 3 | 上海交通大学 | 6 | 19 | 淮北师范大学 | 3 |
| 4 | *清华大学 | 2 | 4 | *华中师范大学 | 5 | 20 | *南京师范大学 | 3 |
| 5 | *华中师范大学 | 2 | 5 | *复旦大学 | 5 | 21 | 湖北大学 | 3 |
| 6 | *广东外语外贸大学 | 2 | 6 | *北京语言大学 | 4 | 22 | 华中科技大学 | 3 |
| 7 | *南京大学 | 2 | 7 | *山西大学 | 4 | 23 | 广州大学 | 3 |
| 8 | 山东大学 | 2 | 8 | *北京外国语大学 | 4 | 24 | 大连外国语大学 | 3 |
| 9 | 厦门大学嘉庚学院 | 2 | 9 | 对外经济贸易大学 | 4 | 25 | *北京师范大学 | 3 |
| 10 | *北京语言大学 | 2 | 10 | 浙江财经大学 | 4 | 26 | *华东师范大学 | 3 |
| 11 | *北京外国语大学 | 2 | 11 | *暨南大学 | 3 | | | |
| 12 | *北京师范大学 | 2 | 12 | 四川大学 | 3 | | | |
| 13 | 北京联合大学 | 2 | 13 | 天津外国语大学 | 3 | | | |
| 14 | 中国社科院语言研究所 | 2 | 14 | 南京航空航天大学 | 3 | | | |
| 15 | 鲁东大学 | 2 | 15 | 延边大学 | 3 | | | |
| 16 | 常州大学 | 2 | 16 | 聊城大学 | 3 | | | |

暨南大学、华东师范大学、南京师范大学、清华大学、山西大学。四大基金中，国自然面向自然科学，语言学交叉学科立项较多的单位也以传统的理工科院校、科研院所及综合性大学为主；国社科、教育部哲社、国家语委面向社会科学，我们对比了三大基金高立项单位的语言学学科评估等级，其中国社科高立项单位平均学科评估等级最高，其次为国家语委，教育部哲社相对较低，这里也反映出四大基金不同的性质与定位。

**2. 所在省（市、自治区）的分布**

2019 年 331 个获得语言学及相关课题立项的高校分布于 31 个省（市、自治区），各省的立项情况按立项数从高到低整理如表 4，并用"↑""↓""-"标示与上年立项的对比情况：

表 4　2019 年四大基金语言学及相关立项各省分布情况

| 排序 | 省市区 | 立项数 | 位序变化 | 排序 | 省市区 | 立项数 | 位序变化 | 排序 | 省市区 | 立项数 | 位序变化 |
| --- | --- | --- | --- | --- | --- | --- | --- | --- | --- | --- | --- |
| 1 | 北京 | 127 | - | 12 | 辽宁 | 23 | ↑7 | 23 | 吉林 | 14 | ↓9 |
| 2 | 江苏 | 72 | ↑1 | 13 | 云南 | 22 | ↑4 | 24 | 河北 | 12 | - |
| 3 | 上海 | 64 | ↑1 | 14 | 内蒙古 | 20 | ↑2 | 25 | 山西 | 11 | ↓2 |
| 4 | 浙江 | 61 | ↑1 | 15 | 黑龙江 | 18 | ↑1 | 25 | 新疆 | 11 | ↓3 |
| 5 | 广东 | 60 | ↓3 | 15 | 陕西 | 18 | ↓8 | 27 | 青海 | 6 | ↑1 |
| 6 | 湖北 | 42 | - | 15 | 江西 | 18 | ↑4 | 28 | 海南 | 5 | ↑3 |
| 7 | 山东 | 41 | ↑2 | 15 | 福建 | 18 | ↓1 | 28 | 贵州 | 5 | ↓1 |
| 8 | 重庆 | 26 | ↑7 | 19 | 广西 | 17 | ↑1 | 28 | 西藏 | 5 | - |
| 9 | 河南 | 24 | - | 20 | 安徽 | 15 | ↑4 | 31 | 宁夏 | 2 | ↓1 |
| 9 | 四川 | 24 | ↑2 | 20 | 天津 | 15 | ↓10 | | | | |
| 9 | 湖南 | 24 | ↑2 | 20 | 甘肃 | 15 | ↑4 | | | | |

表 4 中"↑"表示与上年相比相对位序上升，"↓"为相对位序下降，"-"表示相对位序不变（下同），可以看出，本年度各省（市、自治区）科研立项情况与上年相比整体变动不大，其中立项数排在前五的省份（北京、江苏、上海、浙江、广东）及立项数排在后五的省份（青海、海南、贵州、西藏、宁夏）与上年相同，表明较高的经济发展水平、较多的高校及科研机构数量、政府社

会较大的支持力度决定了省内学科研究实力。

### （二）研究内容的分布

**1. 语种分布**

这里分类统计的语种指课题研究对象的语种，或研究对象主要使用、关涉的语种，分为普通语言、汉语、民语、外语、多语与手语（盲文）六类，分布情况见表5。

表5　语种分布

| | 普通语言 | 汉语 | 民语 | 外语 | 手语（盲文） | 多语 | 合计（比例） |
|---|---|---|---|---|---|---|---|
| 国自然 | 0(0%) | 49(80.33%) | 2(3.28%) | 0(0%) | 0(0%) | 10(16.39%) | 61(100%) |
| 国社科 | 23(5.58%) | 192(46.60%) | 35(8.50%) | 46(11.17%) | 1(0.24%) | 115(27.91%) | 412(100%) |
| 教育部哲社 | 26(9.59%) | 116(42.80%) | 12(4.43%) | 41(15.13%) | 2(0.74%) | 74(27.31%) | 271(100%) |
| 国家语委 | 2(2.15%) | 52(55.91%) | 3(3.23%) | 4(4.30%) | 3(3.23%) | 29(31.18%) | 93(100%) |
| 合计（比例） | 51(6.09%) | 409(48.87%) | 52(6.21%) | 91(10.87%) | 6(0.72%) | 228(27.24%) | 837(100%) |

表5显示，四大基金对不同的语言种类关注的重点不同。普通语言类课题占比最高的是教育部哲社，其次为国社科，国家语委2项，国自然无此类课题。汉语类课题占比最高的是国自然，其次为国家语委，国社科和教育部哲社占比也较高，均在40%以上。民语类课题占比最高的是国社科，其次是教育部哲社。外语类课题占比最高的是教育部哲社，其次为国社科、国家语委，国自然无此类课题，但从立项数量上看，国社科最多，教育部哲社居次。手语（盲文）类课题共6项，其中国家语委3项，教育部哲社2项，国社科1项。多语类课题占比最高的为国家语委，其次为国社科、教育部哲社，而本类立项数量最多的仍为国社科、教育部哲社。对比近几年立项情况，各基金对不同语言种类的关注程度整体上变化不大，但本年度国自然、国家语委对多语类课题的资助比例增加明显。国自然与语言学相关的学科分类近三年经历了两次调整变动，2017年由"中文信息处理"调整为"自然语言理解与机器翻译"，2018年调整为"自

然语言处理",并在"计算机应用技术"项目下设"语言文字信息处理"类,以囊括更多语言学相关研究内容,学科分类的变动呼应了国家发展战略的调整(2017年人工智能首次被写入政府工作报告[4],2019年政府工作报告继续提出"深化大数据、人工智能等研发应用"[5]的要求),也反映了研究领域由中文信息处理向自然语言处理、语言文字信息处理不断拓宽的趋势。历年来国家语委汉语类课题占比在四大基金中仅次于国自然,近三年汉语类项目占比减少而多语类项目比例增加一方面体现了学科发展的需要,一方面也反映出国家语委科研立项工作对"大语言文字工作"思路的落实。

从合计项各语种的比例来看,汉语类的研究最多,其后依次为多语、外语、民语、普通语言和手语(盲文),其中汉语、外语、民语的研究比例排序与近十年的排序一致,但三类占比较之去年均有下降。根据2017年立项实际情况增设的"普通语言"和"多语"类以及根据2018年立项实际情况增设的"手语(盲文)"类,其研究比例呈现逐年上升的趋势。其中"普通语言"类课题多为理论研究,如"维果茨基心理语言学语义系统理论研究""语言变异和接触机制研究""生态语言学的理论与实践"。"多语"类的研究内容涉及翻译相关研究及汉语、外语、民语的多种组合式研究,如"俄汉双向换译系统研究""语段理论框架下英语、汉语、朝鲜语名词性短语内部成分移置现象比较研究""苗族跨国语言接触与影响研究",其中包括15项"一带一路"相关研究(8项为国家语委"一带一路"专项),如"'一带一路'背景下中亚五国语言状况研究""'一带一路'核心区尼泊尔境内藏缅语的深度调查和类型学研究""'一带一路'视域下缅甸华人语言生活调查研究"等。"手语(盲文)"类课题多面向实际应用,如"基于'通用手语'的听障人员普通话水平代替性测试研究""结合关键点定位及重识别技术的手语机器识别及翻译算法研究""手语翻译教育的中国模式研究"等。三类课题研究比例的上升表明:国内语言学研究目标正在由揭示特殊规律向揭示普遍规律转化,更加注重探讨人类语言的整体面貌,语言学的研究视野不断扩宽,语言研究的服务意识不断增强。

**2. 研究时间的分布**

这里的时间维度,既包括从研究对象(材料)的时间角度划分的(近)现代与古代,又包括从研究方法的时间角度划分的共时、历时和综合,综合类指的是所运用的研究方法综合有共时与历时两方面。统计结果见表6。

表 6 研究时间的分布

| | 研究对象（材料）的时间角度 | | | 研究方法的时间角度 | | | |
|---|---|---|---|---|---|---|---|
| | （近）现代 | 古代 | 合计（比例） | 共时 | 历时 | 综合 | 合计（比例） |
| 国自然 | 61(100%) | 0(0%) | 61(100%) | 61(100%) | 0(0%) | 0(0%) | 61(100%) |
| 国社科 | 332(80.58%) | 80(19.42%) | 412(100%) | 355(86.17%) | 49(11.89%) | 8(1.94%) | 412(100%) |
| 教育部哲社 | 222(81.92%) | 49(18.08%) | 271(100%) | 241(88.93%) | 27(9.96%) | 3(1.11%) | 271(100%) |
| 国家语委 | 91(97.85%) | 2(2.15%) | 93(100%) | 88(94.62%) | 4(4.30%) | 1(1.08%) | 93(100%) |
| 合计（比例） | 706(84.35%) | 131(15.65%) | 837(100%) | 745(89.01%) | 80(9.56%) | 12(1.43%) | 837(100%) |

表 6 合计栏中，"（近）现代"的 84.35%、"共时"的 89.01%，比上年的相应占比又有提高，显示四大科研基金所资助研究的重心一直放在当下的、现实的语言问题与对策研究上。其中最突出的是国自然，"（近）现代"与"共时"占比均为 100%，国家语委居次，两项占比分别为 97.85% 与 94.62%，占比最低的是国社科，比例为 80.58% 与 86.17%，但其相应类别项目的绝对数量仍占极大优势。反之，古代问题、历时方法的研究，数量相对最多的是国社科，其次是教育部哲社。上述各类占比排序与近年相关数据一致，体现了各类基金对语言学及相关课题的资助倾向：国自然最为重视用语言学相关理论方法解决实际问题，不断拓宽应用语言学学科的边界；国社科相对最为注重基础理论、语言史、学科史的研究，助力于完善语言学学科构架、增加学科的厚度。

在研究方法视角时间角度归类时，我们沿用了 17 年立项情况分析的"综合"维度，这是因为本年度立项课题如"基于历时与共时层面的日语让步范畴句法语义系统的认知研究""认知语法视角下汉英倚变句的共时和历时研究""语言接触视角下的贵州彝族语言使用现状及其演变调查研究"等，不适合单独归入共时或历时的类别。本年度项目名称即体现综合研究方法的课题共 12 项，较上年稍有增加，而大量名称未体现综合研究视角的立项课题，其研究内容实际上也对共时与历时相结合的研究方法提出了要求，为揭示更多语言现象背后的规律，共时与历时相结合的综合研究方法将成为语言学研究的发展趋势。

**3. 研究问题的分布**

根据研究问题的不同,这里将语言学课题分为本体研究、应用研究和综合研究三类。本体研究指的是旨在揭示语言文字本身结构规律特点的研究,应用研究指的是将语言文字研究成果应用于社会生活的研究,综合研究是兼有上述两类的研究,分类统计结果见表7。

表7 研究问题的分布

|  | 本体研究 | 应用研究 | 综合研究 | 合计(比例) |
| --- | --- | --- | --- | --- |
| 国自然 | 0(0%) | 61(100%) | 0(0%) | 61(100%) |
| 国社科 | 229(55.58%) | 179(43.45%) | 4(0.97%) | 412(100%) |
| 教育部哲社 | 148(54.61%) | 120(44.28%) | 3(1.11%) | 271(100%) |
| 国家语委 | 17(18.28%) | 76(81.72%) | 0(0%) | 93(100%) |
| 合计(比例) | 394(47.07%) | 436(52.09%) | 7(0.84%) | 837(100%) |

根据表7的统计,本体研究类课题在资助课题总数中占到47.07%,其中国社科和教育部哲社的本体研究课题比例均在55%左右,国社科占比略高。应用研究类课题在总数中占52.09%,其中国自然应用研究课题占比100%;其次为国家语委,占比81.72%。对比往年数据,以上情况大体相当,保持了一个较平稳的态势,国自然、国家语委重点关注语言学及相关学科的应用研究,国社科、教育部哲社相对较为重视语言学本体研究,这里照应了上文中由研究对象(材料)的时间分类情况反映出的各类基金的资助倾向。本年度综合研究共7项,相较于2017年的33项(4.26%)、2018年的18项(2.20%)又有减少,这在一定程度上反映了本年度各类基金立项课题在整体上呈现出的定位清晰、焦点明确的特点——国社科和教育部哲社更重视基础研究,国家语委更关注与当下社会密切相关的语言问题与对策研究。

## 三 本体研究与应用研究热点问题分析

除7项综合研究外,本年度本体研究与应用研究课题共830项,分别分类分析如下。

### （一）本体研究

在本体研究的 394 项课题中，文章依据课题的核心研究内容进行具体研究领域的划分，按照各领域总占比从高到低排列（并以"↑""↓""-"标示与上年的位序对比），因国自然无本类课题，表 8 仅列国社科、教育部哲社、国家语委三大基金本类立项情况。

表 8　本体研究类课题的研究领域分布

| 研究领域 | 国社科 | 教育部哲社 | 国家语委 | 合计 | （较上年）位序变化 |
| --- | --- | --- | --- | --- | --- |
| 语法 | 49(21.40%) | 37(25.00%) | 0(0%) | 86(21.83%) | ↑1 |
| 文字、音韵、训诂 | 47(20.52%) | 17(11.49%) | 3(17.65%) | 67(17.01%) | ↓1 |
| 语用 | 26(11.35%) | 30(20.27%) | 2(11.76%) | 58(14.72%) | - |
| 词汇（辞书） | 32(13.97%) | 20(13.51%) | 3(17.65%) | 55(13.96%) | - |
| 方言 | 30(13.10%) | 16(10.81%) | 0(0%) | 46(11.67%) | ↑1 |
| 语言与文化 | 7(3.06%) | 13(8.78%) | 6(35.30%) | 26(6.60%) | ↑5 |
| 语言描写、接触、变异、融合 | 13(5.68%) | 4(2.70%) | 2(11.76%) | 19(4.82%) | ↓2 |
| 语言理论及学科史 | 10(4.37%) | 3(2.03%) | 0(0%) | 13(3.30%) | ↑1 |
| 语义 | 6(2.62%) | 5(3.38%) | 0(0%) | 11(2.79%) | ↓1 |
| 语音 | 5(2.18%) | 2(1.35%) | 1(5.88%) | 8(2.03%) | - |
| 语言类型学 | 4(1.75%) | 1(0.68%) | 0(0%) | 5(1.27%) | ↓4 |
| 合计 | 229(100%) | 148(100%) | 17(100%) | 394(100%) | |

根据表 8 数据，占比最高的 5 个本体研究领域分别为"语法""文字、音韵、训诂""语用""词汇（辞书）"和"方言"。这些领域在近几年四大基金立项资助的本体研究类课题中基本居于占比最高的前五位，与上年相比，"语法"与"文字、音韵、训诂"类占比位序对调，"语用"和"词汇（辞书）"类占比的位序则保持不变，这反映了本体研究内容的稳定性，其中"语法""语用""词汇"为普通语言学研究的基本组成部分，其高占比体现了语言研究的普遍性，而"文字、音韵、训诂"和"方言"研究占比较高则体现了我国语言研究重视小学传统、重视方言资源的特点，即语言研究的民族性。

表中还可以看出：（1）国社科、教育部哲社的立项资助对本体研究的各个领域都有涉及，国家语委立项资助的课题涉及 11 类中的 6 类，较上年少"语法"

一类，多"语用"一类。（2）上文提及的五大高占比领域中，横向对比来看，国社科相对最为关注"文字、音韵、训诂"与"方言"，教育部哲社相对最为关注"语法"和"语用"，国家语委"词汇（辞书）"类相对占比最高，但立项资助数量远远少于国社科和教育部哲社。（3）除高占比领域外，本年度国社科较为关注"语言描写、接触、变异、融合""语言理论及学科史"，教育部哲社较为关注"语言与文化""语义"，国家语委尤为关注"语言与文化"。这是因为，国社科和教育部哲社立项更重视语言研究的学科属性，因而涉及的研究领域较为广泛；国家语委立项以服务国家语言文字事业发展需求为核心，重视语言研究的服务属性，因而显示出更强的针对性。具体来讲，国社科较为重视语言研究的继承性和民族性，对汉语言文字学方面的研究有所侧重；教育部哲社较为重视语言的交际属性，侧重从语言教育方向进行语言机制的研究；而国家语委重视语言研究的服务属性，因而集中关注贴近语言生活以及较易于应用转化的本体领域。

本体研究领域值得关注的变化与趋势有两点：其一，几大基金资助的本体领域的"语用"研究占比一直在提升，由2017年的7.51%到2018年的10.76%，再到2019年的14.72%，本年度本类研究的内容仍以修辞和语篇衔接为主，但表现出学理性研究更加贴近语言生活的特点，如"新媒体语境下中国老人媒介身份建构的伦理语用学研究""庭审网络直播中公诉人身份建构话语模式的历时研究（2004—2018）""政务新媒体语言计量分析及话语优化策略研究"等，从共时到历时、从语言到言语，这正是语言研究的基本趋势；其二，"语言与文化"研究成为本年度的研究热点，本类研究紧密结合当前不同国家及区域文化背景探究语言特点与规律，不断为国家语言文字政策的制定提供新的依据，该类课题包括"'一带一路'话语体系建设中多模态话语的文化隐喻研究""两岸语言文化交流实践与理论研究""生态文化保护视角下洱海湖泊语言文化研究"等。

### （二）应用研究

应用研究类课题有436项，分为"计算语言学""认知/神经语言学""语言生活""语言规划""语言教育""应用词典学""翻译"七类，按照各领域总占比从高到低排列，并以"↑""↓""-"标示与上年的位序对比情况，详见表9。

表 9 应用研究类课题的研究领域分布

| 研究领域 | 国自然 | 国社科 | 教育部哲社 | 国家语委 | 合计 | （较上年）位序变化 |
| --- | --- | --- | --- | --- | --- | --- |
| 计算语言学 | 60(98.36%) | 17(9.50%) | 20(16.67%) | 19(25.00%) | 116(26.61%) | ↑1 |
| 语言教育 | 0(0%) | 50(27.93%) | 44(36.67%) | 14(18.42%) | 108(24.77%) | ↓1 |
| 翻译 | 0(0%) | 57(31.84%) | 30(25.00%) | 1(1.32%) | 88(20.18%) | — |
| 语言生活 | 0(0%) | 27(15.09%) | 9(7.50%) | 23(30.26%) | 59(13.53%) | — |
| 语言规划 | 0(0%) | 13(7.26%) | 9(7.50%) | 13(17.10%) | 35(8.03%) | ↑1 |
| 认知/神经语言学 | 1(1.64%) | 9(5.03%) | 7(5.83%) | 1(1.32%) | 18(4.13%) | ↓1 |
| 应用词典学 | 0(0%) | 6(3.35%) | 1(0.83%) | 5(6.58%) | 12(2.75%) | — |
| 合计 | 61(100%) | 179(100%) | 120(100%) | 76(100%) | 436(100%) | |

表 9 显示，"计算语言学""语言教育""翻译"三类占比最高，分别为 26.61%、24.77%、20.18%，这三类研究近年来也始终居于应用研究类热门领域的前三位，且与上年相比优势趋增。从（较上年）位序变化来看，各应用研究领域占比的相对位序变化不大，"计算语言学""语言规划"类占比位序稍有提升，"语言教育""认知/神经语言学"类占比位序稍有下降，"翻译""语言生活""应用词典学"占比位序不变。

从四大基金对应用研究课题的资助倾向来看，国自然资助领域较专，集中关注应用语言学与自然科学密切相关的领域，本年度计算语言学类课题占到 98.36%，另有一项属于"认知/神经语言学"类，2018 年前相关研究中这两类统一归为"计算语言学及新学科"。国社科、教育部哲社则关注应用语言学与社会科学相互交叉的领域，优先鼓励文科研究传统领域的项目，本年度资助力度较大的领域仍为应用语言学社会科学方面的两大传统领域——语言教育和翻译，其占比分别为 27.93%、31.84% 和 36.67%、25.00%。国家语委关注应用语言学服务于社会生活的领域，与往年相比，本年度立项课题全面覆盖应用研究的各个领域，对语言教育及应用词典学类研究资助力度明显加大，但研究内容仍聚焦于语言生活、计算语言学及语言规划类。总体来看，四大基金语言学课题立项大体延续其一贯风格，关注点各有侧重，相互协调，有利于共同促进语言学研究均衡、持续发展。

应用研究类立项课题反映语言学界对社会生活的关注，也最能体现语言学学科发展的阶段性特点。通过观察与统计各领域的立项情况，我们可以发现社热点,并从中看到语言学学科与其他学科的互动与交叉情况。以下将具体分析各个应用领域的立项情况。

**1. 计算语言学**

本类研究在应用研究中数量最多,达116项,占比26.61%,较去年数量增加、占比提升。除国自然全力资助本类研究外,国家语委本年度重点项目和一般项目下也设有"信息化专项"专门资助本类课题,占比达25.00%,是其语言生活类之外资助力度最大的应用研究领域。本年度本类课题具有以下特点:(1)研究热点为文本挖掘、信息抽取、自动问答、机器翻译、情感分析等,相关研究包括"面向资源稀缺语言的实体挖掘及应用研究""面向成分句法分析的跨领域知识抽取与融合""面向公共服务和政务服务的蒙汉双语自动问答系统建设情况研究""面向低资源语言机器翻译的跨语言语境化向量表示与迁移研究""泛型Web文本多粒度融合的深度情感分析研究"等。(2)语言文字信息处理仍以现代汉语为主,但关注视域在时间轴、空间轴上同时向古文字、少数民族语言文字以及外语全面铺开,其中现代汉语、简化字的信息处理相关研究角度多维、方法多样、内容全面深入,古文字、少数民族语言及外语相关研究则主要集中于语料库建设、机器翻译、自动识别技术等几个基础领域,如"计算机识别商周金文研究""'一带一路'泛亚跨境傣文识别与文献数字化保护研究""基于单语数据和融合不同粒度的蒙汉神经机器翻译的研究""意汉双向平行语料库的构建与研究"等。(3)语义识别、理解、计算与分析类研究仍保持较高的研究热度,相关课题共有16项,如"面向汉语语义计算的意合语法研究与资源建设""面向计算的汉语连字句语义识解机制研究""跨语言语义依存分析研究"等,由于自然语言理解是人工智能的关键性技术,对此类研究的高度重视表明计算语言学的发展正处在新的攻坚阶段。(4)多数立项内容围绕特定研究焦点多角度展开,各项研究间相互关照、互补性较强,如本年度聚焦"情感分析"的课题涉及(说话人)语音的情感识别、对话交互中个性化动态情感认知与建模、各类文本的情感分析、跨领域文本的情感分类方法等,聚焦"信息抽取、自动识别"的研究较为全面地囊括了(方言)声调识别、(连字句)语义识别、语体模式识别与手语识别等内容,又如以"机器翻译"为主题的研究同时面向口译与笔译;"机器学习"相关研究既有自然语言结构的学习,也有因果关系等语义逻辑关系的学习。(5)应用研究密切关注社会需求,重点服务社会媒体、教育、医学等领域,相关课题如"基于语义与行为共同驱动的网络水军自适应识别研究""基于迁移学习的社交网络虚假新闻监测关键技术研究""我国中小学生数字阅读素养测评技术研究""基于人工智能多模态信息融合的大学英语口语评估理论与技术研究""医疗对话文本中的信息抽取关键技术研究"等。

**2. 语言教育**

本类课题共有108项，在应用类课题中数量仅次于计算语言学，占比达24.77%，占比较去年有所提升，但相对位序下降一位。教育部哲社和国社科对此类课题资助力度较大，分别为36.67%和27.93%。本年度本类研究广泛涉及教育环境、教师、学习者、教学资源、教育行为、语言能力评测等语言教育领域的各个环节，以下分别举例说明。（1）教育环境，包括宏观教育环境与微观教育环境。前者指国家、政府颁布推行的语言教育相关政策、法规、规范以及社会提供的语言教育支持，如"中印多语教育政策比较研究""'一带一路'沿线国家来华留学生语言教育政策和规划研究""外语能力测评研究"等；后者主要指课堂环境，本年度此类研究尤为关注各类移动、在线教育平台，而传统课堂要素研究涉及较少，相关研究如"高校外语慕课的学习成效及质量评价体系研究""汉语移动学习资源建设的理论与方法研究"等。（2）教师，主要关注语言学科教师师资队伍建设及教师能力培养，如"'一带一路'背景下高校非通用语教师队伍现状及专业发展路径研究""新时代卓越外语教师培养模式研究""新疆中小学教师国家通用语言文字培训与教学"等。（3）学习者，相关研究从认知、神经、心理等多学科角度探讨学习者的习得、学习过程以及语言能力的发展，学习者的角色包括各阶段儿童、中小学生、大学生、二语及三语学习者与语言障碍群体，本年度立项课题学习者群体分类更为细致具体，出现了如农村留守儿童、聋人大学生、藏族中学生、理工科博士生、少数民族三语学习者等具体分类，本类研究包括"汉英双语者英语篇章显性逻辑连接意识诊断鉴定与干预训练研究""三语音系习得研究：以彝族学生英语语调为例""中国大学生英语生态读写能力发展规律研究"等。（4）教学资源，指以教材为主的教学辅助资源，本年度相关研究关注不同时期、不同地区汉语教材（母语教材、对外汉语教材）与外语教材（日语、英语）的使用与评测，如"汉字文化圈主要国家（地区）中小学母语教育教学资源建设状况调查与研究""基于文化认知的东南亚汉语教材本土化模式及效果提升研究""晚清国人使用的英语和日语教材的搜集整理与研究"等。（5）教育行为，包括教育方法与技巧、教学理论等，本年度研究重点关注外语教学的教学模式，相关研究有"基于SPOC的新疆高校'零起点'民族学生英语教学模式研究""改革开放40年我国大学英语教学范式的主体间性演进与重构研究""多元文化视域下青海民族地区三语教学模式的影响因素研究"等。(6)语言能力评测,即对语言教育结果的集中评价,本年度该类研究集中探讨外语(英语)能力评测相关问题,如"外语能力测评研究""商务外语谈判语言能力评估模型建构及应用研究""青少年核心学术英语素养及其测评体系研究"等。

**3. 翻译**

本类课题共有88项,占比20.18%,较去年有所提升。其中国社科资助57项,教育部哲社资助30项,国家语委资助1项。与上年相比,国社科对本类课题的相对资助比例提高较大,但教育部哲社、国家语委的相对资助比例均有所减少。立项课题内容可大致分为翻译理论与翻译实践两类。(1)本年度的理论研究除对翻译理论的纵深探讨外,还涉及翻译标准、翻译过程、翻译技术、翻译史、翻译评价、翻译教学模式、译者素质等,与往年本类研究相比较为关注现当代翻译生态,相关研究如"翻译和谐伦理体系构建研究""基于人名与称谓翻译的儿童文学汉译规范演进研究""认知翻译学视阈下的翻译过程研究""大数据时代翻译技术学理研究""二十世纪中国文化典籍英译史""翻译书评论体系构建研究""基于元认知的MTI笔译教学模式研究""基于眼动和翻译过程数据库的译者认知努力研究"等。(2)翻译实践主要指翻译资源建设、机器翻译、专书翻译等,本年度此类研究仍以英语、外译为主,涉及的其他语种包括日语、朝鲜语、俄语、法语、西班牙语,外译的内容既包括传统文化思想,也包括承载文化思想与反映社会现实的实体文献,对经史子集、诗歌、古代名著、工具书、法律文本、语言学相关著作、现当代文学作品均有涉及,特别是文学作品的外译,相较于往年的重古轻今,本年度四大基金资助了一定数量的现当代小说外译研究,如"中国当代科幻小说在英语世界的译介、传播与接受研究""中国网络小说外译及其社会效益研究""中国现当代都市题材小说英译与国家形象构建的实证研究"等;国社科"中华外译项目"本年度集中资助语言学和汉语言文字学论著的外译,如《古文字学》(黄德宽著)、《汉语复句研究》(邢福义著)、《汉语方言学导论(修订本)》(游汝杰著)的英译等。

**4. 语言生活**

本类研究共有59项,占比13.53%。从数量来看,国社科资助立项最多,达27项。但从本类研究在各基金所占比例来看,国家语委对本类研究资助力度最大，其占比达30.26%。本类研究从社会生活角度探讨语言问题，考察不同国家地区、社区、行业、阶层、领域、人群的语言生活，对新的社会现象反应灵敏，研究内容紧跟社会动态、注重社会时效。本年度语言生活类研究集中于语言资源建设（华语、"一带一路"国家语言）、语言保护（少数民族语言、方言）与语言服务（语言康复、语言扶贫、语言减灾等）等方面，研究面向海外华人、少数民族群众、新社会阶层、留守儿童、深港跨境学童、退役军人、贫困家庭、语言障碍人士等多样群体，关注家庭语言、网络语言、领域语言（如庭审语言、犯罪言语、死亡话语）等。其中本年度研究热点涉及以下4个主题：（1）华语资源建设及海外华人语言生活，如"境外华语资源数据库建设及应用研究""海外华语资源抢救性搜集整理与研究""东南亚华人社区华语生活状况报告""'一带一路'视域下缅甸华人语言生活调查研究"等；（2）网络语言使用，如"青少年网络文明话语引导机制研究""基于语情监测的网络空间语言失范现象及对策研究""网络短视频语言文字问题及对策研究"等；（3）语言康复，如"人工耳蜗术后儿童汉语阅读与节奏感知的关联机制及干预效果研究""基于运动想象的脑瘫儿童运动性言语障碍测量与康复训练策略研究""高功能自闭症儿童语用干预的实证研究"等；（4）语言扶贫，如"后脱贫时代西北典型地区语言扶贫的路径与模式探究""移民羌村语言减贫实证研究""中国语言扶贫的经验成效及相关理论问题研究""脱贫攻坚背景下青海藏区贫困人口的普通话水平与脱贫关系研究"等。

**5. 语言规划**

本类研究共35项，占比8.03%，国家语委对此类研究相对资助比例最高，达17.10%。本年度本类课题延续了往年宏观与微观并重、国内语言规划与国外语言规划兼有的特点。（1）宏观研究指国家层面的语言规划研究，多聚焦国家语言能力，有系统分析，也有跨国对比，如"新中国语言政策与国家语言能力发展关系研究""新时代国家语言应急能力建设研究""中国与世界主要国家的国家语言能力比较研究"等；（2）微观研究指具体到行业、学科、领域或者细化到语言内部的语言规划研究，如"我国本土跨国公司语言战略研究""网络媒体语言规范研究"等；（3）国内语言规划研究主要关注国内语言政策与规范制定、执行与操作的研究，既包括面向全国范围的语言规划研究（如以上宏观研究二例），也包括面向国内某些地区的语言规划研究，如"青藏地区国家通用语言文字的认同价值与推普策略研究""少数民族杂居区家庭语言政策及母语传承研究"等；（4）国外语言规划研究多从宏观着眼，注重综合性的介绍，为国内外交政策的推行与国内语言政策及语言规范的制定提供参考，此类研究多围绕"一带一路"地区展开，如"'一带一路'背景下南欧国家语言政策的话语视角研究""'一带一路'背景下中亚国家语言政策和语言规划及我国的语言战略对策研究""'一带一路'背景下马格里布三国高等教育视角下语言规划和语言政策比较研究""'一带一路'沿线国家意大利的语言政策与规划研究"，这类课题规模化地出现得益于几大基金有倾向性的立项支持（国家语委本年度重点项目与一般项目下设有"一带一路"专项，国社科本年度课题指南第三条为"'一带一路'地区语言调查与研究"），反映语言研究对国家战略的密切跟进。

**6. 认知/神经语言学**

本类研究共18项，占比4.13%，资助比例相较于去年的11.00%有所降低。其中国社科资助9项，教育部哲社资助7项，国自然、国家语委各资助1项。与上年该类课题相比：（1）本年度部分课题名称中已凸显出新技术手段广泛介入研究的特点，如"中英语码转换加工机制的多层面研究：来自眼动的证据""双语视译认知加工过程——基于事件相关电位和眼动技术的研究"等。（2）本类研究面向的群体更为明确，与其他应用领域特别是"语言教育""语言生活"的结合更为紧密，如"人工耳蜗植入儿童的大脑可塑性及其对言语和阅读发展的影响研究""脑科学视角下音乐干预对汉语阅读障碍人群语言能力提升作用的实证研究""基于多模态语料库的正常老年人和老年阿尔茨海默症患者语言蚀失及大脑机制对比研究""聋童汉语词汇加工中的视觉注意发展机制及其干预研究"等。

**7. 应用词典学**

本类课题共12项，占比2.75%，从比例上看较往年略有提升（往年该类立项课题我们标注为"辞书编纂"类，本年度依据立项课题实际情况调整类别名称）。12项课题中6项来自国社科，5项来自国家语委，1项来自教育部哲社。从涉及语种来看，9项为汉语类，2项为双语（汉-拉，英-汉），1项为外语（俄语）。从研究内容来看，6项为普通语文辞书的编纂与规划研究，如"融媒体时代词典编纂出版的创新发展研究""规范型权威字典与新中国语言文字规范化"；4项为特种语文辞书的编纂研究，如"江西湖口方言词典""清末民初北京话口语词词典";其余两项双语词典研究均为专科词典研究,面向植物学、关务两个专门领域。

## 四 结 论

通过对2019年837项语言学及相关课题的分类、统计与分析,并与历年(特别是近两年)立项情况对比,我们将本年度四大基金立项特点从各基金立项资助倾向、研究热点与趋势两个角度总结如下。

从资助倾向来看,各基金语言学课题立项大体延续其一贯风格,关注点各有侧重:(1)国自然最为重视借助语言学相关理论方法解决实际问题,以汉语为最主要研究语种,集中关注应用语言学与自然科学密切相关的领域,不断拓宽应用语言学学科的边界;(2)国社科相对最为注重基础理论、语言史、学科史的研究,相对较为重视语言学本体研究,同时关注应用语言学与社会科学相互交叉的领域,对少数民族语言的关注相对较多,优先鼓励文科研究传统领域的项目,对项目负责人研究背景、研究能力的考核相对最为严格,助力于完善语言学学科构架、增加学科的厚度;(3)教育部哲社也相对较为重视语言学本体研究,同时关注应用语言学与社会科学相互交叉的领域,对外语、普通语言的关注相对较多,对本体、应用研究各领域的各个研究点覆盖较广;(4)国家语委关注应用语言学服务于社会生活的领域,最为重视探讨当下社会相关语言问题及其对策,对多语种研究的关注相对最多。四大基金定位清晰、焦点明确,关注领域各有侧重,引导并促进语言学及其相关研究协调、均衡、持续发展。

从研究热点与趋势来看,本年度多语、普通语言研究表现出较大的发展潜力,本体研究与应用研究紧跟政策、面向应用需求,对当下、现实的语言问题与对策研究关注力度持续加大,"一带一路"相关研究增多;本体研究领域的"语用""语言与文化"研究,应用研究领域的语义识别、理解、计算与分析类研究,面向语言教育、翻译、语言生活的认知/神经研究与资源库建设研究成为新的研究热点;外译研究中现当代作品的翻译实践及其相关研究明显增加。上述研究热点与趋势的出现,一方面体现了国内语言学研究由揭示特殊规律向揭示普遍规律转化,研究视野不断拓宽,服务意识不断增强,研究内容越来越具有中国特色、中国气派,体现"文化自信";一方面反映了四大基金对国内语言学研究选题的介入,通过学科分类调整(国自然)、课题指南的提示(国社科、国家语委)、专门项目的设立(国家语委本年度增设"信息化专项""'一带一路'专项""民族班项目")等方式引导研究内容,提高语言学研究的站位和覆盖面,以更好地服务社会,服务国家语言文字事业改革发展。

## 注 释

① 资料来源:国家自然科学基金委员会科学基金网络信息系统,https://isisn.nsfc.gov.cn/egrantindex/funcindex/prjsearch-list。

② 资料来源:全国哲学社会科学规划办公室官网,http://www.npopss-cn.gov.cn。

③ 资料来源:中国高校人文社会科学信息网,https://www.sinoss.net。

④ 资料来源:国家语委科研项目数据库,www.ywky.org/prjquery.aspx。

⑤ 文章中2018年四大基金语言学课题立项分类数据由厦门大学国家语言资源监测与研究教育教材中心银晴博士生整理提供,相关研究报告部分内容刊载于《中国语言文字事业发展报告(2019)》"语言文字科研项目"部分。

⑥ 2017年12月28日,教育部学位与研究生教育发展中心公布全国第四轮学科评估结果。评估结果按照"精准计算、分档呈现"的原则,根据"学科整体水平得分"的位次百分位,将前70%的学科分为9档(A+~C-)公布。文中"B-及以上"属于学科评估前70%中的前六档。

## 参考文献

[1] 苏新春,陈文革. 五大科研基金语言学课题十年 [J]. 语言战略研究,2016,1(03):83—90.

[2] 苏新春,刘锐. 国家社科基金语言学立项课题分析 [J]. 新疆师范大学学报(哲学社会科学版),2015,36(03):118—123+2.

[3] 田静,苏新春. 2017年四大科研基金语言学课题立项情况调查 [J]. 江西科技师范大学学报,2018(04):1—10+25.

[4] 新浪网. 人工智能首次写入政府工作报告 [EB/OL]. (2017-03-07) [2018-03-20]. http://www.sohu.com/a/128135598_498872.

[5] 李克强. 2019年国务院政府工作报告 [R]. 北京:中华人民共和国第十三届全国人民代表大会第二次会议,2019.

# 2019年语言政策研究相关学术会议综述

学术会议反映学术热点,话题设置体现会议组织者对学术趋势的理解,会议成果体现参会者对前沿问题的思考。以下,以主题聚类的方式,从事业发展研究、语言扶贫研究、语言资源研究、语言规范研究、语言智能研究、语言文化传承传播与交流合作、综合研究7个方面,梳理介绍2019年语言政策研究相关学术会议情况。

## 一 事业发展研究

2019年是新中国成立70周年,也是决胜全面建成小康社会的关键之年。不少学术会议以语言文字事业70年发展历程回顾和新时代发展方略探讨为主题。

### (一)七十年发展历程回顾

商务印书馆联合中国社会科学院语言研究所、北京语言大学、中国语言学书院等,先后于1月20日和7月20日,分别以"中国语言生活和语言研究70年"和"中国语言学70年"为主题,举办年度"中青年语言学者沙龙"和"海内外中国语言学者联谊会",就新中国成立70年来的语言生活、汉语语言学研究、汉语语法研究、出土文献语言研究、外语语言教学与研究、外语教育事业、民族语文事业等进行了回顾与探讨。

中国语文现代化学会以"中华人民共和国成立70周年中国语文现代化回眸与展望"为主题,于4月19—22日在江苏师范大学召开学会第13届学术研讨会,研讨议题主要包括:语文现代化研究,语言政策与规划研究,词汇与辞书研究,汉语拼音与语音研究,社会语言学与媒体语言研究,语言理论研究,神经语言学研究,语言教学研究,语言信息处理与人工智能研究,汉字与传统文化研究。

### （二）新时代发展方略探讨

为谋划"十四五"及未来更长一段时期的国家语言文字事业发展，教育部哲学社会科学研究和国家语委科研规划于2018年度分别设立重大项目，2019年相关课题研究工作深入推进。3月16日，教育部哲学社会科学研究重大课题攻关项目"新时代国家语言文字事业的新使命与发展方略研究"在武汉大学举行开题会，该课题将在中国特色社会主义新时代和以信息化全球化智能化为特征的人类社会发展的新时代视角下，从中国语言国情出发，前瞻未来，根据十九大对我国新时代建设和发展做出的战略部署和全面安排，全面而系统地研究我国语言文字事业发展面临的新机遇、新挑战、新要求和新任务，探讨语言文字事业发展新的切入口和着力点，提出新战略、新举措，共设有6个子课题。4月19日，国家语委重大科研项目"'国家语言能力'内涵及提升方略研究"在北京外国语大学召开咨询会，深入探讨了"国家语言能力"的理论建构问题，提出"提升国家语言能力"应当成为新时代国家语言文字事业的核心主题。

## 二　语言扶贫研究

推普脱贫攻坚是语言文字事业当前首要的政治任务[①]，语言扶贫是2019年学界关注的重大主题。年内以"语言扶贫"为主题的学术会议主要有3个。

一是"中国语言扶贫与人类减贫事业论坛"。论坛由国家语委、国务院扶贫办政策法规司指导，《语言战略研究》编辑部主办，于10月15—16日在北京举行。论坛议题主要包括：推普脱贫攻坚的经验与成效，语言能力、语言教育与脱贫攻坚，语言技术的运用、中国语言扶贫的展望与人类减贫事业。论坛取得重要成果，发布了《语言扶贫宣言》（以下简称《宣言》）。《宣言》指出，国家通用语言文字是打破地域区隔、传播信息和技术的工具，也是阻断贫困代际传递的重要基础；学习国家通用语言文字并提升学习者的能力水平是语言扶贫的基础路径和核心经验；国家通用语言文字、少数民族语言文字、各语言的方言以及外语都是语言扶贫事业的有机组成部分，在不同的层次和领域发挥着各自的作用，它们多元和谐共存；语言扶贫在减贫事业中发挥独特作用，语言扶贫为人类减贫事

---

① 田学军.聚焦推普脱贫　推进语言文字事业全面发展［N］.语言文字报，2019-05-22（001）.

业铺就了一条语言大道。《宣言》呼吁更多的专家学者、社会各界关注并投入到语言扶贫事业中。

二是以"语言扶贫的理论与实践"为主题的第11届全国语言文字应用学术研讨会。会议由教育部语言文字应用研究所和广西壮族自治区语委、教育厅等联合主办,于11月16—17日在广西民族大学召开。研讨议题主要包括：语言扶贫的理论研究,语言扶贫政策、方略与实践,语言教育与语言扶贫,语言服务与语言扶贫,语言技术与语言扶贫,语言扶贫与语言经济。

三是"推普脱贫攻坚"研讨会。会议由教育部语言文字应用研究所和江苏师范大学主办,于12月29—30日在江苏师范大学召开。会议围绕"推普助力脱贫攻坚的理论与实践"主题开展学术交流,就推普助力脱贫攻坚的组织实施、存在问题和评估验收等进行了深入研讨。

此外,一些综合性学术会议,如第五届中国语言政策及语言规划学术研讨会、第五届语言文字应用研究中青年学者协同创新联盟学术研讨会等也将"语言扶贫"设为主要议题之一。

## 三　语言资源研究

科学保护国家语言资源,维护、发展语言多样性,是当前我国语言规划的重要方面。2019年围绕语言资源保护、建设、开发、应用等研究的学术会议主要包括：

第六届中国语言资源国际学术研讨会。会议由北京语言大学和浙江师范大学联合主办,于9月23—24日在浙江师范大学召开。鉴于语保工程一期进入收官阶段,会议主题设定为"语保可持续发展",研讨议题主要包括：语保工程的总结与展望,语保工程成果开发与应用,中国语言资源的调查研究和保护传承。

海外华语资源库建设国际研讨会。会议由暨南大学华文学院、国家语委海外华语研究中心（暨南大学）主办,于4月13—14日在暨南大学召开。研讨议题主要包括：海外华语口述史研究,海外华语历史文献的收集与整理研究,海外华语本体研究,海外华文教育政策研究,海外华语资源库建设,海外华语资源抢救、整理与开发工作。

"语言智能与语言多样性"国际语言文化论坛。论坛是第三届中国北京国际语言文化博览会主论坛，由北京市语言文字工作委员会主办、首都师范大学承办，于10月25日在北京举行。研讨议题主要包括：移民语言问题，人工智能技术在语言学习等领域的应用，文化语言交流与老龄化问题，语言能力与大脑。

中国民族语言学会民族语文应用专业委员会第二届学术研讨会暨中国民族语文应用首届高端论坛。论坛由中国民族语言学会民族语文应用专业委员会、国家民委中国民族语文应用研究院联合主办，于12月14日在中央民族大学召开。研讨议题主要包括：宏观视阈中的民族语文应用，民族语文规范化标准化信息化建设，民族语文国情与民族语文工作，学科建设与语言资源保护。

第三届语言资源与智能国际学术研讨会暨《万国语言志》编写启动会。会议由北京语言大学语言资源高精尖创新中心主办，于12月14日在北京语言大学召开。研讨议题主要包括：世界语言政策与规划的发展趋势，世界语言生活的热点问题，语言濒危与语言资源的保护开发，语言智能与智慧语言教育，《万国语言志》编写原则与方法。《万国语言志》拟出版150部左右，以介绍各国（地区）的语言文字基本状况、语言政策与规划、语言教育、语言生活等为主要内容，同时涉及国际组织（跨国组织）的语言政策及语言生活，为认识世界语言提供全新的视角。

第五届中国语言产业论坛暨第四届语言服务高级论坛。论坛由首都师范大学中国语言产业研究院、广州大学语言服务研究中心主办，于10月24日在首都师范大学举行。论坛主题为"语言资源的保护、开发与产业化发展"和"区域语言服务"，研讨议题主要包括：语言产业和语言服务的基础理论问题，区域语言产业与语言服务，语言资源保护与开发的创新，区域特色语言资源的产业化发展，粤港澳大湾区建设的语言政策研究，祖国统一步伐下的两岸语言问题研究，省域语言产业现状调查，语言智能与社会进步，语言教育服务与语言文化传播，北京冬奥会语言服务及城市语言环境（景观）建设等。

## 四 语言规范研究

语言规范是中国语言规划的核心内容。2019年相关学术会议研讨内容涉及新时代语言文字规范化标准化方略、教育领域语言规范、辞书编纂等。

### （一）新时代语言文字规范化标准化方略

探讨新时代语言文字规范化标准化建设方略，是教育部哲学社会科学研究重大课题攻关项目"新时代国家语言文字事业的新使命与发展方略研究"的任务之一，设有专门子课题。11月16—17日，4家国家语委科研机构（国家语言文字政策研究中心、中国语情与社会发展研究中心、中国语言文字规范标准研究中心、国家语言资源监测与研究教育教材中心）在上海联合召开"新时代语言文字规范化标准化学术研讨会暨第四届中国语言政策研究热点与趋势研讨会"。会议深入研讨了新时代语言文字规范化标准化建设面临的新形势与新任务、全球华语背景下的现代汉语规范化、后现代思潮和智能技术发展影响下的语言规范观、语言文字规范标准制修订工作、特定领域语言文字规范标准建设、新媒体时代的网络语言舆情治理等一系列问题。

### （二）教育领域语言规范

涉及教育领域语言规范的会议主要有两个：一是5月31日在商务印书馆召开的"《义务教育常用词表（草案）》出版座谈会"，会议高度肯定了《词表》对现代汉语词汇规范、基础语文教育的价值，探讨了《词表》的推广与应用问题。二是7月18日在北京语言大学召开的"语文教育领域语言规划研讨会"，会议就语文教育中语言文字规范标准的贯彻落实、语言文字运用能力培养途径等问题进行了深入探讨。

### （三）语文辞书编纂

语文辞书是语言规范的重要形式和语言规范化的重要路径，2019年语文辞书编纂领域的学术会议主要包括：3月22—23日在鲁东大学召开的"融媒体辞书专题研讨会"；6月15—16日在华东师范大学召开的"新时期的汉语研究与辞书编纂暨庆祝《辞书研究》创刊四十周年学术研讨会"；7月27—28日在鲁东大学召开的"第七届汉语辞书高层论坛暨刘叔新先生、张志毅先生词汇学、词典学学术思想研讨会"；10月26—27日在重庆召开的"第十二届全国语文辞书学术研讨会"；11月23—24日在广东外语外贸大学召开的"中国辞书学会第十届中青年辞书工作者学术研讨会"。这些会议提出"辞书生活""融媒辞书"

理念，研讨议题主要包括：辞书编纂理论与实践，词典学学术思想，汉语辞书发展战略，辞书与文化传承发展，融媒体辞书理论与实践，语文辞书编纂与词汇语义学理论，语文辞书与传统文化传承，品牌辞书修订与辞书编纂现代化，出土文献与辞书编纂，辞书生活与知识服务。

## 五　语言智能研究

语言智能是人工智能"皇冠上的明珠"，语言智能时代的语言研究及相关学科建设、人才培养等，2019年受到学界高度关注，相关专题学术会议主要包括：

未雨绸缪：语言与下一代人工智能博鳌论坛。论坛由江苏高校语言能力协同创新中心、江苏师范大学国家语委语言能力高等研究院等联合主办，于1月10—12日在博鳌举行。论坛研讨了当前人工智能存在的问题、下一代人工智能的发展方向、语言与语言脑机制研究在人工智能研究中的重要作用等问题。论坛建议设立"人工智能＋语言学"相关专业，加强人才培养。

语言学与人工智能跨学科论坛。论坛由武汉大学文学院、武汉大学国家网络安全学院主办，于9月17—18日在武汉大学举行。研讨议题主要包括：人工智能发展的现状及趋势，人工智能技术发展中的语言学需求及语言学的作为，智能化对语言、语言生活、语言学及语言文字事业的影响，"人机共生时代"的语言规划、语言生活治理及语言服务，适应社会发展新需求的语言教育。

人工智能驱动高质量发展——构建人工智能生态链论坛。论坛是2019世界人工智能大会特色论坛之一，由上海市经济和信息化委员会指导、上海外国语大学主办，于8月28日在上海外国语大学举行。研讨议题主要包括：人类社会变革与未来发展，数据技术发展与人工智能产业变革，自然语言处理技术发展，新数字鸿沟，"一带一路"国际合作，跨文化交流与人才培养，构建人工智能生态链，人工智能背景下的翻译，人工智能发展与跨文化人才培养。

北京语言大学语言智能研究院成立仪式暨语言智能学术论坛。论坛由北京语言人学语言智能研究院主办，主题为"语言知识工程与语言智能学科建设"，于6月15日在北京语言大学举行。论坛就科研、教学和生产中语言知识工程与语言智能学科建设，以及语言智能的发展方向、前沿技术、基础资源和应用挑战等问题进行了深入探讨。

第二届"语言智能与社会发展"论坛。论坛由北京语言大学语言资源高精尖创新中心和中国中文信息学会社会媒体处理专委会联合主办,主题为"智能写作的社会影响及其伦理、法律问题",于12月17日在北京语言大学举行。论坛发表《推进智能写作健康发展宣言》,提出5项原则:以积极态度拥抱智能写作,彰显社会属性和价值,互联互通深度人机结合,遵循人类语言生活的公序良俗,协同发展彼此补益。

## 六 语言文化传承传播与交流合作

语言文化传承传播与交流合作是《国家语言文字事业"十三五"发展规划》提出的重要任务。2019年相关学术会议研讨内容涉及甲骨文研究、国际中文教育和华文教育、对外话语体系建设、外语教育、两岸语言文化交流、中俄语言政策交流等。

### (一)纪念甲骨文发现120周年

2019年是甲骨文发现120周年,为传承弘扬汉字文化,促进新时代甲骨文研究,国家举办系列纪念活动。10月18日在河南安阳召开的"纪念甲骨文发现120周年国际学术研讨会"是重要的学术纪念和研讨活动,会议由中央宣传部、教育部、文化和旅游部、科技部、国家语言文字工作委员会、国家文物局、中国社会科学院、河南省人民政府主办,主要研讨了甲骨文字考释、甲骨文与殷商史研究、甲骨学研究、甲骨文大数据平台建设等问题。

### (二)国际中文教育和华文教育

国际中文教育和华文教育是中文国际传播的主要路径,2019年值得关注的学术会议主要有:

2019国际中文教育大会。大会由教育部和湖南省政府共同主办,于12月9—10日在长沙召开。中共中央政治局委员、国务院副总理孙春兰出席开幕式并发表主旨演讲。大会以"新时代国际中文教育的创新和发展"为主题,举办1个"中文+职业技能"项目专题论坛和32个工作坊,围绕国际中文教育的政策、标准、师资、教材、教法、考试、品牌项目建设,以及深化中外合作等话题展开深入探讨。会议期间,世界汉语教学学会进行了理事会换届选举和专题研讨。

2019汉语教师、教材、教法研讨会。会议由中国人民大学文学院主办，于6月21—23日在中国人民大学苏州校区召开。研讨议题主要包括：汉语国际教学的教学模式、教学方法、教材编写，新时代、新技术下的汉语国际化，汉语国际教育本土化，汉语国际教育人才培养，汉语国际化背景下国内对外汉语教学的地位与功能。

第四届国际华文教学研讨会。会议由华侨大学和暨南大学联合主办，于10月26—28日在华侨大学厦门校区召开。会议主题为"新时代华文教学的融合与发展"，研讨议题主要包括：语言和语言教育的融合与发展，华语二语教学，华文教育发展国别研究，新时代华文教育的环境、挑战与机遇，国际职场汉语教学，华文教育与职业教育的结合，海外华人汉语语言学史文献研究。

### （三）对外话语体系建设

对外话语体系建设包括话语体系的构建、翻译与传播，2019年值得关注的学术会议主要有：

第四届"语言、社会及意识形态"论坛。论坛由中国社会科学院语言研究所《当代语言学》主办，于3月30日在北京师范大学举行。与会学者从语言学、法学、旅游学、社会学、符号学、马克思主义哲学等跨学科视角，对新闻语篇、法律文件、政府报告、文学作品、网络留言、电视节目等材料进行深入分析，围绕互文理论、意识形态、话语分析、话语体系、"中国话语"等主题展开了广泛的讨论。

新中国翻译事业70年论坛暨2019中国翻译协会年会。会议由中国翻译协会主办，于11月9日在北京召开。会议以"砥砺奋进，守正创新"为主题，旨在总结新中国70年来我国语言服务和翻译事业取得的辉煌成就，推动翻译与语言服务行业守正创新，更好地服务国家发展大局，助力国际传播能力建设，促进中外语言服务合作与交流。会议发布了《中国政治话语对外翻译工作手册（试行版）》《2019中国语言服务行业发展报告》，以及《译员职业道德准则与行为规范》《翻译服务培训要求》《翻译服务采购指南第2部分：口译》3项行业标准规范。

第五届中央文献翻译与研究论坛。论坛由中央党史和文献研究院第六研究部、天津外国语大学、中国译协社科翻译委员会、暨南大学联合举办，于12月1日在广东珠海举行。论坛以"人类命运共同体构建与翻译阐释"为主题，围绕

《论坚持推动构建人类命运共同体》一书的多语种翻译和传播，就如何在构建人类命运共同体背景下做好政治文献对外翻译和推动国际话语权建设进行多学科研讨。

全国第二届外交话语及外事外交翻译研讨会。会议由中国翻译协会对外话语体系研究委员会、中共河南省委外事工作委员会办公室、郑州大学、《中国翻译》杂志社、河南省翻译协会等单位主办，于11月30日—12月1日在郑州大学召开。会议主题为"构建人类命运共同体与新时代中国特色大国外交话语体系建设：跨界·融合·提升"，研讨议题主要包括：外交话语构建，外交话语翻译，外交话语传播，国际话语权与国家形象建构，外交话语体系信息化建设。

第六届全国对外传播理论研讨会。会议由国务院新闻办公室主办，于8月12—13日在宁夏银川举行。会议主题为"构建新时代对外传播新格局"，研讨议题主要包括：习近平新时代中国特色社会主义思想对外传播，新中国成立70周年中国对外传播的变迁和发展，中外人文交流与国家形象塑造，寰球民意、战略传播与大国外交，新形势下国际舆论发展趋势及特点，新时代中国企业的对外传播，新媒体、新技术和全球智能传播，"一带一路"与中阿交流。

### （四）外语教育

外语教育关乎国际化人才培养，每年学术会议众多，其中最值得关注的是3月22—24日在北京举行的"第四届全国高等学校外语教育改革与发展高端论坛"。论坛由北京外国语大学、教育部高等学校外国语言文学类专业教学指导委员会、教育部高等学校大学外语教学指导委员会主办，以"使命、格局、举措"为主题，设11个主旨报告、8场专题论坛、2场圆桌论坛、4场专题活动，涵盖了外语教育服务"一带一路"建设、外语教学和国际人才培养、新文科建设下的外语人才培养、新时代高等外语院校与外语专业发展战略、高素质外语人才跨文化能力培养、复合型外语人才培养、现代信息技术下的外语教育改革、外语教育"金课"建设、外语人才需求、外语教育与出版、外语人才培养能力等多个外语教育领域的重要话题。

### （五）两岸语言文化交流

第三届"两岸语言文字调查研究与语文生活"研讨会。会议由教育部两岸语言文字交流与合作协调小组主办，于10月25—27日在韩山师范学院召开。

研讨议题主要包括：两岸汉字规范标准对比研究，两岸辞书编纂与使用研究，两岸语言教育研究，两岸语言文字信息处理发展状况，两岸中小学语文教材主题的人文底色。

两岸语言文化交流研讨会。会议由教育部语言文字应用研究所、闽南师范大学主办，于11月9日在闽南师范大学召开。研讨议题主要包括：两岸语言文字政策宏观架构研究，普通话、闽南话、客家话等在两岸和平统一进程中的作用研究，语言文化在深化两岸交流、促进同胞心灵契合中的作用研究，台胞语言生活及两岸青少年语言文化交流研究，中华语言文化海外传播研究。

### （六）中俄语言政策交流

9月27日在上海外国语大学举行的"中俄语言政策学术研讨会"是"搭建语言之桥——俄罗斯语言政策专家访华项目"的一部分，由教育部语信司主办，主题为"多民族国家的语言政策"。中俄两国40多位专家学者出席会议，围绕会议主题进行了紧凑而丰富的交流对话。中方报告的议题主要包括：中国语言生活70年，面向人类命运共同体的中国外语课程建设与人才培养，当代中国的语言规划，新中国的民族语言文字工作，中国语言文字智库建设及语言政策研究专业人才培养；俄方报告的议题主要包括：语言政策的方式与结果，俄联邦民族语言立法的发展，俄联邦的语言状况及语言规划的现实问题，俄联邦语言和民族的发展趋势，多民族国家的语言政策，萨哈共和国的语言状况与语言政策，俄罗斯社会语言学中的预测方法，现代俄罗斯教育中的民族因素与语言因素。

## 七　综合研究

本部分梳理介绍涉及语言政策领域多个研究话题的综合性学术会议情况，主要包括语言战略研究、语言政策与规划研究、社会语言学研究。

### （一）语言战略研究

语言战略指涉及全局的有关语言文字的计划和策略，关注涉及全局的语言文字问题，利用语言文字来帮助解决关乎全局的问题。[1]11月25—29日，"第四

---

[1] 李宇明.关注语言生活[J].语言战略研究，2016，1（01）：1.

届国家语言战略高峰论坛"在南京大学召开。论坛由南京大学文学院、国家语委中国语言战略研究中心（南京大学）共同主办，主题为"语言与经济社会发展"。15位学者先后做大会发言，就农村语言生活、多语与语言扩散、智库建设、新时代民族语文政策、人工智能研究与语言研究、语言融合、语言和语言教育现代化、香港的语言格局、日本的语言规划与政策、语言经济与语言景观、城市语言文明、城市社区语言规划等话题报告了研究成果。33位学者做分组发言，讨论了语言资源、语言经济、语言管理、语言活力、城市语言、语言教育等领域中的不同问题，从国家语言战略的视角提出学术观点，报告了调查结果和数据。

### （二）语言政策与规划研究

语言政策与规划（LPP）是语言政策研究的理论依托。9月14—15日，"第五届中国语言政策及语言规划学术研讨会"在北京外国语大学召开。会议由中国语言学会语言政策与规划专业委员会和北京外国语大学主办，主题为"面向国家战略聚焦，服务社会发展需求"，研讨议题主要包括：新中国语言政策70年、语言学的问题意识和话语转向、语言政策与规划专业建设、国家语言能力建设的系统属性、语言生活皮书编制，以及语言规划与社会发展、语言服务、语言景观、语言与扶贫、国别语言政策和语言生活、语言传播与语言变异、外语教育政策与规划等。此外，10月26—27日在山东师范大学召开的"第五届语言文字应用研究中青年学者协同创新联盟学术研讨会"，围绕语言政策、语言扶贫、语言文字信息化、中文国际传播等议题进行了研讨交流。

### （三）社会语言学研究

社会语言学为语言政策研究提供了更宏阔的理论背景，语言政策与规划被认为是社会语言学的一个分支，也有学者认为语言政策与规划研究的很多问题属于语言社会学。2019年关于社会语言学研究的会议较多，主要有：8月23—26日在陕西师范大学召开的"国际城市语言学会第十七届学术年会"；9月21—22日在上海外国语大学举行的"首届社会语言学高端国际论坛"；12月13—15日在四川外国语大学举行的"中国社会语言学会第二届高峰论坛"；12月21—22日在厦门大学嘉庚学院召开的第十届全国社会语言学学术研讨会。这些会议涉及众多研究议题，主要包括：社会语言学理论，本土社会语言学研究，西方语言理论与社会语言学研究，跨文化视域下的语言社会性研究，社会语言学研究现状与存在问题，社会语言学与外语教学研究，社会语言学多视角研究，基于用法的社会语言学研究，政治话语与社会语言学研究，城市化进程与语言演变，"一带一路"沿线国家及地区的语言研究，少数民族语言研究，语言传播与教育，语言与社会生活，语言接触，话语分析，语言变异，认知科学视域下的语言社会性研究，港澳台及海外语言，语言政策与语言规划，语言叙事与语言教育，媒体语言与产业扶贫等。

此外，生态语言学研究近年来受到关注，10月11—13日在昆明理工大学召开的"第四届全国生态语言学研讨会"以"新时代中国特色社会主义下的生态语言学研究"为主题，就习近平新时代生态思想、国家语言能力发展与生态语言学研究、生态话语分析、生态语言学与翻译研究、语言政策规划与语言生态、生态语言学与教学研究、生态语言学的融合与发展等议题进行了深入探讨。

## 结　语

近年来，我国语言政策研究的内涵和外延都不断扩展，从宏观到微观，国家、社会、区域、领域、城市、家庭、个人不同层面遇到的语言问题都进入了政策研究视野。"问题导向"是我国语言政策研究的最主要特点之一，从本年度相关学术会议的主题与探讨的话题看，当前我国语言政策研究在主动服务国家战略、回应社会需求的同时，对社会生活的变化以及随之产生的新现象、新问题更加敏锐，相关研究对现实需求与现实问题的回应更加敏捷。同时，这种问题驱动的研究导向也使得语言政策研究的相关学术会议越来越呈现出综合性、交叉性的特点，而这种综合性正是语言政策研究跨学科特征的生动写照。

第四部分

# 附　录

# 2019年语言政策与语言规划类书目

## 一 语言文字事业

《民族复兴的强音 新中国外语教育70年》,王定华,曾天山主编,外语教学与研究出版社。

《新中国民族语言学研究70年》,尹虎彬主编,中国社会科学出版社。

《新中国语言文字事业发展70年纪事》,国家语言文字工作委员会组编,语文出版社。

《新中国语言文字研究70年》,刘丹青主编,中国社会科学出版社。

《影响国家语文政策的苏南现代语言学名人》,赵贤德著,吉林文史出版社。

《语文辞书编纂修订执行语言文字规范标准情况调查研究》,陈会兵著,四川大学出版社。

《语言扶贫问题研究》(第一辑),李宇明主编,商务印书馆。

《中国语言文字事业年鉴》,国家语言文字工作委员会组编,中国传媒大学出版社。

## 二 语言政策与规划理论

《国民语言能力提升理论研究》,李德鹏著,科学出版社。

《汉语言文字理论与应用研究》,刘钦荣,刘安军主编,中国社会出版社。

《语言规划——从实践到理论》,[美]罗伯特·卡普兰,[美]理查德·巴尔道夫著,郭龙生译,商务印书馆。

## 三 语言教育

《外语教育学》,王鲁男著,重庆出版社。

《外语人才核心能力》，杨力主编，上海外语教育出版社。

《外语写作中的母语语言文化研究》，叶洪著，中国政法大学出版社。

《"一带一路"背景下的汉语国际教育》，姚喜明，张丹华主编，上海大学出版社。

《英语在中国高等教育语言政策中的地位与作用研究》，许红梅著，西安交通大学出版社。

## 四　区域与国别语言政策研究

《2000年后台湾地区语言规划研究》，郭光明著，九州出版社。

《澳大利亚国家语言政策研究》，王莲编著，中国经济出版社。

《东盟国家语言教育政策研究》，莫海文著，中南大学出版社。

《东盟国家语言教育政策与规划》，刘振平著，延边大学出版社。

《法国语言政策研究》，许静荣著，社会科学文献出版社。

《国别与区域语言教育政策比较研究》，龙洋主编，重庆出版社。

《卢旺达教育、语言政策与社会发展研究》，张荣建著，中国农业大学出版社。

《乌克兰语言政策与语言问题研究》，李发元著，中国社会科学出版社。

《新加坡华文教育研究》，梁秉赋著，北京语言大学出版社。

《新时期华文教育研究》，王晓明著，中南大学出版社。

《"一带一路"国家语言状况与语言政策》（第三卷），王辉主编，社会科学文献出版社。

## 五　语言生活

《两岸语言文字调查与语文生活（二）》，李宇明主编，商务印书馆。

《内蒙古鄂温克族语言生活调查》，金洁著，内蒙古文化出版社。

《网络语言传播与社会效应》，韩凝著，吉林文史出版社。

《语言文字规范十五讲》，张文忠，夏军编著，上海大学出版社。

《语言文字应用探微》，苏培成著，商务印书馆。

《中俄跨境濒危语言研究》，史维国著，黑龙江大学出版社。

《中缅跨境德昂族语言使用现状研究》，王丽娟编著，德宏民族出版社。

# 《中国语言文字事业发展报告（2020）》目录

特稿
  习近平致甲骨文发现和研究120周年的贺信
  陈宝生在纪念甲骨文发现120周年座谈会上的发言
  陈宝生在2019年国际中文教育大会开幕式上的讲话
  谱写国家通用语言文字推广普及新篇章——田学军在第22届推普周期间发表的署名文章
  田学军在"语言智能与语言多样性"国际语言文化论坛开幕式上的致辞
  新中国语言文字事业70年

第一部分　年度重点工作
  推普助力脱贫攻坚行动
    一　工作机制建设
    二　重点人群培训
    三　学习资源研发
    四　大学生社会实践活动
    五　地方工作经验
    六　语言扶贫研究
  纪念甲骨文发现120周年
    一　总书记致信祝贺甲骨文发现和研究120周年
    二　纪念甲骨文发现120周年座谈会
    三　纪念甲骨文发现120周年国际学术研讨会
    四　"证古泽今"甲骨文文化展
    五　"甲骨春秋"主题纪念
    六　媒体关注引发社会"甲骨文热"
  第22届全国推广普通话宣传周
    一　弘扬爱国情怀
    二　打造宣传矩阵
    三　动员多方参与
    四　推动事业发展
  语言文字规范化标准化信息化建设
    一　当代汉语音韵规范
    二　义务教育词汇规范
    三　外语词中文译写规范
    四　语言文字信息化工程项目
    五　语言文字规范标准培训
  中华经典诵读工程
    一　加强统筹规划
    二　组织品牌活动

三　强化师资培训
　　四　促进交流合作
中国语言资源保护工程
　　一　田野调查
　　二　数据采录
　　三　成果出版
　　四　语保研究
　　五　国际影响
　　六　总结表彰
语言文字国际交流与合作
　　一　中华思想文化术语传播工程
　　二　第三届中国北京国际语言文化博览会
　　三　双边与多边语言文字国际交流合作
　　四　文字转写国际标准议案应对
　　五　语言生活皮书出版和外译
语言文字工作机构队伍建设
　　一　国家语委科研机构建设
　　二　国家语言文字推广基地建设
　　三　省级语言文字工作机构状况
　　四　语言文字工作与科研队伍建设

第二部分　委员单位工作
　首届国际中文教育大会
　中央文献对外翻译
　中国特色话语外译传播
　民族语文事业与双语学习
　青少年中华语言文化传承活动
　地名普查与地名文化传承
　手语和盲文规范化标准化信息化建设
　科技名词审定

第三部分　地方特色工作
　广西推普脱贫攻坚成效显著
　四川精准推普助力精准脱贫
　云南推广运用"语言扶贫"APP
　新疆生产建设兵团加强国家通用语言文字教学与普及
　山西强化语言文字工作督导评估
　上海实施学生阅读行动
　江西推动高校语言文字工作体制改革
　浙江注重四个"结合"抓实语保工程
　北京建设冬奥会语言服务环境

江苏开展旅游景区外文译写规范调研
　　广东深化语言研究服务区域与国家发展
　　河北推进京津冀语言文字工作协同发展
　　重庆加强语言文字科研工作

第四部分　年度统计
　　语言文字法律法规与规章
　　语言文字规范标准
　　国家通用语言文字水平测试
　　国际中文教育
　　语言文字人才培养与科学研究
　　特殊人群语言服务

第五部分　附录
　　关于印发《国家语言文字工作委员会办公室关于加强语言文字培训工作的管理办法》的通知
　　教育部国家语委关于表彰"中国语言资源保护奖"先进集体和先进个人的决定
　　2019年语言文字工作大事记

# 《中国语言生活状况报告（2020）》目录

第一部分　特稿篇

　　习近平致甲骨文发现和研究120周年的贺信
　　陈宝生在纪念甲骨文发现120周年座谈会上的发言
　　对甲骨文研究的认识和建议
　　新时代甲骨文研究工作的继往开来
　　充分利用考古发掘成果，将甲骨学研究推向新的阶段
　　继往开来，让古老汉字焕发出时代风采
　　国家图书馆历来重视馆藏甲骨的传拓、研究和推广

第二部分　工作篇

　　中共中央、国务院及相关部委公文中有关语言文字的内容
　　国家通用语言文字工作
　　少数民族语言文字工作

第三部分　领域篇

　　中国语言扶贫（2019）
　　云南怒江推普助力精准扶贫调查
　　粤港澳大湾区广播语言使用调查
　　广播电视领域语言状况
　　科技名词工作状况
　　方言文化的保护与传承
　　走进现实的网络语言
　　广州人语言使用现状调查
　　西安市灞桥区道路名称调查
　　湖南岳阳县留守儿童语言生活调查
　　我国少数民族语言状况调查数据分析
　　辞书走向媒体融合
　　新中国的辞书事业
　　《中国濒危语言志》的特色及影响
　　国际学术论文中文表达调查

第四部分　热点篇

　　垃圾分类名称引社会关注
　　粉丝热捧央视"金句"
　　方言电影，你怎么看？
　　《生僻字》歌曲让生僻字不生僻
　　《人生初年》现象

## 第五部分　字词语篇

2019，用字词刻下时代印记
2019，新词语里的社会关注点
2019，流行语里的中国与世界
2019，网络用语中的草根百态
"5G元年"话5G

## 第六部分　港澳台篇

澳门回归后的语言生活
台湾语文生活状况（2019）
台湾地区语文新课纲
香港楼盘名称面面观

## 第七部分　参考篇

欧洲超国家层面的语言权利保护
墨西哥印第安人双语教育政策演变及分析
国际语言与发展大会纵览（1993—2019）
语言政策与规划类国际期刊扫描（2019）

## 附录

2019年语言生活大事记
2019年度媒体用字总表
2019年度媒体高频词语表
2019年度媒体成语表
2019年度媒体新词语表

图表目录

术语索引

后记

# 《世界语言生活状况报告（2020）》目录

第一部分　政策篇

 韩国发布《盲文发展第一个基本规划（2019—2023）》
 日本新版《学习指导要领》中的语言教育新要求
 拉脱维亚《教育法》中的新语言条款
 《阿尔巴尼亚少数民族保护法》中的语言条款
 芬兰 2025 年的语言发展目标
 德语国家和地区的新版德语正字法
 苏格兰《英国手语计划（2017—2023）》
 秘鲁《土著语言、口头传统和跨文化交流国家计划》
 《澳大利亚儿童多语学习计划》

第二部分　动态篇

 韩国开发利用外来移民的双语能力
 日本多语应对协会的语言服务
 丹麦强化移民语言融合
 德国移民语言生活新图景
 英国发布新的十大外语语种
 摩洛哥评估阿拉伯语教育对海外同胞的影响
 智利立法保障对听障人士的语言服务

第三部分　事件篇

 哈萨克斯坦正式启动文字拉丁化改革
 以色列《犹太民族国家法》中的语言条款
 缅甸罗兴亚人危机背后的语言问题
 英国扩建文法学校背后的语言因素
 喀麦隆学生绑架案折射英法语言冲突

第四部分　报告篇

 韩国世宗学堂财团年度报告（2017—2018）
 英国文化教育协会年度报告（2017—2018）
 德国歌德学院年度报告（2017—2018）
 西班牙塞万提斯学院年度报告（2017—2018）
 海外日语教育机构调查报告（2015）
 俄罗斯世界基金会工作报告（2007—2017）
 全球法语现状（2018）
 欧洲学校语言教育的数据报告（2017）

第五部分　语词篇

　　韩国年度网络最热词语与新词语（2017—2018）
　　日本年度热词与年度汉字（2017—2018）
　　俄罗斯年度词语（2017—2018）
　　奥地利年度词语（2017—2018）
　　德国年度词语（2017—2018）
　　法国年度词语（2017—2018）
　　西班牙年度热词（2017—2018）
　　英语年度热词（2017—2018）

第六部分　附录

　　中国媒体有关世界语言生活文章选目（2017—2018）
　　世界语言生活论著选目：国外篇（2017—2018）
　　世界语言生活论著选目：国内篇（2017—2018）
　　国外语言生活大事记（2017—2018）

后记

图书在版编目(CIP)数据

中国语言政策研究报告.2020 / 国家语言文字工作委员会组编;张日培主编. —北京:商务印书馆,2020
(语言生活皮书)
ISBN 978-7-100-18402-1

Ⅰ.①中… Ⅱ.①国…②张… Ⅲ.①汉语—语言政策—研究报告—中国—2020 Ⅳ.①H102

中国版本图书馆 CIP 数据核字(2020)第070569号

权利保留,侵权必究。

本报告是教育部哲学社会科学研究重大课题攻关项目"新时代国家语言文字事业的新使命与发展方略研究"(18JZD015)之子课题六"面向未来的语言文字规范化标准化研究"和国家语委"十三五"科研规划2019年度重点项目"智能时代的公共语言服务需求与资源建设研究"(ZDI135-108)的阶段性成果。

## 中国语言政策研究报告(2020)
国家语言文字工作委员会　组编
张日培　主编

商　务　印　书　馆　出　版
(北京王府井大街36号　邮政编码100710)
商　务　印　书　馆　发　行
北京中科印刷有限公司印刷
ISBN 978-7-100-18402-1

2020年5月第1版　　开本 787×1092　1/16
2020年5月北京第1次印刷　印张 21¼

定价:69.00元